한국교회 역사와 신학

한국교회 역사와 신학

초판1쇄 2007년 9월 21일
초판2쇄 2010년 1월 20일
개정1쇄 2014년 9월 23일
지은이 이상규
펴낸곳 도서출판 생명의양식
　　　　 137-803 서울특별시 서초구 고무래로 (반포동) 10-5
　　　　 Tel. (02)592-0986
　　　　 Fax. (02)595-7821
　　　　 www.kosinbook.com
디자인 노성일
ISBN 978-89-88618-08-0 (93230)
가격 15,000원

이 책은 저작권법에 의해 보호를 받는 출판물입니다.
기록된 형태의 허락이 없이는 무단 전재와 복제를 금합니다.

개정판

한국교회 역사와 신학

| 이상규 지음 |

초판 서문

"역사는 성경 다음으로 중요하며, 지혜의 가장 풍요로운 기초이자 가장 확실한 안내자이다."

History is … next to God's Word, the richest foundation of wisdom, and the surest guide.

필립 샤프(Philip Schaff)의 이 말은 언제나 나를 유혹하는 힘이었다. '성경 다음으로 중요하고 지혜의 풍요로운 기초'라는 말에 매혹된 나는 역사의 마력에 끌려 부족하지만 오늘까지 교회사를 공부하고 가르쳐왔다. 처음에는 단순히 옛 것에 대한 배고픔으로 호고주의(好古主義)에 빠져 있었으나 초대교회에서 현대교회, 그리고 한국교회에 이르는 역사의 강줄기를 따라가며 역사의 긴 폭을 헤아리는 안목을 갖게 되었고, 본류는 지류를 형성하고, 지류는 다시 본류로 통합되는 역사의 연속성을 보게 되었다. 굽이치는 강줄기가 지류로 흩어지다가 다시 그 지류가 합류하여 대하(大河)를 이루는 그 유수(流水)의 긴 여정을 보면서 그 어떤 나라의 역사도 역사의 큰 강으로부터 독립적일 수 없다는 점을 깨닫게 된 것이다. 그래서 나는 서양교회사를 한국교회사의 눈으로 인식하고, 한국교회사를 서양교회적 전통으로 헤아리는 원근법적 안목을 갖게 되었다. 또한 한 나라 교회의 특수성은 보편교회 안에 있고, 보편성은 개별교회의 특수성을 내포하고 있다는 점을 인식하게 되었다. 이런 근거에서 한국교회의 역사를 서양교회의 눈으로 읽고, 서양교회의 유산을 한국교회의 눈으로 해독하려고 노력해왔다. 이런 입장을 역사연구에 있어서 '통합사적 접근'(integrative approach to history)이라고 말해왔다.

이런 이유 때문에 나는 한국교회사를 공부하면서도 서양기독교 전통에 관심을 가져왔고, 서양 기독교 전통을 공부하면서도 한국교회의 현실에서 헤아리고자 노력해 왔다. 이런 비교적 시각(comparative perspectives)은 아집의 울타리를 벗어나게 해 주었고, 흔히 신학적 보수주의자가 빠지기 쉬운 독선의 성에서 다소나마 자유할 수 있게 해 주었다.

이 책에 포함된 글들은 바로 이런 입장에서 쓴 소품들이다. 한국교회의 역사, 인물, 사상 등 한국교회사 전반에 대한 다양한 주제를 취급했지만 한국교회의 역사를 통합사적 안목으로 읽으려는 필자의 생각이 베여있을 것이다.

이 책은 전 4부로 구성되었다. 제1부는 한국교회 역사를 개괄적으로 이해하기 위한 글들로서 한국교회 대강의 역사를 헤아릴 수 있도록 기술했다. 특히 제1장, "한국개신교의 역사와 신앙"은 제목 그대로 한국교회의 역사를 간략하게 요약하여 이 책의 서론으로 삼았다. 어느 글을 먼저 읽든 상관없지만 제1장을 먼저 읽으면 이 책 전체를 이해하는데 도움이 될 것이다.

제2부는 일제 하에서 민족과 교회, 교회의 사회운동 등의 문제를 취급한 소품으로서 한국 사회에서의 기독교회의 기여와 역할, 그리고 일제의 종교적 탄압에 대한 저항의 문제를 취급했다. 제3부에서는 한국교회 형성의 지도적 인물들의 생애와 사상, 그리고 그들의 삶의 여정이 함의하는 한국교회사적 의의에 대해 주목했다. 제4부에서는 한국교회의 신학, 위경(僞經)운동, 타종교 이해 등 신학 정체성의 문제와 해방과 통일 운동, 한국교회의 사회적 기여 등 한국 기독교회와 역사 현실의 문제를 취급했다.

이 글들은 여러 가지로 부족하고 미흡한 소품에 지나지 않지만 한권의 책으로 출판하도록 용기를 주고 여러 가지로 배려해 준 〈생명의양식〉사의 나삼진 박사와 그 직원들에게 감사한다. 나 박사는 언제나 나의 부족을 헤아려 준 온화한 벗이었다. 여러 가지 약점에도 불구하고 독자들에게 다소나마 유익이 있기를 기대하는 마음도 만용임이 분명하지만 이 만용만은 버리고 싶지 않다.

2007년 9월 1일
이상규

개정판 서문

"모든 책은 나름의 운명이 있다"(Habent sua fata libelli). 어떤 책은 세월의 간격을 뛰어 넘어 사랑을 받고 두고두고 읽히는가 하면, 어떤 책은 헌책방을 뒹굴다가 속절없이 사라지기도 한다. 어떤 책은 고전의 반열에 올라 고상한 대접을 받는가 하면, 어떤 책은 출생과 함께 금서로 지정되어 사장되기도 한다. 그런가 하면 어떤 책은 독자들에게 다가가기도 전에 폐지로 재활용된다. 책도 자신의 운명을 지니고 태어난다.

2007년 9월, 이 책을 펴내면서 나도 이 책의 운명에 대해 생각했다. 어떤 사람들이 이 책을 읽어줄까? 초판본으로 소임을 다하게 되는 것은 아닐까? 이 책이 젊은 학도들에게 공감을 불러일으키고 지적인 갈증을 해소할 수 있을까? 아니면 목회자들의 서재 한 구석에서 영면하고 있을까? 초판만이라도 널리 읽혀진다면 고마운 일이 아닐까? 이런 저런 생각을 했는데, 고맙게도 적지 않는 1쇄본이 매진되고 2쇄본이 나왔고, 그로부터 몇 년 후 2쇄본 마저 바닥나 다시 인쇄해야 하는 상황이 되었다. 이 책을 읽어준 것만으로도 고마운 일이 아닐 수 없다.

사실 이 책 초판은 급하게 제작되었고 이런 과정에서 내용상의 오기도 있었지만 오탈자가 적지 않았다. 문장도 잘 다듬지 못했다. 독자들에게 여간 미안한 일이 아니었다. 이런 점이 수정되지 않은 채 2쇄본이 나왔기에 독자들에게 미안한 마음 금할 수 없었다. 3쇄본은 오탈자를 수정하고 교정해야겠다는 생각을 했다. 이런 상황에서 총회출판국에서는 이 책의 새로운 편집과 제작을 제안해 주셨고, 그 결과로 이 책을 전면적으로 수정하고 개정할 수 있게 되었다. 내용상의 큰 차이는 없지만 문장을 다듬고 부족한 점은 보완하고 오탈자를 바로 잡았다. 특히 노성일 선생은 이 책을 이처럼 아름답게 제작해 주셨다. 이 책 개정판 발간을 위해 수고해 주신 총회출판국의 황성국 목사님과 관계자들에게 감사를 드린다.

앞에서 언급했던 테렌티아누스 마우르스[1](Terentianus Maurus)가 했던 말의 원문은 "*Pro captu lectoris habent sua fata libelli*"였다고 한다. "모든 책은 저마다의 운명을 지니고 있는데, 그것은 독자들의 역량에 따라 결정된다"(The fate of the books solely depends on the capacity of the readers)는 의미이다. 이 책의 부족까지도 헤아려주는 독자들의 애정 때문에 3쇄본인 개정판을 내게 되었으니 독자들에게 감사하지 않을 수 없다. 이 책이 작은 도움이라도 될 수 있다면 그것은 하나님의 은혜일 뿐이다.

2014년 9월 15일
이상규

---

[1] 2세기 말 로마의 문법학자이자 작가

차례

서문 4
차례 6

제1부. 한국교회 역사와 신앙

1 한국개신교의 역사와 신앙 15
시작하면서: '한국에서의 교회' | 기독교의 한국전래 | 한국교회의 조직 | 초기 선교 정책과 선교활동 | 한국교회의 정비와 부흥 | 일제 침략과 기독교 탄압 | 해방과 한국교회(장로교)의 분열 | 1950년대의 교회 | 1960-70년대의 교회 | 1980년대 이후의 교회 | 맺는말—내일을 위한 모색

2 조용한 아침의 나라 한국 47
은둔의 나라, 조선 | 기독교의 전래 | 한국교회의 특징 | 한국교회의 과제

3 한국교회의 부흥, 그 역사와 의의 60
문화와 과제 | 부흥이란 무엇인가? | 부흥의 시대적 배경 | 부흥의 역사적 전개 | 1907년 부흥의 역사적 의의 | 맺는 말

4 부흥은 어떻게 오는가? 84
한국에서의 부흥의 기원 | 부흥에 대한 몇 가지 검토: 부흥은 어떻게 오는가? | 맺는 말

5 한국교회 성장 어떻게 볼 것인가? 102

한국교회의 성장 | 한국교회의 성장요인 | 한국교회 성장, 어떻게 볼 것인가? | 종합적인 평가 | 맺는 말

6 양화진에는 누가 묻혀 있을까? 126

제2부. 민족과 교회

1 민족의 위기와 교회 135

2 삼일운동과 기독교 144

기독교와 민족문제 | 삼일운동이란 | 삼일운동과 기독교 | 반성

3 한국교회에서의 금주·단연운동 154

한국교회에서의 금주·단연 | 1900년 이전 | 1900년대 이후 | 미성년자 음주, 흡연 금지법 제정 | 오늘의 현실

4 기독교와 제사문제 168

제사는 한국 고유의 전통인가? | 천주교회와 제사문제 | 제사문제의 사건화 과정 | 기독교 복음의 절대성

5 신사참배 문제와 일본선교 178

시작하면서 | 신사란 무엇인가? | 동화정책, 황민화정책의 일환으로서의 신사참배 | 신사참배 강요 | 일본의 복음화가 문제의 해결이다

제3부. 한국교회 인물과 사상

1 박형룡의 신학과 김재준, 한상동, 한경직 189
시작하면서 | 학문에의 여정 | 1930년대 보수주의 신학의 변증 | 박형룡과 김재준 | 박형룡과 한상동 | 박형룡과 한경직 | 신학자로서의 박형룡 | 결론

2 박윤선의 신학과 설교 212
시작하면서: 개혁신학과 교회에 대한 박윤선의 영향 | 박윤선의 삶과 신학적 여정 | 박윤선의 설교 | 한국교회의 설교와 박윤선 | 결론

3 부흥의 인물 길선주 245
길선주의 삶의 여정 | 부흥의 인물, 길선주 | 부흥운동의 성격 | 결론

4 조국과 교회를 섬긴 주남선 267
가정배경과 입신 및 신앙 활동 | 독립운동에의 참여 | 목회와 목회활동 | 목회자적 신앙과 인격

5 주기철의 삶과 설교, 저항권 사상 277
주기철의 '선한 싸움'의 여정 | 주기철의 설교에 나타난 교회, 민족, 저항권 사상 | 맺는 말

6 나환자의 친구 손양원 295
배움의 길 | 목회자의 길 | 순교의 길

7 함께 사는 사회를 꿈꾼 장기려 303
그의 생애와 삶 | 삶의 기초로서의 기독교 신앙과 영성 | 실천적 삶 | 그가 남긴 것-오늘을 위한 교훈

제4부. 한국교회와 역사 현실

1 선교 연합사역의 역사적 고찰 317
선교공의회의 조직과 선교협력 | 선교부 간의 연합사역 | 하나의 한국교회를 위한 시도 | 교회 간 연합은 불가능한 시도인가?

2 한국에서의 칼빈주의 신학 328

칼빈주의와 개혁주의 | 한국에서의 칼빈주의 | 칼빈주의 이해, 평가와 반성

3 한국기독교의 타종교 이해 341

시작하면서 | 기독교의 타종교 이해 | 종교 간의 대화와 협력 | 결론

4 한국교회사에 나타난 거짓계시운동 353

서론: 거짓 계시운동의 문제 | 1945년 이전 | 1945년 이후 | 결론

5 역사와 섭리: 해방에 나타난 하나님의 섭리 375

6 해방 60주년의 반성 383

친일세력의 변신 | 친일적 교계 인사들의 교권주의 | 권력지향적 기회주의 | 한국교회와 정치권력

7 한국교회 통일운동에 대한 복음주의교회의 입장 392

해방 후의 남북관계와 통일논의 | 1950년대의 통일논의 | 1960년대의 통일 논의 | 1970년대의 통일논의 | 1980년대의 통일논의 | 1990년대 통일논의에 대한 복음주의 교회의 입장 | 맺는 말

8 기독교는 한국에 어떤 기여를 했을까? 408

문제와 과제: 기독교회와 사회 | 정신적 근대화, 윤리적 가치 고양 | 인권과 민주적 가치 고양 | 민족 통일을 위한 노력과 북한 주민에 대한 인도적 지원 | 맺는 말

부록. 참고문헌과 **색인**

참고문헌 423

주제색인 431

인명색인 434

| 제1부 |

한국교회 역사와 신앙

한국교회 역사와 신학

1. 한국개신교의 역사와 신앙

시작하면서: '한국에서의 교회'

우리가 '한국교회사'(韓國敎會史)라고 말할 때 이 말을 '한국에서의 교회의 역사'라고 풀어쓸 수 있을 것이다. 이 말속에는 '한국'(韓國), '교회'(敎會), '역사'(歷史)라는 3가지 개념이 포함되어 있다. 한국이라는 역사적 삶의 터전, 곧 언어, 습관, 문화, 역사를 공유하는 민족공동체에서의 교회를 통한 하나님의 구원 역사가 이루어지는 역사적 좌표, 이것이 한국교회의 역사라고 할 수 있을 것이다. 한국교회는 한국의 고유한 교회는 아니지만 그렇다고 해서 한국이라는 지역적 터전이나 민족 공동체와 무관한 것도 아니다. 한국교회는 예루살렘에서 시작된 예수 그리스도의 교회가 지역적으로 전파되어 19세기 한국에까지 소개된 그 동일한 교회이다. 이런 점에서 부르스(F. F. Bruce)

는 교회사를 "계속된 사도행전의 역사"라고 불렀다.[1]

하나님의 역사는 '불러내시는'(calling out) 역사였다. 구약시대에 아브라함을 불러내어(창12:1-2) 한 민족을 삼으시고, 그 민족을 여러 시대에 여러 모양으로 불러내셨던 것처럼 하나님은 한국에서도 자기 백성을 부르시는 구원의 역사를 계속해 오셨다. 한국에서 부름 받은 사람들의 공동체인 한국교회는 사도시대 교회와 동일한 하나뿐인 그 하나님의 교회의 일원이 된 것이다. 따라서 한국교회사는 한국에서의 하나님의 구원역사, 곧 한국에서 부름 받은 신앙 공동체의 역사라고 할 수 있다. 이런 점에서 교회사는 아우구스트 니안더(August Neander, 1789-1850)의 말처럼 "하나님 나라의 역사"(Geschichte des Reich Gottes)이며, 한국교회사란 '한국에서의 하나님의 나라의 역사'라고 할 수 있다.

우리가 '한국교회'라고 말할 때 한국교회의 고유성이 존재하는가? 다시 말하면 한국교회는 다른 나라의 교회들과 다르며 또 다를 수 있을까? 이를테면 '한국교회'는 '영국교회'나 '독일교회' 혹은 '화란교회' 등과 근본적으로 다른 어떤 독창적이고도 독자적인 일면이 있는가? 만일 '한국교회'가 이미 있어왔던 서양의 오랜 역사를 지닌 교회와 다른 어떤 고유성을 지니고 있다면 '한국교회'는 '한국적 교회'라고 불릴 수 있고, 여타의 교회들과는 구별되는 일면이 있다고 말할 수 있을 것이다. 이럴 경우 한국교회는 사실 '한국이라는 지역에서의 교회'(church in Korea)가 아니라 한국의 문화, 역사 현실에 따라 주형된 '한국적 교회'일 것이다.

테루툴리아누스는 "예루살렘과 아테네가 무슨 상관이 있느냐"고 반문했지만 역사적으로 로마의 그리스도인들이 로마의 질서로부터 결별할 수 없었고, 알렉산드리아와 북아프리카가 각기 다른 형식의 기독교 신학을 발전

---

[1] 부르스(F. F. Bruce), 『초대교회의 역사』(CLC, 1986), 203.

시킨 것은 기독교 복음은 전파된 그 시대의 문화 양식으로 선포되고 수용되었음을 보여준다. 따라서 기독교 복음은 문화적 컨텐츠에 따라 어느 정도의 고유성을 지닐 수 있다.

그러나 특정 지역의 역사와 문화적 현실이 지나치게 강조되거나 이미 있어왔던 교회와의 수직적 관련성보다는 한국이라는 역사 현실, 곧 수평적 연대성만 강조하면 기독교 복음의 보편성보다는 개별 민족의 문화적 고유성이 강조될 위험이 높다.

'한국교회'라고 말할 때 그 교회는 한국이라는 역사적, 문화적 현실이 부여하는 고유한 일면이 없지 않지만, 근본적으로 한국교회는 한국의 독창적인 교회가 아니라 역사가 오랜 서양의 기독교 전통과 그 유산을 계승하는 보편 교회의 일부일 뿐이다. 한국교회에서 '한국'이라는 고유성을 지나치게 강조하는 민족교회론은 서양 기독교 전통이나 유산에 대해 무관심할 위험이 있고, 반대로 '한국'이라는 역사적 현실을 무시할 경우 한국교회의 문화적 상황이 무시될 위험이 있다.

한국교회가 다른 나라와는 다른 역사적 배경을 지니고 있고, 한국이라는 민족공동체의 어떤 특수한 일면이 교회의 생활과 삶 속에 반영되어 있다는 점에서 '한국적' 특수성이 없을 수 없다. 그러나 근본적으로 한국교회는 이미 있는 그 하나님의 교회와 다르지 않고, 또 다를 수 없다는 점에서 한국교회는 '한국에서의 교회'일 따름이다.

결국 '한국교회'라고 할 때 '한국'을 어떻게 이해하느냐 하는 문제라고 할 수 있다. '한국'을 형용사적으로 이해할 것인가, 아니면 부사적으로 이해할 것인가의 문제인 셈이다. 한국이라는 역사현실을 인정하면서도 기독교 복음의 보편성을 중시하는 '한국적 기독교회'와 '한국에서의 기독교회'의 조화로운 통합이 건실한 한국교회(Korean church)를 세워갈 수 있을 것이다. 이런 교회관은 역사가 오랜 서양교회와의 관련성을 무시하지 않고 그들의 신앙적 유산을 수용하면서도 우리 민족 현실의 고백을 반영하는 신앙 전통을 세워

갈 수 있을 것이다. 이렇게 형성된 신학은 한국의 문화현실을 담아내는 고유성을 지니고 있으면서도 동시에 역사가 오랜 서양교회의 전통과 유산이 기초된 창조적인 신학이 될 수 있을 것이다.

필자는 교회사란 그 시대의 교회가 무엇을 믿어왔던가에 대한 역사, 곧 신앙고백의 역사라고 생각해 왔다. 그래서 한국교회사란 한국에서의 그리스도인들이 무엇을 믿어 왔던 가에 대한 역사라고 할 수 있다. 교회의 역사란 결국 하나님의 말씀에 대한 응답이다. 예배행위는 하나님 인식(신인식)의 반영이듯이 신앙행위는 신앙고백의 반영이다. 이렇게 볼 때 교회사는 신앙고백의 역사이다. 역사가 국경분쟁에서 '토지문서' 이듯이, 교회사는 '신앙고백문서'라고 할 수 있다. 한국교회사는 한국의 그리스도인이 무엇을 믿어 왔던 가를 보여주는 역사이다. 한국교회사에는 한국을 향하신 하나님의 사랑과 섭리가 스며있을 것이고, 그 하나님의 부름에 한국의 그리스도인들이 어떻게 응답했는가 하는 점들이 그 역사의 산과 계곡 속에 드러나 있을 것이다. 이런 점에서 비록 그 역사가 길지는 못해도 한국교회의 역사는 세계교회의 일부이자, 역사가 오랜 교회의 전통을 계승하고 있다.

한국교회사에 대한 이러한 인식을 바탕으로 한국에서 전개된 하나님 나라의 역사, 그리고 한국에서의 그리스도인들이 무엇을 믿어왔으며 어떻게 반응해 왔던가에 대해 개관함으로서 이 책의 서론으로 삼고자 한다.

기독교의 한국 전래

기독교와 한국 간의 접촉은 보통 150년 혹은 200년 정도로 생각하고 있으나, 사실은 이보다 훨씬 앞서서 한국과 기독교와의 접촉의 흔적이 있다. 최근의 연구에 의하면 2세기 이전에 한국과 기독교의 접촉의 가능성이 조심스럽게 제기되고 있다. 또 1987년에 발견된 경상북도 영주시 평은면 강동

2리 왕유동(王留洞)의 분처(分處) 바위의 도마석상으로 불리는 암각상은 기독교와의 고대 접촉을 보여주는 중요한 흔적으로 간주되고 있다. 속칭 왕머리라고 불리는 왕유동이란 이름 그대로 왕(王)이 머물던(留) 곳인데, 이 지역 이름도 흥미롭지만 이곳에는 '도마'라고 읽을 수 있는 히브리어가 새겨져 있다. 우리나라에서 발견된 상에서 히브리어가 암각된 경우로는 유일하다. 단정적으로 말할 수 없으나 한국과 고대 기독교와의 접촉을 보여주는 중요한 증거임이 분명하다. 문제는 그 시기가 언제인가 하는 점인데, 현재로서는 단정적으로 말할 수 없고 경교(景敎, Nestorian)의 흔적일 가능성이 높다.

한국에서의 경교와의 접촉의 흔적은 1965년 경주 불국사 경내에서 출토된 '석제 십자가'에 근거하여 말하게 되는데, 8세기 경에 중국을 징검다리로 경교와의 접촉이 있었던 것이 거의 확실시 되고 있다. 경주에서 발견된 석제(石製) 십자가는 상하 좌우의 길이가 대칭적이어서 초기 십자가형인 그리스 형에 속한다. 그 크기는 24.5x24.9cm로서 경교형의 십자가로 불리기도 한다. 이 석재 십자가 외에도 성모 소상(塑像)이 발견되었는데, 양각으로 아기 예수를 품에 안은 구도로 보아 마리아상으로 추정된다. 이 때 기독교가 한국에 소개되었다면 통일신라 시대인 8세기로 볼 수 있고, 이것이 사실이라면 한국과 기독교의 역사는 1200년 전으로 거슬러 올라간다.

8세기경 중국을 통한 경교와의 접촉 이외에 현재까지 알려진 가장 오래된 접촉은 1593년 임진왜란을 통한 접촉이었다. 이것은 문헌상 가장 오래된 접촉으로, 이 때 일본에 체류하던 스페인 신부 그레고리오 데 세스페데스(Gregorio de Cespedes)가 내한하였는데 그는 한국 땅을 밟은 최초의 신부이자 임진왜란을 목격한 유일한 서양인이었을 것이다. 1636년(인조 14년)에는 병자호란을 통한 천주교와의 접촉이 있었다. 이런 간헐적인 접촉을 통해 17세기를 거쳐 가면서 실학파들을 통해 서교(西敎), 곧 천주교가 한국에 소개되고 1784년에는 이승훈의 영세로, 그리고 같은 해에 서울 명례동에서 한국 최초의 천주교 집회가 개최되었다.

개신교의 경우, 내한한 첫 선교사는 1832년 7월 황해도를 거쳐 충청도의 고대도와 제주도까지 왕래했던 독일 루터교 목사 귀츨라프였다. 그의 내한이 한국과 개신교회와의 최초의 접촉이었다. 그 후 화란, 영국인 등에 의한 여러 접촉이 있었고, 보다 직접적으로 한국교회의 형성에 기여한 선교사는 만주지방에서 선교하였던 스코틀랜드 연합장로교회 선교사들이었다. 1872년 중국 선교사로 파송된 존 로스(John Ross, 羅約翰), 매킨타이어(McIntyre, 馬勤泰) 등은 만주지방에서 한국인에게 첫 세례를 베풀었고(1876), 한글로 성경을 번역하기 시작하여 1882년에 누가복음과 요한복음이 간행되었다. 이것이 한국 최초의 성경 역간이었다. 백홍준(白鴻俊, 1848-1893)에 의해 1883년부터 성경반포가 비밀히 시작되었고, 그 후에는 서상륜(徐相崙)에 의해 매서 전도가 시행되었다. 1887년에는 첫 한국어 신약성경본인 『예수성교젼셔』(Ross Version)가 간행되었다. 스코틀랜드연합장로교 선교사들은 조선에 입국할 수 없었으므로 이와 같은 방법으로 한국선교를 시도하였는데, 이런 일련의 노력은 후일의 한국교회 발전에 크게 기여하였다.

이런 여러 접촉에도 불구하고 실제적으로 개신교의 한국 선교는 1880년대 이후에 이루어졌다. 비록 타의에 의한 강압적인 것이라 할지라도 1876년의 개항은 한국 근대사에서 중요한 의미를 지닌다. 개항으로 외국인의 도래가 가능하게 되자 1884년 이래로 미국(1884), 호주(1889), 캐나다(1898) 교회를 통해 선교운동이 활발하게 전개되었다. 한국에서의 기독교는 일본이나 중국보다 늦게 소개되었으나 기독교의 수용은 이들 나라와는 비교할 수 없을 정도로 빨랐다. 동일한 문화권이자 유교적 가치를 공유했지만 한국에서의 기독교의 급성장에 의문을 제기한 한 사람이 스펜서 팔머(Spencer Palmer)였다. 팔머는 자신의 『한국과 기독교』(Korea and Christianity)라는 책에서 이 점을 해명하려고 시도한 바 있다. 한국에서의 기독교의 급속한 성장에 대해서는 연구해 볼 만한 가치가 있다. 기독교의 한국 전래는 서세동점(西勢東漸)의 세계사적 흐름 속에서 한국에 전래되었다고 하지만, 지리적으로 보면 기독교 복음의 주된 전파는 개항이전의 '동점'(東漸)의 과정과 개항 이후의 '서진'(西進)의 과정이 병행되었다.

한국교회의 조직

한국교회는 신학이나, 예전, 신앙고백, 그리고 기독교적 삶의 방식 등 여러 면에서 미국 장로교회의 결정적인 영향 하에 있었다. 이것은 선교영역에 있어서나 선교사의 수, 선교활동에 있어서 미국교회의 영향력이 컸기 때문이다. 해방 전까지 내한한 선교사의 총수는 약 1,500여 명으로 파악되는데, 그중 약 70%가 미국 국적의 선교사들이었다. 내한한 장로교 선교사 652명 중 76%에 해당하는 494명이 미국 선교사들이었다.[2] 이 점만 보더라도 미국교회가 한국교회에 큰 영향을 주었음을 알 수 있다.[3]

장로교의 경우, 개항 이후 미국, 호주, 캐나다 장로교 선교부에 의해 기독교가 전래되었으나 장로교 선교부 간의 협의와 합의에 따라 1907년에는 독로회(獨老會)가 조직되었고, 그 휘하에 7 대리회(代理會)를 두었다. 1912년에는 이 대리회를 노회로 승격시킴에 따라 '죠션야소교장로회 총회'가 조직되었

---

2) Sang Gyoo Lee, *To Korea with Love: Australian Presbyterian Mission Work in Korea, 1889-1941* (Melbourne: PCV, 2009), 301.
3) 필자는 미국교회가 한국교회에 끼친 영향을 3가지로 말한 바 있는데, 첫째는 성경에 대한 문자적 강조, 곧 비블리시즘(Biblicism)이다. 이것은 단순한 성경주의라고도 할 수 있는데, 성경에 기초하여 윤리적 엄격성은 강조되었으나 성경이해나 해석에 있어서 교리나 신학적 전통을 중시하지 않는 입장이다. 바로 이런 이유 때문에 신조나 신앙고백, 그리고 성례전에 대해 무관심했다. 이것이 미국교회가 준 두 번째 영향이다. 미국의 교회는 과거 유럽의 개혁교회와는 달리 신앙고백 때문에 로마가톨릭과 대결하거나 신학적인 토론을 한 경험이 없다. 성례전의 문제는 종교개혁자들에게 중요한 문제였으나 미국교회는 이런 문제로 로마교와 대결한 일이 없다. 바로 이런 미국교회적 특성이 한국에도 그대로 이식되어 한국교회도 신조나 성례전에 대해 깊이 고려하지 않았다. 이런 성격이 한국교회 설교에도 그대로 반영되었다. 세 번째 성격은 부흥주의(Revivalism)라고 할 수 있다. 초기 내한 선교사들은 대각성운동 이후 특히 영국에서 일어난 부흥운동의 결과로 일어난 복음주의의 영향을 받았기 때문이라고 볼 수 있다. 부흥주의는 감성적 측면이 강조되고 개인적 신앙을 강조하는 경향이 있다. 따라서 이런 미국교회적 특성들이 한국교회에 영향을 끼쳤다고 볼 수 있다.

다. 이렇게 조직된 장로교 총회는 해방 될 때까지 단일 총회로 남아 있었다. 해방 후 한국교회, 특히 부산경남지역을 관장하는 경남노회를 중심으로 심각한 내홍에 휩싸였다. 일제 하에서의 신사참배 문제와 이의 청산을 둘러싸고 전개된 논란은 결국 한국 장로교회의 첫 분열을 가져 왔다. 교회쇄신을 주장하던 고려신학교 중심의 인사들이 총회에서 축출되자 이들은 1952년 별도의 치리회, 곧 대한예수교장로회 고신교단으로 분리되었다. 그 이후 한국 장로교회는 수없는 분열을 거쳐 현재는 1백 50여 개에 가까운 교회(교단)로 나눠져 있다.

교회설립의 경우, 1883년 황해도의 송천(松川, 솔내)에 첫 교회가 설립된 이래로 평양, 서울, 부산 등지에 교회가 설립되었다. 감리교회는 1901년 김창식과 김기범을 오늘의 준회원 목사에 해당하는 '집사 목사'로 안수하였으나, 장로교회는 1907년 일곱명의 한국인 목사를 배출했다. 이들 7인, 곧 길선주, 방기창, 서경조, 송인서, 양전백, 이기풍, 한석진 목사가 한국 최초의 장로교 목사들이었다. 이들은 1901년 설립된 장로교의 유일한 신학교육기관이었던 평양의 대한예수교장로회신학교의 첫 졸업생들이었다.

부산과 경상도 지방의 경우, 1907년 이래로 '경상대리회' 관할 하에 있었으나 1912년부터는 '경상로회'의 치리 하에 있게 되었다. 1916년 9월 20일 부산 일신여학교 강당에서 기존의 경상로회가 분리되어 경남로회가 조직되었다. 그래서 부산과 경남지방의 교회들은 1916년 이래로 경남로회의 치리 하에 있게 되었다.

초기 선교 정책과 선교활동

초기 주한 선교사들의 가장 일반적인 선교 방법은 순회(巡廻)전도였다. 순행(巡行)전도라고도 불린 이 전도 방식은 중국내지선교회(China Inland Mission)

의 허드슨 테일러에 의해 선호되던 방식이었다. 순행전도는 선교지역을 방문하면서 매서(賣書) 활동을 통해 전도하는 방식이다. 선교지역 답사를 겸한 순회활동은 한국인과 접촉하는 기회가 되기도 했다. 이것은 초기 한국선교의 가장 효과적인 방법으로 인식되었다.

1890년대를 경과해 가면서 소위 네비우스 정책(Nevius plan)이라는 보다 구체화된 정책을 입안하게 된다. 이 정책은 1799년 창립된 영국교회선교회(CMS)의 총무였던 헨리 벤(Henry Venn)이 제창했던 토착교회 설립론에 근거한 선교정책인데, 네비우스는 헨리 벤의 정책을 한국적 상황에 전파한 것이다. 1890년 6월 한국을 방문한 중국 산동성 지푸 주재 북장로교 선교사 존 네비우스(John Nevius)는 주한 선교사들에게 자치(自治), 자립(自立), 자전(自傳)의 '3자 원리'(3-S formula)를 소개했다. 이 정책은 앞에서 언급한 3자 원리 외에도 성경연구를 강조한 것으로 알려져 있다. 이 정책은 중국에서는 실패했으나 한국에서는 주효했다. 그 원인에 대한 연구 또한 한국교회의 기독교이해와 의식구조를 이해하는데 도움을 줄 것이다.

1893년에 조직된 선교사들 간의 연합체인 '선교사 공의회'는 효과적인 선교활동과 인적, 재정적 낭비를 막기 위해 선교지역 분담정책을 채택했는데 이것을 보통 '예양 협정'(禮讓協定, Comity arrangement)이라고 말한다. 이 협정에 따라 미국 북장로교는 제령, 강계, 평양, 서울, 청주, 안동, 대구 등 평안도, 황해도, 경상북도 지역을, 미국 남장로교는 전주, 군산, 목포, 광주, 순천 등 전라도와 충청도 일부 지역을, 캐나다 장로교(후에 캐나다 연합교회)는 함경도와 간도지방을, 호주 장로교는 부산과 경남 일대를 각각 담당했다. 이 분담정책이 교회 성장에 긍정적인 영향을 주었으나 후일 한국교회 신학과 교회조직, 교회분열 등에 부정적인 영향을 끼쳤다는 주장도 있다.

한국에 왔던 선교사들은 사도시대 이후 전형적인 선교 방법인 전도, 교육, 의료의 세 분야에서 활동했는데, 이 선교방책은 19세기 이래로 아시아, 아프리카 등 제3세계에 유효한 선교방법이었고, 한국에서도 예외가 아니었다. 한국에서 선교했던 거의 모든 선교부는 각종 학교를 세워 학교교육을 시행하는 한편 시약소(施藥所)의 설치와 진료소, 병원을 세웠으며 이를 통해 선교운동을 수행하였다. 이 방법은 한국의 복음화에 지대한 영향을 주었다. 적어도 1945년 해방 이전까지는 기독교계의 학교와 병원이 한국사회의 교육과 의료 활동을 주도하였다.

기독교의 한국 전래는 복음의 전파만이 아니라 이 나라 구습을 개혁하고 건실한 사회를 이루어 가는 데에도 상당한 기여를 했다. 즉 신분계급의 타파, 여권신장과 여성교육, 술, 담배, 아편금지, 미신타파, 혼례, 장례 등의 개혁이 그것이다.

한국교회의 정비와 부흥

1900년대 이후 한국교회는 조직, 치리회 등 제도와, 신학, 예전 등의 정비가 이루어진다. 그리고 일제의 강점 하에서 민족의 문제를 신앙 안에서 수용, 용해함으로서 민족의 교회로 주형 되어 갔다. 최초의 거주 선교사였던 알렌의 입국 이후 첫 십년 동안은 '고투의 기간'(years of struggles)이었다. 그러다가 1894-5년의 청일전쟁을 경험 한 이후부터 처음으로 수적 성장을 경험하게 된다. 이것은 청일 전쟁을 통해 자강 민족의식이 싹텄고, 기독교를 통해 서구와의 접촉을 의도했기 때문이었던 것으로 보인다.

1903년 이후에는 한국교회에서의 부흥을 경험하게 된다. 1903년 원산에서 하디 선교사의 회개로부터 시작된 부흥의 불길은 1904에도 반복되었고, 1906에도 동일한 부흥을 경험했다. 그러다가 1907년에는 대부흥(Great Revival)의 역사로 발전하여 한국 교회와 사회에 지대한 영향을 끼쳤다. 이 부흥의 역사는 1905년의 '을사조약'을 전후한 일제의 침략 등 민족의 암울한 현실이 종교적 각성에 영향을 주었을 것이다. 1907년 1월 평양장대현교회에서 시작된 대부흥은 약 6개월간 전국적으로 전개되었고, 1909년에는 '백만 인구령운동'(百萬人救靈運動)으로 발전하였다. 이 당시 부흥을 주도하였던 인물은 하디(Dr. Robert H. Hardie) 외에도 그래함 리(Graham Lee), 번하이젤(Charles F. Bernheisel), 윌리엄 블레어(William Blair), 윌리엄 헌트(William Hunt) 등의 선교사와 길선주, 김찬성 등 한국인이었다. 이 부흥을 전후하여 새벽기도가 시작되었고, 정오기도, 통성기도 등과 같은 한국고유의 기도관행이 시행되었다.

한국에서의 기독교의 수용(受容)은 매우 빨랐다. 우리나라는 외래종교에 대해 매우 배타적이었으나 기독교의 수용만은 놀라울 정도로 빨랐다. 이것은 기독교 전래시의 조선의 정치적 상황과 사회적 배경과 깊이 관련된 것으로 보인다. 특히 선교정책, 정치·사회적 배경, 한국인의 종교적 심성(心性), 한국인의 종교적 열심 등으로 그 원인을 분석해 볼 수 있을 것이다. 그러나 근원적으로는 한국교회의 성장은 하나님의 뜻이었다(고전3:5-7).

아시아, 아프리카의 여러 나라들과는 달리 한국은 기독교 국가가 아닌 일본의 식민통치를 받았다는 사실은 교회성장의 원인을 규명하는데 중요한 의미를 함의한다. 아아제국(亞阿諸國)의 여러 나라들이 기독교국가의 식민통치를 받았기 때문에 그 나라의 민족운동은 반(反) 기독교적인 성격을 띠고 있었다. 그러나 한국의 경우는 그 반대였고, 인접한 강대국들(일본, 소련, 중국 등)의 침략야욕 앞에서 기독교를 통로로 한 자강을 모색했다. 이런 상황에서 기독교는 환영을 받았고, 한국에서는 기독교는 민족주의적 성격을 띠게 되었는데, 이점이 한국에서의 기독교의 성공에 크게 기여하였다고 볼 수 있다.

일제침략과 기독교 탄압

한국교회는 불평등 조약인 '을사늑약'(1905)과 1910년 강압에 의한 '한일합방'으로 일제의 통치를 받게 되자 수난의 역사가 시작되었다. 일본에서는 조선 '진출'이라고 하지만, 일제의 조선 침략은 오랜 역사를 지니고 있다.

1876년 강화도 조약에 의한 강압적인 개항이후 일제 침략은 노골화되었다. 즉 일제는 운양호사건(1875)을 기화로 개항을 강요하였고, 임오군란(1882), 청일전쟁(1894), 노일전쟁(1904-5)을 거쳐 일본은 조선에 대한 종주권을 행사하였다. 1905년에는 을사조약을 강제로 체결하고 1910년에는 한국을 식민통치하기 시작하였다. 일제는 한국을 강점한 후 무단통치를 단행하였고 경찰과 헌병대를 일원화하여 '헌병경찰제도'를 만들어 조선인을 혹독하게 통치하였다. 1910년에는 '범죄 즉결법'을 제정하였고 한국인의 집회, 결사, 언론의 자유를 제한하고 교육의 기회를 제한하였다. 그리고는 조선사편수회를 만들어 한국사 연구의 일환으로 '조선반도사'(朝鮮半島史)를 편찬하는 등 식민사관을 정립하고 조선통치를 이념적으로 합리화했다. 후일에는 한국어의 사용금지(1931)는 물론 한국인 고유의 성(姓)마저 쓸 수 없도록 창씨개명(1940)을 강요하여 조선은 일대 수난에 직면했다.

일제통치 기간 수많은 한국인이 징용으로 전쟁터로, 탄광 노동자로 징발되어 자유와 인권이 유린된 채 이국의 하늘에서 죽어갔다. 또 초등학생에 지나지 않는 12살 아이에서 50대 여인에 이르기까지 수십만의 부녀자들이 정신대(挺身隊)란 이름으로 전장으로 끌려갔다. 이 기간의 기독교에 대한 탄압은 심각한 것이었다. 일제 강점 하에서 한국기독교는 민족의 문제를 신앙 안에 수용하면서 민족의 고난을 양 어깨에 짊어지고 앞장서 걸어갔다. 독립운동에의 참여, 물산 장려(物産獎勵)운동, 금주, 단연운동이 그 일례이다.

일제의 기독교 정책은 일면 회유, 일면 탄압이라는 이중적, 양면적 정책이었다. 그리고 일제의 조선통치와 기독교 정책은 일관되게 '분할을 통한 통치'(devide and control)였다. 특히 1925년 조선신궁(朝鮮神宮)을 건립한 이래로 각처에 신사(神社, 神祠)를 건립하고 1935년 이후 신사참배를 강요하였다. 이처럼 일제는 한국 그리스도인들을 향한 탄압과 수난의 역사를 엮어 갔다. 일제 탄압 중 '해서교육총회사건'(海西敎育總會사건, 1910), '105인 사건'(百五人事件, 1911),

'3.1운동' 등이 있었는데, 특히 3.1운동 당시 한국교회는 큰 희생을 치렀다. 당시 기독교인은 전 인구의 1%에 미치지 못했으나 3.1독립운동에서 25-30%의 역할을 감당하였다. 이 당시의 경기도 화성군의 '제암리교회 방화학살사건'은 일제의 만행을 보여주는 상징적인 사건이었다. 1919년 4월 15일 28명을 학살한 이 사건을 당시 한반도에 주둔했던 최고 지휘관인 조선군 사령관 우쓰노미야 다로(宇都宮太郎, 1861-1922)는 간부회의를 통해 주민들이 저항하여 살육한 것으로 조작하기까지 했다.

신사참배 강요는 1935년 평양에서 시작되었다. 그해 11월 14일 평안남도 지사 야스다께는 공·사립학교 교장회의를 소집하고 신사에 장기적으로 참배할 것을 요구하였다. 그러나 숭실중학교 교장 윤산온(G. S. McCune), 숭의여중 교장 선우리(V. L. Snook), 그리고 안식교의 순안 의명중학교 교장 이희명(H. M. Lee) 등은 이를 거절하였다. 결국 윤산온 등은 교장직에서 해임되었고 조선에서 추방되었다. 1936년 8월에는 우가기(宇恒)총독 후임으로 미나미(南次郎)가 총독에 취임하였는데 그는 과거 만주사변을 일으켰던 장본인으로서 신사참배를 더욱 강제하였다. 이제 일제는 기독교계의 학교에 이어 교회와 기독교 기관에도 신사참배를 강요하였다. 이것은 소위 대동아 공영권 확보라는 미명하에 신도(神道)라는 일본종교로 국민정신을 통일하기 위한 목적이었다. 동시에 이 정책은 한국 기독교를 분열, 무력화시키고 식민 통치에 방해가 되는 기독교를 탄압할 목적이었다.

1937년 7월에는 중일전쟁이 발발하였고, 9월 6일은 애국일로 지정되어 일본국기게양, 동방요배(東方腰拜)가 요구되었다. 그해 10월에는 황국신민서사(皇國臣民誓詞)가 제정되어 모든 모임에서 암송토록 요구되었다. 그리고 '일면일신사'(一面一神社)정책을 수립하여 곳곳에 신사를 건립했다.

당시 한국교회는 처음에는 강하게 저항하였으나 탄압과 회유에 못 이겨 다수의 교계 지도자들이 마지못해 배교의 길을 갔다. 그러나 주기철을 비롯하여 고흥봉, 이기선, 한상동, 주남선, 최덕지 등은 신사참배를 끝까지 반대하고 저항했다. 이 신사참배 강요에 천주교(1936. 5. 25), 감리교(1938. 9)는 굴복하였고 교세가 미미했던 성결교는 해산되었다. 끝까지 버티던 장로교는 1938년 9월 평양 서문밖교회에서 모인 제27회 총회에서 강압에 의해 신사참배를 "종교적인 의식이 아니라 국민의례라고 하여" 이를 가결하는 큰 수치를 범했다. 이때 발표된 성명서는 다음과 같다.

> 아등은 신사는 종교가 아니요, 기독교 교리에 위반하지 않는 본의를 이해하고, 신사참배가 애국적 국가의식임을 자각하며, 이에 신사참배를 솔선 여행하고 추히 국민정신 총 동원에 참가하여 비상시국 하에서 총후(銃後) 황국신민으로 적성(赤誠)을 다하기로 기(期) 함.
>
> 소화 13년 9월 10일
> 조선 예수교장로회 총회장 홍택기

장로교 총회가 신사참배를 가결한 것은 종교행위가 아니라 국민의례에 지나지 않는다는 논리였다. 이것은 명백한 기만이었다. 성명서의 '총후(銃後)'란, 그 단어가 암시하듯이 '후방'이란 뜻으로 필리핀이나 싱가폴과 같은 전선이 아니라는 의미였다. 즉 후방에 있는 천왕의 신민으로서 모든 열성을 다해 신사참배에 솔선하겠다고 성명함으로써 한국 장로교회는 공식적으로 훼절의 길을 갔다.

1938년 총회가 일제의 압력에 의해 불법적으로 신사참배를 가결했으나 전국에서 신사 참배 반대운동이 일어났다. 이것을 '신사불참배운동'이라고 말한다. 이들은 생활의 순결과 양심의 자유를 주장하며 하나님의 계명을 준수하고자 투쟁하였다. 그러나 이들도 1940년 '일제 검거'에 의해 투옥되었다. 신사참배 반대로 2,000여 명 이상이 투옥되었고, 그 중 50여 명은 순교한 것으로 알려져 있다. 그러나 현재 밝혀진 순교자는 40여 명에 불과하다. 마지막까지 수감되어 있던 중 해방과 함께 출옥한 인사는 20여 명에 달했다. 평양감옥에서 8월 17일 저녁 출옥한 이들로는 고흥봉, 김화준, 방계성, 서정환, 손명복, 오윤선, 이기선, 이인제, 조수옥, 주남선, 최덕지, 한상동 등과 김형락, 박신근, 안이숙, 양대록, 이광록, 장두휘, 채정민 등이었다. 신사참배반대로 약 150여 교회가 파괴되었고 교회는 큰 수난을 감내해야 했다. 1938년 이후 한국교회에는 굴종과 저항이라는 양면적인 역사를 엮어갔다.

신사참배 반대운동은 지역적으로, 또 조직적으로 일어났는데 가장 중요한 지역은 평양을 비롯한 이북지방과 부산경남지방이었다. 지역적 중심인물은 평안북도의 경우 이기선 목사, 평안남도는 주기철 목사, 경상남도는 한상동 목사였다. 경남지방의 경우 손명복, 이약신, 조수옥, 최덕지, 이찬수, 이현속, 주남선, 최상림, 황철도 등이 신사불참배운동에 앞장섰다. 선교사로서는 북장로교회(후일 정통 장로교회) 선교부의 한부선(Bruce Hunt), 함일돈(F. Hamilton), 호주 장로교 선교부의 마라연(Ch. McLaren), 테매시(M. Tate), 허대시(D. Hocking), 서덕기(J. Stuckey) 등이 신사참배를 반대하거나 반대운동자들을 후원하였다.

해방과 한국교회(장로교)의 분열

1945년 제2차대전의 종식과 함께 우리는 해방을 맞게 되었다. 해방된 조국에서 가장 시급한 과제는 한국교회를 재건하고 쇄신하는 일이었다. 그러나 기구적인 (치리회의)재건은 이루어졌으나 신사참배에 대한 회개나 친일청산과 같은 교회쇄신은 이루지 못했다. 마치 일제 하에서의 친일, 부역행위자를 잠제우지 못함으로써 민족정기를 바로 잡지 못한 것처럼 한국교회는 친일 성향의 인사들이 교권을 장악함으로서 신앙적 정의를 이루지 못했다. 해방 이후 1950년대 초까지 한국교회는 신사참배 문제 처리건과 신학의 문제로 심각한 대립과 혼란을 겪었고, 결국 한국 장로교회의 분열을 가져왔다.

　해방 공간은 매우 혼란하였고, 교회 또한 그러했다. 민족적으로는 정부수립과 친일청산의 문제는 가장 중요한 현안으로 대두되었다. 그러나 북한지역에는 소련군이, 남한에는 미군이 진주함으로써 국토가 분단되었다. 북한지역에서의 교회쇄신운동은 공산정권에 의해 무산되었다. 북한의 교회는 다시 공산정권 하에서 탄압을 받았고, 오늘에 이르기까지 침묵의 교회로 남아 있다.

　남한, 특히 부산 경남지방에서는 교회 재건운동과 쇄신운동이 일어났다. 신사참배 행위에 대한 회개와 자숙을 주창한 주남선과 한상동 목사는 1946년 9월 부산에서 과거 평양의 조선장로회신학교의 정신을 계승하는 고려신학교를 설립했다. 이들은 고려신학교를 교회쇄신운동의 신학적 거점으로 삼았다. 그러나 친일 혹은 부일 협력자들 곧 신사참배에 응했던 인물들의 방해로 이 운동은 성공을 거두지 못했고, 교회 쇄신론자들은 1951년 총회로부터 축출되어 한국(장로)교회의 분열을 가져왔다. 총회로부터 축출된 이약신(李約信), 주남선(朱南善), 한상동(韓尙東) 등은 1952년 별도의 치리회를 구성했는데 이것이 한국 장로교회의 첫 분열인 고신교회의 출발이었다. 고신교회(단)는 1. 자유주의 신학에 대한 반대와 개혁주의 신학의 확립, 2. 신사참배 반대와 저항 정신의 계승, 3. 교회쇄신을 통한 생활의 순결을 그 이념으로 제시했다.

　자유주의 신학 문제로 총회로부터 제명된 김재준(金在俊) 목사는 1953년 경기노회 중심의 지지자들을 규합하여 '기독교장로회'(기장)로 분립하였다. 이것이 한국 장로교회의 제2차 분열이었다. 보수적인 한상동과 진보적인 김재준의 양 극단이 제거되어 평화가 올 것으로 기대했으나 한국 장로교회는 1959년 다시 분열했다. 표면적으로는 신학교 건축을 위한 기금 3천만환 사기 사건, WCC 문제, 경기노회 총대권의 문제 등으로 나타나 있지만 박형룡과 한경직 간의 대립으로 총회는 승동측과 연동측으로 분열되었다. 이것이

제3차 분열이었다. 1912년 총회가 구성된 이래 단일 교회로 남아 있었으나 1952년 이후 3차례의 분열을 통해 장로교회는 4교단으로 분열되었다. 분열의 중심에는 비슷한 시기에 태어난 4사람의 지도자, 곧 한상동(1901-1976), 김재준(1901-1987), 박형룡(1897-1978), 한경직(1902-2000) 목사가 좌정하고 있었다.

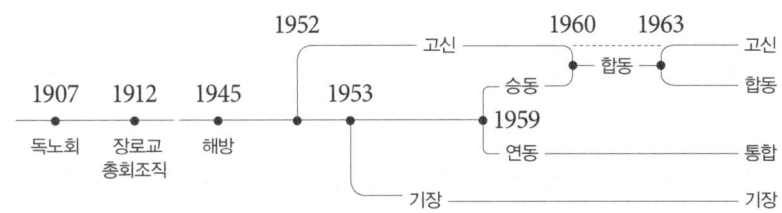

한국 장로교회는 분열의 아픔을 딛고 연합하려는 시도도 없지 않았다. 그 첫 시도는 1959년 제3차 분열 뒤였다. 즉 장로교회가 승동과 연동 측으로 분열되자, 고신측과 승동측은 교단 합동을 위한 대화를 시작하였다. 1960년 9월 양 교단은 해 교단의 인준 하에 통합을 위한 위원회가 구성되었고 약 3개월간의 대화 끝에 1960년 12월 13일 합동총회가 개최되었다. 이렇게 되어 고려신학교측인 고신과 승동측은 연합하여 '합동'교단으로 통합되었다. 이때 합동을 기념하여 '새 찬송가'가 발간되었다. 고신과 승동측은 '합동'이라는 이름으로 통합되었으나 불과 3년이 못되어 고신은 환원을 선언하고 합동측으로부터 재분리되어 고신교단을 구성하게 되었다. 또 합동측과 연동측도 재통합을 시도했으나 이 또한 무위로 끝났다. 결과적으로 한국 장로교회는 다시 4개 교단으로 분리되어 고신교단은 고려신학교(고신대학교)를 중심으로, 합동교단은 총회신학교(총신대학교)를, 통합은 장로회신학교(장로회신학대학)를, 기장은 조선신학교(한신대학교)를 중심으로 각각 신학교육을 시행하고 있다.

1950년대의 교회

1950년대 한국사회는 정치적으로나 사회적으로 혼란기였다. 해방 후 5년이 경과했으나 그 이전 시대의 민족문제와 한반도를 둘러싸고 있는 열강들의 대립은 1950년대의 한국의 정치, 사회적 상황에 여전히 영향을 주고 있었다. 해방 후 남북한 간의 첨예한 대립과 이 시대의 냉전체제는 한반도에 민족상잔의 전쟁을 발발케 하였고, 이 전화(戰禍)는 민족의 고난과 아픔의 실체였다.

이 시대의 교회는 이러한 한국의 정치적 상황에 크게 영향을 받고 있었다. 그 시기의 교회는 교회와 국가 간의 관계에 대한 균형 잡힌 이해가 부족하였다. 특히 1950년대 이승만 정권에 대한 무조건적인 지지와 찬사는 교회의 예언자적 기능을 상실케 하였고, 국가권력에 대한 교회의 바른 관계를 정립하지 못했다. 북한에서의 공산정권 수립, 남북간의 이념적 대결, 특히 6.25 전쟁의 결과로 남한에서는 반공 이데올로기가 심화 되었고, 기독교는 반공 이데올로기 형성의 중심에 서 있었다. 반공사상의 형성은 해방 후 기독교가 끼친 가장 큰 공헌이라고 볼 수 있다. 공산주의에 대한 불신과 거부는 상대적으로 자본주의에 대한 과신을 안겨주어 자본주의의 문제와 약점을 정당하게 비판하지 못했다. 이런 와중에서도 교회 지도자간의 대립이 교회의 분열을 가져왔던 점은 가슴 아픈 역사로 남아 있다. 1950년대의 한국전쟁과 사회적 혼란, 경제적인 어려움, 그리고 기성교회의 대립과 분열 속에서 이단이 출현하여 교회에 많은 해를 끼쳤다.

해방과 함께 온 분단은 민족의 비극이었다. 그 비극의 아픔은 6.25전쟁으로 극에 달했고 그 상흔은 치유되지 못한 채 오늘까지 계속되고 있다. 독일의 사회학자 울리히 베크(U. Beck)의 지적처럼 우리 시대의 재난은 책임소재가 불분명하고 그 재난의 범위가 무한정하다는 점이다. 6.25 동란이 그러했다. 남침을 감행한 김일성 정권에게 가장 큰 책임이 있지만 민주주의와 공산주의로 분단된 남북한의 대결은 국제 정치 질서의 희생의 결과였다. 3년 1개월에 걸친 6.25동란은 북한은 당시 인구의 28.4%인 272만여 명이 죽거나 난민이 되었고, 남한에서는 133만여 명이 사망했다. 또 중국은 브루스 커밍스에 의하면 100만여 명 이상이 목숨을 잃었다. 미군의 사망자와 행방불명자는 6만 3천명에 달했다. 이 전쟁 중 월남한 인구는 40-60만에 달했다. 이들을 포함해 5백만 명의 전재민과 1천만명의 이산가족이 발생하였다. 즉 전쟁으로 400만명이 목숨을 잃었고 행방불명자가 30만에 달했다. 또 전쟁미망인이 20만, 전쟁고아는 10만에 달했다. 피난민은 240만명에 달했고, 북한에 의해 납치된 인사는 8만4천500여 명에 달했다. 전쟁은 처참했다.

전쟁 기간 중 교회가 입은 피해도 엄청났다. 장로교회의 경우 467개 교회가 파괴되었고 완전 소실된 교회는 152개 처에 달했다. 감리교의 경우 155개 교회는 파괴되었고 84개처 교회가 완전히 소실되었다. 성결교회는 79개처 교회가 파손되었고 27개 교회는 완전히 소실된 것으로 보고되고 있으나[4] 실제로 그 피해는 더 컸다. 이 동란 중 장로교 지도자 177명, 감리교 44명, 성결교 11명 등 교회지도자들이 납치 되어 그들의 생사에 대해서는 지금까지도 알려져 있지 않다.

전란 중 북한에서는 교회지도자들을 투옥 처형시켰고 교회를 탄압하였다. 김익두(金益斗) 목사가 처형되었고 조희염(曺喜炎), 정일선(丁一善) 목사 등 20여 명도 원산에서 학살당했다. 또 신석구(申錫九) 목사를 비롯하여 10여 명의 목사들도 피살되었다. 살아남아 있던 기독교 신자들은 1.4 후퇴 때 남하하였기 때문에, 결국 한국전쟁을 거쳐 가면서 북한에서 기독교는 완전히 자취를 감추게 되었고 오늘까지 침묵의 교회로 남아 있다. 현재 평양의 봉수 교회와 평안남도 대동군에는 칠곡교회가 세워져 있고, 공개적인 집회를 하고 있으나 진정한 교회로 보기에는 여러 가지 의문점이 있다.

---

4) 민경배,『대한 예수교장로회 백년사』(대한 예수교장로회 총회, 1984), 544.

교회가 물리적으로 파괴되는 가운데서 교회 내부에서 일어난 갈등과 대립, 그리고 분열은 혼란을 가중시켰고, 신자들은 새로운 소망을 갈망하였다. 이런 사회적 혼란과 무질서는 이단의 출현을 재촉했다. 문선명의 통일교, 박태선의 전도관 등 이단이 일어났고, 나운몽 집단과 같은 불건전한 주관적 신비운동, 탈 역사적 은둔주의 신앙이 발호하여 한국교회에 혼란을 가중시켰다.

한국전쟁 기간 중 한 가지 특기할 사항은 피난지 부산에서 거교회적 기도운동과 회개운동이 일어났다는 점이다. 수도 서울을 적에게 빼앗긴 후 후퇴를 거듭하여, 대전을 거쳐 부산이 임시 수도가 되었다. 대구와 경상남도의 일부지역을 제외한 전 국토가 공산당의 수중에 들어가자 부산에는 각처로부터의 피난민이 몰려들어 온통 피난민들의 도시로 변해 버렸다. 부산은 피난민들의 유일한 도피처였고 신자들에게는 소위 '의의 피난처'였다. 절박한 현실에서 부산 초량교회, 부산중앙교회, 부산진교회, 광복교회 등에서 피난 온 신자들이 모여 구국 금식 기도회를 열고 민족의 장래를 위해 기도하는 운동이 전개되었다. 특별한 조직은 없었으나 이 기도운동은 꾸준히 이어졌고, 9월 15일 시작된 인천상륙작전이 성공하고, 28일 서울을 탈환했을 때 성도들은 기도의 응답이라고 여겼다.

또 한 가지 특기할 일은 한국전쟁은 군목(軍牧)제도가 시작되는 동기를 제공하였다는 점이다. 앞에서 언급한 바처럼 국가가 존망의 위기에 처해 있을 때 교회지도자들의 기도운동이 일어났는데 이 기도운동과 함께 군에서의 목회 혹은 정훈활동의 필요성을 인식한 교회 지도자들에 의해 군목제도가 발의되었다. 이 군목제도의 시행은 "한국 역사상 유래가 없는 선교의 전환점이 되었다."[5] 이 군목제도는 권연호(權連鎬) 목사가 당시 이승만 대통령에게 진언하여 1952년 육군 안에 문관의 자격으로 시작되었지만 1954년에는 육

---

5) 민경배, 546.

군에서 군목을 장교로 임관하고 독립된 병과(兵科)로 인정함으로서 이 제도가 확립되었다. 이보다 앞서 전쟁 직후 지송암(池松岩), 김영환(金英煥) 두 목사가 육군 제3병원에서 전도할 때 병원장이었던 정희섭(鄭熙燮) 대령이 이들 두 목사에게 '종군 목사'라는 직함을 준 일이 있는데 이들이 흔히 첫 군목으로 일컬어지고 있다.

한국전쟁은 결과적으로 미국을 중심한 외국기독교 단체의 구호활동을 진작시켰고, 한국교회와 기독교인들로 하여금 구제, 자선 등 사회사업에 관여하게 만들었다. 기독교 세계봉사회, 국제선교협의회, 기독교국제연합위원회 등의 기관을 통해 한국에 대한 원조를 개시하였다. 이들 단체 외에도 특히 전쟁고아를 위한 여러 기독교 단체가 한국에 구호활동을 시작하였다. 기독교 아동복지회(CCF, Christian Children's Fund), 메노나이트 중앙위원회(MCC, Mennonite Central Committee), 선명회(World Vision), 컴페이숀(Compassion), 홀트아동복지회(Holt Children's Services) 등이 대표적인 기관이었다. 재침례교도인 메노나이트교회는 한국에서 전쟁이 발발하자 전쟁 미망인이나 고아, 극빈자 등 도움을 필요로 하는 이들을 위해 1951년 대구와 경산에 구호기관과 기숙학교(boarding school)를 설립하고 1971년까지 구호, 기술교육, 직업훈련, 그리고 농촌지도 활동을 전개하였다.

또 한국교회와 기독교 인사들에 의해 많은 고아원이 설립되었는데 극히 일부를 제외하고는 외국구호 기관의 전적인 지원으로 운영되었다. 1953년 7월 휴전 당시 고아들을 위한 시설은 440여 개 처에 달했고 수용된 아동들은 53,964명에 달했다.[6] 이들 기관을 통한 구호, 자선사업은 많은 아동과 부녀자들에게 생계와 주거문제를 해결해 주었고 새로운 소망을 심어주었다.

---

6) 김영재, 『한국교회사』(이레서원, 2004), 269.

1960-70년대의 교회

1960년대는 한국교회가 사회현실, 보다 구체적으로 정치현실에 대해서 새로운 인식을 하게 되는데, 그 계기가 된 사건이 1960년의 4.19 혁명이었다. 이 학생혁명은 우리 사회의 민주의식 혹은 정치의식의 발전일 뿐만 아니라 교회의 사회참여와 그 대응에 있어서 커다란 변화를 가져왔다. 한국교회는 이승만 재임 중에는 맹목적인 지지를 보냈으나 4.19 이후 기독교계는 정치현실을 보다 객관적으로 인식하기 시작하였다. 1961년 5.16 군사 쿠데타가 일어났을 때도 처음에는 권력지향적인 모습을 보여주기도 했다. 예컨대 혁명이 일어난 지 10일 후 '한국교회협의회'(NCC)는 박정희 장군을 비롯한 군사 쿠데타를 지지하는 성명을 발표하였다. 즉 쿠데타는 부정과 부패뿐만 아니라 공산주의 침략으로부터 국가를 건지기 위한 불가피한 조치였으며 한국민는 군사정부에 협조해야 한다는 내용이었다. 쿠데타가 일어난 지 35일 만인 6월 21일에는 한경직(韓景職)과 김활란(金活蘭)은 기독교를 대표하여 미국을 방문하고 군사정부를 지지해 줄 것을 요청하기까지 했다. 그러나 이런 경험을 통해 교회는 사회현실에 어느 정도 거리를 두고 조망하기 시작한다.

이때까지는 보수나 진보의 구분선이 분명치 않았다. 그러나 박정희 정권의 출현과 함께 정치권력에 대한 교회의 입장은 신학적 성향에 따라 선명하게 구분되기 시작했고, 신학적 성향에 따라 정치권력에 대한 상반된 견해가 대두되었다. 즉 보수 성향의 교회나 그 지도자는 개인구원을 강조하고, 정교분리원칙에서 정치적인 문제나 사회구조의 문제에 대해서 무관심했다. 반대로 진보적 교회는 사회구조의 개혁 및 변혁을 우선시하고 정치, 사회문제에 관심을 갖고 행동하기 시작했다. 결국 1960년대를 거쳐 가면서 보수측과 진보측은 정치권력과의 관계 혹은 태도에 대한 상호간의 분명한 차이를 보여주기 시작하였다. 이와 같은 교회와 국가 간의 관계에 대한 신학의 양극화현상은 그 이후의 역사에서 더욱 분명해졌다. 특히 1970년대 이후 보수와 진보의 경계선이 보다 분명히 나타났다.

1960년 이후 한국교회의 가장 중요한 이슈는 교회성장이었다. '성장'이라는 단어는 이 시대의 제왕이었고, 교회성장은 이 시대의 최대의 관심사였다. 이것은 박정희 정부의 경제정책과 무관하지 않다. 1961년 군사 쿠데타로 권력을 잡은 박정희 정권은 경제성장을 국가 지표로 삼았다. 이것은 군사 쿠데타의 당위성을 꾀하는 명분확보로 제시되었고, 국민들의 입장에서는 기근과 굶주림으로부터 벗어나려는 생존의지로 인식되었다. 그래서 경제성장, 곧 성장지상주의(成長至上主義)는 국민적 소망과 정권적 의지, 그리고 현실적 힘을 가진 살아 있는 가치체계였다. 그래서 소위 '잘 살아보세' 철학은 1960년대 이후 다른 가치체계로부터의 제약이나 충돌 없이 제일의적(第一義的) 과제로 추구되었다. 그 결과 우리나라 경제가 크게 발전한 것이 사실이다. 1966년과 1970년 사이의 개발도상국으로 분류된 59개 국가 중에서 우리나라는 경제성장률 제1위, 수출신장율 제1위, 그리고 제조업 고용증가율 제2위를 차지하였다.

이러한 상황에서 한국교회는 스스로도 의식하지 못하는 가운데 성장지상주의 이데올로기에 매몰되어 갔다. 성장은 교회에서도 제일의적 과제로 인식되었다. 성장은 교회의 최고의 가치이자 최고선(最高善)이었다. 1970년대 교회의 양적 성장 추구가 이 시대 교회의 뚜렷한 특징이 되었다. 결과적으로 한국교회는 1907년 대부흥 이래 가장 큰 성장을 이루었다. 해방 당시의 기독교신자는 35만 명으로 추산되고 이로부터 10년 후인 1955년에는 60만 명에 지나지 않았으나, 1965년에는 약 120만 명으로 성장하였다. 1975년에는 350만 명으로 급증하였고, 1970년대를 마감하는 1979년 기독교신자는 약 700만 명으로 집계되었다. 그래서 1960년대 이후는 매 10년마다 200% 성장하였고, 1970년대 후반에는 매일 6개씩의 교회가 설립된 것으로 보고되었다. 수적으로 말하면 1970년에는 매년 60만 명씩 증가한 것으로 알려져 있다. 이런 통계만 보더라도 1970년대의 한국교회의 가장 중요한 관심은 교회

성장이었음을 알 수 있다.

물론 한국교회의 성장운동에 영향을 준 것은 정부의 경제성장제일주의만이 아니다. 미국 풀러신학교의 교회성장학파(Church Growth School)의 영향이나 여의도순복음교회의 조용기 목사의 목회방식도 많은 영향을 끼쳤다. '성장'이 최고의 가치였기 때문에 신학적 일관성이나 신학적 순전성은 별 의미를 갖지 못했다.

물론 성장 그 자체가 문제시될 이유는 없다. 문제는 성장제일주의는 성장 이외의 다른 가치들을 무시하거나 부수적인 것으로 취급한다는 점이다. 한국교회가 수적 성장을 절대시한 결과 성장 아닌 가치들, 곧 정당한 치리, 의와 거룩, 성결, 이웃 사랑 등 윤리적 가치들은 무시되거나 경시되었다. 물질적 풍요를 갈망하는 인간의 욕망이 신앙이란 이름으로 정당화 되었고, 축복 지향적 신앙형태가 이 시기에 풍미했다. 결과적으로 이 시대의 교회는 순례자적 이상을 상실했다.

1970년대 이후 인권운동과 민주화운동은 또 다른 형태의 교회적 과제로 인식되었다. 이 시기에 보수적 교회가 교회성장에 관심을 기울인 반면, 진보적 교회는 인권운동과 민주화운동을 선교적 과제로 인식했다. 즉 1960년대 박정권의 출현과 함께 한국교회에는 두 가지 형태의 교회 운동이 일어났는데, 하나는 사회현실에 대해서는 무관심한 반면 교회성장을 제일의적 과제로 추구하는 운동이었고, 다른 하나는 사회구조의 개혁 및 변혁을 앞세우는 사회참여 운동이었다. 대체적으로 말해서 전자는 사회구조와의 싸움보다는 개인의 구원문제를 앞세우는 보수주의 교회가 그 중심에 있었다. 그래서 1960년대 이후 한국교회는 보수측과 진보측 간의 분명한 차이를 보여주었다.

1980년대의 교회

1961년 군사 쿠데타을 통해 권력을 잡은 박정희 정권은 영구집권을 위한 의도로 1972년 10월 17일 계엄령을 선포하여 헌정을 중단시키고 모든 정치 활동을 중지시켰다. 국회가 해산된 상태에서 비상국무회의의 의결을 거쳐 소위 유신헌법이 공포되었고 형식적인 국민투표에 의해서 이 법은 확정되었다(1972. 11. 21). 대통령의 중임제한이 철폐된 이 헌법은 대통령에게 무소불위의 절대적 권한을 부여하고 있었다. 박정희는 1972년 12월 23일 통일주체국민회의에 의해 대통령에 선출되어 절대 권력을 행사했으나 1979년 10월 26일 김재규에 의해 피살됨으로서 70년대의 암울한 역사를 마감하게 되었다.

한국교회는 이런 정치적 변혁을 경험하면서 국가와 교회에 대한 바른 관계가 무엇인가를 깨닫기 시작했고, 교회의 사회적 책임을 헤아리는 계기가 되었다. 이때부터 교회의 사회 참여는 더욱 고조되어 1980년대는 민주화 운동의 연장선상에서 통일에 대한 교회의 관심이 확대되었다. 다시 말하면 1980년대 전반기까지 한국교회의 대사회적 관심사가 민주화였다면, 1980년대 후반에 와서 민족문제에 대한 교회의 가장 큰 관심사는 통일문제였다. 따라서 통일문제는 교회가 감당해야 하는 중요한 과제로 인식되기 시작하였다. 진보적 교회가 주도한 통일논의는 민족주의적 관심에서 전개되었고 북한 인권에 대한 무관심 등으로 보수적 교회의 지지를 얻지 못했으나 민간 차원에서의 통일운동을 주도한 점은 부인 할 수 없다.

1980년대는 한국교회의 새로운 전환점이 되었다. 1984년을 가리켜 흔히 '한국기독교 100주년,' 혹은 '한국선교 100주년'이라고 말하지만 이 두 가지 용어가 다 정당하지 못하다는 점을 지적한 바 있다. '한국기독교 100주년'이라고 말할 때 이 말은 한국기독교의 기원을 미국 선교사 도래를 기점으로 산정한 표현으로서 미국 선교사 도래 이전의 한국기독교의 역사를 부정하는 의미가 있다. 결과적으로 1884년 이전의 기독교와의 접촉, 한국인

수세자의 출현(1876), 첫 성경번역(1882), 황해도 장연군 대구면 송천리에 설립된 자생적교회의 설립(1883) 등과 같은 한국인의 주체적 역사나 신앙공동체의 형성은 무시되거나 부정하는 의미가 담겨 있다. 또 1984년을 '한국선교 100주년'이라고 말하지만 이 역시 1884년 알렌 선교사를 파송했던 미국교회가 주체가 된 표현으로서 한국이나 한국교회가 수동적인 의미를 지니게 된다. 이미 1934년에 체한(滯韓) 선교사들이 중심이 되어 한국선교 50주년 행사를 한 일이 있는데, 이 때를 선례로 1984년에 백주년 행사를 한 것으로 보인다. 1984년을 보다 정확하게 말하면 '미국 선교사 내한 100주년'이라고 할 수 있다.

그 용어가 어떠하든 1984년을 전후하여 한국교회는 자성과 반성의 계기로 삼았고, 그 동안 한국교회가 지나치게 수적 성장에 치중하였고 사회현실에 대한 정당한 관심이나 교회의 사명에 충실하지 못했음을 반성하게 된다. 이 때를 전후하여 일상의 삶 속에서 신앙적 성숙을 도모하는 '말씀 묵상운동'(Quiet Time), 제자화 운동, 기독교 신문·잡지·방송, 기독교 출판 등 기독교 문화운동, 교회의 사회봉사에 대한 관심이 일어났고, 특히 선교에 대한 새로운 관심은 이 시대의 주목할 만한 진전이었다. 이런 현상은 한국교회의 커다란 변화를 가져왔다. 한국성서유니온의 《매일성경》의 발행은 성경읽기와 QT운동을 주도하였고, 1985년 4월의 《빛과 소금》의 창간은 한국기독교 문화운동의 진전을 보여주는 분명한 시도였다. 1970년대 중반까지 한국교회가 파송한 선교사는 불과 15명에도 미치지 못했다. 이 점은 한국교회가 해외 선교에 대해 얼마나 무관심했던가를 보여준다. 그러나 1980년대를 거쳐 가면서 교회의 선교적 사명을 인식하기 시작했고, 선교는 거교회적 관심사로 대두되었다. 한국교회에서 선교운동에 영향을 준 이는 1968년 동서선교연구원을 설립했던 조동진 목사였다. 그는 1980년대 이후 선교신학을 가르쳤던 전호진 박사와 함께 한국교회의 선교운동에 커다란 영향을 끼쳤다. 1990말 당시 한국의 20여 교단과 30여 선교단체는 790명의 선교사들을 해

외에 파송했다. 그러나 2007년에는 173개국에 16,600명의 선교사를, 2013년 말 현재 169개국에 25,745명의 선교사를 파송하여 미국 다음으로 가장 많은 선교사를 파송하는 선교 대국이 되었다.

한국교회의 급성장은 서구교회의 주목을 받아왔으나 1980년대 후반 이후 성장 둔화현상이 나타나기 시작했다. 이 점은 어느 한 가지 요인으로 설명할 수 없는 복합적인 요인이 있지만 가장 중요한 요인은 삶의 환경의 변화였다. 한국인의 삶의 환경은 1980년대 후반에 와서 급격한 변화를 보여주었다. 해방이후의 혼란, 6.25동란 이후의 가난함과 무질서 그리고 계속되던 전쟁의 위협, 이런 사회적 불안 요인들은 1980년대 이후 자연스럽게 해소되었다. 역대정권에 의해 정권적 차원에서 이용되던 안보 이데올로기는 1980년대 후반부터는 그 위력이 크게 감소되었고, 김영삼 정부 이후는 국제적인 냉전체제의 종식과 함께 전쟁에 대한 위기감은 격감되었다. 1970년대부터 서서히 나타나던 경제성장과 삶의 환경은 1980년대 상당한 변화를 보여주었다. 해방이전에는 한국인의 약 80%가 농업에 종사했으나 지금은 농어촌 인구는 15% 미만이다. 말하자면 급격한 도시화 현상 혹은 도시 집중현상이 초래되었고, 보다 안정된 삶을 누리게 되었다. 통계청 자료에 의하면 1985년 당시 1인당 GNP는 2,242불에 지나지 않았으나, 1993년에는 7,513불로 세계 150여 국가 중 30위 안에 들게 되었다. 1990년대 후반에는 1만불을 넘어섰고, 2005년에는 17,422불로 세계 33위였다. 이와 같은 안정된 생활은 종교적 속화 현상을 초래하였다. 이전에는 고난과 가난의 와중에서 믿음 안에서 안식을 누렸고 그 믿음은 험악한 세월을 이기는 정신적 힘이었다. 그러나 사회적 삶의 변화로 신앙은 본령(本領)에서 주변(周邊)의 부가물로 밀려났다.

이런 변화를 보여주는 지표가 자동차의 급격한 보급이었다. 통계청 자료에 의하면 승용차의 보급은 1985년 이후 급격히 증가 되었다. 1985년의 경우 55만 6천 7백 대에 지나지 않았으나, 1986년에는 66만 4천대, 1987년에는 84

만 4천대, 1988년에는 111만 8천대, 1989년에는 155만 8천 600대, 1990년에는 207만 5천대로 각각 늘어났다. 또 1991년에는 273만대, 1992년에는 346만대로 증가되었고 인구 백명당 보유수가 8대로 나타났다. 승용차만이 아니라 상용차까지 합치면 1992년의 경우 자동차 보유수는 523만대이고 백 명당 자동차 보유수는 12명으로 나타나 있다. 한국의 자동차 보유수는 세계 160개국 중에서 60번째에 해당된다. 그런데 1993년에는 427만대로 늘어났고 상용차까지 합치면 627만대이다. 1994년의 경우 인구 백 명당 자동차 보유수는 16.7대로 늘어났다. 자동차의 급격한 보급은 한국인의 생활양식에 변화를 주었고 이것은 여가문화의 변화와 함께 교회 출석율을 급격히 저하시키는 요인으로 작용하고 있다. 이제는 어떻게 사느냐의 문제가 아니라 어떻게 즐기느냐의 문제로 인식되고 있다.

물론 기존교회의 영적, 도덕적, 윤리적 권위의 상실, 이단이나 유사기독교의 활동이 가져온 부정적 영향도 성장 둔화현상에 영향을 끼친 요인들이다. 특히 1992년의 시한부 종말론자들의 광신적인 활동과 그 주장의 허구성, 몰이성적 행태들이 가져온 역기능 또한 복음전도 활동에 부정적 영향을 주었던 요인이었다.

여성안수 문제는 1980년대 이후 한국교회의 중요한 관심사였다. 이것은 비단 한국교회만의 문제는 아니었다. 미국 북장로교회(PCUSA)는 1930년에 여 장로직을 허용하였고, 1955년 총회에서는 여 목사 제도를 승인한 바 있다. 북장로교회에 비해 다소 보수적이었던 미국 남장로교회(PCUS)는 1964년에 여성안수를 허락하였는데, 1978년에는 여 목사 사라 모즐리(Sara B. Moseley)가 총회장이 되기도 했다. 위의 두 교회는 1983년 통합하여 지금은 미합중국 장로교회[PC(USA)]가 되었고 여성안수는 자연스런 일이 되었다. 그런데 이런 교회들만이 아니라 미국의 기독교개혁교회(CRC)는 지난 30여년간 이 문제로 심각한 토론이 있었고, 이로 인한 내분까지 겪었다.

여성 사관을 당연시해왔던 구세군(1908)을 제외하고 볼 때, 한국에서 여성안수를 가장 먼저 결정한 교회는 감리교였다. 한국 감리교회는 이미 1933년부터 여성안수, 곧 여성 목사와 장로가 허용되었다. 기독교장로회는 1957년에 여 장로 제도를, 1974년부터는 여 목사 제도를 채택했다. 미국남장로교회가 여성 목사를 안수하기 4년 전의 일이었다. 흥미로운 점은 극단적인 보수주의 혹은 근본주의적인 재건파 교회가 1954년부터 여성안수를 허락했다는 점이다. 이들은 신학적 근거에서 여성안수를 허용했다기 보다는 재건파의 지도자인 최덕지씨를 위해 여자성직을 허용했다고 볼 수 있다. 이 일로 재건교회는 여권파와 반여권파로 분열하는 아픔을 겪기도 했다.

그러나 한국교회의 절대 대수를 점하고 있는 장로교계의 합동, 고신 등 장로교 중심교단은 여전히 여성안수를 반대하고 있다. 1990년대 통합교회(단)는 여성안수 문제를 전향적으로 검토하기 시작하였다. 한국 장로교회에서 여성임직 문제가 처음으로 거론된 때는 1932년이었다. 성진(城津)중앙교회의 김춘배(金春培) 목사가 여권(女權)을 주창한 것은 이로부터 2년 후였다. 그 후 이 문제는 끊임없이 제기되었고, 1980년대에도 헌의-부결-헌의-부결의 순환이 계속되었다. 그러나 1980년대를 거쳐 가면서 여성안수 청원은 거절할 수 없는 선택이라는 인식이 깊어졌다. 여권론의 대두와 성 차별 자체가 범죄라는 사회적 인식도 영향을 주었다.

이런 과정에서 1980년대를 마감하는 1989년에는 그 변화가 분명해졌다. 이해에 모였던 대한예수교장로회(통합) 제74회 총회에서는 여성안수 찬성표가 반대보다 2표가 앞서는 이변이 일어났다. 그러나 과반선에서 단 4표가 부족하여 부결되었다. 그러나 1994년 통합측은 제79회 총회에서 지난 60여 년간 논란했던 여성안수건을 종결하는 결정을 하기에 이르렀다. 총 투표자 1,321명중, 찬성 701, 반대 612, 기권 8표로, 89표 차이로 여성안수를 허용하는 헌의안이 채택되었다. 이 총회의 헌의에 따라 1995년 봄 노회 수의 결과 목사직 투표수 8,060표 중 찬성이 5,546표로 73.8%의 지지를 받았고, 장로직은 투표수 8,057표 중 찬성이 5,997표로 74.4%를 얻어 여 장로, 여 목사 곧 여성 성직이 동시에 허용되었다. 그 결과 통합교단은 1996년부터 여 장로와 여 목사를 두게 되었다. 이로서 한국의 가장 큰 장로교회인 통합측은 한국의 감리교와 기독교장로회에 이어 여성안수를 허용하는 교단이 되었다.

이것은 한국 장로교회 역사에서 중요한 분깃점이 된다. 한국교회에 상당한 영향력을 행사하는 통합측이 여성안수를 허락하게 되자 이 결정은 여전히 여성안수를 반대하는 합동과 고신교단에도 도전을 주고 있다. 2005년 현재 통합교단의 경우 530명의 여 목사를 장립하였고, 기장교단은 160명의 여 목사를 장립하였다. 현재 한국에는 약 4천명의 여자 목사가 활동하고 있다.

1980년대 이후의 한국교회는 밖으로부터의 도전과 내부적 혼란을 극복해야하는 이중적 난제를 안고 있었다. 단군전건립운동에 맞선 건립반대운동, 이단과 사이비 유사기독교의 출현, 신학교의 난립과 교회 분열, 교회의 사회적 신뢰의 상실 등은 교회가 해결해야 할 숙제였다. 이런 와중에서도 적극적인 선교운동, 대 사회 봉사활동, 북한동포에 대한 관심과 물적 지원, 통일운동에의 동참, 교회연합운동 등이 이 시대의 중요한 활동이었다.

오늘 한국교회가 안고 있는 가장 중요한 과제는 사회적 신뢰를 회복하고 교회가 도덕적 윤리적 계도자의 위치에서 한국사회 변화의 주체가 되어야 한다는 점이다. 이렇게 하기 위해서는 먼저 교회가 기독교 신앙 본래의 정체성을 회복해야 한다. 어떤 시대든지 기독교의 세속화는 본래적 가치로부터의 후퇴나 이탈이었다. 그리스도인은 이 땅에 살면서도 이 땅에 속하지 아니한 자들이다. 따라서 성경적인 그리스도인의 삶의 방식은 이 땅에서는 나그네로 사는 것이다. '나그네성(性)'의 상실은 교회의 속화를 초래하였다. 중세교회의 문제는 나그네적 공동체여야 할 교회가 안주 집단으로 변질된 결과였다. 교회가 역사현실에 안주하려고 할 때 세속 권력과 야합하고, 불의와 타협하고, 신앙적 가치를 무시하게 된다. 한 때 막스주의자였던 폴란드 출신의 사회철학자 레젝 콜라콥스키(Leszek Kolakowski)는 오늘의 서구사회의 세속화는 기독교가 너무 쉽게 그 고유한 가치를 포기해 버린 결과라고 지적했다. 나그네 의식은 하나님께서 이스라엘 백성의 삶 속에 새겨준 삶의 방식이었다. 이것이 히브리인들의 역사였다. 어느 한 곳에 정착하지 않고 계속적인 이민과 이동을 통해 이 땅에서는 나그네라는 사실을 확인시켜줌으로써 보다 나은 본향을 사모하도록 하셨다. 이 세상이 우리의 영원한 삶의 터전이라고 믿고 살아갈 때, 즉 '안주의식'은 개혁을 불가능하게 한다. 히브리서 기자(11:13-16)는 열조들, 구약의 위대한 믿음의 사람을 소개한 후 '저들은 더 낳은 본향을 사모하였다'고 했다. 오늘 우리는 이 땅에서는 나그네 일뿐이다.

지금 한국교회에 가장 필요한 것은 교회 공동체에 마땅히 있어야 하는 영적 권위를 회복하는 일이고, 우리에게 시급한 것은 겸허한 자성(自省)이다.

맺는말 - 내일을 위한 모색

한국교회, 곧 한국에서의 교회는 19세기말 이후의 한국이라는 지리적 공간과 한국이라는 문화적 배경에서 형성되었으므로 한국에서의 기독교의 수용과 발전은 외국의 교회와는 다른 일면이 있을 것이다. 한국은 19세기 이후 그 지리적 배경 때문에 열강들의 위협 속에서 민족적 자강(自强)의지를 서구 기독교를 통해 구체화하려 했으므로 한국기독교는 처음부터 민족적 성격을 띠게 되었다. 아아(亞阿)제국에 있어서 민족주의는 항상 반 기독교적 성격을 띠게 되었으나 한국에서의 경우는 달랐다. 한국 교회는 1910년 이래로 일제의 지배 하에 있었는데 일제에 대한 민족적 반감은 기독교 신앙과 어우러져서 한국기독교는 민족주의와 결합된다. 이러한 역사적 경험은 한국교회 성격 형성에 커다란 영향을 끼쳤다.

역사연구의 궁극적인 목적은 어제를 위한 것, 곧 과거에의 탐색 그 자체가 아니라 내일을 위한 전망이다. 우리는 지난 역사에 대한 탐색을 통해 내일의 교회를 모색해야 한다. 우리는 지난날의 한국교회가 교회로서의 본질과 사명에 충실해 왔던 가를 성찰해야 하고, 구원의 방주로서의 교회 본래의 사명과 본질에 충실하도록 자기 쇄신의 노력이 계속되어야 할 것이다. 이하의 글들은 이런 한국교회 자기 성찰을 위한 자료일 뿐이다.

2. 조용한 아침의 나라 한국

은둔의 나라, 조선[7]

미국의 저명한 작가인 펄벅은 "한국은 동양의 보석이며, 그곳에는 고상한 사람들이 살고 있다"(Korea is the gem of the Orient and a noble people live there)고 말한 바 있다. 펄벅은 한국의 농촌풍경을 보고 한국에 대한 애정을 가지게 되었다고 한다. 농부가 일을 마치고 소달구지를 이끌고 귀가할 때 소에게만 짐을 지우지 않고, 농부도 자신의 지게에 짐을 싣고 걸어가는 모습이 아름다웠다고 했다. 소에게만 과도한 짐을 지우고 홀가분하게 걸어가지 않고 소와 함께 짐을 나누는 배려, 거기에서 펄벅은 목가적 정취 이상의 휴메니틱한 한국인의 모습을 보았다고 했다. "한국은 동양의 보석"이라는 그의 말은 한국교회

---

7) 이 원고는 1999년 7월 14일 제주도 이기풍 기념관에서 행한 외국인들을 위한 Love Korea 강연 원고임.

에 대한 애정이라고도 믿고 싶다. 한국은 중국과 러시아, 인도를 비롯한 동양의 여러 나라들에 대한 복음의 도구가 될 수 있다면, "조선은 고상한 사람들의 땅"이라 할 수 있을 것이다.

한국에 대한 두 가지 상징적인 표현이 있어왔다. 첫째는 '조용한 아침의 나라'(the Land of Morning Calm)라는 평화로운 수사(修辭)이다. 이것은 한국의 옛 이름 '조선'(朝鮮)의 영역(英譯)이기는 하지만 동적이기보다는 정적인 19세기 한국에 대한 표현이었다. 20세기 초엽까지 한국은 흔히 '은둔의 나라'(Hermit Kingdom)로 일컬어지기도 했다. 일본 동경제국대학에서 동양학을 가르쳤던 윌리엄 그리피스(William E. Griffis, 1843-1928)가 처음 사용한 이 표현은 대외(對外) 개국을 반대하고 쇄국의 길을 가는 조선에 대한 인식을 반영하고 있다. 사실 한국은 19세기 까지는 외국의 어떤 나라와의 교섭이나 교류도 허락하지 않는 바다 위의 섬과 같은 은둔국이었다. 대원군은 쇄국정책이야 말로 외세의 침략이나 도전을 막아낼 수 있는 유일한 방아책(防我策)이라고 믿고 있었다.

이런 쇄국정책에도 불구하고 은둔의 나라로 향하시는 하나님의 손길을 거역할 수 없었다. 1876년 조선은 약 10년여 간 지켜오던 쇄국의 녹슨 빗장을 열고 개항하지 않으면 안 되었다. 이 개국(開國)은 한국역사에서만이 아니라 한국교회사에서도 중요한 의미를 지닌다. 근대 국가의 일원으로 그 실체를 드러내게 했을 뿐만 아니라, 교회사적으로 개국은 외국 선교사들의 도래를 가능하게 만들었고, 결국 기독교의 선교 사역을 가능하게 했기 때문이다.

기독교의 전래

한국과 기독교와의 최초의 접촉이 언제 있었는가에 대해서는 여전히 이

견이 있다. 일반적으로 천주교와의 첫 접촉은 1593년 임진왜란을 통해 시작되었고, 개신교의 경우는 1832년 귀츨라프의 내한으로 시작되었다고 보고 있다. 이보다 앞서 635년 중국에 전래된 경교(景敎, Nestorians)가 8세기 경에 한국의 옛 왕국인 신라에 소개되었다는 주장이 강하게 대두되었다. 충분한 가능성이 있고 또 고고학적 흔적도 있지만 이에 대한 문헌기록은 없다.

8세기 당시 신라는 서양의 샤를마뉴 대제 시대(Charlemagne, 742-814)인데, 이 당시 경주의 인구가 100만을 헤아릴 정도였으니 당시로 볼 때는 세계 4대 도시 중의 하나였다. 근대도시 중에 최초로 도시 인구가 100만 명을 넘어섰을 때가 1902년이었고 그 도시가 런던이었다. 이런 점을 고려해 본다면 8세기에 인구 100만을 헤아리는 경주에 경교가 소개되었다는 가설만으로도 우리에게 가슴 뭉클한 감동이 있다. 문헌상으로는 경교의 전파를 확신하지 못하지만 경교와의 접촉은 분명한 것 같다. 이 점을 처음으로 주장한 외국인은 영국의 고고학자 고든(E. A. Gordon) 여사였고, 한국인은 재일(在日) 교회사학자였던 오윤태(吳允台) 목사였다. 그 외에도 김양선 등 여러 학자들이 경교의 접촉을 기정사실화했다. 경교와의 접촉이 있었다 하더라도 그것이 후일의 한국의 역사나 문화에 어떤 영향을 주었는가에 대해서는 연구가 필요하다.

문헌기록을 통해 볼 때 천주교와의 최초의 접촉은 1593년 일본에서 일하고 있던 스페인 신부 그레고리오 데 세스페데스(Gregoria de Cespedes)의 입국이었다. 그는 한국 땅을 밟은 최초의 성직자이자 임진왜란을 목격했던 유일한 서양인이었다. 개신교와의 첫 접촉은 1832년 독일 루터교 목사였던 귀츨라프와의 접촉이었다. 이후 몇 차례의 간헐적인 접촉이 있었으나 1880년 대 이후 기독교와의 접촉은 보다 구체화 된다.

정리하면, 한국과 기독교와의 접촉은 1880년대 이전과 이후로 대별될 수 있는데, 1880년대 이전에는 모든 외세(外勢)와의 접촉이 금지된 가운데 기독교 전파도 서구교회를 통해 비밀히 시도되었다. 만주에서는 한국어 성경이

번역되기도 했고, 선교사의 공식적인 내한 이전인 1883년 황해도 장연군 대구면 송천리에 교회가 설립되기도 했다. 이 교회가 송천(松川)교회, 곧 소래교회였다. 그러나 중국을 징검다리로 하여 이루어진 서구교회와의 접촉은 이후까지 영속적인 영향을 주지 못했다. 그러다가 1880년대 이후 점진적으로 선교의 자유가 주어졌고 주로 미국과 호주, 캐나다교회에 의해 기독교가 한국에 소개되기 시작하였다. 이와 같은 서양교회와의 직접적인 접촉은 1876년 개항으로 가능하게 되었다. 이런 점에서 개항은 한국 근대역사에서 만이 아니라 기독교 역사에서도 기독교와의 접촉의 중요한 분깃점이 된다.

개항 이후 처음으로 입국한 외국인 선교사는 일본주재 감리교 선교사 매클레이(Robert S. Maclay) 목사였다. 그는 1884년 6월 24일부터 7월 4일까지 2주간 한국을 방문하고 선교의 가능성을 타진한 바 있다. 감리교회는 매클레이를 한국에 보내어 교육과 의료 활동을 통한 선교사업을 허락받기까지 했으나, 한국에 선교사를 파송한 최초의 교회는 미국 북장로교회였다. 이미 중국에 와서 사역하고 있던 의사 알렌(Dr. Horace Newton Allen, 1858-1932)이 임지를 한국으로 조정하고, 1884년 9월 14일 상해를 떠나 당일 부산을 거쳐 9월 20일 제물포에 도착하였다. 서울에 들어온 날은 9월 22일이었다. 그는 공식적으로 입국한 첫 거주 선교사가 되었다. 비록 입국은 했으나 당시까지 선교의 자유가 허락되지 않았으므로 알렌은 공사관의 공의(公醫)의 신분으로 있었다.

1884년 12월에는 갑신정변(甲申政變)이 발발하였다. 이때 알렌은 개화파에 의해 크게 다친 민영익(閔詠翊)을 완쾌시켜 주었는데 이를 계기로 알렌은 고종과 명성황후의 협조를 얻게 되었고 고종의 어의(御醫)로 임명되기도 했다. 1885년 2월 25일에는 고종으로부터 병원설립의 허락을 받아 4월 10일 광혜원(廣惠院)을 설립하였는데, 이것은 한국 최초의 신식병원이었다. 이 병원은 개원 13일 후에는 제중원(濟衆院)으로 개칭되었고, 후일에는 세브란스병원으로 발전하였다. 노도사로 불렸던 알렌의 어학선생 노춘경은 국내에서 세례를 받은 첫 한국인이 되었다.

이와 같은 미국 북장로교의 선교(1884)와 함께 북감리회(1885), 호주 장로교(1889), 침례교(1889), 영국성공회(1890), 미국 남장로교(1892), 미국남감리교(1896), 캐나다 장로교(1898), 성결교(1907), 구세군(1908) 등이 한국에 선교사를 파송하였다.

선교사역과 함께 1880년대 후반기를 거쳐 가면서 서울 인천 평양 부산 대구 전주 순천 등지에 교회가 설립되었다. 한국의 첫 개신교회는 일본의 경우보다 11년이 늦은 1883년에 황해도에 설립된 소래(松川)교회였다. 서울에 설립된 첫 교회는 1887년 언더우드에 의해 설립된 새문안교회와 아펜젤러에 의해 설립된 정동교회였다. 제주도에 설립된 첫 교회는 1908년 이기풍 목사에 의해 설립된 성안교회였다.

한국에서 교회의 조직체인 치리회를 구성한 첫 교파는 장로교였다. 즉 '연합공의회'(1890), '선교공의회'(1893), '장로교 공의회'(1901)라는 협의체를 거쳐 1907년 9월 17일에는 '독노회'가 조직되었고, 1912년 9월 2일에는 '죠선 야소교장로회 총회'가 구성되었다. 이 장로교회는 해방되기까지 분열되지 아니한 하나의 장로교회였다. 감리교는 1930년에 '조선감리교'란 이름으로 교단 조직을 갖추었다.

한국에서의 기독교 선교와 교회 형성에서 미국교회가 한국선교의 주도적 역할을 감당하였다. 미국이라는 나라는 건국 초기부터 헌법상 정교(政敎)가 분리되어 국교가 인정되지 않았기 때문에 교파적 형태의 기독교가 발전한 대표적인 국가였다. 따라서 한국에서의 선교운동은 미국의 여러 교파 혹은 교단 선교부에 의해 주도되었다.

한국교회의 특징

한국교회는 역사상 유래가 없는 급성장한 교회로 알려져 있다. 외래종교에 대해서 배타적이었던 전통과는 달리 한국에서의 기독교의 수용은 아아(亞阿)제국의 다른 나라들과는 비교가 되지 않을 정도로 급성장한 것으로 보고되었다. 특히 일제의 침략야욕이 노골화되고 청일전쟁(1894-5), 노일전쟁(1904-5)으로 국토가 유린당하고 민족이 수난을 당하는 그 고난의 시대에 한국교회는 성장을 보이기 시작하였다. 1895년 당시 기독교 신자는 2,500명에 지나지 않았으나 1900년에는 12,600명, 1910년에는 73,180명, 1920년에는 92,510명 1930년에는 125,479명으로 성장하였고, 해방 당시는 약 35만 명으로 추산되고 있다. 1955년에는 약 60만 명, 1965년에는 약 120만 명, 1975년에는 약 350만 명, 1980년의 경우 정부통계에 의하면 개신교 신자가 718만 명으로 집계되어 있다. 그래서 1960년대 이후는 매 10년마다 배가 되었고, 1970년대 후반에는 하루에 6개 교회가 설립된 것으로 보고되었다. 수적으로 말하면 1970년대 이후에는 매년 60만 명씩 증가한 것으로 알려져 있다. 또 1990년에는 기독교신자는 1천 200만 명으로 보고되었다.[8]

그러면 한국교회의 성장원인은 무엇이었을까? 물론 교회성장을 어느 한 측면에서만 설명될 수 없는 복합적인 이유가 있을 것이다. 역사적으로 살펴볼 때 기독교의 수용과 교회성장은 그 시대의 사회현실과 깊은 관계를 지니고 있음이 증명되었다. 그러나 일반적으로,

1. 하나님의 뜻과 섭리(고전 3:5-9)
2. 특수한 선교정책(곧 한국교회 성장의 주 원인은 교육과 의료를 통한 선교, 네비우스 정책이

---

[8] 한국교회 성장에 대한 자료는 여러 가지 면에서 정확하지 못하다. 김양선의 자료에 따르면 1895년 746명이었으나 1897년에는 8,496명, 1900년에는 18,081명으로 격증했다고 보고하였다. 또 다른 자료에는 1895년 530명이었으나 1905년 26,057명으로 10년 사이에 500% 성장한 것으로 보고되었다.

나 선교지역 분담 등 초기 선교사들의 선교정책에 기인한다는 주장)

3. 한국인의 심성(心性) 혹은 종교성(宗敎性)
4. 종교혼합현상(宗敎混合現像)
5. 사회, 정치적 환경론

등으로 설명되어 왔다.

오늘의 한국교회의 성격은 한국에서의 기독교 전래과정과 그 환경 속에 이미 잘 나타나 있다. 다음과 같은 한국교회의 몇 가지 특성을 이해하면 오늘의 한국교회의 특징과 현실, 그리고 성격을 이해할 수 있을 것이다.

첫째, 한국교회는 미국교회의 결정적인 영향 하에 있었다는 점이다. 이것은 인적인 측면에서도 분명하다. 해방 전까지 내한한 선교사의 총수는 약 1,500여 명으로 파악되는데, 그중 약 70%가 미국 국적의 선교사들이었다. 장로교회는 인적 구성이나 영향력에서 한국에서 으뜸가는 교파인데, 내한한 장로교 선교사 652명 중 절대다수가 미국 선교사들이었다.[9] 이 점만 보더라도 미국교회가 한국교회에 큰 영향을 주었음을 알 수 있다. 한국인에 의한 신학연구 혹은 교회적 영향력은 1930년대 이후 나타난다. 한국의 장로교신학교가 1901년에 설립되지만 약 30년간은 선교사들이 교수 요원으로 활동하였다. 한국인 남궁혁(南宮爀, 1882-1950), 이성휘(李聖輝, 1889-1950) 등이 평양신학교의 교수로 일한 때는 1927년과 1928년이다. 박형룡(朴亨龍, 1897-1978)이 신학교에서 가르치기 시작했을 때가 1930년이었다. 그러므로 1930년 이전까지는 선교사들의 영향이 신학과 교회 일반에 절대적이었음 알 수 있다.

그렇다면 미국 선교사들이 한국에 어떤 영향을 주었을까? 이 점을 3가지로 정리할 수 있다고 본다. 첫째는 성경에 대한 문자적 강조, 곧 비블리시즘(Biblicism)이다. 이것은 단순한 성경주의라고도 할 수 있는데, 성경에 기초하여

---

9) 이상규, "한국교회에서의 설교," 『개혁신학의 정로』(고려신학대학원, 1999), 203.

윤리적 엄격성은 강조되었으나 성경이해나 해석에 있어서 교리나 신학적 전통을 중시하지 않는 입장이다. 바로 이런 이유 때문에 한국교회는 신조(信條)나 신앙고백, 그리고 성례전에 대해 무관심하였다. 이것이 두 번째 성격이다. 미국 교회는 과거 유럽의 개혁교회와는 달리 신앙고백 때문에 로마 가톨릭과 대결하거나 신학적인 토론을 한 경험이 별로 없다. 성례전의 문제는 종교개혁자들에게 중요한 문제였으나 미국교회는 이런 문제로 로마교와 대결한 일이 없다. 바로 이런 미국교회적 특성이 한국에도 그대로 이식됨으로 한국교회는 신조나 성례전에 대해 특별한 관심을 보이지 않았다. 이런 성격이 한국교회 설교에도 그대로 반영되었다. 미국교회가 한국교회에 영향을 준 세 번째 성격은 부흥주의(Revivalism)라고 할 수 있다. 초기 내한 선교사들은 대각성운동 이후 특히 영국에서 일어난 부흥운동의 결과로 일어난 복음주의 영향을 받았기 때문이라고 볼 수 있다. 부흥주의는 감성적 측면이 강조되고 개인적 신앙을 강조하는 경향이 있다. 따라서 이런 미국교회적 성격이 한국교회에 커다란 영향을 끼쳤다고 볼 수 있다.

한국교회의 역사와 성격을 이해하는데 있어서 두 번째로 고려할 점은 기독교 수용과 성장과정에서 한국이 일본의 통치하에 있었다는 사실이다. 한국이 일본의 식민통치를 받기 시작한 것은 1910년부터이지만 한국에 대한 일본의 영향력은 이미 1870년대부터 나타난다. 일본의 현존은 한국인의 의식 속에 반일감정이 깊이 자리하게 된다. 바로 이런 시기에 기독교가 전래되었고 기독교는 일본이 제공해 주지 못하는 것들을 제공해 주었다. 구스타프 바르넥(Gustav Warneck)이 말했듯이 서양문화의 배경에서 온 선교사들은 서구문화의 전파자 역할을 하였다. 일본은 침략자였으나 기독교는 민족적 자강(自强)을 이루는 '선한 동료'로 인식되었다. 이런 역사적 배경에서 한국에서는 기독교와 민족주의가 불가피하게 관련을 맺기 시작한다. 즉 아시아-아프리카 제국(亞阿諸國)의 나라들과는 달리 한국에서는 기독교와 민족주의는 배타적 관계가 아니라 상호수용의 '결합'을 보게 되는데, 이것이 소위 '기독교

민족주의'(Christian nationalism)를 형성하였다. 아아제국의 대부분의 나라에서의 민족주의는 반(反)기독교적 성격을 띠게 되지만 한국은 그 반대였다. 김세윤 박사는 이런 한국교회의 특징을 "기독교와 민족주의의 결혼"이라고 불렀다.[10] 이러한 현상은 매우 특수한 일이다.

일제 하에서 한국교회는 탄압을 받았고, 신사참배 반대로 약 2천명이 투옥되었고, 40여 명이 옥중에서 순교한 것으로 알려져 있다. 그래서 반일 의식은 적어도 해방 이전까지 한국인의 보편적 정서였다. 초기 한국교회의 민족주의자들의 거의 전부가 그리스도인이었다는 점은 기독교와 민족주의 상호간의 관계를 암시해 주고 있다. 이런 정치환경은 한국에서의 기독교의 성격, 곧 기독교와 민족주의, 국가와 교회, 호국과 반일 혹은 친일의 성격을 해석하고 규명하는데 중요한 전거가 된다.

셋째, 기독교의 한국 수용은 중산층과 하층민들을 중심으로 전파되었다는 사실이다. 이것은 지식층인 무사(武士)계급을 중심으로 전파된 일본의 경우와는 반대적인 상황이었다. 장로교 공의회는 1893년에 모인 첫 회합에서 네비우스 정책에 기초한 10가지 선교정책을 채택했는데, 그 중심 사상은 상류층보다 하류층을 일차적인 전도의 대상으로 삼는다는 것이었다. 그 중요한 증거가 성경번역이다. 천주교는 처음부터 국한문 혼용 성경을 발간했으나 개신교는 처음부터 순 한글로 성경을 번역하였다. 물론 점차 상류층의 입교자가 생겨났지만 처음부터 하층민이 선교의 주된 대상이었다. 특정 계층을 주된 선교의 대상으로 하는 정책이 이상적이지는 않지만[11] 한국에서의 경우 실제적인 결과를 가져왔다.

일본에서의 경우 지식층 중심의 기독교 운동은 지성주의(知性主義)에 빠져

---

10) Seyoon Kim, "Christianity and Culture in Korea: Nationalism, Dialogue, Indigenization and Contextualization," *ACTS Theological Journal*, Vol. 2(1986, March), 32.
11) 19세기 위대한 선교학자인 구스타프 바르넥은 하층계급만을 선교의 대상으로 삼는 것은 '건전한 국민층'(die gesunden Volkselemente)의 교회를 설립할 수 없다 하여 이상적인 정책일 수 없다고 지적한 바 있다.

기독교가 대중운동으로 확산되지 못했으나, 한국에서의 경우 하층민 우선 전도는 기독교 신앙을 민중운동 혹은 대중운동으로 확산시키는 바람직한 결과를 가져왔다. 결과적으로 한국에서의 기독교는 상당한 성장을 가져올 수 있었다. 한국교회의 설교에서도 제목 중심의 간명한 설교가 중심을 이루고 많은 예화가 사용되었던 것은 이와 같은 교회 구성원의 사회적 상황과 무관하지 않다.

하층민 중심의 교회가 상당한 성장을 가져온 경우는 한국에서만 있었던 현상은 아니다. 1세기 기독교에도 동일한 상황이었다.[12] 막스 베버(Max Weber, 1864-1920)에 의하면 집단의 신분계층은 그 집단의 종교적 열성과 관련이 있다고 지적했다. 이를 한국적 상황에서 해석해 본다면 기독교 신앙은 사회적 신분 상승을 추구하는 하층민들에게 상당히 매력적이었다. 양반 계층이 다수를 차지한 경상도 지방 보다 중산층 등 하층계급이 다수를 차지한 평안도를 비롯한 관서지방에서의 기독교의 수용이 빨랐다는 점은 이 점을 암시한다.

한국인들은 일제 하에서 서구문화와의 접촉, 고등교육, 능력의 개발 등에서 상당한 제한을 받고 있었다. 그런데 선교사들은 학교와 병원의 설립, 서구문화의 전파자로 받아들여졌다. 따라서 한국인들은 기독교라는 통로를 통해서 신분의 상승을 추구했다. 이런 점들은 당시의 기독교적 상황을 이해하는데도 도움을 주지만, 앞에서 말한 정치적 환경론과 함께 한국에서의 기독교의 급성장을 이해하는데 도움을 준다.

---

12) 고린도전서 1: 26-29절은 초대교회 공동체를 구성했던 인물들이 사회적으로 비천한 계층의 사람들이 다수를 차지하고 있었음을 암시해 주고 있다. 이와 같은 현상은 그 후 100년 이상 계속된 것으로 보인다. 막스 베버는 계급과 신분은 어떠한 사회적 집단의 종교적 성향을 형성하는데 중요한 요인이 된다고 주장한다. Max Weber, *The Sociology of Religion* (1964), 80-94.

한국교회의 과제

흔히 한국교회는 성경을 사랑하는 교회, 기도에 열심인 교회, 고난 받았던 교회, 혹은 성장하는 교회라는 좋은 평가를 받아왔다. 사실 한국은 피선교국의 교회로서 세계에서 유래가 없는 선교의 성공을 거둔 지역이고, 교회성장은 세계교회에 널리 알려져 있다. 그렇지만 부정적인 평가도 없지 않다. 그 대표적인 경우가 교회분열이었다. 흥미롭게도 한국교회는 성장하면서 분열했고, 분열하면서 성장했다.

한국교회는 새로운 세기를 앞에 두고 내적으로나 외적으로 개혁과 변화를 요청받고 있다. 무엇보다도 교회와 사회 앞에, 그리고 세계교회 앞에 새로운 과제를 수행하도록 요청받고 있다. 이 글을 마무리 하면서 한국교회가 안고 있는 3가지 과제를 지적하고자 한다.

첫째 한국교회는 내적인 개혁을 시도해야 한다. 개혁이란 일반적 의미의 개선이나 혁명이 아니다. 진정한 개혁은 성경적인 기독교, 혹은 본래적인 기독교에로의 회복이다. 한국교회에는 우리 자신도 인식하지 못했던 성경적이지 못한 여러 관행이 자리하고 있다. 대표적인 경우가 교회에서의 계급 구조이다. 수직적 교회구조는 동양적 예모일 수 있으나 자연스럽게 형성된 계급적 구조는 천주교 구조를 추수(追隨)하는 '체계의 우상'(idola theatri)이 되었다.

무교적인 혹은 기복적인 신앙양태도 우리 내부의 문제로 남아 있다. 기층문화는 동양적인 것이기 때문에 거부되는 것이 아니라 성경의 선포를 곡해할 위험이 있기 때문에 문제시 된다. 오늘 우리들에게는 서양교회의 전통에서 한국교회를 헤아려 보는 안목이 있어야 하고, 한국교회적 상황에서 서양교회의 유산을 수용하는 창의적 자세도 필요하다. 문제는 동양적이거나 한국적인 의식들이 우리의 신앙과 삶에서 주도적인 요인으로 작용하고 있다는 점이다. 이런 관행의 쇄신은 한국교회를 쇄신하고, 교회로 하여금 교회답게 하는 길이다.

둘째, 교회가 한국사회 앞에 도덕적, 윤리적 개도자로서의 역할을 수행하며 기독교적 가치와 기독교적 이상을 심어주어야 한다. 이 점은 교회가 처한 그 시대와 사회에 대한 봉사라고 할 수 있다. 이 점을 한마디로 문화적 사명(cultural mandate)이라고 할 수 있을 것이다. 지난 세기 한국교회는 교회성장에 일차적인 관심을 두었다. 이제는 교회가 이 사회를 위해 어떻게 봉사해야 할지를 숙고해야 할 것이다.

셋째, 한국교회에는 선교적 사명이 있다고 본다. 한국교회는 1904년부터 해외선교에 관심을 가지고 활동하기 시작하였다. 특히 1907년 장로교회의 첫 노회 조직과 함께 해외 선교에 관심을 가지고 일본선교를 시작하였다. 그래서 장로교 목사중의 한 사람인 한석진 목사를 동경에 파송하였고, 1909년에는 최관흘 목사를 시베리아에 파송함으로서 시베리아 선교를 시작하였다. 1913년에는 김영훈, 사병순, 박태로 목사를 중국에 파송함으로서 중국선교를 시작하였다. 1921년에는 정재덕, 최수영, 배형식 목사를 만주에 파송함으로 만주 선교를 시작하였고, 최성모 목사에 의해 몽고 선교가 시작되었다. 즉 한국교회는 일본(1907-), 시베리아(1909-), 만주(1910-), 몽골(감리교, 장로교), 중국(1913-) 등지에 선교사를 파송하여 해외선교에 동참하였다. 그러나 선교훈련의 부족, 선교정책의 부재로 해외 선교를 지속적으로 추진하지 못했다. 그 후 간헐적인 선교가 있었으나 한국교회가 선교의 사명을 구체화하게 되는 때는 1970년대 후반이었다.

예루살렘에서 시작된 기독교 복음의 지리적 확장 과정을 보면 흥미로운 사실을 알 수 있다. 즉 교회는 서진(西進)의 과정을 밟아왔음을 알 수 있다. 예루살렘교회가 안디옥 교회에 대한 책임을 다했고, 안디옥교회는 그 서쪽에 있는 지역, 곧 에베소, 빌립보, 고린도, 로마 등지에 대한 복음적 책임을 감당했다. 그리고 유럽의 교회는 북미대륙에, 북미대륙은 아시아와 한국에 대한 복음적 책임을 다했다. 이제 한국은 우리의 서쪽에 있는 지역들에 대한 복음적 책임이 있다는 점을 보여준다. 한국교회의 부흥은 이런 책임을 다하도록 주신 '이유 있는 성장'일 것이다.

3. 한국교회의 부흥, 그 역사와 의의

문제와 과제

선교사들에 의해 기독교가 소개되던 1880년대에서 1890년대 초까지가 전래와 접촉, 모색과 적응의 시기였다면, 1894-5년 청일전쟁 이후부터는 점차 교회 성장이 뚜렷해 졌다. 그러다가 1903년, 1904년, 1906년 간헐적인 부흥이 있었고, 1907년에는 평양을 중심으로 대부흥의 역사가 일어났다. 즉 1900년대에는 신앙운동과 영적 부흥이 일어났고, 그 결과로 교회의 수적 성장을 이룬 시기이기도 하다. 이 당시에는 농한기(農閑期)의 일정기간 동안 회집하여 성경을 공부하는 사경회(查經會)가 도처에서 개최되었다. 성경교육기관이나 훈련된 지도자가 부족했던 당시 사경회는 단기 성경교육과 훈련의 의미가 있었다. 그래서 사경회가 열리면 먼 지방에서까지 양식과 의복을 준비하여 참가하는 일이 많았고, 성경을 공부하고 배우는 중요한 기회였다.

1907년에 있었던 대부흥은 이런 환경에서 개최되어 한국교회의 삶과 신앙에 커다란 영향을 미쳤다.

이 글에서는 1903년에서 1907년에 이르는 한국교회 부흥의 역사를 소개하고 이 부흥이 가져온 의의에 대해 정리해 두고자 한다.

우리가 '부흥'이라고 말할 때 부흥을 단순히 수적인 성장이나 외적인 확장 정도로 이해하지만 한국교회가 경험했던 부흥은 단순히 수적 성장이나 발전이 아니라 영적인 변화와 각성이었다. '성장'(growth)이 점진적이며 진화론적이라면, 부흥(revival)은 돌연함이 있는 혁명적인 성격을 지닌다. 성장은 인간의 계획과 프로그램에 의해 어느 정도 성취될 수 있지만, 부흥은 하나님의 강권적인 역사, 혹은 성령의 역사로 나타나는 현상이다. 따라서 부흥은 일차적으로 한 개인의 영혼 속에 이루어지는 변화와 각성이며, 수적인 성장은 그 결과로 나타나는 현상일 뿐이다. 부흥의 돌연함과 비규칙성은 인간의 의지에 따른 결과가 아니라는 점을 보여준다. 1903년부터 1910년에 이르는 기간 동안 한국교회에는 여러 가지 형태의 신앙운동이 일어났는데, 1907년의 대부흥, 1909년의 100만인 구령운동(百萬人救靈運動)이 그 대표적인 경우이다. 특히 1907년 1월 평양에서 시작된 대부흥은 전국적으로 파급된 사건으로서 그 이후의 한국교회의 성격을 형성하였다는 점에서 중요한 의의를 지니고 있다.

부흥이란 무엇인가?

'부흥'이란 인간의 삶 속에 역사하시는 하나님의 능력에 대한 포괄적인 개념으로써 근본적으로 생명(life)과 각성(awakening), 곧 살아나고 깨어나는 것을 의미한다(겔 37:5, 6, 14, 욥 33:4, 왕상 17:22, 눅 15:24, 32). 일반적으로 부흥은 "영적인 영역에 있어서의 하나님의 간섭" 혹은 "죄인들과 성도들에 대한 하나님의 특별한 은총" 혹은 "하나님께서 그 백성들 가운데 오시는 행위"로 정의되어 왔다.[13] 혹은 "하나님의 성령이 그의 백성들에게 부어지는 일" 그리고 "주의 임재로 말미암아 새로워지는 영적 변화" 등으로 정의하기도 했다. 아더 윌리스(Arthur Willis)는 부흥이란 "하나님께서 장엄하신 능력으로 자신을 죄인들에게 계시하시는 일"이라고 정의했다. 부흥운동사가인 에드윈 오르(Edwin Orr, 1912-87)는 부흥이란 "그리스도의 교회에서 또 그와 관련된 신앙공동체에서 신약 기독교에서 보는 성령의 역사"라고 했다.[14] 이런 점들을 포괄하는 마틴 로이드 존스의 정의는 보다 종합적이다. 그는 부흥이란 "성령께서 비상하게 역사하실 때 교회의 생활 속에서 체험되는 현상"이라고 설명했다.[15]

이 점을 속죄의 역사에 적용하여 로버트 콜만(Robert Coleman)은 부흥은 "하나님이 그의 백성들을 찾으시고 소생시키시고 기운을 북돋으시고 그들을 풍성하신 축복 속으로 인도하시는 하나님의 주권적인 사역"이라고 정의했다. 그래서 부흥의 현상은 인간의 마음속에 성령의 역사로 나타나는 변화라고 할 수 있다. 즉 침체되고 퇴락한 상태에서 영적 변화와 활력이 나타났다면 그것을 '부흥'이라고 할 수 있다.

이상을 종합해 보면 부흥은 영적 생명을 소유한 자와 그 공동체에 나타난 현상이라는 점에서 일차적으로 그리스도인과 관계된 것이며, 부흥은 성령의 역사로 나타나는 새로운 활력 혹은 영적 각성이라는 점에서 외적 변화를 동반한다. 그래서 부흥은 2가지 특징을 지니는데, 첫째는 교회 지체들의 영적 심화를 경험하게 되고, 둘째는 그 결과로서 교회 밖에 있던 이들이 회심하는 역사가 나타난다는 점이다.

한국교회가 경험했던 바처럼 부흥은 단순히 수적 성장이나 발전이 아니

---

13) 부흥에 대한 다양한 정의는, 이상규, 『교회개혁과 부흥운동』(SFC, 2004), 277-8을 참고할 것.
14) Edwin Orr, *The Eager Feet*, vii.
15) 마틴 로이드 존스, 『청교도 신앙』(생명의 말씀사, 2002), 18.

라 영적인 변화와 각성이었다. 성장은 인간의 계획과 프로그램에 의해 어느 정도 성취될 수 있지만, 부흥은 하나님의 강권적인 역사, 혹은 성령의 역사로 나타나는 돌연한 현상이다. 따라서 부흥은 일차적으로 한 개인의 영혼 속에 이루어지는 변화와 각성이며, 수적인 성장은 그 결과로 나타나는 현상일 뿐이다. 아더 월리스의 말처럼, "그리스도인을 소생시키는 것은 뿌리요, 죄인을 구속하는 것은 열매이다." 부흥의 돌연함과 비규칙성은 인간의 의지에 따른 결과가 아니라는 점을 보여준다. '교회부흥' 혹은 '신앙부흥'이란 말은 여자적으로 성경에 나오지는 않는다. 그러나 그 의미는 성경 여러 곳에 언급되어 있다.

부흥의 시대적 배경

교회 부흥은 교회가 처한 역사적 환경과 영적, 도덕적 상황과 무관하지 않다. 1900년대는 점증하는 일본의 세력과 조선침략 야욕이 구체화되어 갔고 민족적 절망감이 심화된 시기였다. 을미사변(1895), 을사늑약(1905), 그리고 1910년 한일 합방으로 이어지는 역사의 아픔은 조선인들의 가슴에 불안을 가중시키고 있었다. 감리교 선교사 무즈(J. R. Moose, 무아각) 목사는 자신의 관할 하에 있는 지역을 순회하면서 "의지할 곳 도무지 없소"(Wei-chi hal kot tomochi oupso, There is altogether no place to trust)라는 호소를 들었다고 말하면서 이때야 말로 "이 땅에서 복음을 전할 수 있는 황금 같은 시기"라고 말한 바 있다.[16] 윌리엄 베어드는 이런 현실에서 조선인들은 "수치감, 분노, 그리고 증오에 내몰려 그들은 무언가 영웅적인 일을 해 내고야 만다는 결의를 다지고 있

---

16) J. R. Moose, "A Great Awakening," *KMF* Vol. 2 No. 3 (Jan., 1906), 51. "There is indeed a golden opportunity for the Christian worker in this land. The general unrest and lack of something to which they may cling is causing the people to turn to the missionary and the message he has; and they are trying to find out if we have something which they can trust."

었다"고 해석했다.[17] 이런 상황에서 기독신자의 책임의식이 고조되었고, 동시에 무언가 새로운 역사의 변혁에 대한 기대와 함께 암울한 현실로부터 탈출 욕구가 심화된 시기였다. 물론 이런 정치적 상황이 부흥의 직접적인 배경이 된다고 볼 근거는 없다. 그러나 이런 정치적 맥락이 종교적 각성에 영향을 줄 수 있다는 점은 부인할 수 없다.

1907년 전후 부흥에서 정치적 상황보다 더 중요한 배경은 이 당시의 도덕적 영적 상황이었다. 이교적 관습, 우상 숭배, 축첩과 중혼, 도덕적 무질서, 비윤리적인 생활 등은 회개와 자성을 불러일으키는 보다 직접적인 배경이 된다.

1906년 당시 장로교인은 약 4만 4천 587명에 지나지 않았고, 전국적으로 550여개 처에 교회가 설립되어 있었으나 조직교회는 32개 처에 지나지 않았다. 1905년 당시 평양의 기독교 신자는 9,390명에 달했다.[18] 당시 평양 전체인구는 6만명으로 추산할 때 이미 상당한 기독교세를 형성하고 있었다. 1903년 시원하여 1904년과 1906년에 간헐적인 부흥을 거쳐 1907년 대부흥으로 발전해 가는 과정을 정리하면 다음과 같다.

부흥의 역사적 전개

1903년

1903년 원산에서의 부흥이 1907년의 평양대부흥의 시원이 된다. 중국에서 사역하던 중 1900년 의화단(義和團)사건[19]으로 휴양 차 원산에 오게

---

17) W. Baird, "Pyung Yang Academy," *Korea Mission Field*(이하 *KMF*), vol. II, No. 9 (Oct. 1906), 221.
18) "Figures That Speak," *KMF*, vol. II, no. 2 (Feb., 1906), 69.
19) 의화단((義和團)사건이란 1900년 중국 농민들에 의해 일어난 반제애국(反帝愛國) 운동으로써 산동(山東)에서 시작하여 하북(河北) 북경(北京) 천진(天津) 산서(山西) 하남(河南) 내몽고(內蒙古)

된 남감리회의 화이트(Mary Cutler White)와 캐나다 장로교의 매컬리(Louise H. McCully)는 한국인 가운데 부흥이 있게 해 달라고 기도해 오던 중 8월 24일부터 1주일간 기도회를 개최하게 되었다. 이 모임에는 화이트와 매컬리, 그리고 케롤(A. Carrol), 노을즈(Knowles), 하운셀(J. Hounshell) 등이 참석하였고, 캐나다 출신의 감리교 선교사 하디(Dr R. A. Hardie)는 효과적인 기도에 대해 3차례 강의를 하게 되었다. 그는 요한복음 14장, 15장, 그리고 16장을 중심으로 효과적인 기도의 3가지 본질, 곧 그리스도 안에 있어야 함, 그리스도에 대한 깊은 신뢰, 그리고 성령의 체험에 대해 강연하면서 자신이 성령의 역사에 대한 믿음이 결여되었던 점과 그리스도 안에 온전히 살지 못했음을 깨닫게 되었다. 이 당시 하디는 원산에서 사역하면서 사역의 열매가 없어 기진맥진한 상태에 있었다. 하디는 당시 자신의 상황을 이렇게 고백한 바 있다.

나는 3년 동안 강원도에 교회가 처음 세워진 지경터에서 힘써 일했으나 거기서 선교사업에 실패하였다. 이 실패감은 나에게 헤아릴 수 없는 타격을 주었고, 일을 포기할 수밖에 없는 기진맥진한 상태에 이르렀다.[20]

이런 상태에 있던 하디는 집회를 위해 준비하던 중 자신의 죄를 깨닫게 되었고, 선교사들의 기도회에서 자신의 죄를 공개적으로 고백했다. 의사라는 직업에 대한 교만, 백인이라는 우월주의, 비록 말은 하지 않았으나 자신의 내면에 잠재되어 있던 한국인에 대한 편견과 차별의식에 대해 진심으로 회개

동북(東北) 등지로 확산되었다. 이들은 '부청멸양'(扶淸滅洋), 곧 청나라를 도와 서양세력을 물리친다는 구호 아래 반외세를 주창하며 교회를 공격하고 서양 선교사들을 처단하였다. 이 때 189명의 선교사와 그 자녀들이 피살되었고, 수천명의 중국 그리스도인들이 학살되었다. 이 일로 영국, 미국, 일본, 러시아, 독일, 프랑스, 오스트리아, 이탈리아 등 8개국은 연합군을 구성하여 폭력에 대해 무력으로 대응하였다. 연합군은 북경과 천진을 함락시키고 의화단은 진압되었다. 자희태후는 광서황제와 소수의 측근들을 데리고 북경에서 서안(西安)으로 탈출하였다. 1901년 9월 청 정부는 연합군에 투항하고 '신축조약'(辛丑條約)을 체결했다. 의화단 사건을 영어로 Boxer Rebellion이라고 하는 데, Boxer라는 말을 사용하게 된 것은 의화단원들이 중국무술을 배운 이들로 간주되었기 때문이다.

20) Methodist Church, South, *Report for 1905*, 39-40.

하고 통회했다. 이런 교만과 죄악으로 자신의 선교사역에서 열매가 없었다고 고백했다. 하디가 자신의 사역을 자책하고 회개했을 때 함께 참석했던 이들은 뜨거운 성령의 역사를 체험하였다. 이 1903년 8월의 기도회와 하디의 공적 고백은 한국교회 부흥의 기원이 된다.[21]

하디는 캐나다 토론토 의과대학을 졸업하고 한국 선교를 자원하여 부산지방에서 선교를 시작한 의료 선교사였다. 1898년 남감리교로 이적한 그는 전도를 위한 그의 많은 노력에도 불구하고 그 결과는 실망스러운 것이었다. 그래서 낙심한 가운데 있었으나 다른 선교사들과 함께 기도하면서 자신의 죄와 불충을 깊이 회개하게 된 것이다. 후일 하디는 이렇게 고백했다.

> 성령께서 내게 임하시어 첫 번째 명하신 것은 선교사 생활의 대부분을 함께 한 사람들 앞에서 내가 실패했다는 사실과 실패한 원인을 밝히라는 것이었습니다. 이는 참으로 괴롭고도 창피한 일이었습니다. "그러나 하나님께서는 이를 선하다 하셨으니 이는 오늘날 보다 많은 사람들을 구하려 하심이라." 지난 수년간 나는 한국인들에게 죄를 자백하게 하고 회개의 합당한 열매를 보여 주도록 강조해 왔습니다. 그러면서 지금까지는 내 자신이 하고 있는 일과 관련해 지속적이고도 빈틈없는 회개, 고통을 수반한 회개를 한 적은 없었습니다.

자신의 회개는 그에게 큰 변화를 주어 그가 복음을 전할 때 마다 청중들은 감동을 받았고 회중 가운데서 회개의 역사가 일어났다. 하디의 죄의 고백은 한국인들의 회개로 이어져 회개를 동반한 성령의 역사가 나타났다. 기도회가 끝난 후 첫 주일 하디는 창천감리교회에서 예배를 인도하게 되었는데, 이곳에서도 하디는 자신의 교만과 한국인에 대한 인종적 편견을 갖고 있었음과 특히 성령충만 하지 못했음을 회개했다. 이것은 성령의 강권적인 역사

---

21) George Paik, "The Religious Awakening of Korea," *KMF* 4:7(July, 1908), 105.

였다. 하디의 고백은 선교사들과 한국인들 사이에서도 회개를 불러일으키는 계기가 되었다. 캐나다 출신 롭(A. F. Robb) 선교사가 성령의 강력한 은혜를 경험하고 새롭게 거듭나는 경험을 했다. 하디는 이때부터 사경회 강사가 되어 여러 지역을 순회하며 회개와 영적 각성, 그리고 한국교회 부흥을 위해 기도하고 설교하였다. 이때의 기도와 회개의 모임은 그 이후의 부흥 역사의 연원으로 알려져 있다. 부흥의 역사는 1903년 8월 이후에도 계속되었다.

캐나다 토론토대학 출신으로 하디보다 앞서 내한하였던 게일(James S. Gale)은 하디가 은혜 받은 후 180도 달라졌다고 증언했다. 은혜를 받은 후 하디는 마치 40일간 금식기도한 후 시내산에서 하나님을 대면하고 그 얼굴에 광채가 났던 모세의 얼굴과 같았고, 베드로가 갈릴리에서 처음 부름 받았을 때와 후일 베드로서를 기록할 때의 모습만큼이나 차이가 있었다고 증언했다.[22] 물론 하디에 대한 게일의 이런 진술이 오해를 가져온 점도 없지 않았다. 게일의 이 진술에 근거하여 1903년 이전의 하디는 중생 받지 못한 형편없는 선교사였던 것처럼 이해하는 것은 옳지 않다. 그러나 하디가 자신의 회개를 통해 성령충만한 영적인 사람으로 변화된 것은 분명했다.

1903년 10월에는 스웨덴에서 온 스칸디나비아 선교회 소속 프란손 목사(Rev F. Franson, 1852-1908)가 원산을 방문하고 장감침(長監浸) 연합사경회를 인도했다. 이 기간에도 성령의 역사가 나타났고, 영적 변화를 경험하게 되었다. 프란손 목사는 당대의 유명한 부흥운동가였으며 스칸디나비아 선교회의 창시자였다. 무디의 영향을 받고 중국내지선교회(CIM)의 허드슨 테일러, 기독교연합선교회의 심슨(Simpson) 등과 교분을 나누었던 프란손은 일주일간 원산에 머물면서 사경회를 인도했을 때 다시 회개운동이 일어났다.[23] 하디의

---

22) J. Gale, "Dr. R. A. Hardie," *Korea Methodist*, 1:8(July, 1905), 114, 박용규,『평양대부흥운동』(생명의 말씀사. 2000), 46에서 중인.
23) 하디는 프란손을 통해 어떻게 부흥회를 인도해야 하는 지를 배웠다고 한다. 프란손의 방법은 인간적인 어떤 방법이 아니라 성령께 모든 것을 의탁하는 것이었고, 성령의 인도하심에 순종하는 것이었다. 특별히 하디에게 인상 깊었던 프란손의 집회는 집회 마지막에 "아버지, 당신은 할 수 있습니다. 당신은 할 것입니다. 당신은 해야 합니다."(Father! Thou canst do it, Thou wilt do it, Thou

죄의 고백은 공개적인 회개를 불러왔고, 그는 원산지방 만이 아니라 개성, 서울 등지에서도 집회를 인도했는데, 이곳에서도 놀라운 은혜를 체험했다.

1904년

1904년 봄에도 원산에서는 장로교, 감리교, 침례교 등 초교파적인 사경회가 열렸다. 장로교 선교사 롭(Alexander F. Robb), 전계은(全啓恩) 목사, 감리교의 정춘수(鄭春洙) 목사도 성령을 충만히 받고 거리를 다니며 복음을 증거 하였다. 한국인과 선교사들은 이 땅에도 부흥을 주시도록 기도하기 시작했다. 원산에 이어 개성 송도도 부흥의 중심지가 되었다. 감리교 선교구역이었던 이곳에서 1904년 2월 26일부터 10일간 집회가 개최되었는데, 참석자들은 각자의 죄를 깨닫고 통회 자복하는 역사가 일어났다. 이곳에서도 이전에 볼 수 없었던 성령의 역사를 체험했다. 개성 집회에서는 전도운동으로 발전하여 감방, 삽다리, 술은리 등에 새로운 교회가 설립되기도 했다. 하디가 떠난 후 이 지역 선교사인 크램(W. G. Cram)에 의해 집회가 계속되면서 계속적인 부흥의 역사를 경험하게 되었다. 그해 3월에는 서울에서도 하디의 집회가 개최되었고, 여기서도 놀라운 은혜를 체험하게 되었다. 배화학당 학생들 사이에서도 통회하는 역사가 일어났다. 이때의 상황에 대한 선교사의 보고서가 남아 있다.

> 죄에 대한 참회가 너무 분명해서 많은 사람들이 수치를 무릅쓰고 자신들의 죄를 자백했으며 훔친 물건들을 배상하였다. 많은 한국 사람들은 처음으로 죄가 무엇이며, 용서가 무엇인지를 알게 되었다. … 이 집회는 성령이 한국인의 마음을 움직여 진정한 죄의 자각과 구원의 확신을 가져왔다는 것을 우리

---

shalt do it)라고 기도하는 것이었다고 한다.

에게 보여주었다. 지금까지 한국인들은 머리로는 기독교를 받아들였지만 마음은 성령의 정결케 하는 능력을 알지 못한 채 그냥 옛 모습을 가지고 있었다.

이와 같은 영적 변화와 부흥의 역사가 일어나는 가운데 1904년 6월 처음으로 '부흥회'라는 말이 통용되기 시작했다. 1904년 하디는 안식년으로 한국을 떠나기 전인 10월에 서울, 제물포, 평양에서 집회를 인도했고, 이곳에서도 성령의 역사가 나타났다.

1905년에도 개성을 중심으로 영적 각성이 일어났다. 이렇게 한국에서 부흥이 일어나고 있을 때인 1905년 9월 한국에서 활동하던 4개 장로교 선교부와 2개의 감리교 선교부 소속 선교사들은 '한국복음주의 선교공의회'(The General Council of Evangelical Missions in Korea)를 조직하였다. 이 공의회의 주요 목적은 한국교회의 진정한 부흥을 위해 기도하는 것이었다. 그래서 이 모임은 매년 기도달력(Prayer Calender)을 만들고 한국의 오순절을 위해 기도했다. 특히 한국의 복음화를 위해 진력하기로 하고, 1906년 신년에 전국적인 부흥회를 개최하기로 결정했다. 이들은 새로운 신자의 영입보다 기 신자들의 영적 각성이 우선하고, 그것이 긴요하다고 믿었다. 말하자면 한국에서의 연합운동은 부흥의 과정에서 이루어진 결실이었다.

1906년

1903년에 이어 1906년에는 또 한 차례의 부흥을 경험하게 된다. 1906년 개성의 송도(松都)에서는 큰 부흥을 경험했는데, 선교사 크램(W. G. Cram)은 이때 회개와 죄의 고백이 있었다고 기록했다. 또 그는 "돈을 훔친 자는 돌려주고 형제를 미워한 자는 용서를 빌었고, 다른 이유로 예수를 믿었던 이들은 진실된 마음으로 주님을 섬기겠노라고 고백하였고," "양반이라고 하여 천민을 멸시하던 사람이 이제부터는 그 사람을 종으로 여기지 않고 친구요, 형제로 대하겠노라"고 다짐했다고 한다.

평양주재 선교사들은 1906년 8월 26일부터 9월 2일까지 하디를 초청하여 '평양 선교사 사경회'를 개최하였다. 이 집회에서 하디는 요한1서를 본문으로 설교하였고, 은혜를 받기 전 자신이 얼마나 교만하였으며, 서구인으로서 우월의식을 가지고 한국인을 폄하하였던가를 고백했을 때 성령께서 자신을 변화시켰음을 진솔하게 증거 하였다. 이 집회에서도 성령께서 강하게 역사하셨고 평양장대현교회 담임 목사였던 이길함(Graham Lee)을 비롯하여 참석자들은 큰 은혜를 받았다. 특히 어머니 로제타 셔우드의 손을 잡고 이 집회에 참석했던 셔우드 홀(Sherwood Hall)은 불과 12살의 어린 나이였으나 후일 이 집회가 자신의 생을 변화시켰다고 회고하고 있다. 서양으로 돌아가 사업가가 되고자 꿈꾸고 있던 어린 셔우드 홀은 이 집회를 통해 부모처럼 의료 선교사가 되기로 작정했고, 후일 부모를 이어 우리나라에 제2대 선교사로 내한하여 크리스마스 씰을 제작하고 해주에 결핵요양원을 설립하는 등 한국을 위해 일했다.

평양 선교사 사경회(8. 26-9. 2) 이후 서울에서는 선교사들의 연례대회가 9월 2일부터 9일까지 개최되었다. 이 때 미국에서 존스톤 목사(Rev Howard Agnew Johnston)가 내한하여 인도 카시아 지방(Kassia hills)과 영국 웨일즈에서 일어난 부흥에 대해 보고하여 한국인들과 선교사들에게 감동을 주었다. 다른 곳에서의 부흥에 대한 소식은 한국인들에게도 부흥을 열망하게 되었고, 부흥을 위해 기도하게 되었다. 특히 존스톤은 웨일즈에서의 부흥은 연합기도(통성기도, prayer in union)에 있었다는 사실을 증거하였고, 후일 통성기도는 한국교회의 특징적인 기도의 관행이 되었다.

아리조나 주립대학교의 사회학 교수인 조지 토마스(George Thomas)가 지적한 바와 같이 19세기 부흥운동은 여러 나라와 통신망(network)을 지니고 있었고 상호영향을 주었는데,[24] 외국의 부흥에 관한 정보가 우리나라에서 일어난 부흥에 상당한 자극을 주었음을 부인할 수 없다. 서울 사경회 후 존스톤은 평양으로 가 장대현교회에서 다시 사경회를 인도하였다. 이곳에서도 존스톤은 그가 목도했던 인도와 웨일즈에서의 부흥에 대해 보고했다.[25]

서울과 평양에서만이 아니라 그해 10월에는 목포에서도 동일한 역사가 일어났다. 프레스톤(J. F. Preston)이 관할하고 있는 이곳에서 남감리회 선교사인 저다인(J. L. Jerdine)이 집회를 인도했을 때 성령 하나님께서 강하게 역사하셨다. 저다인은 하디와 함께 1902년부터 1906년까지 원산에서 활동했던 선교사로써 하디와 쌍벽을 이루는 인물이었다. 그는 이미 1906년 1월 함흥에서 부흥사경회를 인도한 바 있는데, 조용하게 설교하고 성경을 많이 인용하는 것이 특징이었다. 그의 집회를 통해 목포지역에서 회개와 자복이 일어났고, 이 소식은 많은 이들에게 감동을 주었다.

이때쯤 평양에서는 한국교회의 고유한 전통이 된 새벽기도회가 시작되었다. 평양 장대현교회 장로이자 전도사였던 길선주는 동료 장로인 박치록과 함께 평양의 그리스도인 사이에 영적 뜨거움이 없음을 보고 새벽마다 기도하기로 작정하였다. 이 두 사람은 아무에게도 알리지 않고 약 두 달 동안 새벽 4시경에 교회로 가서 기도하기 시작하였다. 이것이 후일 알려지게 되고 다른 사람들이 참여하게 됨으로 1907년부터는 교회의 공식적인 기도회가 되었다. 1907년의 대부흥은 이런 과정 속에서 일어났다.

---

24) George M. Thomas, *Revivalism and Cultural Change* (Chicago: The University of Chicago Press, 1989).
25) 이 집회에서 존스톤은 웨일즈에서 부흥운동을 주도했던 이반 로버츠(Evan Roberts, 1879-1951)처럼 부흥의 인물로 쓰임받기 원하는 이는 손을 들라 했을 때 길선주 장로가 손을 번쩍 들었다고 한다. 길선주에게는 거룩한 열정이 있었고, 1906년 12월 12일부터 22일까지 선천에서 열린 황해도 도사경회 주강사로 집회를 인도했다. 이곳에서 김익두는 길선주의 말씀을 통해 큰 은혜를 체험하게 된다.

1907년 대부흥

이와 같은 성령의 역사가 평양을 중심한 이북지역과 서울, 목포 등 전라도 지역, 그리고 전국의 여러 지역으로 확산되었고, 1907년 1월에는 평양에서 대부흥으로 발전하였다.

1907년의 '대부흥'은 갑작스럽게 나타난 현상이 아니었다. 수많은 셋 강이 모여 큰 강을 이루고, 큰 강물이 모여 대하(大河)를 이루듯이 1907년의 평양에서의 부흥은 그 동안 전개되어 왔던 성령의 특별한 역사였다.

1907년 1월 2일부터 15일까지 평양 장대현교회[26]에서 평안남도 도사경회가 개최되었다. 이 때의 집회에는 약 1000여 명이 회집한 가운데 그래함 리(Graham Lee), 스왈른(William L. Swallen), 번하이젤(Charles F. Bernheisel), 윌리엄 헌트(William Hunt), 블레어(William N. Blair) 등이 강사였다. 길선주 또한 이 사경회의 강사이자 이 때의 부흥역사에서 중요한 역할을 감당했다.[27] 낮에는 주로 성경을 공부하고 저녁에는 대중 집회형식으로 전개되었다. 저녁 집회는 1월 6일부터 시작되었는데, 약 1,500여 명이 참석하였다. 예배당 공간이 협

---

[26] 장대현교회는 사무엘 마펫에 의해 1893년 7명의 교인으로 '널다리 교회'로 출발하였다. 1896년에는 300여 명의 교인으로 증가되었고, 1900년 6월에는 새예배당을 신축하고 장대현교회로 개칭되었다(『조선예수교장로회 사기』, 상권, 65). 이 때 세례교인은 386명, 학습교인은 392명, 총 교인은 1200명에 달했다. 교인수가 크게 증가되자 1903년 가을에는 일부의 교인을 분리하여 남문밖교회를 설립하였고, 1905년 겨울에는 사창동(후일 창동)교회를, 1906년 1월에는 산정현교회를, 1909년에는 서문밖교회를, 1911년에는 외성교회를 각각 설립하였다. 1906년 당시 세례교인은 914명, 학습교인은 334명, 총 교인수는 2984명에 달했다. 1907년 당시는 세례교인 1076명, 학습교인 385명, 총 교인수는 약 3천명에 달했다. 백종구, "선교사 마펫의 지도력과 평양 장대현교회의 개척교가 성장,"『교회,민족,역사』(솔내 민경배 박사고희기념논문집, 2004), 401참고.

[27] 영계(靈溪) 길선주(吉善宙, 1869-1935)는 선도(仙道)에 몰두했던 인물이나 친구인 김종섭의 권면으로 『천로역정』 등을 읽고 회심한 후 26세가 되던 1897년 8월 15일 이길함(Graham Lee) 선교사에게 세례를 받고, 이듬해 영수로 임명되었다. 33세가 되던 1901년 평양 장대현 교회 장로가 되었고, 1902년에는 장대현교회와, 황해도 및 평안도의 도조사(道助事)가 되었다. 1903년에는 평양신학교 입학하여 1907년 6월에는 평양신학교 제1회 졸업생이 되어 그해 9월 17일 목사안수를 받았다. 그는 장대현 교회에서 20년간 목회하였고, 조선 예수교장로회 독로회 제4회 부회장(1910), 조선예수교장로회 제1회 총회 부회장(1912)을 지냈다. 1919년 3.1운동 당시는 민족대표 33인의 한 사람이었다. 1935년 11월 26일 오전 9시 30분 평남 강서군 이차면 고창동에서 평서노회 부흥회 마지막 날 새벽기도회를 마치고 향년 67세를 일기로 세상을 떠났다. 그는 한국 보수주의 신앙의 대부였고, 박형룡 박사는 그의 영향을 받았다.

소하여 예배당에 들어오지 못한 이들은 창밖에 멍석을 깔고 자리를 잡았다. 당시 평양의 겨울은 영하 30도까지 내려가는 엄동설한이었으나 이에 개의치 않고 집회에 참석하였다. 처음부터 성령의 역사가 나타난 것은 아니었다. 때로 분위기는 냉담했고, 알 수 없는 불안이 엄습하기도 했다.

이런 가운데 방위량(Rev. W. N. Blair) 선교사의 설교는 통회와 회개를 불러일으켰다. 특히 1월 12일 그가 고린도전서 12장 27절을 읽고 "우리는 그리스도의 몸이요, 그의 한 지체"라고 설교했을 때 성령의 역사가 나타나기 시작하였다. 부흥이란 성령께서 비상하게 역사하는 일이었다. 그 다음 날은 더욱 큰 역사가 나타났다. 영적 분위기가 회중을 압도하였고 신비한 역사가 일어났다. 길선주 전도사가 "맛을 잃은 말라빠진 사람들아"라고 외치며 합당한 신자의 삶을 살지 못했음을 책망하고 설교했을 때 회개의 기도가 터져 나왔다. 그러나 만족스러운 것은 아니었다. 길선주를 비롯한 선교사들은 이렇게 사경회를 마감할 수 없다고 판단하고 14일 정오기도회를 열고 간절히 하나님의 자비하심을 간구했다. 이날 한위렴(William Hunt) 선교사의 설교 후 이길함 선교사가 통성기도를 요청했다. 여기서 회중가운데서 뜨거운 기도가 시작되었다. 오늘 우리가 평양 대부흥이라고 부르는 성령의 강권적인 역사는 사경회 마지막 날인 14일과 15일에 일어났다.

14일 저녁 길선주는 회중 앞에서 자신의 죄를 고백했다. 자신을 아간과 같은 자라고 운을 뗀 길선주는 1년 전 세상을 떠난 자기 친구로부터 재산을 관리하도록 부탁을 받았으나 그 일부를 사취했던 죄를 고백하고 공개적으로 회개했다.[28] 이 길선주의 회개는 1907년 이 강산을 부흥의 물결로 파도치게 만들었던 위대한 부흥의 시작이었다. 죄의 회개를 외쳤던 길선주의 설교는 세례요한의 선포와 같은 것이었다.

이때부터 집회에 참석했던 이들은 자기의 죄를 고백하기 시작했고, 이날

---

28) 길선주가 사취(詐取)한 금액은 미화 1백불 상당의 금액이었다고 한다. 조나단 고우포스, 『1907년 한국을 휩쓴 부흥의 불길』(예수전도협회 출판부, 1995), 25.

의 회개는 한국교회의 부흥을 가져왔다. 길선주의 회개에 이어 청일전쟁 당시 자기 아이를 죽였던 한 여인이 살인의 죄를 고백하였다. 이 죄의 고백은 엄청난 충격을 불러 일으켰고 이 때부터 수많은 이들은 자신의 가슴을 열어 제치고 숨겨진 죄악을 고백하기 시작했다. 회개소리는 바다의 파도 소리 같았고, 그 회개가 부흥의 불결을 일으켰던 동력이었다.[29] 이 당시의 회개에 대해 김양선은 이렇게 기록하였다.

> 인간이 범할 수 있는 가능성이 있는 모든 죄는 거의 다 고백되었다. 사람의 체면은 이제 다 잊어버리고 오직 이 때까지 자기들이 배반하던 예수를 향하여 주여 나를 버리지 마옵소서라고 울부짖을 뿐이다. 국법에 의해 처벌을 받는다든가 또 바로 죽임을 당한다 하드라도 문제가 아니었다. 다만 하나님의 용서를 받는 것만이 그들의 유일한 소원이었다. 심지어 어떤 여신도는 청일전쟁 때에 어린 애기를 업고 도망하다가 무거워서 빨리 갈 수 없어 아기를 나무에 부딪쳐 죽게 하고 혼자서 달아났던 참혹한 일을 자백했다.[30]

이날 이길함 선교사의 짧은 설교 후 두 세 사람에게 기도를 요청했는데, 그 기도는 계속적인 통회로 이어졌다. 이길함 선교사는 "죄의 자복은 계속 되었고 죄의식에 고민하면서 땅을 쳤다. … 회중은 울음바다가 되었고 이 기도회는 새벽 두시까지 자백과 눈물로 이어졌다"고 기록했다. 이길함은 1월 15일자로 기록한 글에서 "어제 있었던 집회는 내가 경험하지 못한 어떤 말로도 형용할 수 없고 표현할 수 없는 집회였다"고 보고했다. 조지 맥쿤은 북장로교 선교부 총무 브라운(A. J. Brown)에게 보낸 1월 15일자 편지에서,

---

29) 이날의 회개에 대한 자세한 기록은, 조나단 고포드(Jonathan Goforth), 『1907년 한국을 휩쓴 성령의 불길』(When the Spirit's Fire Swept Korea)를 참고할 것.
30) 김양선, 『한국기독교사 연구』, 87; 이영헌, 『한국기독교사』, 111.

우리는 매우 놀라운 은혜를 경험을 하고 있습니다. 성령께서 권능 가운데 임하셨습니다. 장대현교회에서 모인 지난 밤 집회는 최초의 실제적인 성령의 권능과 임재였습니다. 우리 중 아무도 지금까지 이전에 이와 같은 일을 경험하지 못했으며 우리가 웨일즈, 인도에서 일어난 부흥에 대해 읽었지만 이번 장대현 교회에서의 성령의 역사는 우리가 지금까지 읽었던 어떤 것도 능가할 것입니다.[31]

15일 저녁에도 성령께서 비상하게 역사하셨다. 이날 저녁 말씀을 전한 길선주의 얼굴은 거룩함으로 불타고 있었고, 그날의 설교는 우뢰와 같은 선포였다. 당시 광경에 대해 장대현교회의 동료 장로였던 정익노(鄭益魯)는 다음과 같이 증언하고 있다.

그날 밤 길선주 목사의 얼굴은 위엄과 능력이 가득찬 얼굴이었고 순결과 성결로 불붙은 얼굴이었다. … 그는 눈이 소경이어서 나를 보지 못했을 터이나 나는 그의 앞에서 도피할 수 없었다. 하나님이 나를 불러 놓은 것으로만 생각되었다. 전에 경험해 보지 못한 죄에 대한 굉장한 두려움이 나를 엄습하였다. 어떻게 하면 이 죄를 떨어 버릴 수 있고 도피할 수 있을까 나는 몹시 번민하였다. 어떤 사람은 마음이 너무 괴로워 예배당 밖으로 뛰어나갔다. 그러나 전보다 더 극심한 조심에 쌓인 얼굴과 죽음에 떠는 영을 가지고 예배당으로 돌아와서 오! 하나님 나는 어떻게 하면 좋겠습니까? 라고 울부짖었다.[32]

교인들은 밤 세워 눈물로 기도했고 온갖 죄악들이 숨김없이 고백되었다. 눈물은 가슴을 적셨고, 애통하는 회개는 격류를 이루며 평양의 거리를 파도치고 있었다. 겨울의 세찬 바람도 아랑곳없이 기도의 물결은 "마치 폭포

---

31) George M. McCune, Letter to Dr. Brown, dated Jan. 15, 1907.
32) 이영헌, 『한국기독교사』(컨콜디아사, 1978), 110.

와 대양의 물결 소리같이 하나님의 보좌에 상달되었다. 온 교인이 하나님의 능력에 사로잡혀 눈물을 흘리며 회개하면서 기도하기를 새벽 2시까지 계속하였다.[33] 이 때의 회개의 물결을 목격한 한 여 선교사는 이렇게 썼다.

> 저런 고백들, 그것은 마치 감옥의 지붕을 열어 제친 것이나 다름없다. 살인, 강간, 그리고 상상할 수도 없는 모든 종류의 불결과 음색, 도적, 거짓, 질투, … 부끄러움도 없이! 사람의 힘이 무엇이든 이런 고백을 강제할 수는 없을 것이다. 많은 한국 교인들은 공포에 질려 창백해지고 그리고 마루에 얼굴을 가리고 흐느껴 울었다.[34]

방위량(W. N. Blair)의 보고에 의하면 이 당시 회개는 진정한 의미의 죄의 청산이기도 했다. "대부흥의 회개는 눈물을 흘리며 죄를 고백하는 것으로 끝나는 것이 아니라 남에게 손해를 끼친 사람들은 그 손해를 끼친 사람들의 집을 찾아다니면서 상처를 준 사람들에게는 사과를 하고, 과거에 남의 재물이나 돈을 훔친 사람들은 그것을 갚아 주었는데 그것은 비단 교인들에게 뿐 아니라 불신자에게도 그렇게 하였다." 18, 19세기 영국, 미국에서 일어난 부흥이 보여주는 바처럼 죄에 대한 회개는 부흥의 가장 중요한 동력이었다.

장대현교회에서 나타난 부흥의 역사는 순식간에 평양 전역으로 알려졌고, 교파를 초월하여 다른 교회로 전파되었다. 또 평양시내의 선교학교에로 번져갔다. 숭덕학교와 숭현여학교에서도 회개의 역사가 나타났다. 김찬성(金燦星)의 인도로 숭덕학교에서는 약 300여 명의 학생이 통회 자복하였고, 숭실전문학교 학생들도 부흥을 체험하였다.[35] 평양신학교 개학 사경회에서도 동일한 역사가 나타났다. 부흥의 불길에는 교파의 벽이 없었다. 감리교학교

---

33) Graham Lee, "How the Spirit came to Pyeongyang," *KMF*, Vol. 3. No. 3 (March, 1907), 33-37.
34) W. Baird, "The Spirit Among Pyung Yang Students," *KMF*, Vol. 3, No. 4 (May, 1907), 66.
35) 이영헌, 111.

에도 동일한 역사가 일어났다. 1월 22일까지로 예정되어 있는 평양사경회는 끝났으나 평양 집회는 길선주의 인도로 1개월 더 계속되었고, 『조선예수교 장로회 사기』는 "수천 명 교인이 다 중생의 성신 세례를 받았다"고 보고하고 있지만[36] 이것은 수학적인 수라기 보다는 문학적인 표현으로 보인다. 이제 길선주는 한국을 대표하는 부흥의 인물로 인식되었다.

종합적으로 평가해 볼 때, 이 때의 부흥은 교파적으로 보면 감리교적 배경에서 일어나 점차 장로교회 중심으로 전개되었고, 하리영, 이길함, 방위량 등 선교사 중심으로 전개된 부흥의 역사가 한국인 중심으로 이동하고, 원산, 평양에서 시원 된 부흥의 역사가 타지방으로 확산되고 있음을 알 수 있다.[37] 흥미로운 사실은 화이트, 메컬리, 하디 등 캐나다 출신 선교사들이 한국에서의 부흥의 발흥에 상당한 영향력을 행사했다는 점이다.

평양에서 일어난 부흥의 불길은 곧 타지방으로 번져갔다. 이 불길은 이길함에 의해 선천으로, 소안론에 의해 광주로, 한위렴에 의해 대구로 전파되었고, 길선주는 의주와 서울로 갔다. 길선주가 서울의 승동, 연동, 상동교회, 그리고 수구문(水口門)교회에서 성령의 도를 가르쳤을 때 이곳에서도 부흥이 일어났다. 또 평양신학교 학생들에 의해 부흥의 소식이 각지로 전파되었다. 그래서 신의주, 선천 등 북한 지역과 대전, 공주, 대구, 목포 등 남한의 다른 지역으로도 확산되었다. 성경연구와 기도, 전도, 봉사, 봉헌의 생활이 강조되었고 영적 변화가 일어났다.

1907년 1월에 시작된 부흥의 역사는 약 6개월간 계속된 것으로 보지만, 장로교의 경우 청주집회(1907년 3월), 감리교의 경우 공주집회(1907년 4월)를 고비로 현저히 약화되었다.[38] 부흥의 불길은 1908년에는 만주와 중국으로 확산되었다. 일반적으로 이 당시 부흥은 전국적인 사건으로 발전해 갔다고 말

---
36) 『조선예수교장로회 사기』(1928), 180-181.
37) 이덕주, 113, 122.
38) 이덕주, 139.

하지만 전 지역에서 일어난 것은 아니었다. 예컨대, 부산 경남 지역에서는 부흥의 역사가 일어나지 않았다.[39]

1907년 부흥의 역사적 의의

1907년 전후 한국에서 일어난 부흥은 다음과 같은 몇 가지 성격이 있다.

첫째, 한국교회의 수적인 성장과 내적인 신앙의 성숙을 가져왔다. 1907년 부흥으로 장로교회에서만 이 해에 16,000명의 새 신자를 얻었고, 감리교에서는 10,000명의 새 신자를 얻었다. 어떤 기록에 의하면 이 부흥운동의 결과로 평양을 중심으로 약 3만명의 개종자가 생겨났다고 했다. 또 다른 통계의 의하면 1907년에는 학습, 세례교인이 9만명이었으나, 1908년에는 부흥의 결과로 15만명으로 늘어났다고 한다.

1907년의 대부흥의 역사는 신자의 증가라는 외형적 성장만이 아니라, 신자들의 신앙과 삶에 변화를 주는 내성적(內省的), 내면적 성숙을 이루는 중요한 사건이 되었다. 당시 중국의 선교사로 한국을 방문하여 부흥을 목격하였던 조나단 고포드(Jonathan Goforth)는 『성령의 불길이 한국을 휩쓸 때』(When the Spirit's Fire Swept Korea)에서 "지금 한국에서는 엄청남 회개를 동반한 성령의 역사가 휘몰아치고 있는데 이는 마치 사도행전에 나타난 오순절 사건의 반복인 것처럼 보인다. 엄청남 힘이 교회를 뒤엎고 있다"고 썼다. 그 힘이 신앙의 성숙을 가져왔다.

둘째, 선교사들과 한국인 간의 상호 이해와 공동체적 일체감 형성에 기여하였다. 부흥의 역사가 나타난 때는 선교사들이 입국한지 20년이 지난 때였으나 한국인과 선교사들 간에는 상호 불이해와 언어의 장벽이 없지 않았다.

---

39) 이 점에 대한 자세한 논의는, 이상규, "1907년 전후 부산, 경남에도 부흥이 있었을까?," 『부경교회사연구』 6호(2007. 1), 29-44.

민족성의 차이, 습관과 풍습, 사고방식이나 문화의 차이에서 오는 오해도 없지 않았다. 선교사들의 우월의식 또한 부정할 수 없었다. 그러나 이 부흥을 통해 상호 몰이해를 회개하였고, 서로를 진정한 형제애로 대해야 한다는 사실을 확인시켜 주었다. 이런 점들은 무어(J. Z. Moore, 文約翰), 클라크(A. D. Clark), 블레어(W. N. Blair) 등의 고백 속에 드러나 있다.

한국의 정치현실과 관련하여 선교사들과 한국인 사이에는 여전히 장벽이 있었다. 그러나 부흥을 통해 상호 이해와 그리스도 안에서의 진정한 연합을 이루어 주었다. 무어는 이렇게 고백했다.

> 금년(1907)까지 나는 다소간 한인을 멸시하는 생각을 가지고 있어 동양은 동양이고, 서양은 서양이니, 이 양자 사이에는 유사성이나 공동의 광장이 있을 수 없다고 생각하여 왔다. 나는 다른 사람들과 마찬가지로 한인들은 서양인들과 동일한 신앙체험을 가질 수 없을 것이라고 말해 왔다. 이번 부흥은 나에게 두 가지 사실을 가르쳐 주었다. 첫째, 피상적으로 볼 때는 서양과 정 반대되는 일이 수천가지가 있겠지만 한인은 그 내면과 또 기타 근본적 인생문제에는 서양인 형제들과 꼭 마찬가지라는 점이다. 둘째로 이번 부흥은 나에게 다음과 같은 것들을 가르쳐 주었다. 즉 전 생활을 신앙화함에 있어서 기도와 단순하게 어린아이와 같이 의지하는 점은 동양이 서양을 가르쳐 줄 수 있는 점이 보다 더 많을 뿐만 아니라 더 심오하기도 하다. 우리가 이 사실을 배우기 전에는 완전무결한 그리스도의 복음을 이해할 수 없다.[40]

셋째, 한국기독교의 성격을 주형했다. 1907년 부흥은 한국교회의 신앙형성의 중요한 사건이었다. 신학적으로 개인적 신앙을 중시하는 복음주의적이고도 경건주의적인 성격을 구체화했다. 또 1907년 부흥은 그 시대적 상황

---

40) J. Z. Moore, "The Great Revival Year," *KMF* vol. 3, No. 8 (Aug, 1907), 118. 백낙준, 『한국개신교사』(연세대학교 출판부, 1973), 393 재인용.

때문에 신령주의적 경향을 띠게 되는데, 신령주의는 문화전반에 대한 이해가 결여되어 눈에 보이는 현실 교회를 중시하지 않고 눈에 보이지 않는 불가견적 교회만을 중시하는 경향이 있다. 그래서 사회적 책임이나 문화적 소명에 대한 관심이 없다. 이런 점들이 한국교회에 탈 역사적인 내세 지향적 교회관을 제공한 것으로 볼 수 있다.

이런 신학적 성격 외에도 한국교회의 부흥은 평양에서 남자들의 성경공부반에서 시작되었으므로 한국교회는 성경공부를 강조하였고 사경회를 중시하였다. 1907년 이래로 한국교회는 년초나 농촌지역의 경우 농한기에 정기적인 사경회를 개최했다. 도(道)사경회, 혹은 군(郡)사경회 등 연합사경회가 개최되었고, 후에는 개별 교회 단위의 사경회가 일반화되었다. 또 (비록 1906년 이전에 새벽기도회가 있었다는 흔적이 있지만) 1906년 9월 말경 길선주와 박치록 장로에 의해 시작된 새벽기도회가 한국교회의 중요한 기도 관행이 되었다. 통성기도는 일반화되었다.

넷째, 1907년 부흥은 전도운동으로 발전하였다. 대표적인 경우가 1909년에 시작된 백만인 구령운동이었다. 1907년 대부흥이 그해 6월까지 절정에 달했으나 곧 그 열기가 식어지고 1908년에는 영적 각성이 현저하게 줄어들자 1909년에는 이전의 부흥의 열정을 전도운동으로 전환하기 위해 백만인 구령운동을 전개하게 된 것이다. 복음주의 연합공의회는 100만인 구령운동을 전개하기로 하고 1909년 외국에서 온 부흥사들은 전국 주요도시에서 전도 집회를 개최하며 기독교 문서를 보급하고, 각 가정을 방문하는 등 전도운동을 전개하였다. 이 운동 배후에는 한국에서 기독교 신자 100만 명만 확보하면 민족의 독립을 이룰 수 있다는 확신이 짙게 깔려 있었다. 1909년 한 해 동안 70만권의 마가복음서가 배부되었다. 이 운동에 대해 백낙준 박사는 "대부흥과 백만인 구령운동을 통해 불순물이 많이 섞여있던 한국교회가 보다 순수해지고 순화되었으며 부흥운동과 전도운동이 더욱 연결되어 한국교회 발전에 크게 기여하였다"고 하였다. 비록 목표한 100만 명 구령에는 성공하지 못했으나 민족 복음화를 위한 시도였다.

다섯째, 1907년 부흥은 선교운동에도 영향을 끼쳤다. 1907년 장로교회는 전도국을 설치했고, 노회의 조직과 함께 이기풍 목사를 제주도로 파송했다. 1908년에는 평양여전도회가 이선광(李善光)을 제주도에 파송했다.[41] 1909년에는 한석진 목사를 동경에, 최관흘 목사를 블라디보스톡 곧, 해삼위에 파송했다. 감리교회도 1907년 내지 전도국을 설치하고 1910년에는 해외 전도국을 설치했다. 남감리회는 1908년 간도선교회를 조직하고 이화춘(李和春)을 북간도에 파송했다. 북감리회는 1910년 손정도 목사를 북중국에 파송했다. 이런 일련의 선교활동은 부흥운동의 결실이었다.

여섯째, 1907년 부흥은 단순한 영적 각성이 아니라 사회변혁에도 영향을 끼쳤다. 그리스도와의 변화된 관계는 수평적인 질서에도 영향을 주었다. 여권(女權)에의 인식을 통해 여성의 지위를 향상하고 신분타파, 의식개혁, 구습(舊習)의 개혁, 세계관의 변화를 가져 와 사회개혁에도 영향을 주었다. 이런 점들은 18,9세기 영국이나 미국에서의 부흥에서도 동일하게 나타난 결실들이었다. 기생의 도시 평양이 동양의 예루살렘이라고 불리게 된 것은 부흥이 가져온 결과였다. 1907년 평양을 방문했던 러트(Rut)는 "평양에서의 기독교의 성함은 실로 놀랄 만하다. 매 일요일에 교회에 참여하는 한인은 약 14,000명에 달한다. 평양의 인구는 확실히 알 수는 없으나 4만 혹은 5만으로 추산된다. 이렇게 볼 때 기독교신자는 인구의 3분지 1에 해당한다."[42]고 기록했다. 평양에서의 부흥은 평양의 사회적 변화를 수반했다.

일곱째, 1903년 이후 1907년 대부흥은 연합운동을 가능케 했다. 한국에서의 부흥은 특정 지역이나 특정 교파에 메이지 않았다. 이 부흥을 통해 교파 간 지역간, 기관과 조직 간의 연합을 이루게 했다. 특히 당시 주도적인 개신교파인 장로교회와 감리교회의 지속적인 연합을 가능케 했다. 1905년 9

---

41) 예수교쟝로회대한로회 뎨삼회회록(1909), 16.
42) 이영헌, 116.

월 15일, 4개의 장로교 선교부와 2개의 감리교 선교부 소속 150여 명의 선교사들은 장감연합공의회(The General Council of Evangelical Missions in Korea)를 결성했는데 이것은 부흥이 가져온 연합체였다. 이 기구를 통해 피선교지인 한국에서 복음주의 교회를 조직하고자 했다. 장감교파가 연합하여 「코리아 미션필드」(Korea Mission Field)를 발행하고 교육 의료, 찬송가 편찬, 문서사역에서도 교파간의 협력과 연합을 추구했다. 한국에서 만이 아니라 외국의 경우에서도 부흥은 교파의 한계에 메이지 않았다. 1907년 부흥의 결과로 한국교회 지도자들과 선교사들 간의 연합이 이루어졌고, 교육, 의료, 문서선교, 출판 등에서와 성경번역에서 교파의 벽을 넘는 연합사업을 가능하게 했다.

맺는말

1907년의 대부흥을 외국 선교사들은 '진정한 오순절'이라고 불렀다. 이때의 회개, 그리고 이로 말미암은 각성과 부흥을 한국교회의 '영적 중생'(Spiritual rebirth)이라고 불렀다. 1907년을 전 후한 부흥은 한국교회 역사에서 중요한 사건이었다. 이것은 이상심리의 발작이나 불건전한 신비주의가 아니라 분명한 성령의 역사였다. 선교사들은 이 점에 대해 염려하고 예의 주시했던 점을 읽을 수 있다. 그러나 공통된 확신은 한국에서의 부흥은 사도행전 2장에서 나타난 바와 같은 오순절 성령의 역사였고, 따라서 2천년이란 세월의 간격을 뛰어넘는 동일한 성령의 사역으로 보았다.

한국교회 부흥에서 중요한 사실은 선교사와 한국인 전도자들이 인위적으로 부흥을 기획하지 않았다는 사실이다. 단지 이들은 예수의 십자가를 이야기하고 사랑이 식어진 것을 책망하고 그리스도 안에 한 지체라는 사실을 설교했을 뿐이다. 오직 말씀을 증거 했을 때 부흥의 역사가 일어났다. 이는 마치 조나단 에드워즈가 "하나님의 진노의 손 안에 있는 죄인"이라는 제목의 설교를 했을 때, 부흥의 역사가 일어난 것과 같고, 예수님이 고난을 받고 죽임을 당하고 부활할 것을 말했을 때 듣는 이들의 "가슴이 뜨거워졌던" 것과 같다(눅24:32).

한국교회 부흥에서 한 가지 흥미로운 사실은 방언이 있었다는 기록이 없다는 점이다. 이것이 사실이라면 방언은 성령의 역사에 대한 가장 분명한 증거라는 주장은 설득력이 없다. 신오순절주의자들은 성령의 역사는 반드시 방언을 동반한다고 말하지만, 이언 머레이(Ian Murrey)가 말하는 바와 같이 성령의 역사가 항상 일정한 형태로 나타나는 것이 아니다. 성령은 불변의 보습이 아니라 다양한 형태로 역사하신다. 방언은 불가피한 요소가 아니다. 이 당시 부흥은 감정에 도취된 편향된 감정주의나 자기발산적인 종교적인 광신적인 요소가 없는 순수한 부흥이었다.

4. 부흥은 어떻게 오는가?

앞장에서 1907년 전후 한국에서 일어난 부흥의 역사와 그 부흥이 가져온 결과에 대해 설명하였다. 이 글에서는 1903-7년에 이르는 한국교회 부흥의 기원에 대해 검토하고, 이런 역사적 경험을 외국에서의 부흥과 관련지으면서 부흥은 어떤 상태에서 발생했는가에 대해 설명해 보고자 한다. 이 논의를 근거로 '부흥'의 이론화가 가능한가를 검토하고자 한다. 부흥논의의 이론화란 부흥을 불가피하게 하는 어떤 법칙이 있는지, 혹은 부흥론이 하나의 보편타당한 이론으로 체계화 될 수 있는지에 대한 논의를 의미한다.

한국에서의 부흥의 기원

1903에서 1907년에 이르는 한국에서의 부흥은 어떻게 일어나게 되었을까? 부흥의 기원에는 어떤 영향이나 조건이 있을까? 일반적으로 1903-7년에

이르는 한국교회 부흥은 다음의 4가지 상황에서 발생했다고 말해 왔다.[43]

첫째, 부흥은 사경회(査經會)와 깊이 관련되어 있다는 점이다.[44] 이것은 미국에서의 경우를 포함한 부흥의 역사에서 가장 현저한 특징이었다.[45] 말씀이 읽혀지고 가르쳐지고 해석될 때에 심령의 변화를 가져오고 영적인 부흥이 일어났다. 말하자면 하나님의 말씀의 선포는 부흥의 출발점이었다. 박용규는 이렇게 말한다.

> 사경회는 한국교회에 부흥 운동의 토양을 제공해 주었다. 사경회는 체계적인 성경공부, 기도, 전도, 그리고 사경회 기간동안 열리는 전도집회를 통해 기성 신자들에게는 영적인 재충전의 기회를, 초신자들에게는 주님을 만나는 기회를 제공해 주었다. 기도와 말씀연구, 전도에 대한 관심이 한데 어우러지면서 사경회는 부흥을 촉발하는 중요한 요인으로 작용했다.[46]

말씀의 신실한 전파 없이는 부흥의 역사가 나타나지 않았다. 성경에서도 이런 점을 확인할 수 있다. 요시아 왕 때의 '그 율법책'의 발견은 부흥의 기초였다(왕하 23:1-3, 24-25). 신약에서도 엠마오로 내려가는 제자들에게 예수님께서 성경을 풀어주실 때 제자들이 부흥을 경험했다(눅 24:13-32). 부흥은 말씀에 대한 관심에서 시작되었다는 점은 '성령은 말씀을 통해(per Verbum), 말씀과 더불어(cum Verbo) 일 하신다'는 신학원리에도 부합된다.

부흥은 말씀에 대한 반응으로 시작되었다는 점에서 부흥의 원리와 선포

---

43) 박용규는 한국교회에서의 부흥은 성경공부(사경회), 기도, 그리고 철저한 회개와 통회 가운데서 이루어졌다는 점을 지적한다. 박용규, 『평양대부흥』(생명의 말씀사, 2000), 16ff. 필자는 이와 함께 다른 지역에서의 부흥에 대한 소식이 한국에서의 부흥에 자극과 도전을 주었음을 지적하였다.
44) 박용규는 한국교회의 부흥은 말씀연구에 뿌리를 두고 있다고 지적했다. 박용규, 17.
45) George Marsden, *Fundamentalism and American Culture: The Shaping of Twentieth-Century Evangelism, 1870-1925* (Oxford Univ. Press, 1980).
46) 박용규, 17. 19.

는 성경중심이었다.[47] 부흥운동사에서 볼 때 자유주의 신학을 따르는 곳에는 부흥의 역사가 없었다.[48] 18세기 영적 부흥운동을 이끌어 간 인물들은 성경을 무오한 하나님의 말씀으로 믿는 복음주의자들이었다는 특징이 있다.

둘째, 부흥을 위한 '간구'가 부흥의 기초가 되었다는 점이다(대하 7:14). 부흥을 위한 간절한 기도는 한국교회 부흥의 동기였다. 선교사들은 부흥은 "그 발단에 있어서 기도의 능력과 밀접히 연계되어 있으며, 그 전개과정 동안 나타난 성령 역사의 비상한 현시에 의해 특징 지워진다."[49]고 했다. 평양에서 대부흥의 역사가 일어난 직 후 한국을 방문했던 조나단 고포드(Jonathan Goforth)는 평양에서 성령의 강력한 역사가 일어나기 전에 지속적인 기도와 기도의 영이 임했다는 사실을 발견하고 크게 놀랐다고 기록하고 있다.[50] 부흥사가인 에드윈 오르는 "연합된 기도(united prayer) 없이는 이 세상 어떤 곳에서도 영적 부흥이 일어난 일이 없다"고 지적했다. 1903년 원산에서 한국에도 부흥이 일어나기를 간구했던 두 여선교사 와이트와 매컬리의 기도에서 시작되었고, 이것은 1907년의 대부흥의 시원이 된다. 1907년 1월 14일의 정오기도회는 평양 대부흥의 역사를 가능케 했다.

셋째, 부흥의 역사를 불러 일으켰던 가장 현저한 특징은 죄의 고백이었다. 즉 통회와 자복은 하나님의 역사를 불러일으키는 통로였다는 점이다(행 2:37ff, 삼상 7). 이 점은 18-19세기 부흥운동사에서 가장 현저한 공통적인 현상이었다. '하나님을 향한 회심'으로서의 회개는 칼빈에 의하면 '재생'(reparatio), '회복'(instanratio), '갱신'(removatio), '복귀'(restitutio). '개혁'(reformatio), 그리고 '중

---

47) W. B. 스프레이그, 『참된 영적 부흥』(엠마오, 1984), 133ff.
48) 토마스, 7, 56. 마틴 로이드 존스는 자유주의 신학은 부흥의 소멸을 가져온다고 지적하고 현대교회의 부흥에 대한 무관심은 개혁신학의 퇴조와 현대주의 신학의 대두라고 지적했다. 마틴 로이드 존스, 22-23.
49) "The Religious Awakening of Korea," KMF, vol. 4, no. 7 (July, 1908), 105.
50) W. Duewel(안보헌 역), 『부흥의 불길』(생명의 말씀사, 1996), 307.

생'(regeneratio) 등의 의미를 함의하는 거룩한 생활로 나아가는 성화의 과정이었다.[51] 이 회개라는 성화의 과정에서 성령께서 역사하신 것이다. 조나단 고포드는 진정으로 회개할 때 부흥의 역사가 일어난다는 점을 강조한다.[52]

우리나라의 경우 1903년 8월 하디가 요한복음 14:12-14, 15:7, 16:23을 본문으로 행한 3차례의 연속 강연에서 자신의 죄와 교만을 회개했을 때 선교사들 사이에 회개의 역사가 나타났고, 그것이 한국인들에게로 전파되었다. 이것이 1903년 부흥의 시원이었다. 1907년 대부흥에서도 길선주의 공개적인 회개는 부흥의 역사를 불러왔다. 1월 16일 수요일 장대현교회 수요예배에서도 죄의 고백은 부흥을 가져왔다. 1859년의 웨일즈의 부흥도 한 여인의 회개에서 비롯되었고, 웨일즈 부흥 1백주년이 되는 1959년 웨일즈를 방문했던 캄펠 몰간(Campbell Morgan)의 증거 속에서도 이 점이 확인된다.[53] 1904-5년에 웨일즈에 부흥의 역사가 동일한 사실을 보여주었다. 이 점에 대해서는 마틴 로이드 존스, 캄펠 몰간(Campbell Morgan), 마이어(F. B. Meyer)도 동일한 견해를 피력했다.

넷째, 부흥에 대한 소식들이 도전과 자극을 주었다는 점이다. 부흥의 역사에서 다른 지역의 부흥에 관한 소식과 전언이 상호 영향을 주고 새로운 부흥을 불러일으키는 동기가 되었다는 점은 미국의 사회학자 조지 토마스(George Thomas)에 의해 지적된 바 있다. 그는 19세기 부흥의 역사에는 놀라울 정도의 통신과 상호 교류(networking)가 있었다는 점을 지적했다.[54] 에드윈 오르(Edwin Orr)는 1970년 저술한 『인도에서의 복음주의 각성운동』(*Evangelical Awakenings in India*)에서 인도의 부흥운동은 웨일즈의 부흥운동과 모종의 깊은 관계 하에서 진행되었다고 하여 이 점을 뒷받침 했다. 이 점은 한국에서

---

51) D. S. Wallace, 『칼빈의 기독교 생활 원리』(CLC, 1996), 41; J. Leith, 『칼빈의 삶의 신학』(한국 장로교출판사, 1989), 72, 78.
52) J. Goforth, *By My Spirit* (London: Marshall, Morgan & Scott, n.d.), 181, 189.
53) I. D. E. 토마스, 『신앙부흥운동』(여수룬, 1986), 10.
54) George Thomas, *Revivalism and Cultural Change* (University of Chicago Press, 1989) 참고.

도 동일했다. 1903년 원산에서의 부흥은 중국에서 선교하던 스칸디나비아 선교회 프란손(Rev. F. Franson)의 외국에서의 부흥에 대한 소개가 한국교회에 도전을 주었고, 1906년 8월의 경우 미국의 존스톤 목사(Rev. Hoard A. Johnston)가 인도와 영국 웨일즈에서 일어난 부흥을 소개한 것이 한국인들에게 감동과 도전을 주었다.[55] 이 때 존스톤은 한국에서 일어날 부흥을 예견했다고 한다. 그해 10월 목포에서 있었던 부흥에 대한 소식은 평양과 다른 지방에도 자극과 도전을 주었다.

1907년 평양에서의 성령의 역사에 대한 소식은 평양신학교 학생들과 다른 이들을 통해 각 지방으로 전파되었고, 이런 소식이 청주, 광주, 선천, 재령, 의주, 대구 등지로 확산되고 그 지역에서의 부흥을 불러일으키게 된다. 특히 1907년 2월 17일 서울 승동교회에서 열린 연합 사경회 때 평양 장대현 교회에서 있었던 부흥의 역사가 소개되었고, 결과적으로 평양에 임했던 성령의 역사가 그 대로 재현되었다. 곧 부흥의 물결은 곧 송도, 강화, 재물포 등지로 확산되었다.

조나단 에드워즈도 이와 같은 부흥 역사의 상호 의존성과 넷워킹을 인정했다. 즉 "외부에서 방문한 이들이 거룩한 축복의 내림을 경험하고 난 후" 기쁨으로 자기가 사는 곳으로 돌아가서 그 소식을 전하게 되자 그곳에서도 부흥의 역사가 나타나기 시작했다고 했다.[56] 또 그는 "경험에 의하면 어떤 곳에서 하나님의 능력과 은혜가 현저하게 역사하였다는 소식이 다른 지역 사람들의 마음을 일깨우고 사로잡는 경향이 있음을 알게 되었다."고 지적했다.[57]

1908년 중국에서 일어난 부흥의 역사는 평양 부흥에 대한 목격자들에 의한 전언과 보고가 가져온 결실이었다. 평양에서의 부흥에 대한 조나단 고포

---

55) 박용규, 182, 187.
56) R. E. Coleman, *Dry Bones Can Live Again*, 16.
57) I. D. E. 토마스, 12.

드(J. Goforth)의 보고는 만주, 특히 산시성(山西), 푸켄성(福建省)에서의 부흥에 영향을 주었다.

종합하여 볼 때 사경회를 통한 하나님의 말씀에 대한 진지한 관심, 영적인 갈망(기도), 진솔한 자기 성찰과 회개, 그리고 부흥에 대한 소식은 성령께서 역사하셨던 부흥의 요인이자 부흥 역사의 배경이 된다.

그렇다면 이와 동일한 환경이 주어진다면 동일한 부흥이 일어날 수 있을까? 아니면 부흥이 도래하기 위해서는 이런 것들 외의 또 다른 그 무엇이 요구되는가? 위에서 제시한 4가지 상황은 부흥의 기원에 대한 충분한 설명은 되지 못한다. 왜냐하면 이상과 같은 점들은 왜 부흥이 1903년에서 1907년 어간에 일어났는지, 그리고 왜 부흥이 원산에서 시발하였는지, 그리고 왜 1907년 4월경 평양 대부흥의 역사가 현저하게 약화되었는지 설명하지 못하기 때문이다. 이와 같은 문제는 결국 부흥의 기원이나 전개, 발전이나 쇠퇴를 법칙화 할 수 없다는 것을 보여준다. 다시 말하면 부흥을 불가피하게 만들어 주는 어떤 인과적인 원리를 정법화(定法化)하는 것은 불가능하다. 한국교회 부흥에 대한 해석과 관련하여 차 항에서 몇 가지 점에 대해 검토해 보고자 한다.

부흥에 대한 몇 가지 검토: 부흥은 어떻게 오는가?

정치적 현실이 부흥의 배경이었는가?

그간의 한국교회 부흥에 관한 논의에서 정치환경적 요인이 강조되어 왔다. 1907년 부흥은 일제 하의 민족의 현실, 정치적 좌절과 불안, 주권상실에서 오는 반일감정의 표출 등을 강조하고 그것이 1907년 부흥의 동기가 되었다고 주장한다. 18세기 이후의 부흥의 역사를 고려해 볼 때, 교회 부흥은 교회가 처한 역사적 상황과 무관하지 않다. 이 점은 한국에서도 예외일 수 없다. 1900년대는 점증하는 일본의 세력과 조선침략의 야욕이 구체화되어 갔고 민족적 절망감이 심화된 시기였다. 청일전쟁(1894-5), 을미사변(1895), 노일전쟁(1904-5), 을사늑약(1905), 그리고 한일합병(1910)으로 이어지는 역사의 격변기는 조선인들의 가슴에 불안을 가중시키고 있었다. 감리교 선교사 무즈(J. R. Moose)는 자신의 관할 하에 있는 지역에서 의지할 곳 없는 백성들의 아픔을 보면서 이 때야 말로 "이 땅에서 복음을 전할 수 있는 황금 같은 시기"가 도래했다고 말한바 있다.[58] 윌리엄 베어드는 이런 현실에서 조선인들은 "수치감, 분노, 그리고 증오에 내몰려 그들은 무언가 영웅적인 일을 해 내고야 만다는 결의를 다지고 있었다"라고 해석했다.[59] 이러한 상황에서 기독신자의 책임의식이 고조되었고, 동시에 무언가 새로운 역사의 변혁에 대한 기대와 함께 암울한 현실로부터 탈출 욕구가 심화되었을 것으로 해석할 수 있다. 절망적인 현실에서 그리스도인들은 민족의 문제에 책임을 느끼고 이것이 마치 믿는 자가 책임을 다하지 못한 것 때문이라는 의식이 표출되었을 것이다. 이런 점에서 1900년대 초의 정치 사회적 환경이 부흥을 가져오게 했다고 해석한다.

일견 유의한 해석으로 간주될 수 있지만, 외국에서 일어난 부흥의 기원과 비교해 볼 때 이런 정치적 상황 혹은 민족적 현실이 부흥의 배경이었다고 판단할 근거가 희박하다. 가장 중요한 근거는 정치적 상황과 종교적 갈망 사이에는 연속성이 없다는 점이다. 다시 말하면 광의적 의미에서 부흥의 가장 현저한 특징은 개인적이고 집단적 회개인데, 민족의 현실이라는 정치적 상

---

58) J. R. Moose, "A Great Awakening," *KMF* Vol. 2 No. 3 (Jan., 1906), 51. "There is indeed a golden opportunity for the Christian worker in this land. The general unrest and lack of something to which they may cling is causing the people to turn to the Missionary and the message he has; and they are trying to find out if we have something which they can trust."

59) W. Baird, "Pyung Yang Academy," *KMF*, vol. II, No. 9 (Oct., 1906), 221.

황이 집단적 회개를 유발할 수 있는 내적 연대감(in-group solidarity)의 근거가 될 여지가 희박하다는 점이다. 힘의 논리에 의한 일제에 강점 시도라는 민족 현실은 민족적 적대감정을 고취할 수 있고, 그것이 다음 시기에 선명하게 나타나듯이 '기독교적 민족주의'(Christian nationalism)라는 독특한 민족주의를 형성하였고, 또 할 수는 있지만 그런 상황이 회개 혹은 회개운동이라고까지 말하는 종교적 각성으로 표출되었다고 볼 근거는 미약하다.

둘째, 1903년 이후 한국교회 부흥에서 표출된 회개나 통회에서 조국의 현실이나 민족의 문제가 거론된 일이 없다는 점이다. 이 당시 부흥과 관련된 문서에 보고된 회개는 우상숭배, 살인, 간음, 도적질, 축첩, 노름, 상해, 거짓말, 서로 원수 지고 산 일, 아내 구타나 폄하, 위선, 교만, 탐욕, 성수주일 미 이행 등 하나님께 대한 불순종과 도덕, 윤리적인 항목들이었다. 다시 말하면 회개의 목록 속에 당시의 정치적 상황에서 오는 문제의식이 나타나 있지 않다는 점이다. 회개란 근본적으로 종교적 각성이고, 그 성격상 하나님과 이웃과의 도덕적이거나 윤리적 행위와 관련된 것이다. 말하자면 정치적 상황이 종교적 각성을 재촉할 수 있는 근거가 되지 못한다는 사실이다.

셋째, 18-19세기 영국이나 미국에서 발현한 부흥에서 국가가 처한 정치적 현실이 부흥의 동기가 된 사례가 없다는 점이다. 도리어 그 시대의 종교적 상황이 부흥의 주효한 동기였음이 주장되어 왔다.[60] 일반적으로 부흥의 외적 요인으로는 종교적 상태, 곧 영적, 도덕적 퇴보가 있을 때 일어났다는 점이 강하게 주장되어 왔다. 이 점에 대해서는 구약성경에서도 동일한 암시를 주고 있다.[61] 18세기 잉글랜드나 웨일즈, 그리고 미국에서의 부흥의 배경 또한 종교적 상황이었다. 헨리 존슨(Henry Johnson)은 1730년대 잉글랜드에서의

---

60) Fischer, *Reviving Revivals*, 63, 64.
61) 히스기야 왕 때 일어난 부흥운동의 경우, 그 이전 시대의 아하스 왕 시대(735-716 BC)에 이스라엘 백성의 반역과 영적 침체가 있었다. 즉 저들은 16년간 우상숭배와 악행, 음란과 방탕이 있었다. 역대하 28:19에서는 아하스가 "유다에서 망령되이 행하여 여호와께 크게 범죄하였다"고 했는데, NIV에서 이 본문을 아하스가 "유다에서 악한 일을 증가시켰고, 여호와께 가장 불충했다"고 번역했다. 영적 퇴보는 다음 시대부흥 혹은 각성의 주된 동기였다.

복음주의 부흥운동의 배경을 말하면서 당대의 종교적 도덕적 퇴보를 제시한바 있다.[62]

스코틀랜드의 경우도 동일했다. 에벤에셀 얼스킨(Ebenezel Erskine)에 의하면 18세기 초 40여년간 '전반적으로 생명이 없고 미지근하고 무심한 스코틀랜드의 종교적 상황에서 부흥이 일어났음을 지적했다.[63] "목사들은 정확하게 그리고 조직적으로 설교했으나 성령의 능력은 없었다. … 외적인 경건의 모양은 있었으나 참된 신앙은 거의 없었으며 … 사람들은 공개적으로 무신론을 자랑했고 에딘버러에서는 지옥불클럽, 유황불 협회, 매춘부집단이라는 조직들이 만들어지기도 했다."[64] 웨일즈의 경우에도 도덕적 상황이 부흥의 배경으로 강조되고 있다. "18세기 초반에 있었던 웨일즈의 도덕적 종교적 상황은 아마도 잉글랜드 보다 더 나빴을 것이다. 술 취함과 모든 종류의 방탕이 평신도와 성직자들 가운데 만연되어 있었으며 반면에 더 가난한 무리들은 질이 낮은 무지와 악행 가운데서 살아갔다."[65]

부흥운동사에 관한 논자들에게 산업혁명 전후의 정치사회적 상황은 관심을 끌지 못했다. 미국에서 동일했다. 대각성운동이 일어났을 당시에는 반신앙클럽의 범람 등 불신적 세속주의가 팽배하였다. 에드윈 오르에 의하면 미국에서 각성운동이 일어났을 때 예일대학에는 크리스쳔 학생수는 소수에 지나지 않았고, 윌리암스대학(Williams College)에서는 성찬식을 조롱하는 축제를 거행하기도 했다. 심지어는 성경을 불태우는 일까지 있었음을 지적하였다. 제2차 각성운동 이전의 상황도 이와 같았다.[66] 라토렛은 1750년과

---

62) "… 그들은 광범위하게 타락과 쾌락주의에 빠져들었다. 1735년 영국 알코올의 소비는 약 600만명의 인구 가운데 거의 550만 갈론이었다. 1751년에는 거의 1,100갈론에 달했고,… 도시와 마을은 범죄로 들끓었다. 해진 뒤 마을은 안전하지 못했고, 범죄자들은 스스로를 영웅시했다. … 당시의 종교는 형식적이고 죽어 있었다."헨리 존슨,「부흥운동이야기」(솔로몬, 2003), 28, 29.
63) 핸린 존슨, 154.
64) Ibid.
65) Ibid, 164.
66) 에드윈 오르는 이 당시 상황을 이렇게 말한다. "감리교도들은 교회로 들어오는 수 보다는 나가는 수가 더 많았다. 침례교도들은 말하기를 가장 썰렁한 계절을 맞이했다고 했다. 장로교도들은 총

1815년 사이를 '거절과 부흥의 시대'라고 부르면서 기독교 신앙에 대한 반대가 계몽사상에 의해 일어났다고 분석하고 합리주의 및 이와 관련된 이신론이 젊은 계층사이에 열렬한 동조자를 얻게 되었다고 지적했다.[67] 합리주의 사상이 만연하던 시기의 영적, 도덕적 타락, 안일주의 등 신앙적 퇴보상태에서 부흥이 일어났다는 점이다. 부흥의 도덕적, 영적 배경을 중시하는 찰스 피니(Charles Finny)는 부흥이란 "교회가 영적으로 타락한 상태에 빠져 있음을 전재로 하여 교회를 그 타락으로 돌이키게 하고 죄인들을 회심시키는 일 가운데 있다."고 하여[68] 종교적 상황이 부흥의 배경이 된다는 점을 지적한 바 있다.

물론 정치적 상황을 포함한 역사·환경적 요인이 종교적 영역에도 일정한 영향을 주는 것은 분명하다. 그러나 그동안 한국교회는 1900년대의 종교적 환경이 영적 갈망에 어떤 영향을 주었던 가에 대해 간과하거나 소홀하게 취급해 왔다는 점이다. 다시 말하면 부흥의 역사에서 당시의 정치적 상황에 대해서는 강조하여 왔으나 도덕적, 영적 상태, 곧 1900년대 우리 사회의 우상숭배, 축첩, 간음, 살인, 사기, 도박 등이 만연하였고, 도덕적 퇴보 상태에 있었다는 점이 간과되었다는 점이다. 분명한 사실은 정치적 혹은 민족적 상황이 1907년 전후 한국교회 부흥을 가져온 주도적인 원인이 아니었다는 점이다.

'부흥 역사'인가 '부흥 운동'인가?

한국에서 1907년 전후의 부흥을 흔히 '부흥운동'이라고 말하고 있다. '운

회에서 국가적인 불 경건을 규탄했다. 전형적인 회중교회인 메서추세츠주의 레녹스의 사무엘 세퍼드 목사는 16년 동안 한 사람도 더 얻지 못했다"고 했다. E. Orr, *The Role of Prayer in Spiritual Awakening* (LA: Oxford Association for Research in Revival, 1968).

67) 라토렛, 『기독교사(하)』, 64, 108.
68) Walter C. Kaiser, 16-7.

동'이라고 할 때 이 말은 '민주화 운동,' '통일운동' 등과 같이 어떤 목적을 이루기 위한 의도된 조직적인 활동(campaign)을 의미한다. 이런 의미에서 볼 때 1903년 이후의 한국교회의 부흥은 하나님의 강권적인 '역사'였는가 아니면 인간의 조직적인 활동에 의해 발의, 의도, 유지된 '운동'이었는가? 그렇다면 하나님의 강권적인 역사에서 인간에 의해 의도되고 준비되는 운동성은 무의미한 것인가? 이 점에 대한 논의는 부흥은 어떻게 오는가에 대한 해답이 될 수 있을 것이다.

비록 해묵은 논쟁이기는 하지만 '부흥'(revival)과 '부흥주의'(revivalism)의 문제는 제1차 각성운동의 주도적인 인물이었던 조나단 에드워즈와 제2차 각성운동의 중심인물인 찰스 피니로 대표되는 칼빈주의자와 알미니안 주의자들의 경계선이 되기도 한다.

조나단 에드워즈(Jonathan Edwards, 1703-1758)는 1734년부터 1736년까지 예상치 못한 '엄청난 하나님의 역사'를 경험했으나 1737년 부흥의 갑작스런 중단을 경험했다. 그래서 그는 부흥이 인간 의지와는 무관한 하나님의 직접적인 역사라고 확신하게 되었다. 그는 이런 경험을 기록한 1737년의 『하나님의 놀라운 역사에 대한 충실한 서술』(Faithful Narrative of the Surprising Work of God in the Conversion of Many Hundred Souls in Northampton)에서 노스햄톤에서 일어난 부흥은 인간의 의지나 인간의 노력에 의해 나타난 결과가 아니라 하나님의 주권적인 은혜요 성령의 역사임을 강조하였다. 조나단 에드워즈는 부흥의 돌연함과 비규칙성은 인간의 의지에 따른 결과가 아니라는 점을 보여준다고 보아 부흥은 인간 의지에 의해 기원하거나 쇠해지지 않는 하나님의 강권적인 역사로 이해했다. 그는 부흥은 하나님의 역사이지 '운동'으로 성취될 수 없는 것임을 지적하고 부흥주의를 반대했다.

부흥이 인간 의지와 무관하다는 점을 보여 주는 또 한 가지 사례가 웨일즈에서의 부흥이었다. 웨일즈에서는 1800년부터 1859년 사이에 실제로 매 10년마다 신앙부흥을 체험했다. 1859년에는 부흥이 절정에 달했던 시기였다. 그래서 1859년의 부흥은 에이피온 에반스(Eifion Evans)의 지적처럼 "새로운 것도 아니고 기이한 현상도 아니었다."⁶⁹⁾ 많은 이들은 매 10년마다 부흥이 있었음을 고려하여 1869년에도 상당한 부흥이 있을 것을 기대했으나 부흥은 오지 않았다. 이런 부흥의 발생이나 소멸, 장소, 지속기간 등이 인간의 의지와 상관없다는 점 때문에 조나단 에드워즈는 부흥이란 전적으로 하나님의 주권적인 역사이며, 인간은 부흥을 가져오는데 아무것도 할 수 없다고 보았다. 그에게 있어서 부흥은 하나님의 '역사'였지 인간의 의지에 의해 실현될 수 있는 '운동'이 아니었다.

반면에 찰스 피니(Charles Finny, 1792-1875)는 "부흥은 이적이 아니며, 그것은 전적으로 자연의 능력을 바르게 사용하는데서 일어날 수 있다"고 보아 부흥이 인간에 의해 기계적으로 준비될 수 있다고 보았다. 즉 그는 선거유세에서 전략은 군중회집과 관계가 있듯이, 인간의 노력과 부흥은 유관하다고 이해했다. 그는 "부흥을 위한 방법을 바르게 사용하는 것과 부흥의 관계는 곡식을 얻기 위한 올바른 방법과 농장물의 수확과의 관계와 동일하다"고 했다.⁷⁰⁾ 그는 신앙부흥은 인간의 의지나 운동으로 이루어 질 수 있는 것으로 파악했다. 따라서 더 많은 결실을 위해서는 상황에 따라 새로운 방법들(new measures)이 모색되어야 한다고 지적했다.⁷¹⁾

조나단 에드워즈와 찰스 피니의 차이점을 조지 토마스는 1차 각성운동과 제2차 각성운동의 근원적 차이로 설명한다. 즉 일차 각성운동은 하나님의 주권적 뜻에 의해 흘러온 것이지만 19세기의 '새로운' 부흥주의는 교회와 전

---

69) Eifion Evans, *Revival Comes to Wales: The Story of the 1859 Revival in Wales* (Evangelical Press of Wales, 1986), 9.
70) C. G. Finny, *Revivals of Religion* (Revell, n.d.), 5, 534; William McLoughlin, *Revivals, Awakenings and Reform* (Chicago Univ. Press, 1978), 125.
71) Ibid., 126. 김명혁, "부흥은 인위적 산물이나 신적 창조물인가?"《신학정론》제3권1호(1985. 5), 159.

도자들의 의도된 노력의 산물이라고 말한다.[72]

이들의 차이는 칼빈주의와 알미니안주의 간의 차이라고 할 수 있고, 부흥과 전도의 차이라고 할 수 있을 것이다. 전도는 전도의 방법, 도구, 전도자 개인의 차이 등이 있으므로 인적 요소가 강하나, 신앙부흥에는 인간적 요소가 뚜렷하지 않기 때문이다. 비록 이 점에 대해서는 이견이 있지만 하나님의 특별하신 역사인 영적 각성과 부흥은 하나님의 주권적인 사역이라고 하지 않을 수 없다. 인간의 노력과 의지, 전략과 방법이 다소간 영향을 주는 것은 사실이지만 그것은 일정한 한계를 넘어설 수는 없을 것이다. 부흥의 지속기간, 발생장소, 가속력, 그리고 영향력 등을 고려해 본다면 부흥의 주체 혹은 주도자는 성령 하나님이시다. 따라서 인간이 부흥을 예측하거나 부흥의 역사를 과학적으로 법칙화 할 수 없을 것이다.

한국교회 부흥은 '비정치화'의 실현인가?

1907년 전후의 한국교회의 부흥을 '비정치화'의 과정이라는 주장이 있어 왔고,[73] 이런 주장은 광범위하게 수용되어왔다. 이 주장은 두 가지 측면을 포함하는데, 첫째는 한국교회의 부흥은 독립이나 민족 현실에 대한 지나친 관심을 신앙 내적인 것으로 전환하기 위한 의도에서 시작되었다는 주장

---

72) George Thomas, 1.
73) 이런 입장을 보여주는 대표적인 인물은 유동식(『한국신학의 광맥』, 55-56), 박순경(『민족통일과 기독교』), 민경배(『한국기독교회사』270ff) 등 원로학자들이다. 이런 입장에 반대하는 이들로는 김영재(『한국교회사』128-9), 김인수(『한국기독교회의 역사』266-3), 이상규 등을 들 수 있다. 김영재는 부흥운동은 성령께서 주권적으로 일하시는 불가항력의 영적인 운동이란 사실과 부흥은 한국에서만 일어난 특별한 사건이 아니라는 점을 지적한다(128-9). 또 김인수는 '비정치화론'은 부흥운동의 본원을 잘못 이해한 곡해라는 입장에서 비정치화론을 반대하며, "부흥운동, 곧 성령운동이 선교사 몇 사람이 모여 성령운동을 일으키자고 해서 일어나곤 하는 것이 아님은 불문가지의 사실이다. … 또한 비정치화의 문제도 '교회와 국가'의 문제라는 커다란 명제에서 보아도 교회와 국가가 분리되기 위해 기독교 역사 속에서 얼마나 처절한 투쟁을 벌였는가를 제대로 인식하지 못한 데서 나온 말이라고 볼 수밖에 없다. 예컨대, 1789년 미국의 헌법에서도 국가와 교회의 분리를 명문화했다는 것을 숙지할 필요가 있다"(261)고 지적한다.

이다. 다른 하나는 한국교회 부흥이 한국교회로 하여금 민족현실의 문제에 대해 냉담하게 만드는 '비정치화'를 가져와 결과적으로 한국교회가 역사 현실에 대해 냉담하게 되었다고 주장한다.[74] 이 점에 대해 많은 젊은 학자들이 동조하고 있다.[75]

학문적으로 빚을 지고 있는 원로학자들의 주장에 이견을 제시하는 것은 조심스런 일이기는 하지만, 이 주장이 사실성(事實性)을 인정받기 위해서는 다음의 3가지 사실성(史實性)을 필요로 한다. 즉 선교사들이 그리스도인들의 민족현실에 대한 관심을 신앙 내적인 것으로 전환하기 위해 부흥을 의도했고 그런 결과로 부흥이 일어났는가를 검토해야 하고, 한국교회가 민족 현실이나 역사현실에 대해 실제로 냉담했는가를 증명해야 하고, 그 원인이 부흥의 결과였는가를 증명해야 한다. 그러나 이런 주장을 뒷받침 할만한 논리적 지원은 만족스럽지 못하다. 이 제한된 글에서 이 점에 대해 토론하려는 것이 아니라 이런 점들에 대해서 재론할 여지가 있다는 점을 지적하고자 한다.

위의 '비정치화론'은 일종의 가설로서 이 가설은 두 가지 전제 위에서만 가능하다. 첫째, 부흥은 하나님의 주권적인 역사라기보다는 인간의 의도에 따라 일어날 수 있다는 점을 가정한다. 둘째, 민족현실에 대한 관심과 신앙 내적인 심화는 양립할 수 없다는 전제 위에서 가능하다.

우선 한국교회의 부흥과 유관된 선교사들에게 '비정치화'를 모색하는 의도성이 있었는가를 검토해야 할 것이다. 또 그런 인위적 의도가 집단적 회개라는 전대미문의 성령의 역사를 가져올 수 있었는가를 검토해야 할 것이다.

---

74) 한국교회사학계의 대표적인 학자인 민경배 교수는 "이 부흥의 물결을 통해서 한국교회를 비정치적인 피안적 교회로 구형시키고자 하는 선교사들의 강렬한 의도가 태동하기 시작했다."고 말하고, "… 선교사들의 뇌리 속에 본래적인 신앙형태로의 복귀가 숙제처럼 남아 있다가 그것을 구체적으로 실현하고 그렇게 해서 한국 교회를 숙청한 것이 1907년 대부흥이었다"고 해석한다. 민경배, 『한국기독교회사』(연세대학교 출판부, 1993), 271.
75) 이와 관련하여 내한한 선교사들이 '경건주의자들'이었다고 주장하기도 한다. 여기서 한걸음 더 나아가 '독일형의 경건주의자들'이었다고 주장한다. 독일형의 경건주의자들이란 루터의 두 왕국론에 기초한 경건주의자들이라는 의미로써 한국교회를 비정치화 하려했다고 말한다.

한국교회 부흥의 연원으로 인정되는 첫 인물 하디는 한국에서의 부흥의 연원이 되는 1903년의 원산 부흥을 회고하면서 그것은 어떤 의도에서 발의된 일이 아니라 전적으로 하나님이 역사하신 일이라는 점을 강하게 말하고 있다.[76] 무엇보다도 부흥에 직접적으로 관여한 다른 선교사들은 예상치 못한 성령의 역사와 하나님의 강권적인 간섭에 대해 놀라움을 표현하고 있을 뿐이다.[77] 이 점은 부흥이 어떤 목적을 가진 의도성의 결과라는 개연성을 부인한다. 또 이들의 문서 속에서 한국의 그리스도인들이 민족현실에 지나치게 관심을 갖고 있다는 점을 암시하거나 그것을 문제로 인식하지도 않고 있다. 선교사들의 메시지 속에서도 그런 점을 보여주는 단서가 없다. 뿐만 아니라 한국인들의 회개의 목록 속에서도 민족에의 관여나 무관심, 그 양자에 대한 회오를 반영하고 있지 않다.

다른 한 가지는, 1900년 대 이후의 한국교회의 역사에서 한국교회가 민족 현실에 대해 냉담했다는 점은 수긍하기 어렵다는 점이다. 설사 냉담했다 하더라도 그것이 1907년 전후의 부흥이 가져온 결과라는 점은 입증하기 어렵다. 무엇보다도 부흥이 한국의 비정치화를 가져왔다는 해석은 독립에 대한 관심과 영적 심화는 양립 할 수 없다는 전제에서 가능한데, 그런 전제 자체가 1900년대의 길선주의 경우에서 적용될 여지가 없다.

한국교회 부흥을 선교사들에 의한 '비정치화'로 해석하는 첫 단초로 제시되는 문헌이 1901년 장로교선교공의회의 문서인데,[78] '정교분리'라는 일반

---

76) R. A. Hardie, "God's touch in the great revival," *KMF* (Jan., 1914), 22-23.
77) 대표적인 자료가 선교사들의 보고서인데, 예컨대, 이길함의 "How the spirit came to Pyeng Yang," A. Baird, "Further visitation of grace in Pyeng Yang, Korea," 소안론, "God's work of grace continude in Pyeng Yang, Korea," 등이 그것이다. 길진경, 362-381.
78) "장로회 공의회 일긔,"라는 제목의 이 문서 내용은 다음과 같다.
   "1. 우리 목사들은 대한나라 일과 정부일과 관원 일에 대하여 도무지 그 일에 간섭하지 아니하기를 작정할 것이요.
   2. 대한국과 우리나라들과 서로 약조가 있는데, 그 약조대로 정사를 받되 교회일과 나라 일은 같은 일 아니라. 또 우리가 교우를 가르치기를 교회가 나라 일 보는 회가 아니요 또한 나라 일은 간섭할 것도 아니요.
   3. 대한 백성들이 예수교회에 들어와서 교인이 될지라도 그전과 같이 대한 백성인데, 우리 가르

적 원칙을 제시하는 이 문서가 소위 선교사들에 의한 한국교회 비정치화를 위해 의도된 문서로 원용하는 것이 타당한 가에 대해서도 검토해 볼 여지가 있다. 정교 분리 원칙은 18-19세기 아아제국에서 시행된 선교 단체들의 공통적인 정책이었기 때문이다.

방언은 성령역사의 현저한 특징인가?

한국교회 부흥에서 한 가지 흥미로운 사실은 1903-7년에 이르는 부흥에서 방언이 있었다는 기록이 없다는 점이다. 방언이 없었다는 점이 사실이라면 방언은 성령의 역사에 대한 가장 분명한 증거라는 주장은 설득력이 없다. 신오순절주의자들은 성령 역사의 가장 현저한 특징은 방안이라고 말하지만 한국교회 부흥에서 방언이 보고된 바 없다. 이언 머레이(Ian Murrey)가 말하는 바와 같이 성령의 역사가 항상 일정한 형태로 나타나는 것이 아니다. 성령은 불변의 보습이 아니라 다양한 형태로 역사하신다. 방언은 불가피한 요소가 아니다.

맺는 말

한국교회 부흥의 역사를 개관하면서 무엇이 부흥을 가져왔는가의 문제

치기를 하나님의 말씀을 거스림 없이 황제를 충성으로 섬기며 관원을 복종하여 나라법을 다 순종 할 것이요.
4. 교회가 교인의 사사로이 나라 일 편당에 참여하는 것을 시킬 것 아니오 금할 것도 아니오, 또 만일 교인이 나라 일에 실수 하거나 범죄 하거나 그 가운데 당한 일은 교회가 담당할 것 아니요 가리울 것도 아니오.
5. 교회는 성신에 붙인 교회요 나라 일보는 교회 아닌데 예배당이난 회당 사랑이나 교회 학당이나 교회 일을 위해 쓸 집이요 나라 일 의논하는 집이 아니오, 그 집에서 나라 일 공론하러 모일 것도 아니오 또한 누구든지 교인이 되어서 다른 데서 공론하지 못한 나라 일을 목사의 사랑에서 더욱 못할 것이오."《그리스도신문》 1901년 10월 3일자.

와 유관된 몇 가지 점에 대해 살펴보았다. 핵심적인 문제는 사람이 부흥을 위해 무엇을 할 수 있는가의 문제이다. 한국과 18-19세기 부흥사에서 보여주는 바와 같은 부흥이 일어날 수 있는 환경을 조성하면 부흥은 다시 일어날 수 있을까?

한국교회의 경우가 보여주듯이 일반적으로 제시되는 부흥의 배경들, 곧 사경회를 통한 말씀에 대한 진지한 관심, 성령의 역사에 대한 간구, 진정한 통회와 자복, 그리고 외국이 부흥에 대한 정보를 통한 도전과 자극이 1907년 전후의 부흥을 가져왔을까? 우리는 명백하게 그렇다고 대답할 수 없다. 그렇다면 위에서 제시한 바와 같은 그런 준비가 없는 상태에서도 부흥은 가능한가? 불가능하지는 않겠지만 그런 사례는 부흥운동사에서 발견되지 않고 있다.

이런 점에서 부흥에는 인간을 포함하는 요소와 인간의 범위를 벗어난 요소가 있을 수 있다는 이중적 사실을 확인할 수 있다. 이점은 추수의 경우를 통해 설명될 수 있을 것이다. 농부는 땅을 경작하고 파종하고 김을 맨다. 사람은 사람이 할 수 있는 모든 노력을 다하지만 그것으로 추수를 보장받지는 못한다. 추수란 햇빛, 바람, 비와 같은 다른 요소들에 의해 좌우될 수 있기 때문이다. 농부는 추수를 준비할 수 있어도 그 준비가 추수를 보장해 주는 것은 아니다. 반대로 농부가 추수를 위해 경작하고 파종하고 김매는 노력 없이는 추수를 기대할 수 없다는 점도 분명하다.[79]

부흥은 인간의 준비를 필요로 하지만 그것은 전적으로 하나님의 강권적인 역사라는 점에서 농부와 추수와의 관계는 부흥에 대한 적절한 유비가 된다. 부흥역사가 현시해 주는 부흥의 모든 조건을 충족시켜도 부흥을 경험하지 못할 수가 있지만, 반대로 부흥의 조건을 충족시키지 않으면 부흥을 체험할 가능성은 매우 낮다. 부흥에는 인간의 한계를 초월하는 요소가 분명

---

79) 토마스, 32.

히 있다. 이런 점에서 부흥은 인간에 의해 의도되거나 기획될 수 없다. 이런 점에서 부흥을 불가피하게 만드는 어떤 자동적인 원리나 법칙은 존재할 수 없다.

5. 한국교회 성장, 어떻게 볼 것인가?

한국교회의 성장

양적인 측면에서 볼 때 한국교회는 역사상 유래가 없는 급성장한 교회로 알려져 있다. 외래 종교에 대해서 배타적이었던 전통과는 달리 기독교의 수용(受容)은 아아(亞阿)제국의 다른 나라들과는 비교가 되지 않을 정도로 급성장한 것으로 보고되었다. 특히 일제의 침략야욕이 노골화되고 청일전쟁(1894-5), 노일전쟁(1904-5)으로 국토가 유린당하고 민족이 수난을 당하는 그 고난의 시대에 한국교회는 성장하기 시작하였다. 우리나라에서 개신교 선교가 시작되고 첫 10년간 신자의 증가율은 미비했다. 선교사들이 입국하여 선교를 시작한지 5년째인 1890년 당시에는 오직 11명의 장로교 및 감리교 선교사들이 활동하고 있었는데 이 해의 세례교인의 수는 장로교가 119명,

감리교가 36명, 도합 155명에 지나지 않았다.[80] 그러다가 점차 수적 성장이 현저해 지기 시작하였다. 1895년 당시 기독교 신자는 2,500명에 지나지 않았으나 1900년에는 12,600명, 1910년에는 73,180명으로 증가되었다.[81] 또 1920년에는 92,510명, 1930년에는 125,479명으로 성장하였고 해방 당시는 약 30만 명으로 추산되고 있다.[82]

해방 후에도 교회 성장은 다른 나라와는 비교되지 않을 정도로 급증했다. 예컨대 1955년에는 약 60만 명, 1965년에는 약 120만 명, 1975년에는 약 350만 명, 1980년의 경우 정부 통계에 의하면 개신교 신자가 718만 명이었다. 그래서 1960년대 이후는 매 10년마다 배가되었고, 1970년대 후반에는 하루에 6개 교회씩 설립된 것으로 보고되었다. 수적으로 말하면 1970년대 이후에는 매년 60만 명씩 증가한 것으로 알려져 있다. 또 1990년에는 기독교 신자는 1천 200만 명으로 보고되었다. 물론 이 자료의 정확성에 대해서는 의문의 여지가 있다. 그러나 분명한 사실은 한국교회의 성장은 아아제국의 다른 나라들과는 비교할 수 없을 정도라는 점이다. 그래서 주한 선교사였던 로이 쉬리어(Roy Shearer)는 한국교회의 성장을 '번져가는 불길' 곧 요원지화(燎原之火, wildfire)라고 불렀다.

그래서 1910년 에딘버러에서 국제선교협의회(IMC)가 개최되었을 때 한국교회의 급성장에 대해 우려를 표할 정도였다. 1905년 평양을 방문하였던 한 외국인(Rut)은 "평양에 있어서 기독교의 성(盛)함은 실로 놀랄만하다. 매 일요일에 교회에 참여하는 한인은 약 14,000명에 달한다. 평양의 인구는 확실히 알 수는 없으나 4만 혹은 5만으로 추산된다. 이렇게 볼 때 기독교 신자는 인

---

80) 이호운, 『한국교회 초기사』(기독교서회, 1970), 160.
81) 김양선에 의하면 1895년에는 746명이었으나 1897년에는 8,496명, 1900년에는 18,081명으로 격증했다고 보고하였다. 또 어떤 자료에 보면 1895년 530명이었으나 1905년 26,057명으로 10년 사이에 500% 성장한 것으로 보고되었다.
82) 민경배 교수에 의하면 이미 1930년대의 기독교 신자가 38만여 명에 달했다고 한다. 민경배, 『한국기독교회사』(연세대학교 출판부, 1993), 434.

구의 3분지 1에 해당한다."고 쓰고 있다.

물론 한국교회 성장을 말할 때 지역과 시기에 있어서 대단한 편차를 보이고 있고 따라서 이러한 점들도 고려되어야 할 것이다. 일반적으로 말해서 서울과 경기지방이 전라도나 경상도 보다 성장이 빨랐고, 관서지방이 서울, 경기지역보다 복음에 대해 더 수용적이었다. 이북지방에서도 특히 서북지방이 복음에 대해 보다 수용적이었다. 그 이유는 이 지방민이 보다 개방적이고 유교가 깊이 뿌리내리지 못했기 때문이다. 이북지방이 이남지방 보다 복음에 대해 적극적인 반응을 보인 것은 이남 지방이 양반계층 비율이 높았던 반면에 이북지방은 평민계급, 곧 중산층 중심의 사회였기 때문이다.[83]

한국교회의 성장요인

이상과 같은 한국교회의 급성장은 널리 알려져 있고 또 그 원인이 무엇이었는가에 대해서는 여러 연구가 있어 왔다.[84] 특히 1960년대 이후 한국교회 성장의 문제는 중요한 이슈가 되었고, 그 성장 요인에 대한 토론은 교회사가

---

83) 교회성장에 있어서 지역적 편차를 해 지역민들의 신분계층과 관련하여 논구한 문헌으로는 필자의 *To Korea with Love: Australian Presbyterian Mission Work, 1889-1941* (Melbourne: PCV, 2009), 147-156을 참고하라.
84) 한국교회 성장에 관한 대표적인 연구로는 다음과 같다(발간연대순).
Charles A. Clark, *The Korean Church and the Nevius Methods* (New York: Revell, 1930); Alfred W. Wasson, *Church Growth in Korea* (New York: IMC, 1934); Gabriel Gab Soo Lee, *Sociology of Conversion: Sociological Implications of Religious Conversion to Christianity in Korea* (Ph. D. thesis, Fordham University, 1961); Roy E. Shearer, *Wildfire: Church Growth in Korea* (Grand Rapids:Eerdmans, 1966). 이 책은 1966년 이승익에 의해 「한국교회 성장사」란 이름으로 대한기독교서회에 의해 역간되었다; Bong-Rin Ro and Martin L. Nelson ed., *Korean Church Growth Explosion* (Seoul: Word of Life Press, 1983). 그 외에도 김중기, "한국교회의 성장과정," 「현대사회」 (1983. 봄); 한국기독교사회문제연구원편, 「한국교회 100년 종합조사연구」; 한영제편, 「한국기독교성장 100년」 (기독교문사, 1986); 신내리(손성은역), 「한국교회성장의 비결」 (개혁주의신행협회, 1992) 등이 있다.

나 선교사가들의 주된 관심의 대상이 되었다.

교회성장의 요인은 어느 한 측면만으로는 충분히 설명될 수 없을 것이다. 교회성장을 포함한 모든 역사의 발전은 어느 한 가지 요인으로만 설명될 수 없는 복합적인 이유가 있기 때문이다. 여러 요인 중에서 중심요인이 무엇인가에 대해서는 학자들 간의 대립된 견해가 있어 왔다.

선교 정책설

일반적으로 말해서 선교사나 선교사 출신 학자들은 한국 교회성장은 선교사들의 고유한 선교정책에 기인한다고 주장해 왔다. 18세기 이후 아아제국(亞阿諸國)에서의 선교는 복음전도와 함께 교육, 의료사업을 강조했는데, 이 정책이 한국에서 주효했다고 주장한다. 특히 전도, 교육, 의료와 함께 1890년대 이후 채용된 네비우스 방법(Nevius Method)과 선교지역 분담 등 선교사들의 정책이 한국교회 성장의 주된 요인이라고 한다. 이런 주장을 펴는 대표적인 인물이 소열도(Stanley T. Soltau), 왕영덕(Alfred W. Wasson) 그리고 곽안련(Charles A. Clark) 등 선교사들이었다.[85] 이들은 중국과 비교하면서 네비우스 정책이 가져온 결과를 높이 평가하였다. 특히 곽안련은 1928년 시카고대학에 제출한 박사학위 청구논문에서 한국교회 성장에 있어서의 네비우스 정책은 한국에서의 기독교의 수용, 교회성장과 발전의 결정적인 영향을 끼쳤음을 언급하고, 네비우스 정책은 단순히 자립성에 대한 강조뿐만이 아니라 성경연구에 대한 강조, 곧 성경에 대한 압도적인 강조를 통한 성경중심주의였다고 주장했다. 이 연구에서 그는 한국에서의 개신교의 성장이 특수한 선교정책에 있었다는 점을 해명하려고 했다. 김양선,[86] 김재준[87] 등은 이 견해

---
85) Charles A. Clark, *The Nevius Plan for Mission Work in Korea*, 225.
86) 김양선, "한국선교의 회원과 전망," 『기독교사상 강좌』 3권, 17.
87) Jae Jun Kim, *Korea Struggle for Christ*, 28.

를 지지한다.

종교혼합 현상설

선교사 중심의 '선교정책설'에 강한 의문을 제기하고 한국교회 성장을 한국의 기층문화인 샤머니즘, 곧 기존의 무교적(巫敎的) 세계관에서 기독교를 받아들인 결과로 주장한 대표적인 인물은 정대위(鄭大爲)였다. 그는 1959년 미국 예일대학교에 박사학위 청구논문으로 쓴 『한국사회에서의 종교혼합 현상』(Religious Syncreticism in Korean Society)에서 기독교의 수용과 초기 한국교회의 성장에 대해 새로운 해석을 시도하였다. 그는 한국교회의 성장을 『네비우스 정책』의 성공으로 볼 수 없다고 주장하였다. 네비우스정책의 결과라는 주장은 네비우스 출생이전에 이루어진 한국 천주교의 기적적인 성장이나, 네비우스정책이 실효한 다음 시대의 개신교의 발전상도 만족하게 설명할 수 없기 때문이라고 보았다. 네비우스 방법을 일종의 우민정책(愚民政策)으로 보는 정대위는 한국교회 급성장의 원인으로 볼 수 있는 논리적 근거가 되지 못한다고 주장한다. 도리어 한국교회의 급속한 성장은 샤머니즘과 기독교와의 종교혼합 현상(syncretic phenomena of religion)의 결과라고 주장한다. 그는 네비우스 방법 자체도 새롭게 해석하고 있다. 즉 네비우스 방법은 피 선교 지역의 수용자 자신이 본유(本有)한 것을 이끌어 내어 외래적인 것에 혼합시키는데 이바지하는 방법이라고 보았다. 그러므로 이 정책은 크게는 종교혼합 현상을 가능케 하고 촉진시킨 방법에 지나지 않는다고 한다. 다시 말하면 외래 종교인 기독교가 한국에서 획기적인 성공을 거둔 것은 기독교가 전래되기 이전에 이미 재래 종교 가운데 기독교 교리와 흡사한 요소가 있어서 그것이 폭발을 가능케 하는 도화선이 되었다고 주장한다. 따라서, 그 과정은 변혁이 아니라 조정과 동화였다고 주장한다.[88] 정대위는 한 문화가 서로 다른 문화와 역사 운명적인 접촉을 가질 때, 이 둘 사이에는 문화적 교류가 행해지는데 그것은 우위(優位)의 문화로부터 열위(劣位)의 것에로의 일방적 교류가 아니라 상호교류(Both-way traffic)라고 하고, 기독교와 샤머니즘은 상호 영향을 주었다고 한다. 이와 같은 견해를 보여주는 다른 인물로는 박봉배와 팔머가 있다.[89] 스펜서 팔머(Spencer Palmer)는 『한국과 기독교』(Korea and Christianity)라는 저서에서 "한국인들이 일본의 지배가 점증해 감에 따라 여러 가지 사회적, 심리적 그리고 정신적인 고통을 당하고 있을 때 기독교 교리의 어떤 측면이 한국인들에게 호소력을 주었을 뿐만 아니라 기독교가 한국인들의 샤머니즘적 전통의 어떤 측면과 잘 맞았다"고 지적했다. 정대위와 유사한 주장을 펴는 최근의 인물로는 『한국의 개신교 성장』(Protestant Church Growth in Korea)이라는 책을 쓴 김연태(John T. Kim)[90]를 들 수 있다.

한국인의 종교성 혹은 심성론

이런 주장과는 달리 한국교회의 성장은 한국인의 고유한 심성(心性) 혹은 종교성(宗敎性)에 기인한다는 주장이 있었다. 이들은 앞의 두 견해를 완전히 부정하지는 않지만 한국에서의 기독교 수용은 한국인의 종교적 감성, 종교성 그리고 그로 인한 독특한 열심에 기인한다는 한국인의 심성론(心性論)을 제시한다. 이런 입장은 윤성범,[91] 유동식[92] 등 감리교 학자들의 주장이다. 역사적 배경, 문화양식 등 여러 가지를 고려해 볼 때 한국인들에게는 다른 민족과는 다른 종교성이 깊고, 독특한 종교적 심성이 기독교 수용의 주된 요

---

88) David Jung, *Religious Syncreticism in Korean Society*, 200.
89) 박봉배, "타협인가 변혁인가?", 「신학사상」, 1집, 32-73.
90) John T. Kim, *Protestant Church Growth in Korea* (Ontario: Belleville, 1996).
91) 윤성범, 『기독교와 한국사상』, 248-250.
92) 유동식, 『한국종교와 기독교』, 144-146.

인이었다고 보고 있다. 스펜서 팔머(S. Palmer)도 이 점을 인정하고 있다.

정치적 정황론

이상의 주장들이 나름대로 설득력을 지니고 있지만 한국 개신교의 성장이 19세기 한국의 정치적 상황에 기인한다는 주장은 더욱 설득력이 있다. 즉 한국은 지형학적 위치 때문에 외세의 침략을 받아 왔고, 그 이후의 역사에서 사회적 불안과 혼란은 종교적 욕구를 강화시켰다고 했다. 말하자면 한국의 불안한 정치적 환경이 기독교에 대한 의존 의식을 강화했다는 주장이다. 이런 주장을 하는 대표적인 인물은 정재식 교수이다. 교회성장은 그 시대의 사회현실과 깊은 관계를 지니고 있다는 점은 한국에서만이 아니라 서구교회의 역사에서 분명했다. 사회 환경이 교회성장과 무관하지 않다는 점은 1894년 청일전쟁 이후 5년간의 성장, 1907년을 전후한(1903-1910) 부흥, 3.1 운동 직후부터 약 5년간의 성장, 그리고 해방 후인 1970년대의 성장에 대한 설명에서 똑 같이 적용될 수 있다. 서명원도 교회성장에 있어서 정치적 요인을 강조하고 있다.[93] 또 왓슨(Alfred W. Wasson), 서고도(William Scott), 라토렛(K. S. Latourette) 등도 이 견해에 동조하고 있다.[94] 특히 왓슨은 한국교회 성장은 정치적 혹은 사회적 조건에 따라 10년이란 주기를 두고 빨리 혹은 천천히 성장했다고 분석했다.

성령역사론

앞에서 말한 요인들은 교회성장의 외적 혹은 간접적 요인이고 보다 직접

---

93) Roy E. Shearer, 80.
94) Alfred W. Wasson, *Church Growth in Korea*, 157; William Scott, *Canadians in Korea*, 55; K. S. Latourette, *Christianity in a Revolutionary Age*, Vol. III, 448.

적 요인은 성령의 역사일 뿐이라는 주장이 성령역사론이다. 평양신학교의 설립자이자 교장이었던 마포삼열(Samuel A. Moffett)은 이 점을 특히 강조하였다. 그는 한국교회 성장의 비결이 무엇이었느냐고 물었을 때 "해를 거듭하여 우리는 그저 이 백성 앞에 하나님의 말씀을 높이 들었을 뿐입니다. 그리고 그 밖의 일은 성령께서 하셨습니다"[95]라고 대답했다. 교회성장의 근원적 요인이 성령의 역사라는 점은 의심의 여지가 없다. 이 점은 특히 1907년 대부흥을 통해 분명히 예시되었다.

한국교회 성장, 어떻게 볼 것인가?

이상에서 한국교회 성장에 대한 다양한 해석에 대해 살펴보았다. 나름 대로 타당성을 지니지만 교회성장은 사회의 사회, 문화, 경제, 정치 등 그 시대의 '역사환경'과 깊이 관련되어 있다. 이런 점에서 역사환경론(歷史環境論)에서 한국교회 성장을 해석할 수 있을 것이다.[96] 이 점이 앞서 언급한 정치적 정황론과 무엇이 다른가? 정치적 정황론이 정치적 상황이라는 한 측면을 지나치게 강조하는 반면, 필자가 말하는 '역사환경론'은 정치적 상황만이 아니라 인간의 삶의 환경, 곧 정치, 사회, 경제, 문화 등 다양한 요인들을 포괄적으로 보아야 한다는 점이 다르다. 인간의 삶의 환경과 종교적 욕구는 깊이 관련되어 있고 이런 점들이 기독교 수용에도 절대적인 영향을 끼친다. 한국교회 성장을 몇 시기로 나누어 해 시기의 역사환경과 관련하여

---

95) 마삼락,『아세아와 선교』(장로회신학대학, 1976), 84.
96) 필자는 한국교회 성장을 특히 '역사환경론'에서 찾아야 한다는 점을 여러 차례 제시한 바 있다. 이상규, "한국교회성장 둔화현상, 그 원인과 대책",『기독교보』제264호(1995. 10. 7); "해방후 한국교회의 민주화운동과 통일 운동",『한국기독교와 역사』4호(1995. 12), 75-77; "한국교회의 성장, 그 역사와 원인",『빛과 소금』149호(1997. 8), 132-134; "한국교회 성장의 재평가",『한국교회 성장과 2000년대의 목회』(장신대학교, 1998), 109-123; "한국교회 성장, 무엇을 위한 것인가?"『월간목회』267호(1998. 11), 93-97.

해석해 보고자 한다.

하층민 중심의 기독교운동

한국에서 기독교운동은, 특히 초기의 기독교운동은 하층민 중심으로 전개되었다는 점은 한국기독교의 성격 형성과 교회성장과도 깊이 관련되었다고 볼 수 있다. 일본에서의 개신교 선교는 지식층에 속하는 무사(武士)계급을 중심으로 전개되어 결국 주지주의적(主知主義的) 성격을 띄게 되었지만 우리나라의 경우는 그 반대적 상황이었다. 물론 지식층이나 양반계층의 구도(求道)나 입교(入敎)가 없지는 않았지만 한국에서의 선교 혹은 기독교 운동은 하층민과 중산층을 중심으로 전개되었다. 장로교 공의회는 1893년에 모인 첫 회합에서 네비우스 정책에 기초한 10가지 선교정책을 채택했는데, 그 중심사상은 상류층보다 하류층을 일차적인 전도의 대상으로 삼는다는 것이었다.[97] 그 중요한 증거가 성경번역이었다. 천주교는 처음부터 국한문 혼용 성경을 발간했으나 개신교는 처음부터 순 한글로 성경을 번역하였다. 물론 점차 상류층의 입교자가 생겨났지만 처음부터 하층민이 선교의 주된 대상이었다. 특정 계층을 주된 선교의 대상으로 하는 정책이 이상적이지는 않지만[98] 한국에서의 경우 실제적인 결과를 가져왔다.

일본에서의 경우 지식층 중심의 기독교 운동은 지성주의(知性主義)에 빠져 기독교가 대중운동으로 확산되지 못했으나, 한국에서의 경우 하층민 우선 전도는 기독교 신앙을 민중운동 혹은 대중운동으로 확산시킬 수 있게 만들

---

[97] 1893년에 채택된 10개항의 정책 중 제 1, 2, 6항은 다음과 같다.
"1. 상류층보다 근로층을 상대로 전도하는 것이 더 낫다.
2. 부녀자들에게 전도하고 소녀들을 교육하는데 주력해야 한다.
6. 모든 기독교 서적이나 출판물은 한문을 쓰지 않고 한글로만 쓰도록 한다"는 것이었다.

[98] 19세기 위대한 선교학자인 구스타프 바르넥은 하층계급만을 선교의 대상으로 삼는 것은 '건전한 국민층'(die gesunden Volkselemente)의 교회를 설립할 수 없다 하여 이상적인 정책일 수 없다고 지적한 바 있다.

었다. 이 점이 한국교회 성장에 대한 근원적 요인으로 볼 수 있다.[99] 하층민 중심의 사회에서 종교적 요구가 높았다는 점은 우리나라 경우만이 아니며, 초기(첫 2세기) 기독교에서도 동일했다.[100]

막스 베버(Max Weber, 1864-1920)에 의하면 어떤 집단의 신분계층은 그 집단의 종교적 열심과 관련이 있다고 지적한 일이 있다. 이를 한국적 상황에서 해석해 본다면 기독교 신앙은 사회적 신분 상승을 추구하는 한국의 하층민들에게 상당히 매력적이었다고 볼 수 있다. 한국인들은 일제 하에서 서구문화와의 접촉, 고등교육, 능력의 개발 등에서 상당한 제한을 받고 있었다. 그런데 선교사들은 학교와 병원의 설립, 서구문화의 전파자로 받아들여졌다. 따라서 한국인들은 기독교라는 통로를 통해서 신분의 상승을 추구하고 있었다. 이런 점들은 당시의 기독교적 상황을 이해하는데 도움을 준다. 심지어 기독교는 서양문화와 동일시되기까지 했다. 이런 점들이 기독교의 대중적 확산에 영향을 준 것으로 보인다.

1900년 전후의 성장, 충군애국의 종교

한국에 거주 선교사들이 입국한 후 첫 10년간은 고투의 시기였다. 이 때는 선교활동이 자유롭지 못했고 선교사들의 모색의 시기였기 때문이었을 것이다. 그러나 선교사들이 입국한지 약 10년이 지난 1895년부터 수적 성

---

99) 한국교회의 가장 일반적인 설교방식은 제목 중심의 간명한 설교가 중심이었고, 많은 예화가 사용되었다. 장로교회의 첫 신학잡지인 《신학지남》은 1918년 창간되었는데, 창간 3호부터 "강도에 인용할만한 비유"가 연제되었다. 이것은 한국교회 설교에서 예화가 빈번히 이용되었음을 암시해준다.
100) 고린도전서 1장 26-29절은 초대교회 공동체를 구성했던 인물들이 사회적으로 비천한 계층의 사람들이 다수를 차지하고 있었음을 암시해 주고 있다. 이와 같은 현상은 그 후 100년 이상 계속된 것으로 보인다. 미누키우스 펠릭스(Minucius Felix)는 "우리들 중 많은 이들이 가난하다고 불리는 것은 우리의 불명예가 아니라 영광입니다."(Octavius, 36; 존 게이저, 『초기 기독교 형성 과정 연구』, 163에서 중인)라고 말했다. 막스 베버는 계급과 신분은 사회적 집단의 종교적 성향을 형성하는데 중요한 요인이 된다고 강하게 주장한 바 있다[Max Weber, *The Sociology of Religion*, (1964), 80-94].

장이 나타나기 시작하였다. 1894년까지만 해도 신자는 불과 500여 명 미만으로 추정되지만 1895년에서 96년 사이에는 2,500여 명으로 증가되었고 1896-7년에는 3,300여 명으로 증가하였다. 1900년에는 약 1만 2천명으로 성장하였다. 백낙준 박사는 특히 1897년부터 1906년까지 성장이 뚜렷했다고 지적했다.[101] 이것이 한국교회의 첫 성장이었다.

우리에게 커다란 의문은 왜 이때 교회 성장이 나타나기 시작했는가 하는 점이다. 이때는 청일전쟁이 끝난 이후였는데, 이 점을 해명하기 위해서는 이 당시 한국의 사회, 정치적 상황을 이해해야 한다. 1870년대를 거쳐 가면서 조선은 더 이상 '은자의 나라'(Hermit Nation)이거나, '조용한 아침의 나라'(Land of Morning Calm)일 수 없었다. 배외쇄국(排外鎖國)의 성은 외세에 의해 허물어지기 시작하였고, 흥선대원군의 실각(1873)과 운양호사건(1875)으로 일본에 의해 소위 병자수호조약이라는 불평등조약을 체결되었을 때 조선은 비무장한 채로 냉엄한 국제질서의 현장에 노출되기 시작하였다. 바로 이런 민족적 위기 앞에서 기독교는 우리나라에 전래되었다. 기독교(개신교)가 전래될 당시인 19세기 후반기는 역사의 변혁기였고, 한국교회는 그 초기부터 민족의 위기와 깊이 관련되어 있었다. 어떤 점에서 한국의 교회는 그 시작부터 민족의 역사와 고난을 함께 해야 할 운명적 부름을 받고 있었다. 1863년 집권한 대원군은 안으로는 왕권의 강화를 위해 봉건체제의 유지를 꾀하고 밖으로는 쇄국정책을 강화하였다. 이것은 일종의 방아책(防我策)이긴 했으나 이 정책을 고수할 수 있을 만큼 조선은 강건하지 못했다. 변화하는 국제질서의 길목에서 조선은 외세의 침략야욕으로부터 자유 할 수 없었기 때문이다. 특히 지정학적 위치 때문에 조선은 러시아나 중국, 일본의 변화에 직접적인 영향을 받고 있었다.

1890년대를 고비로 국제정세는 우리 역사에 암울한 그림자를 드리우기

---

101) 백낙준, 『한국개신교사』(연세대학교출판부, 1973), 275. (영문판, 263)

시작하였는데, 그 첫 경험이 청일전쟁(1894-5)이었다. 이 비극적인 전쟁은 우리의 주권을 침탈하려는 청국과 일본의 싸움이었다. 1894년 7월 25일, 일본군이 남양만 풍도 앞바다에서 청국 군함에 포격을 가함으로써 시작된 이 전쟁에서 일본의 승리는 상상하지 못했다. 청국의 승리를 예견했으나 전쟁이 시작된 지 불과 두 달이 못되어 일본이 승기를 잡았고, 8월 16일 평양전투에서, 다음날은 압록강 입구에서 청의 육군과 해군은 대패하였다. 이것은 우리에게 커다란 충격이었다. 중국에 대한 믿음은 하루아침에 무너졌다. 곧 그 원인은 일본이 서양문물을 중국보다 앞서 받아드렸기 때문이라는 사실을 알게 되었다. 이것은 당시로서는 실로 중요한 발견이었다. 조선의 조야는 이제 세계질서, 그리고 극동의 새로운 정세에 눈을 뜨게 되었고 점증하는 열강들의 야욕을 희미하게 인식하기 시작하였다. 이와 같은 상황에서 서양문물을 받아 드리지 않고는 민족적 자강(自强)을 이룰 수 없다는 인식에 이르게 된다. 그렇다면 서구와 손잡는 방법은 무엇인가? 당시로서는 기독교를 매개로 한 통로뿐이었다.

당시 신자 수는 미미했다. 그러나 청일전쟁 이후 기독교에 대해 새로운 관심이 일기 시작했다. 《코리안 리포지토리》(Korean Repository)에서는 "이 가련한 조선인들은 고난과 불안의 와중에서 두 손을 뻗쳐 하나님을 찾고 있다"고 썼다.

바로 이런 이유 때문에 아직 미미한 서양종교로만 이해되던 기독교에 대해 새로운 관심이 일기 시작하였고 청일전쟁이 끝난 1895년부터 신자 수는 급증하기 시작하였다. 기독교는 서구문화의 도관으로 이해된 것이다. 초기 선각자들이 거의 전부가 기독신자들이었다는 점은 시사해 주는 바가 적지 않다. 말하자면 청일전쟁 이후 기독교에 대한 관심과 신자의 급증은 기독교를 통한 민족 자강의식의 발현이었다고 볼 수 있다. 이것을 호주의 역사가인 케네드 웰즈(K. M. Wells)는 '자강 민족주의'(self-reconstruction nationalism)라고 불렀다.

1895년을 전후한 국가적 시련은 기독교와 교회에 커다란 변화를 가져왔는데, 그 변화를 준 또 한 가지 사건이 1895년 10월에 있었던 을미사변(乙未事變)이었다. 을미사변이란 국모로 일컬어지던 명성황후가 일본 낭인들에 의해 그의 침전(寢殿)에서 살해된 사건을 의미하는데, 10월 8일 일어난 이 야만적인 시해사건은 단순히 한 여인의 죽음이 아니라 국가 변란을 시도한 사변이었다. 백성의 체면은 처절하게 유린되었다. 일본의 조선침탈 야욕을 노출한 이 사건은 심각한 국가적 위기였다. 따라서 민족 보존 본능을 폭발하였다. 고종은 의기소침한 상태에서 왕의 체면에도 불구하고 "왕후의 죽음을 누가 갚아 주기만 한다면, 단발(斷髮)해 신을 꼬아 주겠노라"고 호소하였고 기독교회에 구원의 손을 뻗쳤다.[102] 언더우드는 고종의 부름을 받고 이때로부터 7주일간을 입궐(入闕) 숙직하였고, 감리교 선교사 존스는 고종의 측근으로 그의 통역을 맡았다.[103] 이런 비운의 역사 속에서 조선의 교회는 유일한 희망으로 왕실과 지각 있는 백성들의 안식처였다. 이 당시 교회는 민족에게 소망을 줄 수 있는 오직 유일한 집단이었다. 교회공동체에 의해 나라사랑의 노래(愛國歌)[104]가 지어졌고 교회는 충군애국의 종교로 인식되어 갔다.

정리하면, 적어도 1895년 이후 1910년대의 국가적 상황에서 기독교는 충군애국의 종교로 인식되었고 이 시기의 성장은 기독교를 통해 민족적 자강을 이루는 의지의 결과였다.

기독교와 민족주의 결합— '기독교 민족주의'?

한국에서의 기독교의 성공 혹은 성장의 문제에서 중요한 한 가지 기본적

---

102) 민경배, 『한국기독교회사』 (연세대학교 출판부, 1993), 211.
103) 민경배, 208.
104) 그 일절은 다음과 같다. "하나님께 성심기도 국태평과 민안락을/ 임군봉축 정부사랑 학도 병정 순검사랑/ 사람마다 애자 품어 공평정직 힘을 쓰오/ 육신세상 있을 때에 국태평이 제일 좋다/ 굳게 잡고 맹세하여 대군주의 덕을 돕세"(『독립신문』, 1896. 7. 23, 24일자. 원문을 현대어로 고침)

전제는 한국이 일제의 식민통치하에 있었다는 사실이다. 이 점은 한국에서의 기독교의 성공에 중요한 암시를 주고 있다. 물론 한국이 직접적으로 일제의 통치를 받기 시작한 것은 1910년 이후이지만 그 이전부터 일제의 조선 침략은 계속되어 왔다. 앞에서도 언급했지만 기독교가 전래될 당시 한국은 점증하는 일제의 침략 하에 있었다. 19세기 이후만 보더라도 일본은 1875년 병자수호조약의 체결을 통해 조선 진출의 발판을 확보하고 청일, 노일전쟁에서 승리함으로 한반도에서 청과 러시아의 영향을 배제하고, 1905년에는 을사조약을 강제로 체결하고 1906년에는 통감부를 설치하였고, 1910년에는 한국을 병탄하였다. 이 때부터 조선은 일제의 식민지로 화하였고 만주사변(1931), 상해사변(1932), 중일전쟁(1937) 그리고 태평양전쟁(1941)에 이르기까지(이들을 통칭하여 15년 전쟁이라고 부른다) 일제의 지배를 받았다. 이와 같이 국운이 백척간두에 서 있을 때 기독교가 전래되고 수용되었다. 기독교는 교육, 의료 활동 등을 통해 민족의 필요를 채워주고 있었다. 기독교는 일제에 대항할 수 있는 힘으로 인식되었다. 그래서 선교사였던 존스(G. H. Jones)는 "기독교 신앙에 대한 실질적 집착보다 더 강력한 애국충군의 보루는 찾기 어렵다"고 했다.[105]

정리하면, 우리나라는 아아제국의 다른 나라들과는 달리 기독교 국가의 식민통치를 받은 일이 없다. 도리어 반 기독교적인 일본의 통치를 받았고, 그 통치의 와중에서 기독교는 고난받는 민족의 동행자였다. 이러한 상황에서 민족과 교회는 깊은 유대관계를 유지하게 되었고 독특한 민족주의를 발전시켰다. 아아제국의 많은 나라들은 기독교 국가의 식민통치를 받았기 때문에 그 나라에서의 민족주의는 대체적으로 반(反) 기독교적 성격을 지니고 있다. 그러므로 기독교 신자가 된다는 것은 어떤 점에서는 반민족적 행위로

---

[105] "Not the least of their work has been to show that there is no stronger bulwark of patriotism and loyalty than practical adherence to the principles of Christianity" (G. H. Jones, "The New Century", *The Korea Review*, Vol. I, No. 1, 1901, 5).

인식되기까지 하였다. 그러나 우리나라는 그 반대적 상황이었기 때문에 민족주의는 기독교 신앙과 결부되었다. 교회는 민족과 유리된 배타적 집단이 아니라 민족의 아픔과 고난의 동반자였다. 기독교 신앙은 반일적 국민의식의 정신적 기초를 제공하였고, 때로 그리스도인과 교회는 반일운동의 중심에 서기도 했다. 이와 같이 기독교와 민족이 결합하여 소위 '기독교민족주의'(Christian Nationalism)를 형성하였던 것이다. 김세윤 교수는 이것을 "기독교와 민족주의의 결혼"이라고 불렀다.[106]

바로 이런 특수한 상황이 한국에서 기독교 수용을 보다 용이하게 했고, 급속한 성장을 가능하게 했다고 볼 수 있다. 기독교와 민족주의가 결합되고, 민족주의가 기독교 수용에 긍정적인 기여를 한 것은 독특한 현상이 아닐 수 없다. 이런 현실은 후일의 한국기독교의 자기표현과 정체성 형성에도 영향을 주었다. 이상과 같은 점만 보더라도 교회성장은 역사환경과 깊이 관련되어 있다.

성장의 지역적 편차

한국교회 성장에 있어서 흥미로운 사실은 성장의 도(度)나 양(量)에 있어서 지역적 격차가 뚜렷하다는 사실이다. 이 점은 1940년대까지 뚜렷했다. 현재 한국의 기독교 인구를 20%까지 말하지만 부산의 경우 기독교 인구는 10%에도 미치지 못한다. 이는 인천이나 대구 지방보다 뒤진다. 이남 지방 특히 경상도 지방에 비해 이북지방은 성장이 빨랐고 이북지방 중에서도 서북지방의 성장이 빨랐던 것으로 알려져 있다. 물론 선교사의 수, 선교부의 정책, 재정상황, 선교지부 개설 시기 등 여러 측면에서 차이점이 있지만 이런 점들을 고려한다 할지라도 이북지방의 교회성장은 경남지방에 비해 절대적

---

[106] Seyoon Kim, "Christianity and Culture in Korea: Nationalism, Dialogue, Indigenization and Contextualization," *ACTS Theological Journal*, Vol. 2(March, 1986), 32.

으로 우세하였다. 미국북장로교 해외선교부 총무였던 스피어(Robert E. Speer)는 그의 1898년도 보고서에서 다음과 같이 썼다. "북쪽에서 교회는 이 세상 어느 곳에서도 볼 수 없을 정도로 급속하게 퍼지고 있다. 교회당은 가득 가득 차고 선교의 가능성은 무한정적이다."[107] 성장 추세는 북쪽 지방이 더욱 현저하였다. 즉 경남지방보다는 서울이 우세하였고, 서울보다는 이북지방이 우세하였다. 서울에서는 교인수가 10년 동안에 10배로 증가하였으나 평양에서는 3년만에 10배로 증가하였다.[108]

그러나 이 시기 부산지방의 성장은 미미했다. 이 성장도의 지역적 차이는 선교사들에게 큰 관심사였다.[109] 1903년 호주의 한 교계인사는 호주 장로교회의 기관지 「더 메신저」(The Messenger)에 호주선교부가 사역하는 부산, 경남지방에서 선교의 결과가 북장로교가 사역하는 평안도 지방에 크게 뒤지는 것을 문제시 하고 이는 호주 선교사들의 게으름 탓이라고 지적한 일이 있었다. 이 지적에 대해 호주 장로교 선교사였던 왕길지(G. Engel)는 '무지로 가득찬 지적' 이라며 반박하는 글을 게재하기도 했다.[110]

그러면 왜 이북지방(특히 서북지방)은 이남지방(특히 경남)보다 성장이 빨랐는가? 몇 가지 측면에서 해석이 가능할 것이다. 첫째로 이북지방은 이남에 비해 보다 진취적이고 개방적이었다는 점을 지적할 수 있다. 의주를 중심으로 만주와 대륙과의 접촉은 이북의 변방지방을 보다 개방적이게 해 주었다. 그래서 만주를 징검다리로 서구문화를 보다 용이하게 수용하였고 개방적인 세계관을 갖도록 영향을 준 것으로 보인다. 대원군 치하의 고집스런 폐쇄정책 하에서도 의주를 거쳐 가는 사대외교(事大外交)는 쇄국 하에서도 유일한

---

107) M. Huntley, *Caring, Growing, Changing, A History of the Protestant Mission in Korea* (NY: Friendship Press, 1984), 121.
108) 위의 글.
109) Roy E. Shearer, 80-142. 쉬러어는 교회성장이 지역별로 큰 차이가 있음을 고찰하였다. 특히 유교세력이 약한 관서지방에서는 유교적 전통이 강한 다른 지역보다 급속한 성장이 있었다고 지적했다.
110) *The Messenger*, 23 September, 2 October and 30 October, 1903 참고.

'열린 문'이었다. 이 도관을 통해서 한문화(漢文化)와 서양문물이 수입되었고 마침내 기독교 복음도 전래되었다. 평양, 의주를 거쳐 북경으로 이어지는 부경사행로(赴京使行路)는 이북 지방을 보다 진취적이게 해 주었다. 이런 점들이 관서지방에서의 기독교의 빠른 수용을 가능케 하는 역할을 한 것으로 보인다. 이와 반대로 이남 지방, 특히 경상도 지방은 보수적 사회체제가 지역적 특성과 결부되어 외래적인 것에 대해 매우 배타적이었다.

그러면 무엇이 이북지방을 보다 개방적으로, 경상도 지방을 보다 보수적이게 했는가? 그것은 바로 유교의 영향력과 신분구성비였다. 그래서 유교적 영향력은 두 번째 이유가 된다. 유교는 가부장적 전통윤리나 가치관은 기존의 체제를 고수하는 것이었다. 이 유교적 영향력이 이북지방 보다 이남지방이 강했는데, 이 영향은 이남지역을 보다 보수적이게 만든 요인이었다. 따라서 유교의 영향이 큰 경남지방에서 기독교 신자가 되기 위해서는 상당한 결단이 요구되었고, 이것이 이북지방에 비해 경남지방의 교회성장을 방해한 요인이었다.

셋째는 사회 구성원의 신분계층(social class)의 차이 때문이었다. 이북지방은 중산층이 사회 구성원의 다수였으나 경남지방에서는 양반계급이 다수였다. 이북지방의 경우 19세기 중엽 이후 중산층(middle class)이 급격히 증가하였으나 경남지방은 그렇지 못했다. 예컨대 1858년의 경우 평안도지방의 신분계층을 보면, 양반이 23%, 평민이 54% 천민이 23%로서 중산층이 절대 다수를 이루고 있으나, 경상도의 경우 양반이 44.6%, 평민이 24.0%, 그리고 천민은 31.4%로서 양반층이 다수를 점하고 있었다. 이와 같은 사회 신분구성비는 그 이후 거의 그대로 계속되었다. 바로 이런 점 때문에 경상도 지방은 이북지방에 비해 보수적이었고 타종교나 외래사상에 대해 보다 저항적이었다. 이런 점들이 경상남도 지방에서의 기독교 선교를 미진하게 하는 요인으로 작용한 것이다.

성장지상주의 이데올로기

1960년대 이후 보다 특히 1970년대 한국교회는 급성장하였다. 앞에서 제시했지만 이 시기에는 매년 평균 60만 명씩 증가되었다. 이 시기의 성장도 역사환경적 요인과 관련되어 있다.

1960년대는 한국사회의 변혁기였다. 이 새로운 한 시기는 1960년 학생혁명과 이듬해의 5·16 군사 쿠데타으로 시작되었다. 군사 쿠데타로 권력을 잡은 박정희 정권은 경제성장을 제일의적 과제로 추구하였다. 이것은 군사 쿠데타의 당위성을 꾀하는 명분확보로 제시되었다. 경제성장은 궁극적으로 물질적 부요를 추구하는데, 이 시대의 '잘 살아 보세' 철학은 정신적 가치보다는 물질적 풍요를 추구했다. 따라서 1960년대 이후 한국사회에는 성장지상주의(成長至上主義) 이데올로기가 뚜렷이 그 실체를 드러내기 시작하였다. 성장지상주의란 이름 그대로 경제성장을 제일의 가치로 수용하는 사회공동체적인 인식인데, 특히 GNP의 성장에 가장 큰 초점을 맞추는 가치체계를 의미한다. 다시 말하면 경제성장이 최고선이었다. 성장지상주의는 다른 모든 규범에 선행하는 보편적 가치였다. 이것이 1970년대 전후 한국사회의 지배적 이데올로기였다. 문제는 이런 성장제일주의는 '성장' 이외의 가치는 경시하거나 무시한다는 점이다. 다시 말하면 성장만 이룰 수 있다면 다른 것은 무시하거나 경시해도 된다는 사고이다. 그래서 한국에 수많은 '호모 에코노미쿠스'(Homo economicus)를 양산하는 결과를 가져왔다.

이런 성장 이데올로기는 1960년대 이후 한국교회에도 커다란 영향을 미쳤다. 이 시기 '교회성장'은 최선의 요구이자 최선의 가치였다. 그래서 이 시기의 목회와 설교의 가장 주요한 주제였다. 전도운동이 강조되었고 총동원 전도라는 이름의 대중 초청집회가 유행했다. "강권하여 내 집을 채우라"(눅

14:23)[111]는 교회의 표어이자 설교의 주제였다. 전도가 강조된 사실 자체는 좋으나 하나님의 나라 건설이라는 넓은 의미의 전도명령의 수행이라기보다는 개 교회 성장에 강조점을 둔 교회의 수적 확장 의도였다. 그 결과 교회가 크게 성장한 것은 사실이지만 성장지상주의는 물질적 풍요와 현세적 축복을 강조하였다. 기독교 신앙은 물질적 축복을 위한 전거로 강조되었고, 현세적 안녕이나 소원성취를 위한 방편으로 이해되었다. '축복의 비결,' '축복받는 생활' 등은 흔한 설교제목이었고, 신명기 28:1-6, 빌립보 4:13, 요한3서:1-2 등은 인기 있는 설교본문이었다.[112] 그래서 기복신앙(祈福信仰)은 이 시기 한국교회의 특징이었다. 성경은 한국특유의 기복신앙의 관점에서 축복과 저주라는 맥락에서 이해되었고, 이를 위한 모범으로 그리고 예화로 인용되었다.

이 시대의 성장 사조에 영향을 준 것으로 위에서 언급한 박정희 정권의 경제제일주의 정책 외에도 두 가지를 지적하고자 한다.

그 첫째는 서울 여의도순복음교회의 조용기 목사의 영향이다. 조용기 목사는 세계 최대의 교회를 세운 인물로 알려져 있고, 현재에도 한국 교회에 큰 영향을 끼치는 인물로 간주되고 있다. 조용기 목사는 1958년 5월 서울 서대문구 대조동에서 천막교회를 시작하였고, 1970년 현재의 여의도로 이전하여 세계 최대의 교회당을 건축하였고 약 50만의 신자를 가진 교회로 성장하였다. 그의 설교는 각종 전파를 타고 각처에 소개되었고, 그의 교회는 성장하는 교회의 모델로 목회자들의 흠모의 대상이 되었다. 성장만 이룰 수 있다면 신학은 문제시 되지 않았다. 이런 교리 경시 풍조가 1970년대 이후 한국교회를 지배하였다. 이런 시대적 경향성을 '비교리적 시대'(undogmatic age)라고 말하기도 한다. 이 시대의 경향성은 이 시기 설교에도

---

111) 어거스틴은 이 본문에 근거하여 '정의에 근거한 경우'에 국가권력을 통해 이단을 박멸할 수 있다고 보고 이단박멸에 있어서 국가권력의 무력행사를 정당화하는 이론을 제기한 바 있는데, 이것이 compelle intrare이다.

112) 예컨대 어느 목사의 구약설교는 시종 '축복'이라는 주제 일변도였다. 창1:24-31, 아담과 이브의 축복, 창 22:1-19, 아브라함의 순종과 축복, 37:1-36, 요셉의 꿈의 성취를 통한 축복 등이다(예장총회 교육부,「한국교회 100주년 기념설교집」, 상권, 1979).

뚜렷이 반영되었다.

다른 한 가지 영향은 풀러신학교 교회성장학파(Church Growth School)의 영향으로 판단된다. 1970년대 이후 이 학파의 이론이 각종 세미나에서 소개되었고 한국교회 지도자들에게 커다란 영향을 끼쳤다. 이 점을 단적으로 보여주는 한 가지 예는 이 시기에 시작된 아시아 연합신학대학(ACTS) 목회학 박사학위 논문제목에 잘 나타나 있다. 아시아연합신학대학은 1970년대 말부터 미국 풀러신학교와 연계하여 목회학 박사학위과정(DMin Programme)을 개설하였는데, 1983년 첫 학위를 수여한 이후 1997년까지 234명에게 학위를 수여하였다. 그런데 이들 중에 직접적으로 교회성장의 문제를 취급한 논문이 84편으로 전체논문의 36%에 달했다.[113] 간접적인 논문까지 고려한다면 40%의 논문이 교회성장과 관련된 논문이고 그것도 개 교회를 중심으로 한 사례연구이다. 이 논문들은 기본적으로 풀러신학교 교회성장학파의 이론에 근거하고 있다. 이 점을 보면 교회성장이 목회자들의 가장 큰 관심사였고, 풀러신학교의 교회성장학파의 영향이 지대하였음을 알 수 있다.

1980년대 후반의 상황

한국교회는 1980년대 초반까지는 성장하는 것으로 보고되었으나 후반기부터는 성장 둔화현상이 뚜렷해졌다. 이제는 수적 성장은 보고되지 않고 있고, 교회 출석율은 감소하는 현상이 나타나기 시작하였다. 그래서 서구교회가 경험했던 바처럼 주일학교, 중고등부의 규모가 급격히 줄어들고 기독교 인구의 노령화 현상이 뚜렷이 나타나기 시작하였다. 그러면 성장 둔화현상과 예배 출석율 감소의 이유는 무엇인가? 이 점도 어느 한 가지 이유만으로

---

113) 아시아연합신학 교무처가 만든 "DMin 졸업생 논문제목 및 지도교수 일람표"(1997) 참고. 교회성장과 관련된 논문제목은 "교회성장에 있어서 목사의 역할에 관한 연구", "교회성장과 설교", "평신도 신앙훈련과 교회성장" 등과 같다.

설명될 수 없는 복합적인 이유가 있을 것이다. 그러나 이것 역시 역사환경적 요인이 작용했다.

한국인의 삶의 환경은 1980년대 후반에 와서는 그 이전 시대와는 급격한 차이를 보이고 있다. 해방 이후의 혼란, 6.25동란 이후의 가난과 무질서, 그리고 계속되던 전쟁의 위협, 이런 사회적 불안 요인들은 1980년대를 거쳐 가면서 자연스럽게 극복되기 시작했다. 역대정권에 의해 정권적 차원에서 이용되던 안보 이데올로기는 1980년대 후반부터는 위력을 상실했고, 국제적인 냉전체제의 종식과 함께 전쟁에 대한 위기도 사실상 해소되었다. 1970년대부터 서서히 나타나던 경제성장과 삶의 환경은 1980년대를 거쳐 가면서 상당한 변화를 겪었다. 해방 이전에는 한국인의 약 80%가 농업, 곧 1차 산업에 종사했으나 지금은 농어촌 인구는 10% 미만이다. 말하자면 급격한 도시화 현상 혹은 도시집중현상이 초래되었고, 보다 안정된 삶을 누리게 되었다. 경제성장은 삶의 환경을 개선하였고, 전통적 가치는 서구적 물질주의로 대치되었다. 말하자면 이제는 살만하게 되었고 전쟁위험도 사라졌다. 이제 종교는 더 이상 큰 의미를 지니지 않게 되었다. 종교사회학자들의 말처럼 부요한 사회에서 기성의 종교(특히 기독교를 의미함)는 그 의미와 위력을 상실하고 있다. 결국 1990년대의 교회성장 둔화는 사회적 안정과 생활수준의 향상으로 인한 종교적 갈망의 쇠퇴현상이 가져온 결과였다. 이제 신앙은 사회적 삶의 일면으로, 본령(本領)의 위치에서 주변(周邊)의 부가물로 밀려나고 있다.

자동차의 급격한 보급 또한 생활양식과 여가(餘暇) 문화를 변화시켰다. 자동차의 보급을 통해 여가 지향적(餘暇指向的) 생활양식과 탈 도시적 여가문화를 보급시켰다. 그 결과가 교회출석율의 저하였다.

통계청 자료에 의하면 승용차의 보급은 1985년 이후 급격히 증가되었음을 알 수 있다. 1985년의 경우 55만 6천 7백 대에 지나지 않았으나 1986년에는 66만 4천대, 1987년에는 84만 4천대, 1988년에는 111만 8천대, 1989년에는 155만 8천 600대, 1990년에는 207만 5천대로 각각 늘어났다. 또 1991년에는 273만대, 1992년에는 346만대로 증가되었고 인구 백명당 보유수가 8대로 나타났다. 승용차만이 아니라 상용차까지 합치면 1992년의 경우 자동차 보유수는 523만대, 백명당 자동차 보유수는 12명이었다. 한국의 자동차 보유수는 세계 160개국 중에서 60번째에 해당된다. 그런데 1993년에는 427만대로 늘어났고 상용차까지 합치면 627만대였다. 1994년의 경우 인구 백명당 자동차 보유수는 16.7대로 늘어났다. 자동차의 급격한 보급은 한국인의 생활양식에 급격한 변화를 주었고 이것은 여가문화의 변화를 가져왔다. 이제는 어떻게 사느냐가 문제가 아니라 어떻게 즐기느냐가 문제였다. 이러한 사회변화가 1990년대의 교회성장에 영향을 준 것으로 보인다.

종합적인 평가

이상에서 우리는 1960년대를 전후하여 한국교회의 중요한 이슈였던 한국교회 성장에 대한 토론을 정리하였다. 이제 이상의 논의를 바탕으로 몇 가지 평가를 하고자 한다.

1. 한국교회 성장에는 다양한 요인이 있을 수 있으나 사회, 정치적 환경, 곧 역사적 환경이 교회성장 혹은 성장둔화에 가장 큰 요인이었다고 볼 수 있다. 교회성장은 그 시대 교회가 처한 상황과 무관할 수 없다는 주장은 서구 교회의 역사에서도 확인되었다.
2. 아시아 아프리카제국에서의 기독교 수용의 가장 큰 저항은 기독교가 서구 식민지배의 첨병이라는 인식이었다.[114] 이것은 기독교 국가의 식민지배에서 나온 경험이었다. 그러나 한국은 기독교 국가의 식민 지배를 받아 본 경험

---

114) Brian Stanley, *The Bible and Flag: Protestant Missions and British Imperialism in the Nineteenth and Twentieth Centuries* (Leicester: Apollos, 1990), 11ff.

이 없다. 따라서 한국에서의 민족주의는 반 기독교적이지 않았고, 교회는 식민 지배 하에서 민족의 동행자일 수 있었다. 이점이 기독교의 기독교의 수용과 성장의 중요한 이유였다고 볼 수 있다.
3. 한국교회 성장은 근본적으로 하나님의 뜻과 섭리였다(고전 3:5-9). 하나님의 섭리는 전 역사적이며 전 우주적이다. 그는 만물을 지탱하시며(conservatio), 모든 것과 동행하시며(concursus), 모든 것들이 그가 정한 목적을 향해 발전하도록 다스리신다(gubernatio). 따라서 교회성장에 있어서 역사환경적 요인은 하나님의 섭리적 환경이었다. 역사의 창조자이자 주관자이시며 통치자이신 하나님은 한국교회가 성장할 수 있도록 사람과 역사와 환경을 통해 섭리하셨다.
4. 교회성장에 대한 관심이 교회의 수적 성장을 가져온 것은 사실이지만, 수적 성장을 절대화하는 성장지상주의(成長至上主義)는 '성장' 아닌 다른 가치들을 경시하거나 무시하는 결과를 가져왔다. 결과적으로 교회의 수평적 연대성, 그리스도의 몸으로서의 지체의식, 합당한 치리의 시행 등 교회가 지녀야 할 다른 가치들을 상실하는 결과를 가져왔다.
5. '성장'과 관련한 논의에서 중요한 질문은 성장의 동기가 무엇인가 하는 점이다. 즉 무엇을 위한 성장추구냐 하는 점이다. 양적 거대주의, 물량적 확장주의, 성공지향주의는 교회성장의 건실한 동기일 수 없다.

맺는 말

교회 역사를 보면 흥미로운 사실을 발견할 수 있다. 기독교의 전개과정이 서진(西進) 혹은 서행화(西行化)의 과정이라는 사실이다. 즉 예루살렘에서 시작된 기독교 운동은 안디옥으로 에베소로 고린도로 그리고 로마로 전파되었고, 다시 북미대륙으로, 아시아(한국)로 전파되는 서진의 과정이었다는 점이다. 선교의 중심지는 이동하였고, 이 과정에서 보다 동쪽에 위치한 나라가 보다 서쪽에 위치한 나라에 대해 복음적 책임을 다했다는 점이다. 즉 안디옥은 에베소나 고린도 지역에 대한 책임을 다했고, 유럽은 북미 대륙에 대한 책임을 감당했다. 오늘의 한국교회 성장은 무엇을 위한 것인가? 한국교회는 중국과 구 소련연방, 중동지역에 대한 책임을 지고 있다는 점을 인식해야 할 것이다.

위에서 교회성장은 직접적으로 역사환경적 요인과 밀접히 관련되어 있음을 지적하였다. 일찍이 함석헌 선생은 "모든 민족이 저마다 하나님께 무언가를 가지고 간다면 우리 민족이 가지고 갈 수 있는 것은 무엇일까?"라는 질문을 제기하고, 그것은 '가난과 고난'이라고 말한 적이 있다.[115] 우리는 고난과 가난의 여정에서 하나님께 소망을 두고 살아왔다. 신앙은 이 땅에서 가난과 고난을 극복하는 힘의 원천이었다. 이미 막스 베버는 사회적 상황, 신분과 경제적 환경은 그 사회 집단의 종교적 성향을 결정하는 중요한 요인이 된다고 주장한 바 있다.[116] 그 동안 성장이 둔화되고 교회 출석율이 떨어지고 있다는 보고가 있었다. 그러나 최근 경제적인 위기는 오늘 우리에게 새로운 환경을 제공하고 있다. 근년의 IMF 상황은 70년대 이후 성장제일주의적 목회와 방만한 교회구조의 혁신과 정비를 요청하고 있다. 오늘의 현실이 한국교회로 하여금 다시 출발점에서 교회와 목회를 생각해 보는 기회를 준다면 오늘의 경제 위기는 그나마도 '다행한 위기'가 아닐 수 없다.

---

115) 함석헌, 『뜻으로 본 한국역사』(신생관, 1961), 206ff.
116) Max Webber, *The Sociology of Religion* (Boston: Beacon Press, 1964), 80-94.

6. 양화진에는 누가 묻혀 있을까?

　양화진(楊花津), 어자적으로 풀어쓰면 버들강아지가 만발한 나룻터라는 뜻이다. 지금의 서울 마포구 합정동 절두산 일대를 칭하는 이 곳은 외국인 묘지로 한국기독교계에 널리 알려져 있다.[117] 양화진이란 말만으로도 우리에게 가슴 뭉클한 감동을 주는 이곳에는 한국에 와서 목숨을 버린 선교사들과 그들의 자녀, 그리고 한국에 와서 죽은 이국인들이 묻혀있다. 오늘 우리가 양화진이라고 부르는 이곳은 양화진(楊花鎭)으로 불리기도 했다. 정부는 수도방위를 위해서 이곳과 송파진(松波鎭), 한강진(漢江鎭) 등 3진(三鎭)을 두었는데, 이곳은 나루터 구실도 했지만 외침이나 민란에 대비하여 상비군이 주둔했던 곳이기도 하다. 양화진은 과거에는 고양군에 속한 나룻터였는데, 이

---

[117] 양화진 외국인 묘지 설정에 관한 역사는 김승태, "양화진 외국인 묘지 설정 과정 재검토," 『한국기독교역사연구소 소식』74호(2006. 4), 5-11, 전택부, 『양화진 선교사열전』(홍성사, 2005), 25-35, Donald N. Clark, *The Seoul Foreigner's Cemetery At Yanghwajin: An Informal History* (Seoul Union Church, 1998), 1-8을 참고함.

곳에 '조개 우물'이 있었으므로 합정동(蛤井洞)이라고 불렸는데 일제시대에 합정동(合井洞)으로 개칭되어 오늘에 이르고 있다.

이곳 일대를 "머리(頭)를 자른(切) 산(山정)이란 의미의 '절두산'이라 칭한 것을 보면 역사의 아픈 내력을 직감할 수 있다. 본래 이곳은 산봉우리의 생김새가 마치 누에가 머리를 처 든 것과 같다 하여 '덜머리'(加乙頭) 혹은 '잠두봉'(蠶頭峰)이라고 불렸다. 이곳 주변 나룻터에는 버들강아지가 만발하고 산봉우리는 아름다워 풍류객들의 놀이터가 되었던 곳이었다. 우리나라에 온 최초의 개신교 선교사인 감리교의 매클레이(R. S. Maclay)가 1884년 6월 말 경에 이곳을 방문한 일이 있는데 아마도 이곳 풍류객들 틈에서 조선의 정취를 보기 위한 것도 한 가지 이유였을 것이다. 그런데 이곳이 절두의 슬픈 역사를 지닌 것은 웬일일까?

1866년 2월, 곧 고종 3년에 흥선대원군은 천주교 금압령(禁壓令)을 내리고 천주교도를 탄압하였다. 1864년 고종 원연 당시 천주교도는 약 2만명으로 추산되는데, 대원군은 불우한 시절에 남인계 인사들과의 교류를 통해 천주교를 다소 이해한 것 같았다. 그의 부인이 천주교도였고, 고종의 유모도 영세 받은 신자였다. 이런 점을 보면 대원군은 천주교에 대해 관대했던 것 같다. 그러나 러시아의 남하를 알아차리고 이를 제지할 목적에서 배외정책을 추진하고 천주교를 대대적으로 탄압하기 시작했다. 대원군은 서양오랑캐로 더럽혀진 한강물을 서학도(西學徒)의 피로 씻어야 한다며 8천명에서 1만 명에 이르는 가톨릭 신자들을 이 산봉우리에서 처형했다. 이것이 흔히 병인사옥(丙寅邪獄)으로 불린다. 이 비극의 역사를 지켜보았던 이들은 이곳을 절두산으로 부르게 되었다. 이 때 프랑스 선교사 12명 중 9명이 잡혀 처형되었고, 화를 면한 3 선교사 중 리델(Ridel)신부는 중국으로 탈출하여 주중 프랑스 함대 사령관 로즈(P. G. Roze, 魯勢)에게 박해소식을 전하고 보복원정을 촉구했다. 이에 로즈가 대 함대를 이끌고 조선을 침입하였다. 이것이 병인양요(丙寅洋擾)라고 불린다. 한국 가톨릭교회는 1966년 병인교난 100주년을 기념하여 이곳 절두산에 절두산순교기념관을 건립하였다. 이런 역사적인 연유로 양화진과 절두산 일대는 개신교회와 천주교회의 역사의 땅으로 기억되고 있다.

양화진 외국인 묘지의 공식명칭은 '서울외국인 묘지공원'이다. 이곳 서울 마포구 합정동 145-8번지의 묘역면적은 13,224m²이다. 1890년 7월 29일 개설허가를 받은 이곳에는 2004년 8월 현재 555기의 무덤이 있다. 이 중 선교사나 그 가족은 167, 직업인 117, 기타, 130, 미상 141기로 선교사묘가 4분지 1이상이 된다. 국적별로 보면 미국인 279, 영국 31, 캐나다 19, 한국 19, 러시아 18, 프랑스 7, 필리핀 5, 독일 4, 스웨덴 4, 이탈리아 2, 덴마크 2, 일본 2, 그리고 남아공, 호주, 폴랜드, 뉴질랜드가 각각 1, 국적 불명이 18, 국적 미상 141기로 알려져 있다.

이곳 양화진이 외국인 묘역이 된 경위는 의료 선교사 헤론의 죽음이 동기가 된다. 1885년 6월 내한한 의료 선교사 헤론(Dr. John W. Heron)은 제중원에서 일하던 중 1890년 7월 이질에 걸렸고 7월 26일 토요일 오전 8시에 서울에서 운명했다. 그의 임종을 앞두고 동료 선교사들은 매장지 문제로 고심하게 되었고, 당시 미국공사 허드(Augustine Heard)를 찾아가 이 문제를 의논하였다. 한국에 부임한지 겨우 2달 남짓한 총영사 허드는 서울에 외국인 매장지 문제가 정리되지 않음을 알고 놀랐다. 개항지인 인천에는 1883년에 이미 외국인 매장지가 설정되어 있었다. 허드가 부임하기 전에 서울에서 2건의 외국인의 장례가 있었는데, 이때는 인천까지 운구하여 매장하였다. 그러나 7월은 가장 무더운 날씨인데 당시 사정을 고려해 본다면 인천항 해안 언덕까지 운구하는 것은 불가능한 일이었다. 미국 공사 허드는 조선국 교섭통상사무 독판 민종묵(閔種黙)에게 '외국인 장지 획정요청' 공문을 작성하여 알렌을 통역으로 대동하여 직접 통상사무아문을 방문하였다. 헤론의 죽음이 임박하여 지체할 시간이 없었기 때문이다.

신속한 처리를 요망하고 기대했으나 헤론이 임종했던 7월 26일까지 장지가 결정되지 못했다. 장례식은 27일 주일 오후 5시 30분에 동료 선교사들의 주재 하에 거행되었다. 주한 선교사들은 서울 가까이 묘지로 쓸만한 장소를 지정해 줄 것을 요청했으나 조정에서 지정해 준 곳은 한강 건너편 야산 기슭 모래밭이어서 묘지로는 적절치 못했다. 이런 시간을 다투는 우여곡절 끝에 28일 아침 양화진이 외국인 묘역으로 결정되었다. 그래서 그날 오후 헤론은 양화진에 묻혔다. 헤론은 양화진에 묻힌 첫 서양인이 되었고 그의 죽음이 외국인 묘지 획정의 동기가 된 것이다. 1893년 10월에는 미국, 영국, 독일, 불란서, 러시아 등 5개국 공사가 공동명의로 조선 정부에 양화진을 '외인 묘지'로 공식 승인해 주도록 요청하였고 이 요청이 승인되었다. 1904-5년에는 양화진 외인묘지의 확장을 요청하였고 1905년에 인준되었다. 이런 과정을 거쳐 구미 각국 영사관과 외국인들의 대표가 묘지기를 두고 관리해 왔다. 그런데 1913년 7월 1일자로 조선총독부가 마련한 토지대장에는 이곳 양화진은 '경성구미인묘지회'(京城 歐美人墓地會) 소유로 등록되어 있다. 1942년 5월 22일 조선총독부는 한국내의 모든 외국인의 재산을 '적산'(敵産)으로 압류하였으므로 양화진의 외인묘지도 동일한 운명을 맞았다. 그러다가 미 군정하인 1946년 10월 1일자로 다시 '경성구미인묘지회' 소유로 등기되었다. 그러다가 1985년 6월 17일자로 재단법인 한국기독교백주년기념사업회(이사장 한경직)로 그 소유권이 넘어오게 되어 오늘에 이르고 있다. 이 때부터 실제적인 묘지조성이 이루어졌고, 이곳에 한국 기독교선교기념관이 건립되었다. 동시에 '경성 구미인 묘지'는 '서울 외국인 묘지공원'으로 개칭되었다.

　이전까지 이곳은 잊혀진 역사의 땅에 지나지 않았다. 그러나 한국기독교가 그 백년의 역사를 보내면서 과거를 돌아보기 시작했고, 양화진은 한국교회의 역사를 간직한 기억의 땅으로 관심을 끌기 시작했다. 이 과정에서 1986년 출간된 전택부 장로의 『이 땅에 묻히리라』(홍성사)나 정연희 권사의 소설 『양화진』(홍성사, 1986, 1992)이 숨겨진 역사의 땅을 기억의 땅으로 소생시키는데 영향을 주었을 것이다.

　양화진 외국인 묘지에는 107개의 십자가가 세워져 있다. 이중 38개의 십자가는 각 나라와 시대 교파별 배경에 따라 여러 모양으로 조각되어 있다. 또 타블렛(Tablet, 석판) 형태의 비석 속에 새겨진 69개의 십자가는 여러 문양으로 다양한 형태를 보여주고 있지만 종족과 방언과 민족은 달라도 그리스도 안에 하나라는 우주적인 통일성을 보여주고 있다.

이곳 양화진에는 헤론을 비롯하여 우리에게 익숙한 언더우드, 아펜젤러, 베델, 헐버트, 벙커, 베어드, 무어, 윌리엄 홀 등 이국의 선교사들이 "조선으로 가라"는 하나님의 부르심 따라 이국의 나라로 들어왔고, 과로와 풍토병, 학질이나 이질로 혹은 사고사로 목숨을 바쳤다. 그들은 죽어서까지 이 땅을 떠나지 않고 한 줌의 흙으로 남아 있다.

양화진 외국인 묘역을 돌아보면 유난히 우리의 발 걸음을 멈추게 하는 곳이 있다. 헐버트가 묻힌 곳도 그 하나이다. 우선 헐버트의 묘비명은 우리의 옷깃을 여미게 한다. "호머 헐버트(Homer B. Helbert), 1863년 1월-1949년 8월. 비전의 사람이자 한국의 친구. 나는 웨스트민스터 사원에 묻히기 보다는 한국에 묻히기를 원하노라(I would rather be buried in Korea than in Westminster Abbey)." 그리고 아래의 글귀가 한글로 새겨져 있다. "일천팔백육십삼년 일월 이십육일 미국에서 탄생, 일천구백사십구년 팔월 오일 서울에서 별세. 나는 웨스트민스터 성당보다 한국 땅에 묻히기를 원하노라. 단기 사천이백팔십이년 팔월 삼십일일, 헐벗 박사 장의위원회 세움."

헐버트가 어떤 분이었기에 "한국의 친구"라고 했을까? 그는 유니온신학교 재학 당시 조정의 초청을 받고 1886년 6월 내한했다. 처음에는 관립 소학교 교사로 있었으나 육영공원이 설립되자 그해 8월부터 외국어교사가 되었다. 1894년 육영공원이 폐교하게 되자 그는 북장로교 선교부 소속 선교사로 일하게 된다. 그는 1903년 우리나라 YMCA 창설의 주역으로서 초대 회장이 되기도 했고, 《코리아 리뷰》(The Korea Review)를 발간하기도 했으며, 배일 운동에 앞장서기도 했다. 1905년 을사조약의 체결로 국운이 기울 때 고종은 헐버트를 밀사로 미국에 보내 고종황제의 친서를 전달하고 미국의 도움을 청하고자 했다. 당시 미국은 일본과의 비밀조약 가츠라태프트 조약을 맺어 일본의 조선 침략을 묵인해 주려했으므로 미국 대통령 루즈벨트는 그를 만나주지 않았다. 고종의 친서를 전달하지는 못했으나 헐버트는 한국을 사랑했고 한국의 운명을 슬퍼했다. 그는 『전환기의 한국』(The Passing of Korea)을 써서 한국에 대한 사랑과 애정을 보여주었다. 실로 그는 격변기 한국에서 한국인의 처지를 함께 괴로워했던 한국의 친구였다. 그러했기에 그는 웨스트민스터 사원보다 한국에 묻히기를 소망했던 것이 아닐까?

아펜젤러의 장녀 엘리스 아펜젤러의 묘비 또한 우리의 걸음을 멈추게 한다. "섬김을 받으러 온 것이 아니라 섬기로 왔노라"(Not to be ministered unto, but to minister). 그가 1885년 11월 8일 한국에서 태어났으니 감리교의 첫 선교사 아펜젤라가 내한 할 당시 그녀는 어머니 태중에 있었던 셈이다. 그녀는 이화학당 교수로 이화여자전문학교 초대 교장으로 한국을 섬겼던 여성이었다. 2대에 걸친 봉사였다. 그의 아버지 아펜젤러는 1858년 2월 6일 펜실베니아주 서더튼에서 출생하였고, 지금의 드류신학교를 거쳐 선교사로 임명받고 내한한 첫 감리교 선교사였다. 그는 한국감리교회의 초석을 놓은 인물로 언더우드와 동역하며 한국교회건설에 기초를 세웠다. 배제학당을 세우고, 정동감리교회를 설립하고, 문서운동과 성경번역에 매진했다. 이 일로 그가 목포에서 열리는 성경번역위원회에 참석하기 위해 배를 타고 가던 중 선박 충돌사고로 한국에서 순직했다. 이 때가 1902년 6월 11일이었다. 비록 그는 양화진에 묻히지 못했으나 그의 딸과 그의 아들 아펜젤러 2세(Henry D. Appenzeller)는 양화진에 묻혔다. 아들 아펜젤러 2세는 신흥우를 이어 1920년 1월 배제학당 4대 교장에 취임하여 일하던 중 일제에 의해 1939년 해임되어 본국으로 돌아갔다. 그 후 미국에서 거주하던 중 1953년 12월 1일 뉴욕에서 사망했다. "내가 죽으면 한국에 묻어 달라"는 그의 유언을 따라 그의 유해는 1954년 10월 18일 양화진에 이장되었다. 그의 묘비에는 "영원하신 팔이 네 아래 있도다."는 신명기 33장 27절의 말씀이 새겨져 있다. 이렇게 보면 첫 선교사 아펜젤러와 그의 두 자녀까지 한국을 위해 헌신했으니 "섬김을 받으러 온 것이 아니라 섬기로 왔노라"는 말은 거짓됨이 없다.

루비 켄드릭(Ruby Kendrick)의 묘비 또한 우리의 시선을 끈다. "나에게 천의 생명이 주어진다 해도 그 모두를 한국에 바치리라"(If I had a thousand lives to give, Korea should have them all). 학교 교사였던 켄드릭. 미혼 처녀의 몸으로 한국에 온지 겨우 8개월 만에 세상을 떠났다. 그 때가 1908년이었다. 1907년 9월 미국 남감리회 선교사로 내한하여 황해도 개성여학교 교사로 일하던 중 급성맹장염으로 하나님의 부름을 받은 것이다. 그의 나이 25세였다. 한글을 공부하며 훗날의 한국의 젊은이를 위해 자신을 불태우고자했던 켄드릭이었다. 그러했기에 그에게 있어서 천의 생명도 부족했다. 그의 묘 앞에 새겨진 비문은 그가 살아 있을 때 미국 남감리회 소속 텍사스 엡윗 청년회에 보낸 편지에 기록된 한 구절이었다. 그가 병으로 치료 받을 때 또 이렇게 썼다. "만일 내가 죽거든 텍사스 청년회원들에게 열씩, 스물씩, 쉰씩 아침, 저녁으로 한국으로 나오라고 전해주세요." 이 편지는 텍사스 웹윗청년회의 연례대회 기간 중에 배달되었다. 멀리 아시아의 작은 나라 한국에서 온 이 편지를 들고 기도하던 청년들은 감명을 받았고, 곧 바로 켄드릭이 죽었다는 급보를 접하고는 함께 모여 있던 웹윗청년회원들은 슬픔을 가누지 못했다. 그러나 그의 죽음의 소식은 선교의 불길을 일으켰고, 3년 동안 텍사스 웹윗청년회(Epworth league)의 20명의 젊은이가 선교사로 자원했다. 또 텍사스 웹윗청년회는 모금한 돈으로 켄드릭의 묘비를 세워주었는데 그것이 "나에게 천의 생명이 주어진다 해도 그 모두를 한국에 바치리라"였다.

물론 외국인 묘역은 양화진에만 있는 것은 아니다. 이 땅에 온 선교사들이 양화진 아닌 다른 곳에도 묻혀있다. 캐나다 출신 초대 선교사 메켄지(W. J. Meckenzie)는 황해도 소래에 묻혀있고, 남 장로 출신 선교사들은 광주 양림동에 묻혀 있다. 스코필드 박사(Dr. F. W. Sschofield)는 국립묘지에 안장되어 있고, 호주 선교사들은 부산과 마산, 진주에 묻혀 있기도 하다.

| 제 2 부 |
한국교회와 신학

한국교회 역사와 신학

1. 민족의 위기와 교회

기독교(개신교)가 전래될 당시인 19세기 후반기는 역사의 변혁기였다. 1863년 집권한 대원군은 안으로는 왕권의 강화를 위해 봉건체제의 유지를 꾀하고, 밖으로는 쇄국정책을 고수하였다. 이것은 일종의 방아책(防我策)이었으나 언제까지나 이 정책을 고수할 수 없었다. 변화하는 국제질서의 길목에서 척사위정론(斥邪衛正論)은 점차 힘을 잃었다. 지정학적 위치 때문에 조선은 러시아나 중국, 일본의 변화에 직접적인 영향을 받고 있었다. 배외쇄국(排外鎖國)의 성은 외세에 의해 허물어져 가기 시작하였고, 흥선대원군의 실각(1873)과 운양호사건(1875)으로 일본에 의해 소위 병자수호조약이라는 불평등조약이 체결되었을 때 조선은 비무장 한 채로 냉엄한 국제질서의 현장에 노출되어 있었다. 민족이 이런 위기에 처해있을 때 기독교는 우리나라에 전파되었다. 역사적 맥락 때문에 한국교회는 초기부터 민족의 위기와 깊이 관련되어 있었고, 기독교는 전래 초기부터 한국민족의 역사와 고난의 여정과 함께 걸어

가야 할 운명적 동반자였다.

1890년대 국제정세는 우리 역사에 암울한 그림자를 드리우기 시작했는데, 그 첫 경험이 청일전쟁(淸日戰爭)이었다. 임오군란(1882)을 전후한 청·일 간의 각축전, 그리고 러시아의 남하정책 등 국제정세는 조선점령을 선취하려는 이들의 전쟁으로 발전하였는데, 그 빌미를 준 것이 동학혁명 진압을 위한 원병의 요청이었다. 동학혁명은 갑신정변(1884)을 전후한 조선내의 사대당과 독립당의 대결, 외세와의 결탁, 탐관오리의 횡포와 가혹한 징세, 일본자본의 침입으로 인한 농촌의 몰락, 이로 인한 생활고에 대한 농민들의 저항이었다.

동학군의 봉기는 외세를 배격하고, 전라북도 고부 군수였던 조병갑 등 부패한 관리를 처단하고 국가 도의를 바로 잡으려는 구국적 의지를 지닌 것이었으나, 외세를 불러들임으로 결국 그 뜻을 이루지 못했다. 고종이 동학군을 진압하지 못하자 청국에 원병을 요청하였고, 그 결과 1894년 5월 2일 이후 청나라의 군대와 군함이 들어왔고, 일본은 자국인을 보호한다는 구실로 5월 6일 이후 군대를 파병하였다. 곧 동학군과의 휴전이 성립되었고 조정은 양군의 철수를 요구하였다. 청국의 위안스카이(袁世凱, 1859-1916)도 오오토리(大鳥) 일본공사에게 두 나라 군대의 철군을 제의하였으나 일본은 이를 무시하고 내정을 간섭하기 시작하였다. 6월 21일 새벽에는 궁중에 난입하여 민씨 일파를 몰아내고 정치를 대원군에게 위임하였다. 그해 7월 25일에는 남양만 풍도 앞바다에서 청국 군함에 포격을 가함으로서 청일전쟁으로 발전하였다. 한 나라의 운명이 외세의 전화 속에 매몰되어 가고 있었고, 조선의 미래는 제국주의의 침략 앞에서 방황하고 있었다. 주권의 상실, 제국주의적 침략, 전화 속에 휩싸인 조국의 강산, 그 모든 것은 조선의 심각한 위기였다.

백성들은 어떤 구원의 손길을 갈망하고 있었다. 당시 기독교인의 숫자는 미미했다. 집단적 혹은 조직적인 역할을 기대할 수 없는 상태였다. 이 당시 교회가 할 수 있는 일은 기독교 복음은 전화에 지친 이들에게 피난처일 수 있다는 사실을 보여주는 것 뿐이었다. 국가가 위기에 처해 있을 때 교회는 기댈 언덕이었다. 《코리안 리포지토리》(Korean Repository)에서는 "이 가련한 조선인들은 고난과 불안의 와중에서 두 손을 뻗쳐 하나님을 찾고 있다"고 했다. 1895년을 전후한 국가적 시련은 기독교와 교회에 커다란 변화를 가져왔다. 아직 미미한 서양종교로만 이해되던 기독교가 청일전쟁이 끝난 1895년부터 최초의 성장을 보여주었다. 청일전쟁 때 조야는 일본이 승리할 것이라고는 예견하지 못했다. 중국에 대한 오랜 경외심(慕華思想)때문에 당연히 청국이 승리하리라고 여겼으나 전쟁이 시작된 지 불과 두 달이 못되어 일본이 승기를 잡았고, 8월 16일 평양전투에서 다음날은 압록강 입구에서 청의 육군과 해군은 대패하였다.

전황은 우리에게 커다란 충격이었다. 곧 그 원인은 일본이 서양문물을 받아드렸기 때문이라는 사실을 알게 되었다. 조선의 조야는 이제 세계질서, 그리고 극동의 새로운 정세에 눈을 뜨게 되었고 점증하는 열강들의 야욕을 희미하게 인식하기 시작하였다. 우리도 서양문물을 받아들이지 않고는 민족적 자강(自强)을 이룰 수 없다는 인식에 이르게 된다. 그러면 서구와 접촉하는 방법은 무엇인가? 그것은 기독교를 통한 길 밖에 없었다. 따라서 청일전쟁이후 기독교에 대한 관심은 기독교를 통한 민족 자강의식의 발현이었다. 이것을 호주의 역사가 케네드 웰즈(K. M. Wells)는 '자강 민족주의'(self-reconstruction nationalism)이라고 불렀다. 말하자면 기독교는 국가적 위기 속에서 새로운 힘의 원천으로 이해되었고 기독교와 민족주의의 결탁의 동기가 된다.

1895년 10월 8일의 을미사변(乙未事變)은 또 하나의 국가적인 위기였다. 국모로 일컬어지던 명성황후가 일본 낭인들에 의해 그의 침전(寢殿) 밖 흙바닥에서 살해되었고, 살해된 그의 시신은 지금의 비원인 녹원(鹿苑)에서 불살라져 한줌 흙으로 돌아갔다. 이 야만적인 시해사건은 단순히 한 여인의 죽음이 아니라 국가 변란을 시도한 을미년에 일어난 사변이었다. 백성들의 울분은 뼈에 사무쳤고, 백성의 체면은 처절하게 유린되었다. 일본의 조선 침탈야욕을 노출한 이 사건은 국가적 위기였다. 그러나 시원한 대책은 없었다. 오직 소망이 있었다면 서양 선교사들이었다. 그 누구도 신뢰할 수 없는 막다른 골목에서 그래도 선교사들은 기댈 수 있는 언덕이었다.

알렌은 일본의 만행을 공개적으로 규탄하였다. 고종은 의기소침한 상태에서 왕의 체면에도 불구하고 "왕후의 죽음을 누가 갚아주기만 한다면, 단발(斷髮)해 신을 꼬아 주겠노라"고 호소하였고 기독교회에 구원의 손을 내밀었다. 언더우드는 고종의 부름을 받고 이때로부터 7주일간을 입궐(入闕) 숙직하였고, 감리교의 존스(G. H. Jones) 선교사는 고종의 측근으로 그의 통역을 맡았다. 이런 비운의 역사에서 조선의 교회는 왕실과 지각 있는 백성들의 안식처였다. 이 당시 전국의 교회수는 30여 개에 불과했고, 교인수는 1천여 명 미만이었다. 그래도 조선의 교회는 이 사건을 통하여 민족의 문제를 인식하기 시작하였고, 민족의 고난과 아픔은 신앙의 중심에 용해되기 시작하였다. 그래서 민경배 교수는 "교회가 다만 솟아 뻗는 충애(忠愛)로 여기 몸 던져 함께 울었고, 정의감과 의의 종으로 그 시련에 동참, 동고했다"고 썼다.[1] 교회공동체에 의해 지어진 다음의 나라사랑의 노래(愛國歌) 일절은 이 점을 확인시켜 주고 있다.

하나님께 성심기도 국태평과 민안락을
임군봉축 정부사랑 학도 병정 순검사랑
사람마다 애자품어 공평정직 힘을쓰오
육신세상 있을때에 국태평이 제일좋다
굳게잡고 맹세하여 대군주의 덕을 돕세[2]

이 국가적 위기에서 선교사 도래 이후 약 10여년의 역사밖에 되지 않는

---

1) 민경배,『한국기독교회사』(대한기독교서회, 1982), 206.
2) 『독립신문』, 1896. 7. 23, 24일자. 원문을 현대어로 고침.

한국교회는 신앙의 용광로 속에 국민적 정서와 반일적 생리를 용해하고 있었다. 이 사건으로 기독교의 새 국면이 전개된 것은 바로 '섭리의 비밀'이라는 민경배의 지적은 옳다.

일제의 거듭된 침략은 우리 민족을 위기로 몰아갔다. 일제는 1875년 병자수호조약의 체결을 통해 조선 진출의 발판을 얻고, 청일, 노일전쟁에서 승리함으로 한반도에서 청과 러시아의 영향을 제거하였다. 1905년에는 을사오조약을 강제로 채결하고 1906년에는 통감부를 설치하였고 1910년에는 한국을 병합하였다. 이 때부터 조선은 일제의 식민지로 화하였고 만주사변(1931), 상해사변(1932), 중일전쟁(1937) 그리고 태평양전쟁(1941)에 이르기까지 일제는 한국과 아시아를 침략했다. 이런 일련의 과정을 볼 때 1905년을 전후한 조선은 민족의 위기였다. 조야(朝野)는 위기를 의식하였고, 이 위기 속에서 『독립신문』의 판단처럼 기독교는 충군애국(忠君愛國)의 종교로 인식되었다.

1904년 2월 8일 러일전쟁을 일으킨 일본은 22일에는 한일의정서(韓日議定書)에 강제적으로 서명케 한 다음 일본군대의 주둔권, 외교통제권, 재정 감독권, 통신교통기관의 시설권 등을 확보했을 때 한반도에 대한 야욕이 드러났다. 1905년 소위 '보호조약'의 음모가 진행되고 있었고, 이제 국운은 백척간두에 서게 되었다. 점증하는 일본의 세력은 우리에게 무력감을 심어주고 있었다. 이 민족적 위난의 길목에서 조선은 미국의 후원과 지원을 청하는 도리밖에 없었다. 1882년 한미수호통상조약은 여전히 유효하였고, 이 조약 1조에서는 "만약 제 삼국이 한미의 한쪽 정부에 대하여 부당하게 또는 억압적으로 행동할 때 다른 한 정부는 사건의 통지를 받는 즉시 이의 원만한 타결을 가져오도록 주선을 다함으로써 그 우의를 보여야 한다."라고 약속하고 있었기 때문이다.

고종은 11월 15일 헐버트(H. B. Hulbert, 1863-1949) 특사로 미국 대통령 루즈벨트(Theodore Roosevelt)에게 다음과 같은 호소의 친서를 보냈다.

> 1883년 이래 미국과 한국은 우호적인 조약관계에 있어 왔습니다. 한국은 그 간 여러 차례에 걸쳐서 미국정부와 그 국민의 선린의 동정을 받아 왔습니다. 미국의 대표자들은 한국이 번영과 발전에 대하여 항상 동정적이었습니다. 귀 국에서 파견된 교사들도 이 백성의 정신의 고양을 위해서 숱한 공헌을 해 온 것이 사실입니다. … 지금까지 보여준 것과 같은 정도의 마음과 판단으로 이 문제(독립 상실)를 다루어 주기길 바랍니다. 그리고 이 나라의 위기에 전과 다 름없이 베풀 수 있는 도움을 주시기 간절히 바라는 바입니다.[3]

친서를 보낸 이틀 후 굴욕적인 을사조약은 체결되었다. 헐버트의 루즈벨트 대통령과의 면회가 거절되었고, 그가 와싱턴에 도착했을 때 한국영사관의 폐쇄가 통보되었다. 지난 20년 이상 한국에 살면서 친한파 미국인으로 알려진 선교사 출신 알렌은 소환되고 말았다. 미국에 대한 순진할 정도의 신뢰와 기대는 수포로 돌아간 채 을사조약은 강제로 체결되었고 우리는 사실상 국권을 상실하게 되었다.

민족의 위기 앞에서 미국의 도움을 구했던 일이 얼마나 순박한 소망이었던가를 깨달은 것은 이보다 훨씬 후였다. 조선민족이 미국의 도움을 애타게 갈망하고 있을 때인 1905년 7월 27일 미국 대통령 특사 태프트(William H. Taft)와 일본수상 가츠라(桂太郞)는 비밀조약을 맺었고, 미국은 일본의 한국지배를 묵인하고 있었던 것이다. 미국은 소련의 남진을 막기 위해 일본의 힘을 이용하려고 했고, 반대로 일본으로부터는 필리핀 지배를 양해 받고 있었다. 말하자면 미국의 루즈벨트는 비밀조약을 통해 자국의 이익을 추구하고 있었던 것이다. 을사조약이 체결되던 날 저녁, 아니 자정 가까이까지 이 치욕의

---

3) F. A. McKenzie, *Korea's Fight for Freedom*, 102-3.

체결이 강요되고 있을 때 미국 영사관 부영사 스트레이트(Willard Straight)는 11월 18일 0시 30분 미국 공사관 관저에 나가 산책하고 있었다. 그는 다음과 같은 기록을 남겨주고 있다.

인력거가 삐꺼덕거리면서 지나갔다. 나는 담 너머를 바라보았다. 일본인들이 지나가는 것을 보았다. 하세가와(長谷川)의 인력거는 이미 지나갔다. 이 밤에 달빛 아래 담장 너머로 바라보니 내가 서 있는 곳에서부터 50야드도 안 되는 짧은 거리에서 한 나라의 운명이 결정 지워지고 1천 2백만 명의 백성을 가진 일개 독립제국이 강포와 약탈에 자신을 내어 주다니 이 어찌 될 법한 말인가?[4]

하세가와는 당시 조선주둔군 사령관이었다. 방관자의 기록치고는 그래도 양심은 있었다. 민족의 위기 앞에서 미국을 의지 했던 일은 개인이나 민족공동체의 위기 앞에서 사람을 의지하는 일이 얼마나 어리석은 일인가를 다시 한번 일깨워 주었다.

1905년을 전후한 민족의 현실에서 그러면 교회는 어떻게 대처했는가? 물론 한 마디로 말할 수 없다. 국가적 위기 앞에서 그리스도인이나 교회의 대응방식이 획일적일 수 없었기 때문이다. 혹자는 의병활동에 가담하기도 하였고 혹자는 반일 무력투쟁에 가담하기도 했다. 장인환 같은 이는 친일 인사인 스티븐슨(Durham White Stevens)을 암살하기도 했고, 보다 적극적인 무장 저항운동에 참여하기도 했다. 일반적으로 말해서 교회는 민족의 문제에 대해 책임의식을 갖고, 민족의 비극과 고난의 현장, 그 중심에 서 있기를 마다하지 않았다. 애국충군과 신앙구국 정신이 겨레의 교회로서 성격을 주형해 갔다. 이제 민족의 문제는 신앙과 무관하지 않았다. 신앙운동이야 말로 나라를 구하는 운동이라는 의식이 팽배했다. 예수 믿는 사람이 많아지면 종래

---

4) Willard Straight, *Diary entry for Nov. 18, 1905*. M. Huntley, *Caring, Growing, Changing: A History of the Protestant Mission in Korea* (Friendship Press, 1984), 145에서 중인.

독립도 할 수 있다는 의식이 생겨났던 것이다. 그래서 존스(G. H. Jones) 선교사는 "기독교 신앙에 대한 실질적 집착보다 더 강력한 애국충군의 보루는 찾기 어렵다(Not the least of their work has been to show that there is no stronger bulwark of patriotism and loyalty than practical adherence to the principles of Christianity)고 했다.[5]

당시 교회가 전도활동을 펼치며 1909년부터 전국규모의 조직적인 백만인 구령운동을 전개해 갈 때 일제는 의혹의 눈길로 이를 통제하고자 했다. 1911년의 진주지부의 보고에는 다음과 같은 기록이 있다.

> 일본 경찰이 백만 구령운동이 열리는 곳마다 따라 다닌다. 그리고 가가호호 찾아다니면서 행여 누가 기독교인이 되었는가를 조사했다. 사람들은 두려운 나머지 자신의 뜻을 따라 기독교인이 되겠다고 선뜻 나서지 못했다. 어떤 경우에는 학교 어린이들을 강제로 교회에 가지 못하게 했다. … 사람들이 모이는 모든 집회는 정치적인 선동으로 일단 의심을 받았다.[6]

국가가 위기에 처한 일이 어디 한두 번 뿐이었을까 마는 19세기 이후 우리 민족의 역사는 고난의 역사로 점철된 것이었다. 그러했기에 함석헌 선생은 그의 『뜻으로 본 한국역사』에서 "모든 민족이 하나님께 무언가를 가지고 간다고 말할 때 우리 민족이 가지고 갈 수 있는 것이 무엇일까" 하고 질문한 다음 "그것은 아마도 고난과 가난일 것"이라고 말한 바 있다. 우리 역사는 고난과 위기로 점철된 역사였고, 그 역사의 고비 고비마다 한국의 교회는 그 중심에 서 있었다. 그때 마다 교회는 민족의 고난과 함께 하는 교회로 자처하였고 민족의 문제를 신앙 안에서 수용하고, 민족의 고난을 양 어깨에 짊어지고 앞장서 걸어갔다. 다시 말하면 한국교회는 충군애국의 종교로, 그리고 반일순국의 종교였다. 그 결과 한국교회는 불신자들로부터 신뢰를 받았

---

5) G. H. Jones, "The New Century", *The Korea Review*, Vol. I, No. 1 (1901), 5.
6) *Report of Chinju Station*, June 30, 1911.

을 뿐만 아니라 일제의 침략야욕이 노골화되고 청일전쟁, 노일전쟁으로 국토가 유린당하고 민족이 수난의 와중에 있을 때 한국교회는 크게 성장했던 것이다.

2. 삼일운동과 기독교

삼일운동은 근대 한국역사상 최대의 민족운동이자 독립운동이었고, 한국교회사에도 커다란 변화를 준 사건이다. 삼일운동을 통해 기독교는 그간의 2가지 오해를 불식시키는 계기가 되었다. 첫째는 무군(無君) 무부(無父)의 종교요, 멸기난상(滅紀亂常)의 종교라는 것이고, 둘째는 기독교는 외래종교요 서양종교로서 한국인의 신앙으로 받아드릴 수 없다는 인식이 강했다. 그러나 조국의 현실과 민족의 현실에 대해 기독교회가 무관심하지 않음으로써 기독교는 그간의 오해를 불식시키고, 민족의 종교로 정착할 가능성을 보여주었다.

기독교와 민족문제

우리나라에 기독교가 소개되던 19세기말은 민족사적으로나 교회사적으로 역사의 전환기였다. 우리나라가 일본에 의해 1876년 강압적으로 개항 한 이래 일본은 조선침략의 야욕을 드러냈다. 즉 일제의 한국침략은 소위 운양호사건(고종 12년, 1875)으로 일본에 대해 문호를 개방했던 1876년 이래 계속되었다. 1876년에 일본대표 구로다 기요타카(黑田淸隆)와 조선대표 신헌(申櫶)사이에 체결된 전문 12조의 병자수호조약은 "조선은 자주국으로 일본과 평등권을 갖는다."(1조)고 명시하였다. 이것은 청(淸)의 세력(宗主權)을 배제하고 조선 진출의 길을 추진하겠다는 의지의 표현으로서, 일본의 조선 침략의 발판이 된 조약이다. 이로부터 일제의 조선 침략계획은 구체화 되어 갔다. 1882년 일본세력의 조선 진출에 대한 반일감정의 표출이었던 임오군란을 계기로 일본은 제물포조약을 체결하고 일본군의 조선 주둔권을 획득하기에 이르렀다. 1894년 동학혁명이 일어나자 청국과 일본이 함께 출병하였다. 혁명이 진압된 후에도 일본이 철군하지 않고 조선의 내정을 간섭하고 지배권 확립을 꾀하면서 청에 선전 포고를 함으로서 1894년 청일전쟁(淸日戰爭)으로 발전하였다.

이 전쟁을 통해 일본은 조선침략의 방해가 되는 청을 제거했다. 일본은 조선에서의 정치적 영향력을 강화할 의도로 군국기무처를 설치하여 1894년 정치, 경제, 사회면의 개혁을 추진했는데 이것이 갑오경장(甲午更張)이다. 일제는 조선 침략을 용이하게 하기 위한 동기로 이를 추진하였으므로 이 개혁조치는 많은 반발을 샀다. 일본은 청일전쟁에서 승리함으로서 시모노세끼조약을 채결하여 청의 종주권을 종식시키고 패권을 장악했으나 소위 삼국간섭으로 세력이 위축되자 고종 32년인 1895년 10월 8일 국비였던 명성황후(明成皇后, 1851-1895)를 살해함으로서 친로 정권을 붕괴시켰다. 이것이 을미사변인데, 조선에서의 우위권을 러시아에게 빼앗긴 일본이 그 열세를 만회하기 위해 명성황후 중심의 친로파를 축출하기 위한 변란이었다. 을미사변은 우리민족에게 허탈감을 심어 주었고, 동시에 점증하는 일본의 세력 앞에서 무력감과 위기의식을 심어주었다. 일제는 곧 한반도에 야심을 가진 러시아와의 전쟁, 곧 노일전쟁(1904-5)에서도 승리함으로 세계열강으로부터 조선에 대한 독점적 이익을 승인받게 되었다.

1905년 11월 17일에는 을사조약을 강제로 체결하여 조선의 외교권을 강탈하고 조선의 행정권, 사법권, 경찰권을 차례로 탈취하였다. 이 당시 한국에 거주하는 일본인은 8만 3천명으로 전체 외국인의 95%를 점하고 있었다.[7]

이 당시 한국은 미국과의 외교관계를 유지하고 있었으므로 점증하는 일제의 세력에 대항하여 미국의 도움을 원하고 있었으나 무위로 돌아갔다. 미국은 일본과의 비밀 조약을 통해 자국의 이익을 추구하고 있었다. 즉 미국은 1905년 7월 미국대통령 특사 태프트(W. H. Taft)와 일본수상 가츠라(桂太郎)는 비밀조약을 통해 일본의 한국지배를 묵인하고 있었다.[8] 미국은 소련의 남진을 막기 위해 일본의 힘을 이용하려고 했고, 반대로 일본으로부터는 필리핀 지배를 양해 받고 있었던 것이다.

일제는 조선의 군대를 해산시켜(1907년) 국방력을 마비시키고, 이준 열사의 헤이그 밀사 사건의 책임을 묻는 형식으로 고종을 폐위시켰다. 일제는 이와 같은 일련의 침략과정을 거쳐 1910년 8월에는 합방이란 이름으로 한국을 강점하여 그들의 식민지로 만들었다. 이 당시 국내에 거주하는 외국인은 18만 4천 명에 달했는데 이 중 일본인은 93%에 해당하는 17만 1천 5백 43명이었다.[9] 통감부는 총독부로 승격, 격상되었고 그들 스스로의 표현대로 총칼에 의한 무단(武斷)정치를 감행하였다.

이러한 상황에서 한국에서의 기독교는 처음부터 민족의 고난과 함께 하

---

7) 통계청,『개화기의 경제,사회상』(1994) 참고. 이와 조금 다른 자료도 있다. 다카사키 소지(高崎宗司)에 의하면 1905년 말 한국 내 일본인은 42,460명이었고, 1906년 83,315명으로 증가되었다고 한다.『식민지 조선의 일본들』(역사비평사, 2006), 98.
8) 존 홉킨스 대학 사학과의 데넷(Taylor Dennett, 1883-1949) 교수는 1924년 미 의회도서관에서 충격적인 외교문서(Memorandum of Taft and Katsura)를 발견했다. 미국의 필리핀 지배를 일본이 인정하는 대신 일본의 조선 지배를 미국이 묵인하는 내용을 담은 1905년의 밀약이었다. 이것이 가츠라-태프트 조약이다. 이 비밀조약은 을사늑약을 맺기 4개월 전에 미국과 일본이 맺은 조약인데, 20년 후에야 밝혀지게 된 것이다.
9) 다카사키 소지, 98; 강창석,『조선통감부 연구』(국학자료원, 1995), 104.

는 민족적 성격을 띠게 되었다. 이것이 한국기독교의 성격과 한국에서의 기독교의 성장에 대한 설득력 있는 주장을 뒷받침한다. 즉 한국에서의 기독교는 민족자강 의지와 어우러지면서 이 민족의 고난의 여정 속에 깊이 자리하기 시작하였다. 한국에서의 기독교는 한국이 처한 역사적 상황 때문에 반일적(反日的), 민족적(民族的) 성격을 수용해 갔다. 그래서 한국은 아아제국의 다른 나라들과는 달리 '민족주의와 기독교'에 상호배타적이지 않았다. 아아제국에서의 민족주의는 대체로 반(反) 기독교적 성격을 지니고 있었으나, 우리나라의 경우는 그 반대로 기독교적 민족주의(Christian nationalism)를 형상하였다. 이와 같은 성격은 후일의 한국기독교 자기표현과 정체성 형성에 영향을 주었다.

한국교회가 알렌의 내한 이후 첫 10년 간의 '고투의 시기'(years of struggles) 이후 1895년부터 첫 성장을 보인 일이나, 명성황후 시해사건을 전후한 애국적 운동, 1905년 상동교회(담임 목사 전덕기)를 중심으로 상동파들이 주도한 을사5조약 무효화운동, 1907년의 신민회 사건, 서북지방의 교육구국 운동 등은 다 이런 맥락에서 이해될 수 있다.

삼일운동도 이런 역사적 문맥에서 볼 때 교회의 관여와 기여를 이해할 수 있다. 물론 기독교 내부에서는 이런 정치적인 문제에 교회나 그리스도인들이 참여하는 것이 옳은가 하는 점에 대한 이견이 없지 않았다. 이런 문제를 안고 고심했던 분이 감리교 목사 신석구(申錫九)였다. 1919년 2월 20일 경 오화영(吳華英)으로부터 3.1독립운동에 참여하라는 권고를 받은 신석구는 "나는 나의 몸을 하나님께 맡겼으니 하나님이 좋다하면 찬성하겠다"고 답한 후 교역자로서 정치운동에 참여하는 것이 하나님의 뜻에 합당할까, 또 교리적으로 다른 천도교와 함께 합작하는 것이 하나님의 뜻에 합한가 하는 문제를 가지고 새벽마다 기도했다. 그러든 중 2월 27일 새벽에 "4천년 전하여 내려오던 강토를 내 대(代)에 와서 잃어버린 것이 죄인데, 되찾을 기회를 찾아보려고 힘쓰지 아니하면 이는 더 큰 죄가 아니냐"는 음성을 듣고 3.1운동에 참여하는 것이 하나님의 뜻이라고 확신하게 되었다고 한다. 105인 사건으로 옥고 중 기독교로 개종하여 장로가 된 이승훈(李昇薰)도 이와 비슷한 인식에서 독립운동에의 참여를 하나님이 뜻으로 이해했다. 후일 신석구는 신사참배도 반대하고 신앙을 지켰던 분이다. 한국교회의 민족 문제에의 참여를 하나님의 뜻이라고 믿었던 이들은 변함없이 신앙과 신념을 지켰다. 반면에 신앙적 확신보다는 젊은 혈기나 막연한 기대감 혹은 자신의 명예로 생각했던 이들은 후일 대부분이 변절자의 길을 갔다. 김창준은 후일 북한 정권수립에 참여하여 제1기 최고인민회의 상임위원이 되었고, 박희도, 정춘수 같은 이는 친일의 길을 갔다.

삼일운동이란

삼일운동이란 1919년 3월 1일 서울의 파고다공원과 태화관, 전국의 9개 지역에서 '독립선언서'를 선포하면서 시작되어 적극적으로는 약 2개월, 광의적으로는 1년여 간에 걸쳐 전국적으로 그리고 해외의 만주, 연해주 등으로 확대된 민족적인 항일독립운동을 의미한다. 이 운동은 1910년 8월 일제가 한국을 강점하고 9년 후에 일어난 사건으로서 민족독립에 대한 새로운 가능성과 소망을 불어넣어 주었다.[10] 이 때의 독립운동은 약 2개월에 걸쳐 200만이 넘는 한국인이 3.1운동에 가담하였다. 전국 232개 부·군 가운데 229개 부·군에서 1,491건의 시위를 벌였다. 4월 말에 접어들면서 일제의 야만적인 탄압으로 반일 투쟁은 서서히 막을 내렸다. 3월 1일에서 5월말까지 학살된 사람이 7,979명, 부상자가 15,961명, 검거된 사람이 46,948명에 달

---

10) 삼일운동을 보는 시각은 다양하다. '민족운동'(이기백), '민중운동'(함석헌), 혹은 '민족정신 환기운동'(김성균), 혹은 '조국해방운동'(현상윤, 이병혁)으로 보는가 하면 공산주의자들은 '인민혁명운동'으로 보기도 한다. 백낙준, 김기석은 '정의와 인도적 운동'으로 이해한다.

했다.[11] 이것은 일제가 만든 통계이므로 실제는 이 보다 더 많은 희생자가 있었을 것이다.

    삼일운동은 궁극적으로 독립을 쟁취하자는 것이었으나 독립을 이루지 못했으므로 성공한 거사로 볼 수 없다. 그럼에도 불구하고 3.1운동은 다음과 같은 의미를 지닌다.

    첫째, 그해 4월 11일 상해(上海)에 대한민국 임시정부가 수립됨으로서 국민주권정부 수립운동이 일어나고 거족적인 민족 독립운동의 구심점이 형성되었다는 점이다. 둘째, 삼일운동이 비폭력운동으로 시작되어 무장화 되지 못한 결과로 많은 피해를 입게 된 것을 교훈으로 삼아 만주지역을 중심으로 무장독립 투쟁이 일어났다는 점이다. 즉 3.1운동을 전후하여 북간도에서는 국민군회, 북로군정서, 서로군정서, 대한독립군, 대한의용군, 광복군 총영 등이 조직되어 일본군과 교전을 벌였고, 1920년에는 홍범도 장군이 지휘하는 독립군 부대가, 같은 해 청산리전투에서는 김좌진 장군이 지휘하는 북로군정서군이 일본군과 대결하였다. 즉 무장 독립운동을 전개하는 계기가 된 것이다. 셋째, 삼일운동에 참여했던 민중들의 정치의식이 고조되어 국내 민족운동 기반이 강해졌고, 국산품애용, 근검, 절제운동, 계몽운동 등으로 발전하였다. 넷째, 삼일운동이 당시의 민족 자결주의에 영향을 받았다고 보기도 하지만 동시에 우리가 세계의 피 압박 약소국가의 독립과 해방운동에도 영향을 끼쳤다고 볼 수 있다.

    3.1운동은 제1차 대전 후의 전승국 중심의 세계질서에 처음으로 항거하고 침략, 강권적인 국제질서 재편성에 도전했는데, 이 운동은 북경대학 중심의 1919년 5.4 운동에 영향을 주었다. 이때 학생들의 구호가 "조선을 본받자"였다. 인도에서는 간디를 중심으로 '샤타 그라하' 라는 영국 식민통치에 대한 비폭력 무저항운동이 일어났다. 그리고 필리핀, 베트남, 이집트 등지에도 간

---

11) 역사학연구소, 『강좌 한국근현대사』(풀빛, 1995), 134.

접적인 영향을 주었다. 다섯째, 삼일운동은 일제의 식민통치수단인 무단정치의 한계를 깨닫게 해 주어 문화정치로 전환하는 계기를 만들어 주었다.

삼일운동과 기독교

삼일운동 당시 한국의 인구는 약 2천만으로 추산되며, 기독교인은 약 20만 명으로 추산된다. 삼일 독립운동에 가담한 인구가 2백만 명이었으므로 전체 인구의 10%가 삼일운동에 가담한 것이다. 기독교신자는 전체 인구의 1%에 지나지 않았으나,[12] 한국기독교회는 이 운동의 주도적 역할을 감당했다. 당시 경남지역의 교인수는 약 9천 5백 명으로 추산된다. 당시 부산 경남 인구를 약 2백만 명으로 추산한다면 신자의 수는 0.5%에 불과했다. 그러나 기독교는 이 운동을 주도하고 이 운동의 전국적 확산과 인적 동원이 크게 기여하였다. 이들은 삼일운동의 준비단계에서부터 선언문의 배포와 군중동원에 이르기까지 중요한 역할을 감당하였다.[13] 국사편찬 위원회가 발행한 『일제침략 하 한국 36년사』를 보면 3.1독립운동에 참가한 인구를 종교별로 보면 개신교가 22%, 천도교가 15%, 기타종교가 2%, 무종교가 61%였다고 한다. 이 당시 기독교인구가 전 국민의 1%에 지나지 않았는데, 삼일운동에 참가한 자 중 22%가 개신교신자였다는 점은 기독교신자들이 삼일운동을 주도했음을 알 수 있다.

3.1운동에서 기독교계의 역할과 영향이 컸기 때문에 교회에 대한 일제의 탄압 또한 심했다. 조선총독부가 1919년 5월에 발표한 자료에 의하면 1919

---

12) 다른 통계에서는 이 당시 교회수는 2500여개 처, 기독교 인구를 30만정도로 보아 기독교인구가 한국전체인구의 1.5%라고 말하지만 이것은 과장으로 보인다.

13) 1919년 3월-4월에 걸쳐 1214회의 독립운동 중 주동세력이 뚜렷한 곳이 300여 곳인데, 그 중 기독교계가 78, 천도교계 66, 학생 75, 농민 62, 기독교, 천도교 공동주동 지역이 42개 지역으로서 기독교가 25% 내지 30%를 점한다.

년 4월말까지 투옥된 기독교인은 2,120명으로서 유교, 불교, 천도교도의 총수 1,556명보다 훨씬 많은 숫자였다. 또 1919년 9월 장로교 총회에 보고된 자료에 의하면, 체포된 신자가 3,804명, 체포된 목사-장로는 134명, 기독교 관계 지도자는 202명이었다. '미국 기독교 연합회 동양문제연구회'가 펴낸 "한국의 상황"(The Korean Situation)에 의하면 1919년 3월 1일부터 7월 20일까지 631명이 피살되었고 28,934명이 체포되었다.[14]

민족대표 33인중에, 천도교도 15명, 불교도는 2명에 불과했으나 기독교신자는 16명에 달했는데, 이 점은 당시 교회가 이 민족의 지도적 위치에 있었음을 반영하고 있다. 민족대표들에 대한 평가에 대해서는 이견이 없지 않지만, 이들은 태화관에 모여 간단한 독립선언 의식만 거행하고 곧 체포된다. 이들이 운동세력을 조직화하고, 자금을 공급하고, 독립선언서를 작성하고 전국적으로 배포하는 등 3.1운동을 선도하였다는 점에서 의의가 있다. 기독교 대표 16인은 전체 33인의 절반에 해당하며, 33인을 포함하여 48인 대표로 볼 때 기독교 대표는 24인으로 이 경우도 절반인 50%에 해당한다.

기독교인사 16명은 직업별로는 목사 10명(정동감리교회 이필주 목사, 평양남산현감리교회 신홍식 목사, 해주 남본정감리교회 최성모 목사, 서울 수표감리교회 신석구 목사, 서울 종교감리교회 오화영 목사, 원산 상리감리교회 정춘수 목사, 평양 장대현교회 길선주 목사, 선천북교회 양전백 목사, 정주교회 김병조 목사, 의주 동교회 유여대 목사), 전도사 3명(정동감리교회 박동완 전도사, 서울 중앙감리교회 김창준 전도사, 서울 창의문감리교회 박희도 전도사), 장로 2명(선천 오산교회 이승훈 장로, 정주 덕흥교회 이명룡 장로), 집사 1명(세브란스 구내교회 이갑성 집사)이었는데, 연령 면에서는 40대 목사들이 주축을 이루고 있었다. 10명의 목사들은 당시 한국의 목사 257명(장로교 192명, 감리교 65명) 중 4%에 해당한다. 기독교 대

---

[14] 제암리(堤岩里) 감리교회 학살사건. 경기도 화성군에 위치한 제암리(감리)교회 학살사건은 삼일운동 당시의 일제의 만행을 보여주는 대표적인 경우로 알려져 있다. 4월 15일 일경은 교인을 교회당에 감금한 체 방화하고 총검으로 29명을 학살했는데 이 사건은 캐나다에서 온 세브란스 의전 교수 스코필드(Dr F. W. Scofield)에 의해 그 참상이 알려지게 되었다. 스코필드는 학살 현장의 처참한 모습을 사진에 담고, "수원에서의 잔학한 행위에 관한 보고서"를 만들어 세계 여론에 호소하였다.

표는 전국적인 지명도를 가진 원로 목사 4인(김선주, 신홍식, 양전백, 이필주), 지역 지도자급 소장 목사 6인(김병조, 유여대, 오화영, 신석구, 정춘수, 최성모), 청년지도자 4인(김창준, 박동완, 박희도, 이갑성), 그리고 민족운동가 출신의 지도자 2인(이명룡, 이승훈)으로 구성되었다고 분석할 수 있다.

위의 33인 속에 포함되지 않는 기독교 지도자 중에서 당시 총회장이던 김선두 목사가 평양에서 만세시위를 주도한 혐의로 체포되는 등 수많은 교회 지도자들이 체포되었고, 신학교는 잠정 휴교했다. 감리교의 경우 26명의 남감리회 소속 목사들이 제명 혹은 휴직당하고, 17명의 연회원들이 투옥됨으로 "지방회를 감옥에서 개최하면 좋겠다"고 했을 정도였다. 정리해 보면 당시 전 국민의 1%에 지나지 않는 기독교가 삼일운동에서 25-30%의 역할을 감당했음을 알 수 있다.

반성

한국교회는 민족운동을 주도하고 독립운동에 앞장섬으로서 이 민족의 고난과 아픔을 양 어깨에 둘러매고 앞장서 걸어갔다. 즉 민족과 함께 고난의 길을 가며 민족에 소망을 주는 교회였다. 그 동안 한국교회는 수적으로는 크게 성장한 것이 사실이다. 그러나 해방 이전의 교회가 누렸던 존경과 신뢰를 상실했다. 교회가 사회에 도덕적 신뢰감이나 윤리적 모범을 제시하지 못하고 있다. 교회지도자들이 존경받지도 못하는 일이 많아졌다. 교회가 그 시대 도덕과 윤리의 모범이어야 하지만 그렇지 못하다. 안창호선생 같은 이는 경찰서 하나 더 세우기보다는 교회를 세우는 것이 낫다고 주장하고 본인이 평양 외곽지대에 탄포리교회를 세우기까지 했다. 1920년대 일제가 만든 비밀 문건 속에 "이 민족에게 소망을 줄 수 있는 유일한 단체가 있다면 그것은 조선의 교회이다"라는 정보 분석 보고가 있다고 한다. 지금 한국교회는 그런 사회적 존경과 신뢰를 상실하고 있다는 점이 안타깝다.

근년에 일본은 역사교과서 왜곡으로 우리의 관심을 끌고 있다. 문제는 나타난 왜곡보다 이를 주도하는 세력이 어떠한가가 더 중요하다. 지금 일본은 군국주의적 극우파들이 득세하고 있다. 1999년 8월 13일 종료된 일본의 정기국회에서는 소위 보수법안 5건을 통과시켰는데, 그 중에 국기-국가법이 있다. '히노마루'(日の丸)와 '기미가요'(君が代)를 국기와 국가로 정하는 법률이지만 이제는 국기에 대한 경례와 국가봉창이 의무화 되었고, 교사들이 이를 거부하면 교사가 될 수 없다. 이 법률이 신앙의 자유를 침해하고 있고, 향후 심각한 문제가 야기될 것으로 보아 양심적인 일본인들이 이 법률의 문제점을 지적하고 있다. 자위대는 갈수록 중무장하고 있고, 최근 평화헌법 폐기를 가능하게 했다. 일본의 방위비는 한국 전체 예산을 훨씬 초과하고 있다.

삼일운동은 기독교의 애국적 민족적 기여를 확인하는 계기가 되었다. 중국 공산당 운동의 아버지로 불리는 진독수(陳獨秀)는 3.1운동에 참여한 기독교인의 역할을 알게 된 후 종교를 미신이라고 생각하던 기존의 입장을 버리고, "우리는 조선의 독립운동에 참여한 사람들 중에 기독교인들이 가장 많았다는 사실을 볼 때 기독교를 경시하던 사상을 고쳐야한다."라고 말했다고 한다. 한국기독교는 민족의 고난의 현장에서 민족과 함께하는 고난 받는 교회였다. 이 전통을 극적으로 보여 준 사건이 삼일운동이었다.

오늘 우리가 일본의 변화를 보면서 우리가 할 수 있는 일은 무엇일까? 그것은 일본을 복음화 하는 길이라고 생각한다. 그리스도의 평화와 화해의 복음만이 우리나라와 아시아의 평화와 번영, 그리고 공존을 이루는 최선의 대안일 것이다.

3. 한국교회에서의 금주, 단연운동

한국교회는 금주(禁酒), 단연(斷煙)의 아름다운 전통을 지니고 있지만 최근에 와서 술이나 담배 등의 문제는 교회가 지도할 사안이 아니라 어디까지나 개인의 선택적 사안이라는 의식이 팽배해 있다. 실제적으로 한국교회는 금주나 단연에 대해 더 이상 분명하게 말하지 않고 있고, 그것을 강조한다 해도 신앙적 측면보다는 건강상의 이유를 들고 있다.

음주나 흡연이 건강에 이롭지 못하다는 점은 누구나 다 알고 있다. 그러나 우리 사회 현실에서 어쩔 수없이 술 마시고 담배피우는 음주 흡연문화로부터 자유하기는 쉽지 않다. 그럼에도 불구하고 초기 한국교회는 금주와 단연을 신앙적 측면에서 강조하고 이를 절제운동으로 전개하여 국민의식을 계몽하고 사회 변화를 추구하였다.

초기 선교사들이나 한국교회가 술이나 담배를 지나치게 죄로 규정하고,

술을 마시면 "천국에 들어가지 못 한다."[15]고 가르친 일에 대해서는 따져볼 일이지만, 한국교회가 추진한 금주·단연운동은 가장 분명한 문화변혁 운동이었다. 초기 한국교회에서 어떻게 금주·단연운동을 전개해 왔고 그것이 한국교회 전통이 되었을까?

한국교회에서의 금주·단연

한국에서 선교하던 선교사들은 술과 담배에 대해서 부정적인 생각을 한 것은 사실이나 처음부터 이를 금한 것은 아니었다. 한국교회의 청교도적 성격을 강조하는 이들은 한국교회에서 처음부터 금주·단연을 강조한 것처럼 말하지만 사실은 그렇지 않다. 한국교회 초기에 관한 기록을 보면 성탄절이 되면 술을 빚어서 교인들이 함께 나누어 마신 일이 있었고, 예배당에 들어올 때 신발장 옆에 담뱃대를 정렬해 두었다가 예배가 폐하면 예배당 마당에서 함께 담배를 피웠다는 기록이 있다. 또 장로교회의 첫 선교사인 언더우드(H. G. Underwood)는 한 때 흡연을 했던 것으로 알려져 있다. 언더우드 가(家)는 미국으로 이민하기 전 영국에서는 회중교회에 출석했으나 미국으로 이주한 후에는 화란개혁파교회(Dutch Reformed Church)에 출석했고, 언더우드가 뉴욕대학을 졸업한 후에는 뉴브른스윅(New Brunswick)에 있는 화란 개혁파신학교(The Dutch Reformed Theological Seminary)에서 수학했다. 화란개혁교회는 술과 담배에 대해서는 자유롭게 생각하는 편이었다. 이런 분위기에서 흡연이 언더우드에게 금지되어야 할 덕목은 아니었다.

또 부산 경남지역에서 활동했던 호주 선교사들 중 맥클레(F. J. L. Macrae), 볼란드(F. T. Borland) 등은 흡연을 하는 이들이었고, 흡연을 하는 장면의 사진이

---

15) "술의 큰 관계," 《신학월보》(1903. 12), 515ff.

남아있다. 초기 내한한 북장로교 선교사들의 회합에서도 술을 마신 일을 기록하고 있다.[16] 말하자면 음주·흡연문제는 임페러티브(imperative, 반드시 해야 하는)한 디아포라(diaphora)가 아니라 우리가 임의로 결정할 수 있는 아디아포라(adiaphora)의 문제, 곧 '불간섭의 영역'으로 간주하고 있었다.

그래서 초기 선교사들은 일정기간 음주나 흡연문제에 대해 관망했던 것으로 보인다. 그러나 차츰 선교사들은 술과 담배의 해악을 깨닫기 시작하였고, 1890년대 후반을 거처가면서 금주와 단연을 강조하고, 이는 신앙상의 유익과 건덕 차원에서 강조되기 시작하였다. 이 당시 술과 담배는 건강의 문제만이 아니라 경제적인 측면에서 한국인의 삶을 곤궁하게 하는 주된 요인이며, 사회 전반에 퍼져 있는 일종의 국민적 악습이라고 보았다. 그래서 수세 신청자들에게 조상제사, 축첩, 노름에 대한 반대와 더불어 금주, 단연을 강력하게 요구하기 시작하였다. 물론 지역적 차이는 있으나 술과 담배에 대한 부정적인 가르침은 첫 거주 선교사인 알렌이 입국한지 10년이 지난 때부터 나타나기 시작하고, 그리스도인이 준수해야 할 덕목으로 강조하기 시작한 것이다. 즉 술과 담배는 신앙생활에는 물론이지만 건강이나 경제적 손실, 그리고 극기나 절제 등 국민정신상 무익하다는 점을 가르쳐 왔다. 선교사들이 편집 발행하던 《죠션 그리스도인 회보》에서 금주에 대한 첫 기사가 게제된 것은 1897년 4월 7일자였고, '계주론'이 처음 게재된 것은 1897년 6월 23일자이지만 한국 교회는 이전부터 금주, 단연을 강조해 왔다. 교회신문의 효시로 알려진 《죠션 그리스도인 회보》는 감리교의 아펜젤러에 의해 1897년 2월 2일 창간되었는데, 그해 6월 23일 이후에도 여러 차례 금주론을 전개하고, "술을 없이 할 물건," 혹은 "짐승보다 더 무서운" 것으로 규정하고 있다. 1900년 12월에 창간된 《신학월보》에서도 논설이나 사설을 통해 끊임없이 술과

---

16) 알렌의 일기에 의하면 1885년 8월 5일 헤론의사 부부, 언더우드 등이 함께 술을 마신 일을 기록하고 있다(김원모역, 『알렌의 일기』, 단국대학교 출판부, 1991, 94쪽). 또 그는 1885년 10월 11일자 일기에서 조선에서 최초의 개신교 예배를 드리고, 참석했던 아펜젤러 부부, 스크랜톤 부부, 언더우드, 알렌 부부 등이 기념파티를 열었는데, 이 자리에서 술로 축배를 들었다고 썼다(위의 책, 106-7).

담배의 해악을 소개하고 금주와 단연을 고취했다.

　미국 선교사들이 중국에서 선교할 때는 아편사용에 대하여는 엄격한 입장이었으나 주, 초문제는 비교적 관대하게 다루었다. 그러나 우리나라의 경우는 사정이 다름을 알게 되었다. 음주하기 전에는 그처럼 착한 사람도 일단 음주하게 되면 완전히 딴 사람으로 변하는 술의 부정적 효력을 목도하고, 또 음주로 인하여 패가망신한 경우를 목격하고 금주, 금연의 필요성을 절감하게 된 것이다. 사실 초기 내한 선교사들은 신학과 생활에 있어서 경건주의적 경향이 강했다. 그래서 이들은 안식일을 성수하고 카드놀이를 범죄로 생각했으며 먹어도 유익이 없고, 안 먹어도 모자람이 없는 술과 담배에 대해 부정적이었던 것은 사실이다. 성수주일이나 축첩, 형식적인 조상제사, 미신과 비합리적인 관행 등 구습(舊習)의 타파에는 적극적이었으나 술과 담배는 문화적 차이로 생각하여 이의 금지를 일정기간 유예하고 있었다.

　그러나 한국의 신자들에게 금주, 금연을 권고하게 된 것은 주초의 심각한 폐단을 목격하였기 때문이었다. 선교사들은 도박과 축첩을 금하고 혼인, 장례 등에서의 악습과 구습을 타파하고 비합리적인 인습, 비과학적 의식을 개조하고자 노력하였는데 이러한 노력의 일환으로 금주, 단연도 강조하게 된 것이다. 그러다가 1900년대 후반기부터 금주, 단연은 단순히 신앙생활의 유익이나 건강상의 문제만이 아니라 국민정신 함양 차원에서도 강조되기 시작했다.

　선교사들이 금주, 금연운동을 추진할 때 크게 3가지 점에서 그 이유를 설명하였다. 첫째는 신앙상 유익하지 않다는 점이였다. "술 먹다가 죽으면 그 영혼이 하나님께로 갈 수 없다"는 극단적인 주장도 없지 않았다.[17] 즉 금주, 단연을 신앙적 덕목으로 요구하였다. 둘째는 건강에 해롭다는 의학적인 이유를 들었다. 그래서 우생학적으로 본 음주의 해독에 대해 강조하고 관계

---

17) "계주론," 《죠션 그리스도인 회보》, 32호(1897. 9. 8).

연구결과를 제시하기도 했다. 셋째는 개화 혹은 국민의식 계몽을 위한 의도가 있었다. 1905년 을사조약의 체결 이후 국채보상운동이 일어났는데, 기독교 민족지도자들은 전국적인 절제운동을 전개하고 금주·금연을 통해 절약한 재화를 모아 외채를 청산하자는 애국운동을 전개한 바 있다. 비록 오래 지속되지는 못했으나 국민의식 계몽의 성격을 지닌 것이었다. 이제 한국교회의 금주, 단연운동을 시기적으로 간단히 살펴보고자 한다.

1900년 이전

한국에서의 금주, 단연운동이 일어난 것은 1900년 이후로 볼 수 있지만 사실은 이보다 앞서 금주, 단연에 대한 권고와 경계가 있었음은 이미 말한 바와 같다. 선교사들은 선교초기에는 술과 담배에 대해 어느 정도 허용하는 입장이었으나 1895년을 전후한 때로부터 금주, 단연의 필요성을 강조하여 계주론(戒酒論)을 펴 나갔다. 이것은 선교사들의 청교도적 윤리 때문이기도 하지만 한국인의 신앙적 유익을 위한 의도가 있었다. 즉, 술은 백성의 재산을 패하여 백성들을 점점 곤궁토록 만들며, 장부(丈夫)의 기운을 꺾어 회복하지 못하도록 함으로, 건강과 재산의 손실을 가져온다고 생각하였기 때문이다. 그래서 당시 교회는 계주론을 전파하고 교인들과 일반 백성들의 금주를 권고했다.

술과 담배에 대한 반대는 장로교보다 감리교 선교사들이 더 강력했다. 감리교는 이미 1894년부터 금주정책을 견지했는데 그해 8월에 모였던 감리교 선교회에서는 교회의 금주입장을 공식적으로 결의하였다. 장로교도 비슷한 시기에 금주, 단연을 강조한 것으로 보인다.

1897년 4월《죠션 그리스도인 회보》에는 제물포에서 한 교인이 단주(斷酒)한 사실을 들어 "참 새로 난 사람"이라고 보도한 일이 있었다.

제물포교회에 작년 연화회 이후로 다니던 학습인이 삼십오 인인데, 그 중에 세례받기 원하는 사람도 많이 있고, 세례 받을 만치 행하는 사람도 많이 있는 중에 한 교우가 작년 섣달에 교회에 들어 왔는데, 근본은 술이 취하면 주정을 부리는 사람이 술을 일절 아니 먹으니 족속 중에서 하는 말이 예수교는 참 사람 고치는 교라고 하면서도 아무쪼록 예수교를 못하게 비방하되 이 사람이 하나님 도를 독실이 믿고 신주를 내다가 불을 놓으려 하매 족속들이 뺏겨 갔다니 이런 사람은 참 새로 난 사람일러라.[18]

술의 폐해가 컸기 때문에 금주를 입신(入信)의 전환적 결단으로 보았던 증거라고 할 수 있다. 이때를 전후하여 한국교회 일각에서는 술의 해악을 지적하는 계주론이 크게 대두되었다.

술은 바른 생애로 수고하야 모흔 재물을 뺴아스며 걸인과 죄인을 만들고, 집을 망케하며, 협잡과 뇌물과 사정을 셩행케 하야 사무를 그르치고 국재를 람용하며 부셰를 묵엄게 하고 유익한 일에 쓸 돈을 여러 백만금식 해로운 일에 허비하야 항상 이젼졍 군색하게 하니, 만일 술에 업새는 재물을 일용지물에 쓰면 사롱공상이 다 흥왕하고 돈업서 어려워하는 괴로움이 구름갓치 헛터줄지니 경제상으로나 도덕샹으로 보면 술은 업시할 물건이어날 오날 날 어찌 그대로 두니 괴이하도다.[19]

감리교의 조이스(Joice) 감독은 1897년경 "우리 몸이 하나님의 거룩한 성전"이기 때문에 술, 담배를 금지해야 한다고 하였다. 1900년 감리교의 존스(G. H. Jones, 1807-1919) 선교사는 전도인, 권사, 속장들의 모임에서 술을 마시는 교우들을 "즉시 출교" 하겠노라고 경고한 일이 있었다. 장로교회인 새문안교회는 음주자를 치리한 일도 있었다. 이 교회는 음주행위를 4중적 범죄로 규

---

18) 고어체는 현대어로 고침,《죠션 그리스도인 회보》1897년 4월 7일자.
19) "업시할 물건",《죠션 그리스도인 회보》1897년 12월 29일자.

정하였는데, 첫째는 하나님께 범죄 하는 일, 둘째는 교회법을 어기는 일, 세째 부모·형제·처자에게 광언지설(狂言之說)하는 일, 넷째 자기 몸을 망하게 하는 일로 보았다.

초기 한국교회가 금연운동을 전개한 것은 흡연으로 인한 신체적 해독을 보았기 때문이었던 것으로 보인다.《그리스도 신문》 1897년 5월 7일자에서는 "담배 먹는 사람은 죽을 때까지 불편한 것시 만흐니라. 이런 사람은 여러 가지 병이 잇나니 힘줄이 약하고 가슴이 답답하고 념통이 더 벌떡 벌떡하고 슈전증이 나고, 안력에 대단히 해롭고 여러 가지 병이 만흐니라"고 하였다. 그러나 차츰 한국교회는 신체적 해독만이 아니라 도덕덕 향상, 흡연이 국민 경제에 미치는 영향, 그리고 하나님이 거하는 전(殿)으로서의 몸에 대한 신앙적 동기 등에서 금연을 강조하였다.

이와 같은 일련의 금주, 단연 운동의 결과로 한국교회 초기부터 예수를 믿는다는 것은 술, 담배를 끊는다는 것과 동일한 것으로 이해되었다. 그러기에 한국교회 전통에서는 주일성수(主日聖守), 조상제사 중지, 노름 및 도박의 금지, 축첩(蓄妾)반대 등과 함께 금주·단연은 세례 받을시 가장 중요하게 취급되었던 다짐이었다. 이 다섯 가지는 삶의 뚜렷한 변화를 요구하는 것으로서 당시의 환경으로 볼 때 매우 힘겨운 요구였다. 그러나 이러한 결단을 통해 기독자적 삶의 방식을 보여주었고, 성수주일, 금주·단연 등은 그 이후의 신자의 생활의 중요한 표식으로 이해되었다. 그래서 선교사 노혜리(H. A. Rhodes)는 음주에 대한 경고의 글에서 "다행한 점은 조선의 불신자들은 신자는 의례이 금주한 다는 것을 자명한 사실같이 생각하는 그것입니다. 교회는 절대 금주를 주장합니다. 신자는 금주운동의 선험자입니다." 라고 말한 바 있다.

1900년대 이후

한국교회에서 금주, 단연운동이 조직적으로 시작된 것은 1900년대부터 였다. 이 운동은 절제운동(節制運動)을 통해 보다 구체화 되었다. 1905년 을사조약 체결이후 민족지도자들은 국채 보상운동의 일환으로 대대적인 절제운동을 제창하였다. 국체보상운동은 1907년 대구에서 시작되어 전국으로 확산된 운동인데, 우리나라가 일본에 대한 1,300만원의 국채를 갚지 못했기 때문에 일본의 제재를 받는다고 인식하고 있었다. 그리스도인들도 이 운동에 참여하여 한반도의 2천만 동포가 약3월간 금연을 한다면 1,300만원을 모금할 수 있다고 보았다. 다시 말하면 한 사람이 매 월 20전씩 3개월만 저축하면 1,200만원을 모을 수 있다는 생각에서 교회가 이 금연운동을 추진했던 것이다. 이것은 금주, 단연운동은 단순히 건강상의 이유나 신앙상의 이유에서 만이 아니고 민족운동과 관련된 것임을 보여 주고 있다. 즉 금주, 금연함으로써 절약한 재화로 외채를 청산하자는 정신이었다. 그것은 그 결과와 관계없이 상당한 정신적 효과가 있었다.

1907년 평양에서 대부흥의 역사가 나타났을 때 집단적인 회개의 역사가 일어났다. 이 때 도박, 축첩과 함께 음주와 흡연에 대해 회개하는 일이 있었다. 술과 담배에 대해서는 죄 의식을 갖지 않았으나 이제 이를 자제하고 멀리하고자 했다.

1911년에는 주한 선교사들은 '기독교 절제회'(基督敎 節制會)를 조직하여 1년 동안 금주, 금연, 순결에 관한 문서를 제작 배포하였다. 1912년에는 평양, 황해도 황주(黃州) 등지를 중심으로 계연회(戒煙會)가 조직되었고 점차 전국적으로 확대되어 갔다. 이 계연회는 금연으로 절약한 돈을 모아 외지에 전도인을 파송하는 전도운동을 겸하였다.

1917년부터(1941년까지)는 주일학교 '장(長) 감(監) 연합공의회'가 발행하는 주일학교 장년 및 유년공과에 절제에 관한 내용을 삽입하여 교회학교에서 절제교육을 실시하였다.

YMCA는 1920년부터 각 지방 YMCA를 통해 금주, 금연회를 조직하여 절제운동을 전개하였고 1923년 감리교회도 각 지방에 금주회를 조직하였다. 1930년에는 각 연회에 절제부를 두어 이 운동을 총괄하였다. 1933년에 공포된 감리교회의 '사회신경'(社會信經)에는 "신심을 패망케 하는 주초와 아편의 제조, 판매, 사용금지" 조항이 삽입되었고, 감리교인 임배세(林培世, 1900-?)가 작사한 절제 계몽가인 '금주가'가 1931년 간행의 『신정 찬송가』에 포함되기도 했다. 임배세는 이화여전을 졸업한 최초의 여성작곡가이자 저명한 성악가였고, 1920년 미국유학을 했던 최초의 음악인이었다.

1. 금수강산 내동포여 술을 입에 대지마오
   건강지력 손상하니 천치될까 늘 두렵다
2. 패가망신될 독주는 빚을 내어 마시면서
   자녀교육 위하여는 일전한푼 안쓰려내
3. 전국술값 다합하여 곳곳마다 학교세워
   자녀수양 늘시키면 동서문명 잘빛내리
4. 천부주신 네 재능과 부모님께 받은 귀체
   술의 독기 받지 말고 국가위해 일할찌라
후렴) 아 보지도 마라 그 술 아 마시지 마라 그 술
   우리 나라 복 받기는 금주함에 있나니라.

장로교회의 경우는 음주만이 아니라 누룩의 제조, 판매를 금지하는 문제가 장로교 총회에서 논의되기도 했다. 1924년 함남(咸南)노회는 누룩매매업에 관여하는 교인의 치리문제를 헌의하였는데, 총회에서는 "누룩 장사하는 교인에 대하여 치리할 문제는 본 당회가 권면하여 보고 그 형편에 따라 치리할 것"을 결의한 일도 있었다.

한국에서 절제운동과 사회교육을 가장 적극적으로 추진한 교단은 구세군이었다. 구세군은 한국선교 직후인 1910년 10월부터 매년 1회씩 《구세신문》의 '금주호'를 발행하고 전 국민을 대상으로 대대적인 계몽운동을 펴기 시작했다. 1919년 10월호 《구세신문》에 실린 "단음흠이 가흠?"이라는 글에서는 "디개 술이라 ᄒᆞ는 음식은 재앙과 패망과 죄악과 형벌을 이루ᄂᆞᆫ바 좋지 못한 물건"이라고 지적하였다. 그 밖에도 단계적이고 체계적인 논지로 《구세신문》의 각 특집호는 술과 담배의 경제적, 건강상의 손실과 윤리적 심령적 타락 가능성을 일깨웠고, 나아가 민족경제의 문제까지 계몽하였다. 구세군의 이러한 운동에 사회 각층의 인사들이 조력하였고, 《구세신문》의 "금주호"는 가두판매는 물론 철도 공무원 전체에 배부하고, 또 호별 방문을 통해 각처에 보급하였다. 특히 "금주호"에 첨부, 인쇄된 금주 서약서가 많은 독자들의 관심과 금주 결심을 촉발시켰고, 이것이 작성되어 구세군 본영에 송부되면서 절제운동은 사회 기풍과 의식혁신에 일익을 감당했다. 이는 일제 말기까지 계속되었고 현재도 구세군의 주요 프로그램으로 계속되고 있다.

일제 치하에서 기독교회에 의한 절제운동이 강조된 것은 일제의 정책과 상관관계가 있다. 일제는 삼일운동을 경험한 이후 소위 문화정책을 표방하면서도 우민화를 의도하여 술과 아편의 판매, 공창제도의 설치 등을 통해 조선의 젊은이들의 반일 독립 의식을 제거하고자 했다. 일제는 술 담배를 총독부 사업으로 전개하여 재정의 상당부분을 주세와 연초세에서 충당했고, 한일합방 후에는 주세가 급속히 증가하여 총독부 예산의 절반을 차지할 정도였다. 이런 상황에서 기독교회는 금주·단연운동 및 아편매매 금지조치를 추진하였던 것이다.

절제운동이 이처럼 한국교회를 통해 전개되자 당시 언론들도 비상한 관심을 가지고 이 운동을 격려하였다. 1934년 3월 2일자 동아일보는 "절제 있는 생활"이라는 사설을 통해 삶의 목적이 여흥에 있지 않다고 말하고 술은 개인이나 사회에나 백해무익 하다고 지적하였다. 또 "조선에서 1년에 1백 70

만석의 술이 양조되고 있는 한, 해마다 조선 내에서 3,530만 원(圓)이란 거액의 돈을 담배 빨어 연기로 태워버리는 우맹(愚盲)한 행동이 유지되는 한 생활고를 운운(云云)하는 것은 광자(狂者)이다. 청년아, 맹성(猛省)이 있을지어다."라고 쓰고 있다.

이러한 금주, 단연운동은 1930년대 전국적 운동으로 전개되었다. 특히 1935년 2월 10일은 '금주의 날'로 선포되었고 이때를 전후하여 조선 기독교 여자 절제회와 조선예수고 연합공의회 등이 주최하는 금주 가두 행렬, 금주 강연회 등이 전개되었다. 이때 불리던 절제운동가 중에는 다음과 같은 것이 있다.

1. 꿈을 깨어라 동포여 지금이 어느 때라 술 먹나
 개인과 민족 멸망케 하는 자 그 이름 알콜이라
2. 입에 더러운 담배는 왜대리 용단하라 형제여
 몸과 정신을 마비케 하는 것 담배란 독약이라.
후렴) 술잔을 깨치라 담배대를 꺾어 버려라
 2천만 사람의 살 길은 절제운동 만만세

미성년자 음주, 흡연 금지법 제정

한국교회는 1910년대 절제운동을 통해 금주, 단연운동을 교회의 가장 중요한 사회활동으로 전개하였는데, 1930년대에는 이 절제운동을 단순히 국민의식 운동이나 정신운동으로 만이 아니라 입법 활동을 통해 법제화하려는 운동이 일어났다. 이 운동을 주도한 실제적인 인물은 송상석(1897-1978)이었다.[20] 평양의 장로교신학교 학생에 불과했던 송상석은 1932년 5월 조선기독교절제운동회를 조직하고 총무로 활동했고, 1933년에는 《절제시보》(節制時報)를 창간하고 주간으로 활동하면서 금주·단연운동을 주도하고 미성년자 음주, 흡연 금지를 입법화하고자 힘썼다. 말하자면 한국교회는 1930년대 이후 미성년자의 금주, 금연을 법적으로 규제함으로서 청소년을 음주와 흡연의 해악으로부터 보호하고자 했던 것이다.

이미 1929년 9월 조선예수고장로회 총회, 조선 기독교에 감리연회, 조선기독교 남감리 4연회, 조선 주일학교 연합회 4단체 등은 '미성년자 음주, 흡연 금지법 실시 기성 동맹회'(未成年者 飮酒, 吸煙禁止法 實施期成 同盟會)를 조직하고 입법촉구 운동을 시작하였으나 곧 와해된 일이 있다. 1932년에는 전기한 바처럼 '조선 기독교 절제운동회'가 창립되었고, 1935년 12월 16일에는 이 조직을 중심으로 '미성연자 음주, 흡연 금지법 실시 촉성회'를 결성하기도 했다. 윤치호(尹致昊, 위원장), 정인과(鄭仁果), 양주삼(梁柱三), 오긍선(吳兢善), 백낙준(白樂濬), 김창준(金昌準), 이대위(李大偉) 등을 위원으로 송상석(宋相錫)을 총무로 한 이 촉성회는 포스터 제작, 순회강연, 위정당국 교섭, 여론형성 등을 통해 이 운동을 전개하였고 1937년(소화 12년) 6월에는 당시 총독 미나미 지로(南次郞)에게 '미성년자 음주 흡연 금지법 실시에 관한 참고자료'를 제출하고 이 법을 실시해야 할 필요성과 이유를 설명하였다.

특히 《금주신문》(禁酒新聞)이라는 제호의 기관지를 발간하여 이 운동을 확산하고자 노력하였는데 당시 총무였던 송상석 목사는 "무슨 까닭으로 미성년자 금주 흡연 금지법을 조선에는 실시하지 않느냐! 정부 당로자(當路者)여! 빨리 각성하십시요. 우리들은 금반 양법(兩法)을 조선에도 실시되도록 하는 운동을 개시했다. 당국의 색안경과 일부의 반대가 있는 것은 예상되지 마는 천하 정의인도(正義人道)의 인사여, 하(下)의 각항에 대한 이해있으시기 바라

---

20) 송상석에 대한 자세한 논의는, 이상규, 『한상동과 그의 시대』(SFC, 2006), 제7장(138-155)을 참고할 것.

노라"라고 하고는 금주 단연법 제정의 필요성을 6가지로 제시하기도 했다.

사실 일본에서는 이미 미성년자 흡연이 1900년(명치 33년) 3월 6일자로 발표된 법률 제33호로, 음주는 1922년(대정 11년) 3월 29일 제정된 법률 제20호로 각각 금지되고 있었으나 조선에서의 이와 같은 양법의 제정에 대해서는 미온적이었다. 일제의 식민통치는 근본적으로 우민화정책이었고 따라서 한국에 유곽(遊廓)과 공창제도(公娼制度)를 도입하고 아편이 공공연하게 판매되도록 허용했던 것을 보면 한국의 청소년들의 건전한 육체와 정신 함양에 소극적이었음을 짐작할 수 있다. 그러나 한국교회 지도자들을 중심으로 끈질긴 노력의 결과로 1938년 3월 26일 미성년자 금주 금연법이 칙령 제145호 법령으로 제정되어 1938년 4월 1일자로 효력을 발생하였다. 미성년자의 음주 및 흡연 금지를 위한 입법 요구활동을 시작한지 9년 만에 얻는 결과였다. 이 당시 20세 이하는 미성년자로 간주되었는데 이러한 입법 활동은 자기를 통제할 수 없는 청소년들에게는 불가피한 조치였다.

오늘의 현실

이상에서 우리는 금주, 단연에 대한 교회의 입장과 이를 금하게 된 이유를 간단하게 살펴보았다. 술과 담배는 신자의 생활과 건덕상 유익하지 않다고 보아 금지하였으나 일제 하에서는 이를 거교회적 차원에서 강조함으로서 결과적으로 국민정신을 계도하고 절제운동을 통해 국민정신 계몽운동으로 발전하였다. 그 결과 금주, 단연은 한국교회의 아름다운 전통으로 자리 잡게 되었을 뿐만 아니라 문화변혁운동의 상징적인 사건이 되었다.

금주, 단연은 초기 한국교회가 물려준 소중한 전통이 되었다. 오늘날처럼 성결과 순결이 경시되는 사회에서 그리스도인의 구별된 삶의 방식은 그 자체가 가장 힘 있는 사회개혁이다. 미국이나 영국에서는 18세기부터 금주

운동이 교회를 중심으로 전개되었다. 이것은 당시 영국과 미국에서 일어난 부흥운동의 결과였다. 복음에 대한 반응은 자연스럽게 개인의 삶의 변화를 촉구하였고, 개인의 변화는 그가 속한 사회와 공동체를 변화시켜 갔던 것이다.

한국교회 일각에서는 금주와 금연이 성경에서 명시적으로 금지되고 있지 않다고 주장하면서 이의 재고를 요구하고 있고, 실제로는 음주 흡연이 공공연히 행해지고 있기도 하지만 절제하는 생활, 성결에의 축구, 그리고 건덕적 차원에서도 한국교회의 아름다운 전통이 계승되도록 노력해야 할 것이다. 교계의 중진 목사는 "아직도 술, 담배가 문제인가"라고 의문을 제기하면서 민족의 문제, 민중의 삶의 현실 등과 같은 보다 명분 있는 문제에 관심을 써야지 아직까지 술과 담배문제인가라고 하면서 이것은 하찮은 문제라고 말한 바 있다. 민중의 삶의 현실 또한 중요하지만 개인의 거룩에의 추구, 성결한 삶, 이웃을 위해 배려 또한 그리스도인이 추구해야 할 가치이며, 이 점 또한 경시될 수 없다.

4. 기독교와 제사문제

　조상제사 문제는 한국의 그리스도인들에게는 언제나 '넘어지게 하는 돌'이었다. 그것이 수 많은 그리스도인들을 낙담케 했고 신앙의 길을 주저하게 만들었다. 제사문제는 최근의 문제가 아니라 한국교회 초기부터 개종자들이나 개종하고자 하는 이들에게 심각한 현안이었다. 한국 천주교회의 경우 그것은 처음부터 박해의 가장 중요한 이유였다. 바로 그 제례(祭禮) 때문에 천주교는 멸기난상(滅紀亂常)의 배도(背道)로 인식되기도 했다. 조상제사에 대한 부정적 입장은 유가적 교양에 익숙한 우리나라에서 처음부터 문제시되었지만, 최근까지도 이 문제는 논란의 주제였다. 1980년 서울 여의도 순복음교회 조용기 목사는 고린도전서를 강해하면서 제사행위를 조상에 대한 예의범절이며 한국인의 전통적인 미풍양식이라고 말한 일이 논란을 불러온 일이 있었다. 당사자는 이 건과 관련하여 진의가 곡해되었다는 해명이 있었지만 이 일을 계기로 당시 교회는 제사문제에 대한 새로운 논의가 일

기도 했다.

1984년 12월 대만에서 열린 아시아 복음주의 협의회(ATA)에서는 조상숭배 문제에 대해 여러 학자들이 닷새 동안 토론하였는데 이 때 발표된 논문들이 단행본으로 출간되었다.[21] 또 서울 강남지역 5개 교회 연합신앙 강좌에서 제사문제에 대한 발표가 있었고, 이 때 발표된 글들이 『한국교회와 제사문제』(엠마오, 1985)라는 이름으로 출간되기도 했다. 이런 문서들이 제사문제에 대한 좋은 안내서가 될 것이다. 석원태 목사가 지도적 인물로 활동하고 있는 대한예수교장로회 고려측은 1988년 제사문제, 추도식 등 제례에 대한 교단입장을 교계신문에 발표하였는데, 이 문서 또한 제사문제에 대한 교회의 관심을 보여주었다. 이 글에서는 한국 교회에서 제사 문제가 어떻게 이해되어 왔는가에 대해 정리해 두고자 한다.

제사는 한국 고유의 전통인가?

제사문제는 천주교나 개신교가 전래되는 과정에서 심각한 갈등을 야기하였고, 급기야는 정치적 문제로 비화된 일이 있었는데, 중요한 논점은 외래 종교가 동양전통인 우리의 고유한 미풍양식을 파괴했다는 점이었다. 그 전통에의 순명은 윤리이자 도덕이었고 거역할 수 없는 당위였다. 이런 점은 어느 나라나 마찬가지지만 '조상의 법'을 중시했던 로마사회가 그러했다. 비록 한국이라는 전통사회에서 볼 때 제사는 전통적인 미풍양식이었고, 따라서 그것을 반대하는 것은 비윤리적이었다. 그러나 기독교인의 입장에서 볼 때 제사는 유교적 세계관에서 나온 조상숭배였고, 따라서 종교 행위였다. 유교가 국가의 지배 이데올로기로 정착한 조선시대에서 제사는 국가의 집단적

---

21) Bong Rin Ro, ed., *Christian Alternatives to Ancestor Practices* (ATA. 1985).

의례와도 같은 보편적 가치로 수용되었다. 기독교가 전래될 당시 한국에서 제사는 유교가 남긴 가시적인 효행으로서 누구도 거역할 수 없는 가치였다. 따라서 가치관의 대립은 불가피했다.

우선 한 가지 지적할 수 있는 것은 제사는 한국고래의 전례(典禮)가 아니라 유교 문화적 배경에서 나온 외래의식이라는 점이다. 신라나 고구려 때에 특수한 위치를 점한 왕에게 제사를 지냈다는 기록이 있으나 실제적으로는 고려 말에 중국에서 성리학을 받아들이면서 제사제도가 점차 정착되어 갔다. 세월이 지나면서 점차 우리의 전통문화로 굳어져 갔지만 제사는 우리의 고유한 문화는 아니다. 동시에 제사는 그 동기에 있어서 조상에 대한 숭배를 통해 현세적 보상과 축복을 기대하는 종교적 의미를 지닌 과거 지향적 성격을 지니고 있다는 점이다. 제사를 포함한 중국의 모든 종교의식은 만물이 하늘로부터 나왔고, 인간들은 조상들로부터 나왔다는 의식에 기초하고 있다. 이런 점에서 조상제사는 비기독교적인 세계관에 기초하고 있다. 이 점 때문에 제사는 기독교회가 수용할 수 없는 것이다. 한신대학교의 교수였던 주재용은 월간《마당》1984년 2월호에 기고한 "청산해야할 문화 제국주의"라는 글에서 한국의 전통적인 혼례식, 장례식 그리고 제사 등을 한국의 전통문화로 보고 기독교가 한국에 유입되는 과정에서 이 전통문화를 분별없이 파괴하였다고 비판하였다. 그가 기독교 내부를 공격한 것은 비기독교적 독자들에게 지성적인 면모로 비춰질지는 몰라도 그의 공격은 정당성이 없다. 그의 논리를 따른다면 기독교는 전통문화나 제례(祭禮)를 장려해야했다는 말인가? 전통문화를 다 구습이거나 악습이라고 말하는 것도 옳지 않지만, 반대로 그것을 개변이 불가한 절대적인 어떤 것으로 보는 것도 옳지 않다. 심지어는 기독교 신자가 아닌 이들도 유가적 가치의 문제를 지적하고 형식적인 관례를 극복해야 한다고 주장하는데 기독교가 그것을 파괴했다고 비판하는 것은 상대적인 가치만을 지니는 문화형식을 절대화하는 오류를 범하고 있다. 모든 문화는 상대적 가치만 지니고 있을 뿐이다. 한 시대 문화는 자신의 신념체계에 따라 받아드릴 수도 있고 받아들이지 않을 수도 있을 뿐이다. 기독교는 기독교가 지향하는 신관, 우주관, 혹은 세계관에 따라 한국의 제례 의식을 판단할 수 있다. 그것이 기독교적인 세계관에 부합하지 않으면 수용하지 않을 뿐이다.

기독교는 초기부터 그 시대의 풍습과 갈등을 겪었고, 그 이유 때문에 박해와 핍박을 감내해야만 했다. 바울이 빌립보에서 고소당했던 이유가 로마인들이 받아드릴 수 없는 풍습을 전한다는 이유 때문이었다(행 16:21). 이 때는 기독교에 대한 공식적인 금교 조치가 있기 20년 전의 일이다. 기독교의 가르침은 처음부터 그 시대적 가치와 대립적이고 대립적일 수밖에 없다는 점을 지적한다.

한국의 전통적인 전례들이 절대적인 어떤 것도 아닐 뿐만 아니라 기독교가 그것을 수용해야 할 이유도 없다. 기독교 아닌 다른 이념이나 사상, 혹은 종교도 새로운 사회에 수용될 때는 문화적 갈등이 일어나기 마련인데, 기독교가 전통적인 것을 무조건 수용해야 한단 말인가? 사실 정확하게 말하면 기독교가 전통적 전례를 수용하기를 거절했을 뿐이지 파괴한 것은 아니다. 제사의식은 한국의 전통문화라고도 할 수 없을 뿐만 아니라 전통문화이므로 보존되고 수용되어야 한다는 주장은 설득력이 없다. 주재용의 비판 이면에는 유교적인 것과 불교적인 것은 한국적인 것이고, 기독교적인 것은 한국적인 것일 수 없다는 전제로 이해되는데, 이것은 문화민족주의적인 사고이다.

천주교회와 제사문제

제사문제에 대한 천주교의 입장은 일관성이 없었다. 그 이유는 제례 문제를 성경적 원리에 기초하기보다는 정책적 판단에 기초하였기 때문이었다.

중국에 천주교가 전래된 것은 1601년 이래로 중국에서 전교한 마테오 릿치 (Matteo Ricci, 1552-1610)를 통해서였다고 할 수 있다. 마테오 릿치는 『천주실의』 (天主實義)[22]라는 책을 통해서 우리에게 잘 알려져 있다. 그는 예수회 신부로써 적응주의적 선교 방식(accommodation theory)을 채택하였다. 적응론이란 중국의 고유한 문화나 풍습에 기독교신앙을 적응시키는 방식이었다. 말하자면 유교와 기독교를 절충하여 그 문화적 충격을 제거함으로서 유교적 배경의 중국인들의 입교과정의 이념적 차이를 제거하고자 하는 시도였다. 그래서 그는 "유교는 불교와는 적대적이지만 기독교에 대해서는 호의적으로 해석되어질 수 있다"(interpretanso in nostro favore alcune cose che aveva lasciati scritte dubiose)고 했다. 이런 점에서 적응론은 사실은 기독교와 유교의 문화형식을 혼합하는 '절충주의적'(a Christian-Confucian syncretism) 선교방법이라고 할 수 있다. 그는 기독교 복음을 전하되 중국의 전통적인 문화와의 융합을 시도하였고, 제사를 포함한 중국 고대의 전통문화를 수용하였다. 이런 점에서 일종의 절충주의적 선교라고 할 수 있다.

이런 마테오 릿치의 절충적 방식 하에서는 제사가 문제시 되지 않았다. 그러나 후에 중국 선교를 한 도미니칸 선교사나 프란체스칸 선교사들은 예수회의 적응주의적 선교정책을 반대하였고, 제사는 분명한 종교의식이므로 전통문화와 구별되어야 한다고 보았다. 따라서 제사는 엄격하게 금지되어야 한다고 가르쳤다. 이 문제는 결국 예수회 선교사와의 심각한 견해차를 보여주었다. 이 문제가 교황청에 보고되었을 때에 교황 클레멘스 11세(Clemens XI, 1700-1721)는 1715년에, 그리고 교황 베네딕트 14세(Benedictus XIV, 1740-1758)는 1742년에 칙서(Ex quo singulari)를 발표하여 조상제사를 금지시켰다. 교황 클레

---

[22] 어자적으로 이 책의 뜻은 '하늘의 주인에 대한 참다운 교리'라는 뜻인데, 1596년에 고본(稿本. monoscritto)이 완성되었고, 1603년에 초간된 것으로 추정된다. 그는 『천주실의』외에도 『交友論』, 『乾坤體義』, 『幾何原本』 등의 저작을 통해 서양을 소개하였다. 마테오 릿치는 1610년 59세의 나이로 북경에서 사망하였다. 마테오 릿치가 '천주'(天主)라는 불교적 개념을 유교적 개념으로 환원시키면서 등장한 것이 바로 상제(上帝)인데, 천(天)의 개념은 인격성이 없는 자발, 자족적 자연의 개념이기 때문에 인격성이 드러나는 천의 개념을 찾았고, 그 결과로 '상제'라는 개념을 얻게 되었다고 한다.

멘스 14세(Clemens XIV, 1769-1774)는 예수회의 절충적 입장을 거부했을 뿐만 아니라 1773년에는 몇 가지 다른 이유가 있었지만 '구속자로서 주님'(Dominus ac Redemptor)이라는 교서를 발표하고 예수회의 해산을 명령했다. 교황청의 이런 극단적 조치는 예수회의 방대한 힘에 대한 견제 심리도 작용한 것으로 알려져 있다. 이렇게 되자 제사문제는 중국에서 심각한 문제로 대두되었고 제사를 반대한 천주교인들은 많은 박해를 받게 되었다.

만일 한국 천주교가 예수회 선교사들을 통해 천주교를 받아 들였다면 조상제사는 문제시 되지 않았을 것이다. 그러나 한국 천주교는 공식적으로 1784년 이승훈이 그라몽(Grammont) 신부에게 영세 받은 일로부터 시작되었다고 할 수 있는데 이들은 북경에서 일하던 도미니칸 선교사들을 통해 천주교를 전수 하였다. 따라서 제사는 우상숭배 행위라는 점에서 금지되었다. 한국 천주교도들은 정치적으로 종교적 자유가 허락되지 않는 가운데서 조상제사가 문제시 되었으므로 1790년 북경주재 불란서 신부인 구베아 주교에게 자문을 요청하였다. 그는 "조상제사문제는 미신적 행위이며 가톨릭의 교리에 위배되는 행위이므로 금지되어야 한다"고 하였다. 이것이 초기 한국 천주교가 제사를 거부하게 된 역사적 배경이며 한국 천주교 수난의 최초의 원인이 되었다.

제사문제의 사건화 과정

초기 천주교도로 제례문제와 관련하여 1791년 심각한 사건이 발생했다. 전라도 진산에 거주하던 윤지충(尹持忠)과 그의 외종형인 권상연(權尙然)은 제사를 거부하였고, 이 일로 참수형을 당했다. 이것이 소위 진산사건이다. 윤지충은 대표적인 실학자였던 정약용의 외사촌으로서 1784년 천주교에 입문해 『천주실의』와 『칠극』(七極)을 읽었고, 1787년 영세를 받았던 인물이다. 정조

15년인 1791년 그의 어머니 권씨가 별세하자 상주로서 다른 전례의식은 관습대로 행했으나 신주를 불사르고 제사도 드리지 않았다. 권상연도 이와 함께 하여 이 일은 고래의 미풍양식을 해치고 국기를 흐리게 하는 행위라 하여 중대한 문제로 대두되었다. 이들은 윤상(倫常)을 해쳤다는 죄목으로 홍낙안(洪樂安)에 의해 고발되었다. 결국 두 사람은 체포되었고 당시의 극형에 해당하는 참수형을 당하게 되었다.

동양의 여러 나라에서 제사문제가 선교에 큰 장애를 주고 있다는 점을 알게 된 교황청은 다소 융통성 있는 정책을 펴기 시작했다. 예수회를 해산한 지 40년이 지난 1814년 교황 비오 7세(Pius VII, 1800-1823)는 예수회를 다시 조직토록 허락하였다. 그가 교황으로 재임하는 동안인 1801년 한국 천주교회는 신유박해 하에 있었다. 권철신과 이가환이 옥사하고(2월 24,25일), 이승훈, 정약종, 홍낙민이 순교하였고(2월 26일), 국외로 탈출하려던 주문모 신부도 체포되어 순교하였다(4월 19일).

이와 같은 동양에서의 천주교인들의 박해는 아시아 여러 나라의 전통의식에 대한 새로운 접근에 영향을 주었다. 예수회가 재조직되자 유교문화권에서 적응주의적 입장이 다시 영향력을 행사하게 된다. 과거에는 절충주의적이던 예수회를 해산하기까지 했으나 이제는 이들의 선교방식을 따르게 된 것이다. 아시아 선교를 주도했던 파리 외방전교회가 이전과는 달리 정치지향적인 노선을 취하여 한국에서도 정치권력과 대결하기 보다는 타협하는 쪽으로 선회하였다. 제사 문제로 중국에서도 천주교 신자들이 상당한 어려움을 겪고 난 이후의 선택이었다.

이런 배경에서 한국에서의 경우 천주교회의 제사에 대한 입장은 1930년에 완전히 달라졌다. 교황 비오 11세(Pius XI, 1922-1939)는 1935년 공자에 대한 경신의식을 허용하고 장례시 죽은 자에 대한 절도 허용했다. 한국과 일본에 신사참배가 요구될 때 천주교는 그 장정, 곧 『천주교 교리』(1925), 『한국교회 공동지도서』(Directorium Commune Missionum Coreae, 1931) 등에서 신사참배와 같은 제사행위를 누차 단죄한 일이 있었음에도 불구하고, 일본천주교회는 1932년부터 신사참배를 허용하는 쪽으로 가울어지기 시작했다. 그러다가 교황 비오 11세 때인 1936년 5월 26일자로 교황청 포교성성의 훈령(Pluries instanterque)을 통해 신사를 국가의식으로 그리고 충성과 애국심의 표로 참배하도록 허용하였다. 이런 조치는 일본의 고위 성직자들의 의견을 수용한 것이지만 점증하는 일본의 시력을 무시할 수 없었기 때문에 친 일본적 노선을 걸어간 것으로 볼 수 있다. 동시에 과거 독일이나 불란서 등에서 천주교신자들이 받았던 박해를 고려하여 일본의 성직자와 신자들을 보호하기 위한 차원에서 일본 정부의 신도(神道)의 비종교화 주장을 액면 그대로 받아드린 결과였다. 교황청은 신사참배는 종교성이 없는 단순한 국민의례로서 사회적 관습으로 해석했던 것이다. 천주교가 신사참배 강요로 인한 신자들과 교회의 어려움을 고려한 조치라는 점에서 타협적이었다. 이런 조치는 한국에서도 그대로 적용되었다. 즉 "신사참배는 종교적 행사가 아니고 애국적 행사이므로 참배를 허용한다."는 것이었다. 이와 같은 입장의 변화는 당시 독일, 이태리, 일본 등 3국의 동맹관계로 인한 조처라는 해석도 있다.

이렇게 함으로써 신사참배는 물론이지만 조상제사는 아무런 문제가 없이 허용되었고 심지어는 권장되었다. 결국 천주교회의 한국 전래 이후 150여 년간의 조상제사로 말미암은 모든 수난은 한갓 부질없는 헛된 죽음으로 정리되었다. 교리적 변개는 결과적으로 윤지충과 권상연의 죽음을 허황된 죽음으로 정리한 셈이다. 천주교는 오늘날에도 제사는 정당한 것으로 받아들이고 있다.

조상제사문제는 개신교 선교에서도 심각한 문제였다. 샤뮤엘 마펫을 비롯한 초기 선교사들은 기독교로의 개종자들에게 몇 가지 중요한 다짐을 받게 했는데, 우상숭배 금지, 성수주일, 부모공경, 축첩금지와 함께 조상제사 폐지를 중요한 덕목으로 삼았다. 따라서 제사문제는 입교자들에게 심각한 현안이었다. 비록 이 문제로 인한 정치적인 박해는 없었지만 관습적이고 인습적인 갈등이 제기되었고, 선교에 있어서 가장 큰 장애요인이었다. 그럼에도 불구하고 개신교는 그 선교초기부터 제사는 성경의 교훈과 상치된다는 점을 분명하게 가르친 것은 매우 의미 있는 결정이었다.

제사를 정령숭배와 미신 등이 혼합된 종교적 행위로 파악한 선교사들은 현실적인 어려움이 있었지만 신자들이 금해야할 결단으로 간주하였다. 그래서 신자가 된다는 것은 단순한 결심만이 아니라 후일 기독교에 대한 탄압에 강하게 대처하는 의지를 갖도록 기여한 것으로 보인다. 초기 한국교회는 조상 제사문제 뿐만 아니라, 1890년대 초부터 우상, 무당이나 미신적 행위, 술, 담배, 아편의 금지를 여행(勵行)하였고, 심지어는 형정(刑政)의 개혁과 여권(女權)신장을 위해 노력하였다. 이렇게 하여 한국교회는 그 초기부터 제사를 비성경적인 것으로 파악하였다. 따라서 수세자를 위한 교육 시에 축첩이나 도박과 함께 제사를 금할 것을 교육하고 효행은 생존 시의 진실한 공경임을 가르쳤다.

조상숭배로서의 제사가 성경의 가르침을 위배한다는 입장은 신사참배 강요 때에도 동일하게 적용되었다. 1930년대의 신사참배 강요는 일본의 태양신과 황제를 신격화한 숭배행위이므로 이를 수용하지 않았고 그 이유 때문에 많은 박해를 감내해야만 했다. 물론 강압에 못이겨 이를 받아들이고 타협한 이들도 있었고, 예수교장로회 총회마저도 1938년 "신사는 종교의식이 아닌 애국의식"으로 참배를 가결하는 잘못을 범했다. 강압에 의한 불법적인 결정이었다. 기독교적인 효도의 원리에 기초하여 바른 효행을 가르치되, 제사나 신사참배는 거부해 온 것은 한국교회의 전통이었다.

기독교 복음의 절대성

근자에 와서 한국의 전통문화는 서구문화와 동가적(同價的) 가치를 지니고 있다고 주장하고 제사와 같은 재래 의식이 서구문화에 의해 일방적으로 거부되었다고 비판한다. 문화를 우위(優位)의 문화니 열위(劣位)의 문화니 하는 우열의 판단은 문화유형의 다양성을 인정하지 않는 잘못이라고 할 수 있다. 그래서 서구문화가 동양의 전통문화보다 우위의 것이라고 말할 수는 없다. 또 반드시 우위의 문화가 열위의 문화에로 일방성만 갖는 것이 아니라 상호교류(both-way traffic)한다는 점도 문화학자들에 의해 주장된 바 있다. 동양문화가 서양문화에 비해 열등한 것도 아니고, 반대로 서양문화가 우등한 것도 아니다. 또 동양문화가 반드시 반기독교적이고 서양문화가 반드시 기독교적인 것도 아니다. 단지 조상 제사문제는 그 의미와 정신에서 성경의 가르침과 부합되지 않는다는 점이다.

오늘날 맹목적이고 현실적인 조상 제사가 별 의미가 없다는 인식이 일반화되고 있는 상황에서 국수주의적인 민족주의자들이 권력의 힘을 빌려 단군신전을 건립하여 국민적 참배를 의도하였던 일은 시대착오적인 발상이라 아니할 수 없다. 주재용 교수는 앞서 언급한 글에서 "우리의 전통문화가 서양문화에 의해 파괴되었다면 그것은 진정한 의미에서의 기독교 선교는 아니다"라고 말한다.[23] 제사를 전통문화로 기독교를 서양문화로 이해한 점도 납득할 수 없지만 기독교가 동양문화를 파괴했다는 말도 이해할 수 없고, 그가 말하는 진정한 선교가 어떤 것인지도 묻지 않을 수 없다. "문화제국주의"라고 말하는 주재용 교수가 바로 문화민족주의를 드러낼 뿐이다. 기독교는 서구문화와 무관하지는 않겠지만 그와 동일시 될 수 없다. 문화는 상대적일 수 있지만 기독교복음은 절대적이다. 이런 점에서 기독교는 그 시대의 문화와 이념에 대해 계시적 관점에서 평가하고 변혁하는 문화변혁적 전통을 계승한다.

---

23) 주재용, "청산해야 할 문화 제국주의," 『마당』 (1984. 2), 78.

5. 신사참배 문제와 일본선교

시작하면서

우리가 일본교회 혹은 일본선교에 있어서 풀어야 할 역사의 숙제가 있다면 그것은 천황제와 그 제도의 근간인 신사(神社) 제도일 것이다. 신사는 일본에 있는 한 종교(a religion)라고 보다는 그들의 역사와 문화와 삶 속에 자리하고 있는 기층문화라고 할 수 있다. 일본인에게 있어서 신사는 종교라는 차원 그 이상의 것이다.

한국의 그리스도인에게 있어서 신사제도와 신사참배 강요는 70년이 지난 지금까지도 아픈 유산으로 남아 있고, 반일 감정의 핵이 되고 있다. 그래서 일본에서의 천황제와 신사제도, 그리고 우리에게 있어서 신사참배 강요와 탄압의 역사는 일본 선교라는 과제 앞에서 영적 걸림돌이 되고 있다. 천황제를 근간으로 하는 일본의 국체(國體)와 기독교의 교의(敎義)는 일제치하에서 만이 아니라 지금도 서로 양립할 수 없는 문제라고 할 수 있다.

그렇다고 해서 일본이라는 특정한 나라는 우리에게 주어진 증거의 사명으로부터 제외될 수는 없다. 천황제 이데올로기, 신사참배 강요, 한국교회의 저항과 굴종의 역사, 이 뒤엉킨 역사의 실타래를 풀 묘책이 없을까? 그 해답은 지난 우리의 역사 속에서 찾을 수 있을 것이다.

신사란 무엇인가?

신사(神祠 혹은 神社)란 신도(神道)라는 종교의식을 행하는 장소인데, 신도(神道)란 일본의 토착적인 원시종교를 의미한다. 이 신도는 다신론적이며 자연숭배적인 일본 고래의 종교로서, 국조신(國祖神)이라고 하는 천조대신(天照大神)과 그 이후의 종신(宗神)을 숭배한다. 명치유신(明治維新, 1868) 이후에는 천황(天皇)을 현인신(現人神)으로 섬기는 일종의 민족종교의 성격을 띠고 있다. 신도는 재래의 자연숭배와 함께 천황을 천조대신의 직계(直系)로서 만세(萬世)를 일계(一系)로 이어가는 현인신으로 숭배하는 민족종교의 성격이 가미되었다. 특히 명치유신에 의해 새로 성립한 정권은 천황제 국가로써 신도를 기본이념으로 하였으므로 신도란 원시적 자연숭배 종교이지만 민족적 성격을 띤 국교화 된 종교가 되었다. 이 때 신도를 국가 종교로 전 국민에게 참배토록 하기 위한 목적으로 '신사는 종교가 아니고 국가에 보은하는 국민도덕'이라고 규정하였다. 이것은 신사참배를 국가적 의식으로 강요하기 위해 의도적으로 신도를 '비종교화(非宗敎化)'한 기만적인 조처였다.

일본이 대외적으로는 신앙의 자유를 허용하는 문명국가임을 보여주고, 대내적으로는 신도이념을 근간으로 천황을 중심으로 한 신도국가주의(Shinto Nationalism)를 형성하기 위한 조치였다. 그래서 일본은 전국의 12만 개의 신사(神社, 神祠)를 이세(伊勢) 신궁을 정점으로 서열화하고 중앙집권적으로 재편성하였다. 결국 신도(神道)는 단순히 일본의 토속종교로 만이 아니라 군국주의 이데올로기와 결합된 보다 특이한 형태를 띠게 되었다. 이 신도가 천황제 국체와 결합되었다는 사실은 중요한 의미를 갖는다. 신도의 민족주의적인 통치 이데올로기라는 성격 때문에 식민지민에 대한 신사참배 강요는 필연적인 것이었다.

동화정책, 황민화정책의 일환으로서의 신사참배

일본의 조선침략은 16세기 이래로 계속되었지만 특히 운양호사건(고종 12년 1875)으로 문호를 개방했던 1876년 이래 보다 구체화되었다. 1876년에 일본 대표 구로다 기요타카(黑田淸隆)와 조선대표 신헌(申櫶)사이에 체결된 전문 12조의 병자수호조약 제1조에서는 "조선은 자주국으로 일본과 평등권을 갖는다"고 명시하였는데, 이것은 청(淸)의 세력(宗主權)을 배제하고 조선 진출을 노린 허구적 호의로서, 이 조약이 일본의 조선 침략의 발판이 되었다. 이 때로부터 일제의 조선 침략 계획은 구체화 되었다. 즉 임오군란(1882), 청일전쟁(1894-5), 러일전쟁(1904)을 거쳐, 1905년 11월 17일 을사조약을 강제로 체결하여 외교권을 강탈하고 조선의 행정권, 사법권, 경찰권을 차례로 탈취하였다. 1907년에는 조선의 군대를 해산시켜 국방력을 마비시키고 이준 열사의 헤이그 밀사 사건의 책임을 묻는 형식으로 고종을 폐위시켰다. 그리고 1910년 8월에는 합방이란 이름으로 한국을 강점하였다. 통감부는 총독부로 승격, 격상되었고 그들 스스로의 표현대로 총칼에 의한 무단(武斷)정치를 감행하였다. 치안유지를 빙자하여 경찰과 헌병대를 일원화하여 '헌병경찰 제도'를 확립하고, 제1대 경무총감으로 악명 높은 아까이시(明石元二郎)가 임명되었다.

1910년 12월 3일 총독부는 제령(制令) 제10호로, 피의자의 진술과 경찰서장의 인증만으로 즉결 처형할 수 있다는 내용을 골자로 하는 범죄즉결법을 공포하였다. 1911년에는 조선교육령을 발표하여 식민지 지배에 필요한 일본어 교육을 강화하고 조선인에게는 정당한 교육의 기회를 제한하였다. 또 조선사 편수회를 조직하고 1915년에는 식민사관에 입각한 『조선반도사』(朝鮮半島史)를 편찬하여 아시아사의 한 부분인 조선의 역사를 반도사로 국한시키고, 일제의 조선 침략을 정당화 하였다. 이 일련의 과정을 통해 한국 민족 자체를 부인하고, 조선과 일본은 원래 하나이며 한 조상이라는 소위 내선일체(內鮮一體), 동근동조론(同根同祖論)을 주장하고 동화(同和)정책을 추구했는데 이것이 소위 황민화정책이었다.

이 정책이 보다 구체적으로 나타난 것은 1930년대 후반기 미나미(南次郎) 총독 때부터 강요된 신사참배였다. 신사는 동화정책의 발판으로서 일본의 군국주의 이데올로기로 획일화하는 것이었다. 따라서 일본에서 군국주의자가 득세했던 1930년부터 신사참배가 강요된 것은 필연적인 결과였다. 신사참배 강요와 함께 보다 조직적인 동화정책이 시도되었는데 그것이 치욕적인 창씨개명이었다. 미나미는 취임 후 6개월이 지난 1937년 4월 창씨개명 정책을 수립하고, 1939년 11월 10일 "조선인의 성명제(姓名制)를 폐지하고 씨명(氏名)의 칭호를 사용한다."는 조선 민사령 개정을 제령(制令) 제19호로 발표하였다. 1937년 7월 일본관동군이 만주 노구교(蘆構橋) 사건을 트집 잡아 중일전쟁을 일으키고, 그해 10월 2일을 기하여 황국신민서사(皇國臣民誓詞)를 제정 발표하고 이를 봉송케 하였다. 1938년 2월에는 육군 특별지원병제도를 발표하고 학생과 청소년 청년을 강제로 징발, 전쟁터로 내몰았다. 1938년 8월에는 새로운 조선교육령을 발표하고 한국어 사용을 금지시키고, 1941년 3월에는 사상범 예비 구금령을 공포하여 반일친미분자, 요시찰 인물, 선교사 등을 검속하였다. 황민화정책이 일제의 조선통치의 제일의적 과제였음을 보여주고 있다.

일본 조합교회의 조선 전도도 일제의 동화정책의 일환으로 추진되었다. 그런 이유 때문에 조합교회는 조선총독부로부터 물심양면의 지원을 받았다. 조합교회의 지도적 인물인 에비나 단조(海老名彈正)는 이미 1904년 『신인』(新人) 8월호에 기고한 "전후(戰後)의 최선의 경영"이라는 제목의 글에서 "만주, 조선인의 일본화가 전후의 최대의 급선무"라고 주장하면서, 종교인이 '동화'를 위해 일해야 한다는 점을 강조하였다. 러일 전쟁을 소위 '신국건설을 위한 자위적(自衛的) 의전(義戰)으로 간주[24]했듯이 일제의 조선침략도 동일한 선상에서 이해하였다. 일본조합교회는 일선동조론(日鮮同祖論)을 신봉했으므로 한일합방은 정당한 것으로 간주하였다. 에비나 단조의 제자격인 와타세(渡懶常吉)는 1910년 9월 1일자 『기독교 세계』(基督敎世界)에 쓴 "한국병합과 조선인 전도"라는 제목의 사설에서 일본의 한국병합은 "한일양국민의 행복을 완전하게 하는 유일한 길"이라고 전재하고, 한국인들은 일본의 품안에 있는 것이 복된 일이므로 "속히 그 사상, 감정에서 떠나 완전히 일본 국민과 동화 협력해야 하며" 이것이 바로 그리스도의 죽음과 부활의 복음이라고 까지 주장하였다.[25]

역사적으로 말할 때 식민지 경영에 대한 두 가지 유형이 있었다. 그것이 곧 영국형과 불란서 형이다. 영국형의 식민지 경영이란 식민지를 단순히 경제수탈의 대상으로만 여기고, 민족동화정책은 추구하지 않는 것이었다. 영국의 경우, 식민지민의 삶의 질을 향상시키므로 식민지적 상황을 고착화하고자 하였으나, 불란서는 식민지에 대한 단순한 경제적 수탈만이 아니라 인적자원까지도 수탈의 대상으로 간주하였다. 그런데 일제는 프랑스형의 식민지 경영보다 더 철저하게 수탈과 동화정책을 동시에 추구하였다. 이를 위해 일제는 선만일여(鮮滿一如), 내선일체(內鮮一體), 일선동조론(日鮮同祖論)를 주창했던 것이다. 이런 상황에서 1935년 이후 신사참배가 강요되었다.

---

24) 양현혜, "일본기독교의 조선전도," 『한국기독교와 역사』 5호(1996), 190.
25) 위의 글, 191.

신사참배 강요

신사참배가 처음부터 강요된 것은 아니었다. 앞서도 언급했지만 1930년대 일본에서 군국주의자들이 득세하게 되자, 소위 황국신민으로서의 국민정신 통일이라는 취지에서 강요하기 시작하였다. 신사참배는 황민화정책과 더불어 전쟁정책 수행을 위한 소위 '국민정신 총동원'(國民精神總動員)운동의 일환이었다. 신사참배 강요를 통해 기독교회를 약화시키고, 분열시킬 목적도 있었을 것이다. 그래서 신사의 수는 1923년부터 1933년까지 10년간 급증하였다.

* 아래의 자료는 『조선총독부 요람』(1925), 195 와 『통계연보』(1934), 294쪽에 근거함.

수＼연도	1923	1924	1925	1926	1927	1928	1929	1930	1931	1932	1933
신사 수 (神社)	40	41	42	43	43	47	49	49	51	51	51
신사 수 (神祠)	77	103	108	107	129	152	177	182	186	199	215

특히 총독부가 추진한 일면일신사주의(一面一神社主義)에 의해 전국의 신사(神社, 神祠)의 수는 급증하였다. 1936년에는 524개 처, 1939년에는 530개 처, 1943년에는 895개 처, 1945년 6월 현재 1,062개 처에 신사가 건립되었다.[26]

신사참배강요에 대해서는 이미 여러 편의 논저가 있으므로 여기서는 간략하게 언급하고자 한다. 신사참배가 공식적으로 강요된 것은 1930년대 중반부터인데 1935년부터는 기독교 학교에, 1936년부터는 교회와 기독교 기관에도 강요되기 시작하여 민족적 수난의 역사를 엮어갔다. 신사참배가 강요되었을 때 정치인, 기업인, 지식인, 그리고 여러 종교인들이 굴복하였으나 기독교회는 처음부터 강하게 저항하였다. 그러나 천주교회와 감리교회가

---

26) 『조선사정』, 1940년, 1944년판; 한석희, "전시하 조선의 신사참배강요와 기도교인의 저항," 『식민지 시대 한국의 사회와 저항』(백산서당, 1983), 318 중인.

공식적으로 신사참배를 수용하였다. 끝까지 저항하던 장로교회도 1938년 9월 장로교 총회에서 신사참배를 결의함으로써 일제에 굴복하였다. 일부의 그리스도인들은 끝까지 거부하였으나 많은 고통을 겪었다. 신사참배 반대로 200여 교회가 파괴되었고, 2,000여 명이 투옥되었고 그 중 40여 명은 옥중에서 순교한 것으로 알려져 있다.

신사에 대한 참배만이 아니라 천황이 있는 동쪽을 향해 절하도록 요구하는 동방요배(東方腰拜), 일본국기 게양, 황국신민서사 제창 등을 요구하였다. 신사참배 강요는 비신자들에게는 문제시되지 않았지만, 기독교 신자에게는 심각한 현안으로 대두되었다. 이 문제는 교회와 선교부의 견해차를 노정하여 참배론자와 불참배론자로 양분되었고 이들은 상호 대립 하게 되므로, 비록 형식적으로는 하나의 교회 혹은 선교부였으나 정신적으로는 이미 분열되어 있었다.

1938년 이후 일제는 대동아 공영권이라는 미명으로 한국교회에 신사참배를 강요한 것이다. 신사참배가 장로교 총회에서 마저 공식적으로 가결되자 불참배자에 대한 탄압 또한 가중되었고, 배교와 굴욕행위도 심화되었다. 1938년 이후 소위 시국(時局)인식이란 이름 하에 행해진 기독교계의 친일행각은 황민화 정책을 묵종하는 것으로서 신사참배는 당연시되었다. 1939년 10월 한일감리교회가 "내선일체의 정신에 입각하여" 기독감리교회란 이름으로 합동을 합의한 이후 각종의 친일단체가 조직되었고 교회의 변절과 훼절은 심화되었다. 1942년 3월 조선통독부는 각 교파의 통폐합을 통해 '조선혁신교단'(朝鮮革新敎團)을 조직케 하였고, 성경과 찬송가의 일부를 삭제 혹은 개편토록 했다. 1943년부터는 예배시간과 집회시간을 통제, 단축하게 하였고 교회당을 통폐합하였다. 1945년 7월 19일에는 그나마 남아 있던 교파들을 일본기독교 조선교단으로 완전 통합하여 8월 1일 공식 출범하였다. 이 시기에 사용된 소위 '일본적 기독교,' '종교보국'(宗敎報國), '국체를 밝히는 야소교(耶蘇敎)'라는 용어는 암울한 역사의 단면을 보여주고 있다.

일본의 복음화가 문제의 해결이다

 이상과 같은 신사참배 강요라는 역사적 경험 때문에 일본은 항상 우리와는 영적으로 먼 거리에 있었고, 우리 안에는 치유할 수 없는 아픔과 분열을 가져왔다. 우선 우리는 해방 후 일제 하에서의 신사참배와 반 신앙적 친일, 부일활동에 대한 참된 자숙(自肅)이나 청산이 없었다는 점을 솔직히 인정해야 할 것이다. 이 점은 국가적으로나 교회적으로나 동일했다. 한국교회는 일제의 기독교 통치 혹은 말살정책에 협력했던 친일적 종교지도자를 제거 혹은 자숙케 함으로써 신앙정기를 바로잡고 교회쇄신을 이룩해야 할 과제를 지니고 있었다. 이것은 역사의 당위였다. 그러나 우리나라와 교회, 그 어느 쪽도 친일세력을 제거하거나 잠재우지 못함으로서 식민지적 상황은 그 이후의 사회와 교회현실에 부정적 영향을 끼쳤다.

 보다 큰 문제는 일본이다. 일본은 여전히 천황제 아래 있고 일본의 기독교회는 대체적으로 천황제를 수용하고 있다. 일본의 대표적인 기독교 지도자인 우찌무라 간조(內村鑑三)나 가가와(賀川豊彦) 같은 이도 천황제를 수용하였고, 야나이하라 다대오(失內原忠雄)는 일본의 전쟁정책이나 식민지배에 대해서는 강하게 비판하여 대학교수직에서 해임되기까지 했으나 천황제 자체를 부인하지는 않았다. 일본 조합교회나 일본기독교단은 말할 것도 없었다. 종전 후인 1945년 8월 말과 9월 초 일본에서도 회개운동이 있었다. 그러나 회개의 내용은 우리와는 크게 달랐다. 우리나라에서는 주로 신사참배에 반대하여 투옥되었다가 석방된 이들을 중심으로 일제 하에서의 범과에 대한 회개였으나, 일본에서는 국가(일본)와 천황을 잘 모시지 못한 점에 대한 회개였고, 그로 인한 패전에 대한 회개였다.

 심지어 기독교사회운동가요 자선사업가로 존경받았던 가가와 도요히꼬(賀川豊彦)는 천황의 전쟁책임의 면책을 미국에 부탁하기까지 했던 인물이다. 일본 기독교단 의장인 스즈끼(鈴木) 목사는 태평양전쟁을 통해 일본이 저지른 씻을 수 없는 죄악을 뉘우치고 사죄하는 죄책문을 발표하려 했으나 일본교회 지도자들의 냉소와 일본교회 다수의 거센 반대 때문에 무산되었고, 패전한지 무려 22년이 지난 1967년 3월에야 자신이 봉직하던 교회가 단결하여 가까스로 죄책문, "제2차 대전 하에 있어서의 일본 기독교단의 책임에 대한 고백"을 발표할 수 있었다. 독일교회가 전쟁후인 1945년 10월 18-19일 '스튜트가르트 죄책선언을 발표한지 22년 후였다. 이것이 천황제국가인 일본의 실상이자 교회의 모습이다. 천황제 신봉국인 일본에서 신사참배는 종교적 행위이자 그들의 관습이요 삶이다.

일본의 지배 하에서 신사참배는 강압적인 요구였는데 이것은 과거의 일만이 아니라, 앞으로 다시 재현될 수 있다. 이런 점을 고려해 볼 때 일본의 천황제 이데올로기에 대한 최선의 대안은 일본의 복음화이다. 일본의 진정한 복음화는 지난 역사의 숙제를 해결하는 길이며 앞으로 아시아의 평화를 도모할 수 있는 길이다.

| 제3부 |
한국교회 인물과 사상

한국교회 역사와 신학

1. 박형룡의 신학과 김재준, 한상동, 한경직

시작하면서

　죽산(竹山) 박형룡(朴亨龍, 1897-1978)는 한국교회가 낳은 대표적인 신학자라는 점에는 이의가 없을 것이다. 그는 1930년대 초부터 1970년대까지 약 50년간 한국교회사와 신학의 중심에서 활동해 왔고, 그의 가르침과 그 유산은 오늘의 한국교회의 역사와 신학, 교회적 삶의 행로에 영향을 끼쳐왔다. 따라서 긍정적이든 부정적이든 그가 오늘의 한국교회, 특히 장로교회 상을 주형해 왔다는 점에 대해서도 부정할 수 없을 것이다.

　박형룡은 한국 장로교의 첫 신학자라고 할 수 있다. 1920년대까지는 선교사들이 한국에서의 신학교육을 주도했고, 이 때까지 '한국의 신학'이 있었다면 그것은 한국인에 의해 개진되는 신학이 아니라, 선교사들의 신학이었을 따름이다. 한국인들이 신학교육에 참여하기 시작한 것은 1920년대 후반부터였다. 즉 남궁혁(南宮爀, 1882-1950)이 1927년에, 이성휘(李聖輝, 1889-1950)가 1928년에 평양신학교 교수로 참여하였고, 박형룡(朴亨龍, 1897-1978)이 신학교에서 전임교원으로 가르치기 시작했을 때는 1931년이었다. 즉 1930년 이전까지는 선교사들의 영향이 신학과 교회 일반에 절대적이었음 알 수 있다.

한국인에 의한 신학저술이 출판되기 시작한 것도 1930년대에서부터였다. 최초의 학문적 연구인 백낙준의 『한국개신교사』(The History of the Protestant Missions in Korea, 1832-1910)가 1929년에 출판되었다. 박형룡의 『기독교 근대 신학 난제선평』은 1935년에 출판되었는데, 이것은 한국인에 의해 저술된 최초의 조직신학 저술로서 총 18장 847면에 달하는 대작이었다. 감리교 정경옥의 『기독교신학개론』이 출판된 때는 4년 뒤인 1939년이었다. 이런 점에서 볼 때 비록 남궁혁, 이성휘, 백낙준, 송창근, 채필근, 김재준, 윤인구 등 1930년대 활동했던 장로교 신학자들이 있었으나[1] 박형룡은 보수주의 입장을 견지했던 최초의 학자였다고 할 수 있다. 그는 소위 보수주의적 정통주의 신학을 고수하고 계승하려는 일련의 학연 중심에 서 있었다.[2] 이런 점에서 그가 한국교회에 끼친 영향은 절대적이라고 할 수 있다. 이 글에서는 박형룡의 활동과 신학의 한국교회사적 의의를 점검하고 평가 해 보고자 한다.

학문에의 여정

박형룡은 1897년 3월 28일(음력) 압록강변 평안북도 벽동에서 태어났다. 그의 이름 형(亨) 룡(龍)을 보면 그의 부모나 가계가 기독교 전통과는 거리가 있었음을 직감하게 된다. 박형룡이 태어난 이듬해는 송창근(1898-1952?)이, 1901년에는 비록 신학적 견해는 달라도 나름대로 한국교회 일각에서 상호

---

1) 유동식, 『한국신학의 광맥』(전망사, 1982), 134.
2) 박아론, "박형룡의 신학사상," 『신학사상』25집(1979, 여름), 14; 유동식, 135.

영향을 끼치며, 때로는 대립하며 갈등했던 김재준(1901-87), 김교신(1901-45), 이용도(1901-33), 한상동(1901-75), 함석헌(1901-89)이 태어났고, 1902년에는 한경직(1902-2000)이 출생했다. 19세기 말과 20세기 초 역사의 격변기에 이 민족사의 행로에 나름대로 길을 안내하던 이들이 몇 년을 사이에 두고 태어났고, 그 시대의 질문에 각기 다른 응답을 하면서 한 시대를 엮어갔다.

박형룡은 당시의 관행처럼 전통적인 유교식 서당교육을 받으며 성장했으나, 기독교와의 접촉은 그의 삶의 행로에 있어서 커다란 변화였다. 그는 김익두 목사의 설교를 듣고 입신했고, 벽동교회에서 최봉석 목사로부터 세례를 받는다. 선천의 신성중학교(1914-6), 평양의 숭실전문학교(1916-20), 남경(南京)의 금능대학(1921-23)을 거쳐 프린스톤신학교(1923-26)에서 3년 수학하고 신학사(Th B)와 신학석사(Th M) 학위를 받았다. 이곳에서 박형룡은 자신의 신앙적 이해를 보다 체계화된 학문적 이론으로 정립하게 된다. 프린스톤에서 그는 찰스 하지, 워필드, 윌슨 등의 영향을 받지만 특히 메이첸(G. Machen, 1881-1937)으로부터 커다란 영향을 받은 것으로 알려져 있다.

박형룡은 석사과정에서 변증학을 공부했는데, 이 점 또한 그 이후의 그의 행로에서 중요한 의미를 가지게 된다. 그가 한국에서의 정통신학의 수호자라고 불리듯이 정통신학의 파수와 수호, 혹은 변증에 진력하게 되는 것은 이런 학문적 여정과 무관하지 않을 것이다.

프린스톤에서 신학석사 학위를 받은 박형룡은 다시 루이스빌에 있는 남침례교신학교(Southern Baptist Seminary, 1927. 9-1927. 7)로 가서 약 9개월간 변증학을 공부하고, 1927년 7월경 귀국하였다.[3] 귀국한 박형룡은 "자연신학으로부터의 반 기독교적 추론"(Anti-Christian Inferences from Natural Science)이라는 제

---

3) 박아론은 박형룡이 루이스빌의 남침례교 신학교에 머문 기간을 1927년 9월부터 1929년 1월까지로 보고 있으나 이것은 옳지 않다. 박아론, "죽산 박형룡 박사의 생애와 신학," 『죽산박형룡 박사의 생애와 사상』 박용규 편(총신대학교 출판부, 1996), 140.

목의 논문을 제출하여 1933년 철학 박사(Ph D)학위를 받았다.

유학을 마치고 귀국한 박형룡은 평양 산정현교회 전도사로 일하는 한편 숭실전문학교와 평양신학에서 가르치다가 1931년 4월부터 장로회 신학교(평양신학교)의 전임교수가 되었다. 그는 이 때부터 평양신학교가 폐교되는 1938년까지 교수로 있었고, 1942년에는 만주 동북신학원 교수 및 교장으로, 1947년에는 부산 고려신학교 교장으로, 1948년에는 남산의 장로교신학교 교장으로, 1952년 이래로는 총회신학교 교장으로 1972년까지 활동하고 은퇴했다. 즉 그는 1931년부터 1972년까지 약 40년간 한국과 만주에서 '교회의 교사'(doctor ecclesiae)로 활동하게 된다.

1930년대 보수주의 신학의 변증

한국교회사에서 박형룡의 존재와 의의를 보여주는 최초의 경우가 1930년대 초 장로교 총회에서 제기 됐던 신학논쟁이었다. 1920년대 중반까지 한국(장로)교회의 신학은 보수적이며 복음적인 신학이었다.[4] 앞에서도 암시했지만 이 시기의 한국교회의 신학은 선교사들이 주도하였다. 흔히 지적되듯이 피선교국의 교회는 선교국의 신학과 예전으로부터 자유 할 수 없는데 이 시기 한국교회의 신학은 곧 선교사들의 신학이었다. 따라서 1884년 미국 선교사들의 도래에서 1920년대 중반까지 약 40년간의 초기 한국교회의 신학이란 주로 선교사들의 신학을 말한다.

1920년대 이전에 내한하였던 선교사들의 신학은 대체적으로 보수적이며 복음적이었고, 장로교 선교사들의 경우 전통적 웨스트민스터 신앙고백

---

4) H. Conn, "Studies in the Theology of the Korean Presbyterian Church, An Historical Outline", Part I, *The Westerminster Theological Journal*, Vol. XXIX No. 1 (Nov. 1966), 24ff; 김양선,「한국기독교해방십년사」, (총회종교교육부, 1956), 185; 김의환,「도전받는 보수신학」, 49.

서(WCF)를 따르는 역사적 기독교 신앙 혹은 개혁주의 사상을 신봉하는 자들이었다는 점에는 거의 모든 논자들의 견해가 일치한다.[5] 미국북장로교 해외선교부 총무였던 브라운(A. J. Brown)의 논평은 이 점을 확인시켜주고 있다.[6] 한국교회의 초기 신학에 대해서는 '철저한 근본주의', '정통적 복음주의', 혹은 '경건주의적 복음주의' 등 다양한 용어가 사용됐지만 자유주의 신학을 배격하는 보수주의 신학이었음에 틀림이 없다. 이점은 1890년에 내한한 마포삼열(Samuel A. Moffett, 1864-1939)의 기록에서도 확인된다.[7]

그러나 1920년대 중반을 거쳐 가면서 '다른 전통'의 신학운동이 일어나기 시작한다. 곧 원산을 중심으로 전개된 신비주의 운동과 일본에서 유입된 무교회주의[8], 그리고 진보적인 신학이었다.[9] 흔히 자유주의 신학이라고 불리는 이 진보적인 신학은 미국교회의 근본주의와 현대주의의 논쟁(Fundamentalist vs. Modernist Controversy), 미국 장로교회의 신학적 변화의 영향을 받은 결과이지만, 하비 콘의 지적처럼 일본을 통한 신학의 영향, 그리고 캐나다연합교회 선교사들의 영향 또한 없지 않았다. 물론 1930년대 이전에도 캐나다 연합교회의 선교지역에서 보수주의 신학에 대한 비판과 저항이 없지 않았으나 그것은 어디까지나 지역적 한계 안에 있었다. 그러나 1930년대 초부터 진보적 신학은 한국 장로교회 총회에서 문제시되기 시작하였다.

그 첫 변화가 성경관에서 나타났다. 성경관의 변화는 신학적 변화를 보여

---

5) Conn, 26ff; Chun Sung Chun, *Schism and Unity in the Protestant Churches in Korea* (Ph D Thesis, Yale University, 1955), 67.
6) A. J. Brown, *The Mastery of the Far East* (Scribners, 1919), 540.
7) Conn, 27.
8) 무교회주의는 우찌무라 간조(內村鑑三)의 제자들인 김교신(金敎臣, 1901-1945), 함석헌(咸錫憲, 1901-1989) 등 6인이 일본유학에서 돌아온 1927년부터 한국에 소개되기 시작한 것으로 볼 수 있다. 무교회주의는 경남 일우(특히 김해지방)에서는 신진리파(新眞理派)란 이름으로 나타났다. 1960년대까지만 해도 무찌무라 간조의 책이 없는 목회자들이 거의 없었을 정도로 그의 책은 한국인 목회자들 사이에 폭넓게 읽혀졌다.
9) 이 신학을 흔히 '자유주의 신학'이라고 말하지만 엄밀하게 말해서 그것을 19세기 이후 독일에서 발전된 '자유주의 신학'과 동일시 할 수 없을 것이다. 이런 점에서 기존의 신학과는 다른 '진보적 신학'이라고 명명했다.

주는 구체적인 증표라고 볼 때 이것은 한국 장로교 신학을 보여주는 중요한 변화였다. 완전 영감설에 대한 의문이 제기되었고, 성경 비평학이 도입되었다. 1934년 모세의 창세기 기록설이 부인되었고, 고린도전서 14:33-34절 해석과 관련하여 여권(女權) 문제가 제기되었다. 또 아빙돈 단권 성경주석사건(1935)을 중심으로 신학적 견해차가 분명하게 노정되었다. 김양선은 "1934년 제23회 총회에 제소된 성경의 고등비평과 자유주의 신학은 전교회적으로 문제화 된 최초의 사건"이라고 평가했다.[10]

서울 남대문교회 김영주(金英珠) 목사에 의해 제기된 창세기의 모세 저작설 부인과 함경북도 성진(城津) 중앙교회 김춘배(金春培) 목사에 의해 제기된 여권문제, 곧 고린도전서 14장 33-34절의 해석문제에 대해 장로교 총회는 조사위원회를 구성했는데 선교사 라부열(R. L. Robert)은 위원장이었고 박형룡은 서기였다. 박형룡은 비록 서기였으나 조사위원회의 활동은 그에 의해 주도되었다.[11] 이때로부터 박형룡은 신학적 문제에 대해 보수적인 입장을 대변하는 인물로 인식되기 시작하였다. 총회에서 채택된 조사위원회의 보고는 박형룡의 의지가 강하게 반영되었는데, 이것은 한국 장로교회에서 박형룡의 존재를 확인시켜 주는 계기가 되었다.

또 1935년 장로교 총회에서는 감리교의 유형기 편집으로 간행된 『아빙돈 단권주석』(Abingdon Bible Commentary)이 문제시 되었다. 1930년 미국의 감리교 출판사인 이빙돈사가 출판한 이 주석을 한국 감리교회가 1934년 출판했는데, 채필근, 김관식, 문재린, 김명선, 한경직, 윤인구, 김재준, 그리고 송창근 등 장로교 목사들이 번역에 참가한 것이 문제였다. 박형룡은 장로교 목사가 이 번역에 참여한 사실만으로도 문제가 된다고 보았다. 그는 "성경을 파괴적 고등비평의 원리에 의해 해석하였으며 계시의 역사를 종교진화론의 선입견을 가지고 고찰하였다"고 평가하고 여러 가지 신학적 문제점을 제기하

---

10) 김양선, 『한국기독교 해방십년사』(총회 종교교육부, 1956), 178.
11) 김양선, 189; 김영재, 『한국교회사』(이레서원, 22004), 203; 유동식, 188.

였다. 장로교 총회는 "신생사 발행 성경주석에 대해서는 그것이 우리 장로교의 교리에 위배되는 점이 많으므로 장로교회로서는 구독치 않을 것이며 동 주석에 집필한 본 장로교 교역자에게는 소관 교회로 하여금 사실을 심사케 한 후 그들로 하여금 집필의 시말을 기관지에 표명케 할 것이다."고 결의함으로써 박형룡은 보수 신학의 옹호자이자 파수자로 인정을 받기 시작했다. 박형룡은 이 건과 관련한 조사위원회에서도 중심 역할을 했다. 그는 이런 신학적 변화에서 정통신학을 견지하고 이를 변증하고자 했다. 문제는 이 사건은 한국 장로교회에서 신학적 양극화를 선명하게 보여주었다는 점이다. 다시 말하면 이 때 주석번역에 참가했던 이들이 후일 진보적 운동의 중심인물이었다는 점을 고려해 볼 때 이 사건은 한국에서의 보수와 진보의 경계선을 긋는 계기가 되었다는 점이다. 이제 박형룡은 한국 장로교회에 대두되는 새로운 신학운동에 대해 민감하게 조응(照應)하지 않으면 안 될 상황을 엮어갔다. 다시 말하면 박형룡은 1930년대 이후 1920년대 미국에서 일어난 '자유주의-근본주의' 논쟁에서 메이첸의 경우와 같은 역할을 감당하게 된다.[12] 박형룡에게는 변증과 옹호가 중요한 사상적 맥이었고, 『기독교 근대 신학 난제 선평』에서 말한바와 같이 "신학사상의 바른 자와 그른 자를 획별차천명(劃別且闡明)"하는 것을 교회를 위한 사명으로 이해했다.

어떻든 박형룡은 1930년대 이래로 정통주의 혹은 보수주의라고 일컬어지는 한국교회의 신학전통을 기초 놓고 이를 파수하며 계승해 가는 50년간의 변증과 대결과 투쟁의 역사의 중심에 서게 된다. 그의 이런 입장은 김재

---

12) 이런 점에서 한숭홍은 박형룡은 4가지 면에서 메이첸의 영향을 받았다고 지적했다. 즉 박형룡은 1. 극단적인 보수주의와 배타적이고 변증적인 신학방식, 2. 알렉산더, 하지, 워필드, 메이첸으로 이어지는 근본주의적이며 칼빈주의적인 정통주의, 3. 신학논쟁에서의 강한 반론과 비판 능력, 4. 교단분열과 신학교 설립의 선례가 그것이다. 한숭홍, "정통보수주의 신학사상(1)," 『목회와 신학』 (1990.10), 200.

준과의 토론을 통해 더욱 굳어지게 된다.

박형룡과 김재준

 박형룡의 김재준과의 대결과 토론은 그를 보수주의 신학자로서의 뚜렷하게 각인시키는 효과를 가져왔다. 박형룡은 이 사건을 계기로 보수신학의 대변자이기를 자처했다. 김재준과 박형룡과의 인간관계, 신학적 견해 차, 그리고 두 사람이 속한 교회조직(치리회)의 역학관계가 향후 한국교회와 신학의 행방을 가름하는 지표였다는 점을 생각해 본다면 이 두 사람의 삶의 여정이 그처럼 큰 결과를 가져올 줄은 예견하기 어려운 것이었다.

 박형룡은 압록강변 산골에서 출생했지만 김재준은 두만강변 산골에서 출생했다. 함경북도 경흥군 오아지읍 창동에서 출생한 김재준은 박형룡과 마찬가지로 유교적 전통교육을 받았다. 그의 나이 20세 때 고향을 떠나 서울로 이거하였고, 박형룡과 마찬가지로 김익두 목사의 영적 감화를 받았다. 김재준은 송창근의 안내로 일본 아오야마(靑山學院) 신학원에서 3년간(1925-1928) 유학하게 되는데 이 때 김재준은 새로운 신학을 접하게 된다. 그가 졸업논문으로 "바르트의 초월론"을 쓴 것을 보면 자유주의 신학에 도전한 바르트에 흥미를 느낀 것으로 해석할 수 있을 것이다.[13] 김재준은 다시 송창근의 인도로 도미하여 1928년 9월 프린스톤 신학교에 입학했다. 이 때 김재준은 아오야마에서와는 달리 보수적인 교수들, 특히 메이첸의 강의와 저술들을 '빠짐없이' 읽었다고 한다.[14] 이곳에서의 기간이 길지 못했으나 그의 신학적 성격을 결정하는데 주효한 시기였다, 김재준은 청산학원에서 진보적 신학을 접했으나 자유주의 신학에 대해서 거부감을 드러냈고, 프린스톤에서는 메

---

13) 천사무엘, 『김재준』(살림, 2003), 67.
14) 『김재준 전집』제13권, 104-5.

이첸 등 보수적인 인사들을 접했으나 근본주의 신학에 대해서는 비판적이었다. 즉 그는 극단적인 근본주의도, 극단적인 자유주의도 거부했다. 프린스톤에서 1년을 보낸 뒤 김재준은 피츠버그의 웨스턴신학교(Western Theological Seminary)로 가 구약을 전공하고, "오경비판과 주전 8세기 예언운동"이란 제목의 논문으로 신학석사(STM) 학위를 받고 1932년 귀국하였다.

김재준이 귀국 후 남궁혁은 그를 평양신학교 교수로 추천했으나 박형룡의 반대로 이루어지지 못했다. 교수로 채용되지 못한 김재준은 1930년대의 대부분을 평양 숭인고등학교(1933-36)와 간도 용정의 은진중학교(1936-39) 성경교사로 일했다. 그러나 그는 당시《신학지남》의 편집인이었던 남궁혁의 배려로 송창근, 채필근, 한경직과 함께 편집동인으로 가담하면서《신학지남》의 정규 기고자가 되었다. 김재준은 신학교수로 채용되지는 못했으나《신학지남》을 통해 평양신학교와 간접적인 접촉을 하게 되는데, 이 점을 박형룡은 못마땅하게 여겼다.

박형룡과 김재준 간의 대립을 야기한 직접적인 동기는《신학지남》에 게재된 김재준의 논문이었다. 이제 이 두 사람은 인간적인 갈등을 넘어 신학적 견해차로 대립하게 된다. 김재준은 1933년부터 35년까지 8편의 논문을 기고하였는데[15] 김재준은 욥, 예레미야, 아모스 등에 대한 논문에서 역사비평학을 수용했던 당시 구미학계의 연구경향을 소개한 것이다. 오늘의 관점에서는 문제시 되지 않지만 1930년대의 한국교회적 상황에서 볼 때 그것은 역사적 기독교 신앙과 다른 학설이었으므로 문제시될 수 있었다.

김재준의 논문 중에서 특히 문제시 됐던 것은 "이사야의 임마누엘 예언 연구"로서 이 논문은 이사야서 7장 14절을 주석한 글이었다. 이 글에서 김재준은 '동정녀'로 번역된 히브리어 '알마'는 '방년의 젊은 여자'를 가리키며,

---

15) 김재준의 8편의 논문은 다음과 같다. "욥기에 현한 영혼불멸"(15권 3호, 1933), "전기로 본 예레미야의 내면생활"(15:5, 1933), "아모스의 생애와 예언"(15:6, 1933), "이사야의 '임마누엘'예언 연구"(16:1, 1934), "실존의 탐구"(16:5, 1934), "뽁맨운동과 그 비판"(17:1, 1935), "그리스도의 부활에 대한 연구"(17:1, 1935), "위대한 종결-예레미야의 최후"(17:3, 1935).

'잉태'로 번역된 히브리어 '히라'는 히브리어 상태동사 '하라'의 분사형이므로 '알마'의 형용사 역할을 한다고 해석했다. 즉 이 본문은, "잉태한 방년의 젊은 여자가 아들을 낳고 그 이름을 임마누엘이라 하리라"고 번역 할 수 있다고 해석했다.

이 논문이 발표된 1934년은 장로교 총회에서 최초로 신학적 문제가 제기된 때로서 박형룡의 입장에서 볼 때 김재준의 입장은 심각한 위험으로 간주되었다. 편집위원이었던 박형룡의 반발로 김재준은 1935년 5월호를 끝으로 《신학지남》에 더 이상 글을 쓸 수 없게 되었다. 이렇게 되자 김재준은 자신의 독자적인 잡지 《십자군》을 창간하였고, 1940년에 설립된 조선신학교를 통해 자신의 신학을 광포하기 시작한다.

김재준과 박형룡간의 대결은 시작에 불과했다. 1947년 다시 대립하게 되고 그 긴장은 그 이후 계속되었다. 이런 과정에서 박형룡은 보수적 정통주의 신학자로, 김재준은 진보적 자유주의 신학자로써 확고한 위치에 서게 된다. 김재준과 박형룡의 논쟁은 양자에게 동일한 결과를 가져왔는데 그것은 자기 신념의 고정화 내지는 심화(深化)였다. 톨스토이가 비유적으로 말한 바 있듯이 철은 때리면 때릴수록 더 단단해 지고, 자기 주장이 공격을 받으면 받을수록 그 주장에로의 심화현상을 가져오는 것은 심리적 저항의 결과이다. 사실 김재준은 박형룡이 지적하듯이 '파괴적인' 인물이 아니었다. 젊은 신학도로서 당시 학계의 연구 성과를 소개하고자 하는 의도였을 뿐이다. 흔히 김재준을 "자유주의 신학자"라고 말하지만 1930년대의 그를 "자유주의 신학자"라고 부르는 것이 바른 것인가를 정직하게 검토해 볼 필요가 있다. 우리가 자유주의 신학이라고 말할 때 19세기 독일에서 리츨이나 슐라이에르마허로부터 기원된 신학사조를 말하는데, 김재준은 이런 신학을 추종하지 않았다. 그는 자유주의 신학은 "악마에게 절하고 천하를 얻으려는 식이어서 애초부터 지고 들어가는 싸움"이라고 말함으로서 자유주의를 비판했다.[16] 1930년대 그의 신학이 신정통주의에 근사함이 있으나 한국적 보수적 성향의 없지 않았다. 그러나 박형룡과의 대결에서 김재준은 점차 '자신의 길'로 더 깊이 빠져들기 시작하였고, 박형룡의 비판처럼 보다 진보적 신학자로 변모되어 갔다. 이 점은 1930년대 이후의 그의 삶과 학문의 여정 속에 드러나 있다. 김재준이 "정통신학은 신신학보다 더 교묘하게 위장한 실제적 인본주의요 정통적 이단이다."[17]라고까지 말한 것은 박형룡에 대한 감정적인 저항이었다.

박형룡 또한 그러했다. 그는 일반적으로 근본주의자로 불린다. 박형룡 자신도 근본주의자로 인식했다. 물론 우리가 근본주의를 어떻게 이해하는가와 박형룡이 이해했던 근본주의가 무엇이었던가를 고려해야 하는데, 박형룡이 이해했던 근본주의는 처음부터 반문화적인 부정적인 의미의 근본주의는 아니었던 것으로 보인다. 그는 자신이 말하는 근본주의를 정의하면서 "근본주의는 별다른 것이 아니라 정통주의요 정통파 기독교"라고 보았을 뿐이었다.[18] 즉 그는 근본주의를 자유주의적이 아닌 정통신학으로서 보다 포괄적인 것으로 이해했음을 알 수 있다. 장동민은 1920-30년에 박형룡에게는 부정적인 의미의 근본주의자라고 볼 수 있는 특징을 보여주지 않았다고 변호한다.[19] 말하자면 처음부터 그는 분리주의적이거나 반 문화적이지 않았다. 그러나 김재준과의 대립과 대결을 거쳐 가면서 박형룡은 부정적인 의미에서 근본주의적인 성향은 더욱 심화되어 갔다.

1970년대 이후 한국사회 현실에 대해 김재준이 보여주었던 적극적 참여와는 달리 박형룡이 적극적 무관심을 보여 주었던 것은 반 김재준에 대한 심리적 반감이 영향을 끼쳤을 것이다. 1970년대 한국사회에서 민주화 운동

---

16) 천사무엘, 18-9.
17) 김양선, 199.
18) 박형룡, "근본주의," 『신학논문』(하), 280.
19) 장동민, 124.

이 줄기차게 전개되고 있을 때, 박형룡이나 그가 속한 대한예수교장로회(합동)의 목소리는 그 어디에서도 들을 수 없었고, 때로는 침묵함으로서 권력의 그늘 아래 안식하고 있었다. 역으로 민주화에 대한 김재준의 관여는 부당한 정치관여로 간주했다.

결과적으로 이 두 사람간의 대립으로 한국교회의 신학적 차이는 분명해졌고, 양 극단으로 자행하게 하는 결과를 가져왔다. 이제 박형룡은 한국보수주의 신학, 혹은 정통신학의 수호로서의 위치를 확고히 하게 된다. 이런 맥락에서 그의 신학은 방어적 근본주의 성격을 띄게 된다.[20] 박형룡은 김재준과의 대결을 통해 보수신학자로서 혹은 보수신앙의 파수자로서 위상을 확고히 다져갔다.

박형룡과 한상동

1930년대 후반기에 와서 보수적 신학이 퇴조하고 자유주의 신학이 그 지경을 넓혀 갈 수 있는 여건이 조성되기 시작한다. 그 대표적인인 경우가 신사참배 강요였다. 신사참배 강요는 결과적으로 한국교회의 보수주의적 신학의 퇴조를 초래하였고, 보수주의적 인사들의 주도권이 친일적 진보적 인사들에 의해 대치되었다. 이런 신학 변화를 다음의 3가지 측면에서 설명할 수 있다. 첫째, 장로교의 유일한 신학교육기관이자 보수주의 신학을 견지하던 평양의 장로교신학교의 폐교(1938), 둘째, 보수적인 교회 지도들의 투옥과 망명, 셋째, 한국 교회의 신학에 영향을 끼쳤던 보수적인 선교사들의 출국 혹

---

20) 정경옥(1901-1945)의 "조선 기독교 신학사상의 동향"이란 글에서 조선신학의 보수진영의 대표자로 장로교의 박형룡과 감리교의 변홍규을 들고 있으며, 변홍규 박사를 '경건한 주지론자'로, 그리고 '신앙은 보수요 신학은 신진'이라고 할 인물로 경남의 윤인구, 연전(延專)의 갈홍기, 이전(梨專)의 김영의, 부산진의 송창근, 간도의 김재준을 들고 있다. 그리고 바르트신학에 기울어진 분으로 복음교회의 최태용, 갈홍기 그리고 정경옥 자신을 칭하고 있다. 특히 박형룡을 가리켜 '직업적인 칼빈주의자이며 소위 미국 근본주의의 대언자'라고 했다. 『기독신문』 제20호 (1939, 12월호).

은 추방(1941)이 그것이다. 따라서 보수주의 신학은 힘을 상실하였고 진보적 인사들이 한국교회의 주도권을 잡기 시작하였다. 이와 같은 변화를 김양선은 "보수진영이 붕괴되매 저들의 손에 유지해 오던 교권은 자연히 종래 일본에서 신학 혹은 고등교육을 받은 교역자들에게로 옮겨가게 되었고, 따라서 자유주의신학 내지 일제의 탄압에 따르는 일종의 변질된 신학사상이 출현하게 되었다."[21]고 지적했다.

1940년의 조선신학교의 설립은 이런 변화의 중요한 출발점이 된다. 김재준, 송창근(宋昌根), 윤인구(尹仁駒) 등은 서울 승동교회에서 1940년 4월 조선신학교를 개교하게 되는데, 이미 있던 신학교가 폐교되는 상황에서 새로운 신학교가 개교될 수 있었던 것은 그 중심 인사들이 일제의 정책에 순응적이었기 때문에 가능했을 것이다. 말하자면 조선신학교는 처음부터 일제와의 협력관계를 유지할 수밖에 없는 태생적 한계를 지니게 된 것이다. 김재준은 '선교사 집권 시대'는 끝났다고 주장하고 신학과 신학교육의 자주를 내세웠는데, 이것은 비록 본의는 아니었다할지라도 세계교회로부터의 한국교회를 이탈시키고자 했던 일제의 정책과 일치하는 것이었다. 김재준은 평양신학교의 교육이념과 전통을 전적으로 개혁할 것을 말하면서, "조선교회의 건설적인 실제면을 고려에 넣는 신학"을 강조했는데,[22] 이것은 한국교회의 기존의 신학전통으로부터의 이탈을 의미했다. 이 조선신학교는 1940년대 보수주의 신학의 폐허 위에서 자유주의 신학의 기반을 다져갔고, 해방 후 조선신학교는 '남부총회'에 의해 한국 장로교 직영신학교육기관으로 승인(1946. 6)받게 된다.

이런 상황에서 고려신학교가 1946년 9월 부산에서 개교하였다. 타협주의적인 자유주의자들에게 한국교회의 미래를 맡길 수 없다는 확신이 고려신학교 설립의 주된 동기였다. 특히 남부총회가 조선신학교를 장로교 직영신

---

21) 김양선, 192.
22) 김양선, 194.

학교로 가결했을 때, 평양의 장로교신학 전통을 잇는 새로운 신학교 설립은 시급한 과제였다. 말하자면 고려신학교는 자유주의를 반대하는 개혁주의 신학의 확립을 신학교 설립의 중요한 과제로 인식하고 있었다.[23]

개혁주의 신학을 통해 교회를 바로 세우려는 신학입교(神學立敎)는 설립자인 주남선과 한상동의 의지였으나, 이 두 사람은 이를 실행할 수 있는 학문적 기초를 갖추지 못했다. 이런 상황에서 박형룡 박사를 교장으로 모시는 일은 개혁주의 신앙의 계승과 보지라는 점에서 현실적 요청이자 상징적인 의미가 있었다. 박형룡의 귀국이 늦어지자 박윤선을 임시 교장으로 개교했으나, 만주에서 귀국한 박형룡은 1947년 10월 14일 부산 중앙교회당에서 고려신학교 교장으로 취임했다. 박형룡이 "사도적 신학 소론"이란 제목의 교장 취임 강연에서 정통신학 확립을 역설했을 때 그것은 신학적 출애굽의 출정식을 방불케 하는 것이었다. 이 때는 김재준, 송창근, 정대위 교수의 신학에 반발하여 조선신학교를 자퇴한 34명이 고려신학교에 편입한 때였다. 따라서 새로운 신학교육에 대한 환영과 기대는 박형룡의 위치를 확인해 주었다.

교장으로 취임한 박형룡과 설립자인 한상동 사이에는 이견이 노출되기 시작했다. 적어도 이 이견의 표면적인 이유는 세 가지로 정리될 수 있다.

첫째는 고려신학교의 총회 승인 문제였다. 노회와 총회를 기반으로 하지 않는 신학교육을 반대했던 박형룡은 고려신학교를 한국 교회를 배경으로 총회 직영의 총회 신학교로 승격시키는 것을 최종 목표로 하고 있었다. 이 점은 1947년 12월 9일 경남노회 제49회 정기 노회가 부산 광복교회당에서 모였을 때 밝혔던 신학교 운영 방침 속에 잘 나타나 있다. "본 신학교는 이사

---

23) 한상동과 주남선은 고려신학교가 추구하는 신학적 이념은 개혁주의 신학임을 분명하게 표명했다. "신구약 성경은 하나님의 말씀이니 신앙과 본분에 대하여 정확무오한 유일의 법칙임을 믿고 그대로 가르치며 또 장로교 원본 신조서인 웨스터민스터 신조게요서의 교리대로 교리와 신학을 가르치고 또 지키게 하여 교리와 및 생활을 순결하게 할 목사 양성을 이념과 목적으로 하고 현하 한국교계에 거대 신학자인 박윤선 목사를 교장으로 추대하고 … 칼빈적 개혁파의 사상 그대로 생활하도록 노력하여 왔고, 앞으로 더 일층 노력하려고 하는 바입니다. 주남선, 한상동, 『대한 예수교장로회 성도들앞에 드림』(출판 및 연대 미상), 1-2.

회와 후원회를 조직하여 전국교회의 원조를 얻는 동시에 적당한 시기에 총회에 청원하여 총회승인을 얻고자 합니다." 이 때는 교장으로 취임한지 아직 두 달이 되기 전의 일이었다. 그의 이런 생각은 그가 교장으로 취임하기 전부터 바랐던 바였다. 한상동은 이 점에 동의하면서도 그 시기(時期)에 대해서는 의견을 달리했다. 한상동은 이 신학교를 총회와 교권 밖에 둠으로서 신학의 순수성을 보존하고자 했다. 그래서 한상동은 고려신학교의 총회승인 문제를 시기상조로 파악했던 것이다. 그는 아직도 장로교회 안에는 일제 하에서의 범과에 대한 자숙이 시행되지 않고 있고, 진보적 인사들이 여전히 회원으로 남아 있어 저들이 교권을 행사하게 된다면 어렵게 시작된 교회 쇄신이 퇴색되지 않을까 염려했던 것이다. 그러나 박형룡은 신학교육은 개인의 소명이라는 점보다는 교회적 과제로 파악하고 있었다.

둘째, 박형룡은 당시 고려신학교와 관계를 맺고 있는 한부선 등 소위 '메이첸 파'로 불리는 정통 장로교(OPC) 선교사 외에도 주한 4 장로교 선교부와의 관계와 교류를 희망했다. 그러나 한상동은 자유주의적 신학을 수용하는 다른 선교부와의 관계를 거절했다. 그것은 보수주의적인 신학교 운동이 자유주의 신학을 부분적으로라도 수용하는 선교부에 의해 훼손 될 가능성이 있다고 본 것이다.

셋째, 박형룡은 고려신학교가 전국 교회를 배경으로 하고 총회적 인준을 얻기 위해서는 학교를 서울로 옮겨야 한다고 주장했다. 그러나 한상동은 과거에 평양신학교가 서울이 아닌 평양에 있었지만 장로회 신학교로 존속했던 경우를 예로 들면서 고려신학교의 서울 이전을 반대하였다.[24]

박형룡과 한상동 양자는 신학교육의 쇄신을 통한 교회재건에는 의견을 같이 하면서도 이 동일한 목표를 달성하기 위한 방법과, 당시 교회를 보는 시각에는 분명한 차이가 있었다. 박형룡은 한상동을 중심한 인사들의 철저

---

24) 이상규, "교회재건운동과 고신의 형성, 1945-1952," 『논문집』(고신대학교) 12호(1984), 187.

한 자숙과 재건 원칙이 사실상 실행되기 어렵다고 판단하고, 이전의 고려신학교 인사들의 입장을 완화하여 전국 교회와 미국 남북장로교, 호주 장로교, 캐나다 장로교 등 4선교부와의 협상을 희망하고 있었다. 이 점은 그가 "권징보다는 복음 전파자 양성에 주력해야 한다."고 했던 고려신학교를 떠날 때의 고별설교 가운데서도 분명하게 암시되고 있다.[25] 두 사람 간의 차이는 현실 인식의 차이였고, 현실 인식에 있어서 박형룡은 한상동보다 타협적이었다. 이 견해 차 때문에 박형룡은 1948년 4월 고려신학교 교장직을 사임했다. 그가 교장으로 취임한지 불과 6개월도 되지 않았을 때였다. 이것은 박형룡과 한상동의 결별을 의미했다. 고려신학교를 떠난 박형룡은 상경하여 그해 6월 새로운 신학교를 개교하여 임시교장에 취임했다. 조선신학교에서 박형룡을 따라 고려신학교에 편입해온 대부분의 학생을 포함하여 당시 고려신학교 학생 반수 이상이 박형룡의 뒤를 따라 서울로 옮겨갔다. 박형룡이 한상동과 결별하게 된 것은 현실인식 외에도 서울에서 새로운 신학교를 개교하고자 했던 이들의 요구도 상당한 영향을 끼쳤다고 볼 수 있다.[26]

박형룡이 서울로 가게 된 것을 어떻게 이해할 수 있을까? 긍정적인 면에서 볼 때 (시행되지도 못할 권징을 주장하기 보다는) 해방 후 제기되는 보수적인 신학교육에 대한 요구를 적극적으로 수용하려는 의지로 볼 수 있다. 이것은 조선신학교와 다른 신학교육을 의미했고, 자유주의 신학에 대한 대결로서 보수주의 신학을 확립하려는 의지가 있었다고 해석할 수 있다.

박형룡의 사임과 한상동과의 결별은 한상동 개인이나 고려신학교에 만이 아니라 한국교회에 중요한 변화를 가져왔다. 이 변화를 몇 가지로 정리할 수 있을 것이다. 첫째, 반(反) 조선신학교적인 범 보수적인 한국 장로교회의 중

---

25) 이상규, 187.
26) 만주에서 귀국하여 서울에 체류하던 중 박형룡과 이정로 목사, 이환수 목사와의 접촉, 그리고 1947년 진정서 사건으로 조선신학교를 자퇴한 신앙동지회의 이성권, 엄두섭 이치복, 이노수, 손치호 등 박형룡과의 만남에 대한 단편적인 기록으로는, 정규오, "나의 신학, 신앙, 인격의 모델," 『죽산 박형룡 박사의 생애와 사상』, 박용규 편, 189를 참고할 것.

심이 박형룡을 중심으로 재편하는 결과를 가져왔다. 즉 신학적으로나 교회적으로 반조선신학교, 반고려신학교 인사들의 결집을 가져왔다는 점이다. 둘째, 박형룡이 고려신학교와 결별함으로서 한상동을 비롯한 고려신학교 인사들은 한국의 대표적인 보수 신학자인 박형룡도 수용하지 못하는 독선적 인물 혹은 집단이라는 인식을 심어주었다는 점이다. 즉 한상동을 비롯한 교회쇄신의 노력은 분리주의적인 독선적인 분파 운동이라는 오해를 낳게 했다. 이 점은 박형룡이 고려신학교와 결별한 후 제기된 고려신학교 측에 대한 비난 속에 잘 드러나 있다. 즉 이 때부터 고려신학교 측에 대한 반대와 비난은 더욱 거세졌고,[27] 결국 1948년 9월 21일 부산 항서교회에서 모인 경남노회 제49회 임시노회는 44대 21표로 고려신학교 인정취소를 결정하게 된다. 고려신학교 문제는 그 이후 경남노회의 주된 쟁점이 되었고, 한국 장로교회의 분열로 치닫게 된다.

셋째, 박형용의 이탈은 한국 장로교회 보수 진영의 분열을 가져왔다. 당시 박형룡은 한국교회가 인정하는 보수주의 신학자였고, 1945년 11월 14일 평북 6노회 교역자 퇴수회에서 한국교회 재건 기본원칙을 발표하는 등 교회재건(쇄신)에 참여하였다. 이런 박형룡의 여정을 보면 박형룡은 한상동 및 그 동지들과는 신학적으로나 신앙적으로 아무런 차이가 없었다. 그럼에도 불구하고 그가 한상동과 결별한 것은, 책임 소재와 관계없이, 결과적으로 한국 장로교회 내의 복음적 서클의 분열을 가져왔고, 이것은 한국 장로교회 분열과 무관하지 않다. 이제 그의 언행이 한국교회의 분열에 영향을 줄 만큼 그 영향력이 확대되었던 것이다.

---

27) 김양선, 155.

박형룡과 한경직

한국교회사에서 박형룡의 의의를 논함에 있어서 또 한 가지 주요한 사실은 박형룡과 한경직과의 관계와 1959년 승동측과 연동측의 분리였다. 반 고신(高神), 반 조신(朝神)의 온건한 중도교회 집단으로 구성된 주류의 한국 장로교회는 일시 평화를 누렸으나 1959년 고신과 조선신학교측의 분열에 이어 제3의 분열을 경험하게 된다.

이 때의 분열의 표면적인 이유는 세 가지로 지적된다. 즉 장로교회내의 세계교회협의회(WCC)에 대한 견해차, 박형룡 교수의 3천만환 사건, 경기노회 총대건 문제가 그것이다. 그러나 이 대립의 중심에는 박형룡과 한경직으로 대표되는 두 집단간의 대립에서 연원된 견해차였다. 분쟁의 소재는 WCC문제였으나 신학교 건축 기금 3천만환을 사기당한 박형룡에 대한 인책문제 등 복잡한 문제로 연결되었다. 특히 박형룡은 WCC를 반대하고 있었기 때문에 그에 대한 WCC 지지측의 인책요구도 거셌음을 알 수 있다. 한경직을 대표로 하는 WCC 지지측 인사들과 박형룡을 대표로 하는 WCC반대 측 인사들 간의 대립이 이미 분열을 사실화했다.

1959년 대전총회에서 이 두 집단은 분리-대립하게 되었고, 이들이 각기 서울의 승동교회와 연동교회에서 별도의 총회를 개최함으로서 결국 승동측과 연동측으로 분리하게 되었다.

결과적으로 볼 때 박형룡은 한상동, 김재준의 양 극단의 집단과 결별하고, 다시 한경직 중심의 집단과 결별함으로서 대한 예수교장로회 합동교단이라는 새로운 교단 형성 과정을 밟아온 것이다.

비록 박형룡은 고신과 결별하고 OPC만이 아니라 다른 선교부와 연합하며 서울을 중심으로 활동했으나 결과적으로는 합동교회(단)의 형성에 영향

을 주게 된 것이다.[28]

신학자로서의 박형룡

흔히 박형룡은 개혁주의 정통신학을 한국에 소개하는데 기여한 인물이라고 불리고 있다. 그는 미국교회의 신학적 변화와 이로 인한 대립과 갈등의 시기에 프린스톤에서 수학했고, 논쟁의 최전선에 서 있었던 메이첸으로부터 큰 영향을 받았다. 박형룡은 마치 미국 장로교에서 메이첸이 그러했듯이 1930년대 이래로 정통주의 혹은 보수주의 신학전통을 기초 놓고 이를 계승해 가는 50여 년간의 변증과 대결, 그리고 투쟁의 역사 중심에 서게 된다.

박형룡은 자신을 근본주의자라고 했는데, 역사적으로 근본주의는 1920년대 미국교회에서 현대주의자들이 성경비평학을 도입하고 소위 과학의 이름으로 기독교의 기본교리를 부정했을 때 이에 대한 반발로 일어난 운동이었다. 그래서 근본주의는 성경의 축자영감과 무오성을 골자로 하는 정통적 기독교 교리를 옹호했다. 근본주의는 근본적으로 자유주의 신학에 반대하는 보수신학을 의미했는데, 이것이 박형룡이 이해하는 근본주의였다. 박형룡은 직접적으로 근본주의를 지지하는 두 편의 글을 발표했는데,[29] 이 글에서 그는 근본주의는 선교사들이 전해준 신앙이며, 정통주의 기독교운동이라고 믿었다. 심지어 그는 근본주의는 20세기 미국적 배경에서 대두된 신학이 아니라, 성경이 말하는 신앙이며, 초대교회 교부들과, 16세기 종교개혁자들이 파수하려했던 신학이었고 미국 장로교회가 견지해 온 신학으로서 심지어 기독교 자체라고 이해했다. 말하자면 근본주의는 정통신학과 동일한 것이었

---

28) 박형룡과 한경직을 축으로 하는 1959년의 한국 장로교회의 분열에 대해서는 한국 장로교신학회 (2004. 9. 18)에서 발표한 "1950년대 한국 장로교회 분열과 연합에 대한 검토"에서 자세히 논의하였음으로 여기서 재론할 필요가 없을 것이다.
29) "근본주의,"《신학지남》(1959. 12), 12-24; "근본주의 신앙"「파수군」(1961. 1).

다.³⁰⁾ 박형룡은 근본주의와 함께 '정통주의' 혹은 '보수주의'라는 용어를 선호했는데, 자유주의가 아니라는 점에서 동의어로 사용하였다.

박형룡은 말년에 발표한 "한국 장로교회의 신학적 전통"에서 한국 장로교회 신학사를 정리하면서 한국 장로교회의 신학전통은 '청교도적 개혁주의 신학'이라고 말하고 있다. 그 신학은 구주대륙에서 발전된 칼빈의 개혁주의 신학에 영미의 청교도적 특징을 가미하여 웨스트민스트 표준에 나타난 신학이라고 해설했다. 박형용은 그것을 자신의 신학과 동일시하면서 "청교도적 개혁주의 정통신학"이 자신의 신학임을 드러내고 있다.³¹⁾ 그는 이 신학이 한국 장로교회의 신학적 전통이라고 말하고 있다.³²⁾

하나님의 부름을 받기 2년 전에 쓴 이 유언과 같은 논설에서 한국교회가 청교도적 개혁주의 정통신학을 파수하고 계승해 가야할 것을 호소하고 있는 것은 이 신학이 한국 장로교회의 정통 신학이자 최선의 신학체계라는 확신이 있었기 때문일 것이다. 이렇게 본다면 그의 신학은 부정적 의미의 근본주의자라고 보기 어렵지만, 그가 살아온 삶의 여정은 뒤에서 좀 더 언급하겠지만 개혁주의적 이기보다는 근본주의적이었다.

박형룡의 신학이나 신학 태도에 대해 몇 가지 고려해 볼 일이 있다. 우선, 박형룡은 미국의 개혁주의적 정통신학과 화란(구라파)의 개혁주의 전통이라는 두 갈래의 신학전통을 동시에 수용했다고 볼 수 있으나, 구라파의 개혁주의 신학에 대해 상대적인 무관심 혹은 거부감을 드러내고 있다. 박형룡은 미국신학은 직접적으로 배웠지만 화란신학은 간접적으로 배운 것으로 보인다. 그는 벌코프(Louis Berkhof, 1873-1957)에게 크게 의존하고 있는데,³³⁾ 그를 통해 화란 신학 전통을 잇고 있다고 보여 진다. 이 당시 화란 개혁자들의 저술

---

30) 박형룡, "근본주의," 『신학논문』(하), 280.
31) 《신학지남》 43권 3집(1976 가을호), 15.
32) 《신학지남》 43권 3집(1976 가을호), 22; 박용규 편, 51-2.
33) 박아론, 『죽산 박형룡 박사의 생애와 신학』, 153-4.

이 영역되지 못했고 그가 화란어를 읽지 못했음으로 벌코프는 박형룡에게 화란 개혁주의 전통을 전수해 주는 역할을 했다고 볼 수 있다. 그런데 박형룡은 구라파적 개혁주의 신학을 다시 논구할 필요가 없다는 점을 말하면서 약간의 거부감을 드러내고 있다.[34] 물론 이런 견해는 이미 구라파적 개혁주의 신학이 영미 장로교 전통 속에 포함되어 있다고 보았기 때문이라고 생각할 수 있으나 구라파의 개혁주의 전통에 대한 상대적 무관심을 보여준다. 이것은 하나의 세계관으로서의 개혁주의에 대한 거부를 의미하기도 하는데, 이런 점이 그가 20세기 미국교회적 근본주의적 경향성을 보여주는 것이 아닌가 생각된다.

또 일반적으로 박형룡은 구라파 개혁주의적인 전통을 충분히 소화하거나 소개하지 못함으로서 일반은총에 대한 이해와 문화 변혁적 이해를 심어주지 못한 것으로 평가되고 있다. 박형룡은 벌코프로부터 큰 영향을 받았지만 벌코프가 가졌던 사회나 문화에 대한 관심이나 개혁주의적 성찰을 거의 찾아볼 수 없다. 루이스 벌코프는 하나님의 주권의 우주적 성격을 강조하여 문화에 대한 소명, 곧 문화변혁을 강조했다. 그는 칼빈신학교에서 38년간 조직신학 교수로 봉직하면서 『조직신학』(Systematic Theology) 뿐 아니라 성경신학과 사회윤리 분야에도 저서를 남겼다. 그는 근본주의자들이 무관심했던 사회 문제에 대해서도 깊은 관심을 표명했고, 사회복음주의에 대해서 새로운 대안을 제시하고자 했다. 그것은 낙관주의적인 합리주의 신학인 사회복음주의에 대한 적절한 비판이기도 했다. 이런 사회에 대한 관심을 보여주는 작품이 『교회와 사회문제』(The Church and Social Problems, Grand Rapids, 1913)였다. 다시 말하면 벌코프는 근본주의에 동조하면서도 그들의 약점인 사회에 대한 건실한 관심을 회복하고 사회 문제에 대한 교회의 책임을 환기시켜 주었던 것이다.[35] 그는 개인구원과 타계주의적 보수주의자가 아니

---

34) 《신학지남》 43권 3집(1976, 가을호), 19; 박용규 편, 47-8.
35) Louis Berkhof, *The Church and Social Problems*, 5-20.

라 문화변혁적 전통을 가진 개혁주의자로서 신칼빈주의(Neo-Calvinsim) 전통을 수용하고 있었다.

그런데 벌코프의 신학으로부터 큰 빚을 지고 있는 박형룡에게는 그 시대의 사회나 문화현상에 대한 신학적 성찰이나 문화변혁적 관심이 희박했다. 이 점은 그의 글쓰기의 여정 속에 드러나 있다.[36] 무엇보다도 박형룡이 살았던 시대적 상황, 특히 1930년대 이후 진보적 신학의 대두에 대항하여 한국교회의 신학전통을 지키기 위한 방어적 싸움 때문에 성경권위를 수호하는데 앞장섰고, 그 싸움의 와중에서 그의 신학은 근본주의적 경향성을 지녔다고 평가할 수 있을 것이다. 박형룡은 자신의 신학을 '청교도적 개혁주의 정통신학'이라고 불렀지만,[37] 그 시대의 외인(外因) 때문에 그의 신학은 개혁주의적이기 보다는 미국적 의미의 근본주의, 혹은 개혁주의적 특성을 지닌 '정통주의' 신학자로서 근본주의에 가까웠다고 할 수 있을 것이다. 특히 칼빈 이래로 최대의 칼빈주의 신학자로 불리는 아브라함 카이퍼(Abraham Kuyper, 1837-1920)에게서 볼 수 있는 칼빈주의적 세계관은 빈약했던 것으로 보인다. 만일 그에게 그런 세계관적 체계나, 박형룡의 표현처럼 문화에 대한 '지로'(指路)가 있었다면 한국에서의 기독교는 오늘 현실에서 보는 신앙과 삶의 이원론적 괴리를 극복하는데 적지 않은 도움을 주었을 것이다.

결론

유동식 교수는 그의 『한국 신학의 광맥』에서 한국개신교 신학 백년의 흐름을 세 가지 유형, 곧 '보수적 근본주의 신학,' '진보적 사회 참여의 신학,' 그

---

36) 박형룡 박사의 저적 및 신학논문 목록 참고. 박용규 편, 『죽산 박형룡 박사의 생애와 사상』, 13-19. 장동민, 429-436.

37) 박형룡, "한국 장로교회의 신학적 전통," 《신학지남》43권 3호 (1976, 가을호), 11.

리고 '문화적 자유주의 신학'으로 분류했다. 그리고 보수적 근본주의 신학에 초석을 놓은 이로 길선주(吉善宙)와 박형룡을 들었다.[38] 유동식에 따른다면 박형룡으로 대표되는 보수적 근본주의 신학이 초기 한국교회의 신학이었고 한국교회 신학적 전통이 되고 있다고 볼 수 있다.

박형룡은 근본주의, 보수주의, 개혁주의, 혹은 청교도 개혁주의 정통신학[39]이라고 불리는 반 자유주의적인 신학의 수립과 체계화, 계승과 발전에 지대한 공헌을 했다. 따라서 한국교회, 특히 한국 장로교회에서 박형룡의 영향력은 과소평가 될 수 없다. 그는 한국 장로교 신학의 정초를 놓은 인물이자 장로교신학의 보수주의적 전통을 엮어간 인물이라는 점에는 이론의 여지가 없을 것이다. 그가 『기독교 근대신학난제선평』에서 슐라이에르마허, 리츨, 바르트, 브른너 등 자유주의 신학과 신정통주의 신학을 비판하고 정통신학을 제시한 이래 한국교회에서 보수신학을 지키는 보루로써의 역할을 해 왔고, 그의 교육과 저술, 설교와 가르침의 결과로 오늘과 같은 복음주의적인 장로교회가 형성되었다. 그의 7권으로 구성된 방대한 교의신학은 김길성의 지적처럼[40] 한국 신학의 가능성을 열어놓은 위대한 업적으로 평가된다.

동시에 그에게는 한국 장로교회 분열의 책임이 있다. 또 그는 한국교회 연합에 대한 구체적인 관심을 표명하지 않았다. 교회 연합에 대한 그의 무관심이 동일한 신학을 견지하면서도 연합에 대해 냉담한 분리주의적인 경향성을 한국교회에 심어준 것으로 생각된다.

---

38) 유동식, 28-29.
39) 박아론은 한국교회 신학적 전통을 '보수주의'(《신학지남》, 1976년 가을호, 권두언), '청교도 개혁주의 정통신학'(『보수신학은 어디로 가고 있는가?』, 1985, 195)이라고 불렀다. '청교도 개혁주의 정통신학'이란 "좌로는 성경영감을 부인하는 인본주의적 자유주의에 치우치지 않고, 우로는 방언, 신유, 묵시, 예언 등을 일삼는 기도원적 은사주의에 치우치지 않으면서 하나님의 절대주권과 생활의 경건이라는 두 바퀴를 가지고 성경 66권의 궤도를 굴리가는 신학"이라고 정의했다.
40) 김길성, 『개혁신앙과 교회』(총신대학교 출판부, 2001), 18ff.

2. 박윤선의 신학과 설교

시작하면서: 개혁신학과 교회에 대한 박윤선의 영향

정암(正岩) 박윤선(朴允善, 1905-1988)은 한국의 대표적인 개혁주의 신학자이자 성경주석가였고, 경건한 삶을 살았던 언행일치의 설교자였다. 그는 웨스트민스터신학교에서 유학하고(1934-6, 1938-9) 귀국한 1939년 이후 1988년 세상을 떠나기까지 50여년 간 한국의 복음주의 혹은 개혁주의 신학을 선도한 신학자였고, 고려신학교(1946-1960), 총신대학교(1963-1980), 합동신학교(1980-1988)에서의 사역을 통해 수많은 제자와 후학을 양성하였다. 적어도 최근 50년 이래에 그 만큼 광범위한 영향을 끼친 인물도 없을 것이다. 그는 진정한 의미의 '교회의 교사'(doctor ecclesiae)였고, 경신애학(敬神愛學)의 신학자였다.

한국교회의 역사에서 그를 긍정하던가, 그를 비판할 수는 있어도 그를 외면할 수는 없을 것이다. 박윤선은 한국교회에 커다란 영향을 끼쳤지만 특히 한국교회 강단과 설교에 결정적인 영향을 끼쳤다. 그의 성경해석은 그의 주석의 근간을 이루었고, 그의 주석은 설교자들의 안내서였다. 그의 주석 속에는 1천편이 넘는 설교가 포함되어 있었는데, 그 설교는 주석과 함께 한국교회 강단에 지대한 영향을 끼쳤다.

흔히 보수주의 혹은 복음주의 계열에서 가장 큰 영향을 끼친 두 사람을 언급하는데, 그 한 사람이 앞에서 언급한 박형룡이고, 다른 한 사람이 박윤선이다. 박윤선보다 8년 연상이었던 박형룡(朴亨龍, 1897-1978)은 박윤선의 스승이자 동료였다. 그는 1931년 4월부터 장로회 신학교(평양신학교)의 변증학을 가르치는 전임교수가 되었는데, 이 해에 박윤선은 평양신학교에 입학했다.

박형룡은 1931년부터 평양신학교가 폐교되는 1938년까지 교수로 있었고, 1942년에는 만주 동북신학원 교수 및 교장으로, 1947년에는 부산 고려신학교 교장으로, 1948년에는 남산의 장로교신학교 교장으로, 1952년 이래로는 총회신학교 교장으로 1972년까지 활동하고 은퇴했다. 즉 그는 1931년부터 1972년까지 약 40년간 한국과 만주에서 '교회의 교사'로 활동하게 된다. 박형룡은 1935년 『근대 기독교신학 난제선평』이란 책을 저술한 이래, 『표준성경주석 로마서』를 포함한 4권의 주석서와 『믿음을 지키라』, 『우리의 피난처』, 『남은 백성』 등 3권의 설교집, 『기독교 변증학』 등 단행본과 전7권의 『교의신학』을 완간했다. 1978년에는 박형룡의 모든 저작을 한데 묶어 전14권의 『박형룡 박사 저작전집』이 출판되었다. 이런 점에서 박형룡은 한국교회 신학형성에 지대한 영향을 준 것이 분명하다.

그럼에도 불구하고 필자는 해방 이후 한국교회에 끼친 박윤선의 영향은 박형룡보다 앞선다고 생각한다. 영향의 폭이란 과학적 통계나 수치로 측정할 수 없지만, 사상적 혹은 정신적 영향이란 구체적인 접촉 곧 침투성(permeability)을 통해 드러나는데 이 점에 있어서 박윤선의 영향이 더 컸다. 박형룡의 주석은 불과 4권에 지나지 않고 그 한 권(고린도후서 주석)은 사실은 박형룡의 것이 아니라 박윤선이 집필한 것이었다. 또 박형룡의 『교의 신학』은 난해성 때문에 독자들의 정신이나 삶에 착근하기 어려웠다. 단지 믿을 만한 교의신학서라는 '상징성'을 지니고 있었을 뿐이다. 다시 말하면 박형룡 전집을 다 갖추고 있더라도 그것을 읽고 소화하여 목회현장에서 드러내지 못한다면 박형룡의 저술들은 '선언적' 의미는 있으나, 개인이나 교회공동체에 실재적 영향을 주었다고 볼 수 없다. 마치 성경을 소지하고 있어도 성경을 읽고 자신의 삶에 지침으로 삼지 못한다면 성경의 영향을 받지 못하는 것과 동일하다.

그러나 박윤선의 주석은 그렇지 않았다. 그의 주석은 광범위하게 읽혀졌고, 한국적 현실에 착근한 그의 주석은 광범위한 독자층을 형성하였다. 박윤선의 주석이 학문성을 지니는 것은 분명하지만[41] 박윤선의 관심은 학문적인 것이 아니었다. 그 자신이 말한 바처럼, 그의 주석은 "한국교회 강단이 메마르지 않도록 하기 위한" 목적에서 주석을 집필했다. 그래서 그의 주석에는 간하배의 지적처럼, "고등비평의 문제들이나 서론적인 문제에 대해서는 거의 지면을 할애하지 않았다."[42] 박윤선은 새벽기도회를 비롯하여 일주일에 10여 편 이상 설교해야 하는 목회자들의 설교를 돕기 위한 목적에서 주석을 집필했고, 다른 학문적 주석들처럼 문법적이고 언어학적(grammatico-linguistic)인 해설이 주된 관심이 아니었다. 따라서 그의 주석은 대중성을 지니고 있었고 광범위한 독자층을 형성했다. 그의 주석 중 마지막으로 출판된 『에스라 느헤미야 에스더』 주석을 제외한 모든 주석에서 설교문과 설교재료가 들어 있다. 주석 전권에 1053개의 설교요약이 들어 있고, 설교재료까지

---

41) 박윤선의 주석은 칼빈의 기독교 강요를 비롯하여 스킬더, 헤르만 바빙크, 게르하르트 보스, 흐로쉐이드, 리델보스나 미국계의 찰스 핫지, 워필드 등을 끊임없이 인용하고 저들의 학문적 성과를 수용하고 있다. 간하배는 박윤선이야말로 화란 개혁주의 신학자들의 글을 소개하고 인용한 최초의 한국인이라고 지적했다. Harvie M. Conn, "Studies in the Theology of the Korean Presbyterian Church, Part IV," *Westminster Theological Journal*, Vol. 30, No. 2 (May, 1968), 111.

42) 간하배, 『한국 장로교신학사상』(실로암, 1988), 141. 간하배는 1964년에 출판된 공관복음서 주석의 경우를 구체적인 예로 제시했다. 공관복음서 주석은 칼빈이 채용했던 대조법(harmonistic method)에 따라 기술되었는데, 1116쪽에 달하는 이 책의 서론은 불과 9쪽에 지나지 않는다는 점을 일례로 지적했다. 반면 이상근은 총 406쪽의 공관복음서 주석에서 공관복음서의 서론적 문제에 대해 22쪽을 할애했다.

포함하면 그 수는 1,500편에 달한다. 이런 점에서 간하배는 박윤선의 주석은 마이어(H. A. W. Meyer) 보다는 매튜 헨리(Matthew Henry)에 가깝다고 평가했을 것이다. 총 11,602쪽에 달하는 이 박윤선의 주석이 1989년까지 40만권이 팔렸다고 하니 현재까지는 그 이상의 책이 보급되었음이 분명하다.[43] 이런 보급률은 한국기독교의 그 어떤 도서와도 비교될 수 없는 것이었다. 이런 점은 한국교회에 끼친 박윤선의 영향력이 박형룡을 능가했음을 보여주는 일 예라고 할 수 있다.[44]

한 가지 분명한 것은 박윤선의 주석에는 신학적 입장이 분명했다는 점이다. 그 신학적 입장이란 바로 개혁주의 신학이었고, 개혁주의적인 교회와 목회관이었다. 이 점을 박윤선은 이렇게 말하고 있다.

> 이 주석은 칼빈주의 원리가 성경적이라는 확신 하에 그것을 기준하였으며, 혹시 다른 학자들의 해석을 인용한 경우에 있어서도 원칙적으로 칼빈주의적인 주석가들의 글을 인용하였다. 때론 여러 저자들의 논문들을 인용한 곳도 있는데, 이것은 그들의 신학사상 전체를 받아들려 이해하려 함이 아니라, 단지 주석상의 문제들에 대한 의견일치를 보이기 위함이다.[45]

종합적으로 고려해 볼 때 박윤선은 한국교회에 개혁주의 신학을 광포하는데 결정적인 영향을 끼쳤다고 볼 수 있다.

그렇다면 박윤선의 설교는 어떠했으며 한국교회 설교에 어떤 영향을 주었

---

43) 서영일,『박윤선의 개혁신학연구』, 242.
44) 사회 혹은 교회적 영향력은 학문적 수월성에 의해 결정되지 않는다. 이것은 마치 18세기 영국에서 '이신론'이 창궐할 때, 이에 대항한 리렌드(John Leland, 1691-1766)나 레즐리(Charles Leslie, 1650-1722) 같은 신학자들의 저서나 버틀러감독(Bishop Butler, 1692-1752)의『유추』(Analogy) 같은 작품이 끼친 영향력은 휫필드나 웨슬리의 설교활동에 미치지 못했던 경우와 같다. 라일(Ryle)은 "이들의 노력은 휫필드와 그의 동역자들의 절반 만큼도 불신의 홍수를 물리치지 못했다"고 평가했다. 이상규,『교회개혁과 부흥운동』(SFC, 2004), 322.
45) 박윤선,『공관복음 주석』, 7.

을까? 그는 개혁주의 신학의 석명자(釋明者)이자 개혁주의적인 설교의 모범을 보여준 설교자였다. 그는 자신의 진술처럼 대학시절 4년간 매주일 교회에서 설교했던 것까지 고려한다면 60년 가까운 세월동안 설교자로 살았다. 그러나 그가 개혁주의 신학과 그 체계를 의식하고 설교한 것은 1937년 이후였다고 한다.[46] 1937년 이후만 고려한다 하더라도 박윤선은 50여년 간 설교자로 살아왔다. 이 긴 기간 동안의 그의 설교가 어떠했던가를 고찰하는 일은 현실적으로 불가능할 것이다. 이 글에서는 우선 박윤선의 삶과 학문적 여정을 정리한 후, 한국교회의 설교가 어떠했던 가를 역사적으로 검토하려고 한다. 그 후 박윤선의 설교가 어떤 성격을 지니고 있었던 가를 기술하고자 한다.

박윤선의 삶과 신학적 여정

학문의 길

1905년 평북 철산군에서 출생한 박윤선은 선천의 신성중학교를 거쳐 숭실전문학교를 졸업하고, 1931년 평양신학교에 입학하였다. 1934년 신학교를 졸업하고, 두 차례 웨스트민스터신학교에 유학하였다(1934-36, 1938-1939). 특히 이 기간 동안 메이첸(J. Gresham Machen, 1881-1937)의 문하에서 헬라어공부와 신학연구에 주력하였다. 박윤선은 2차 미국 유학 시에는 반틸(Conelius van Til)의 문하에서 변증학을 배웠는데, 반틸의 영향으로 신학이란 어떤 자연론적인 유추나 철학적 사변에서 출발하지 않고 삼위일체 하나님을 전제한 성경계시에서 출발하는 전제주의(presuppositionalism)에 기초해야 한다는 사실을 배우게 된다. 또 반틸의 신학이 근거하고 있는 바빙크의 교의학을 접하

---

46) 박윤선, "나의 신학과 나의 설교"《신학정론》4권 1호(1986. 5), 6.

게 되는데, 이것은 바르트의 변증법적 신학을 극복하는데 도움을 주게 된다. 그의 첫 신학논문인 "빨트의 성경관에 대한 비평"과 그의 두 번째 신학논문인 "빨트의 계시관 비평"은 이런 훈련의 결과였다. 박윤선의 철저한 계시의존사색도 이런 교육을 통해 얻는 것이었다. 그가 1936년 웨스트민스터신학교에서 석사학위를 얻고 귀국하여 평양신학교에서 원어학을 가르치기 시작하였는데, 이것이 신학교육의 시작이었다. 그가 웨스트민스터신학교에 두 번째 유학하던 중 제2차 대전이 발발하여 일시 일본에 체류하다가 만주 봉천으로 갔는데, 1940년 3월 이곳에서 목사안수를 받았다. 또 봉천에 소재한 한인교회 교역자 양성기관인 만주신학원에서 박형룡과 함께 교수로 봉사했다.

해방과 함께 귀국한 박윤선은 1946년부터 1960년까지 14년간 고려신학교 교수 혹은 교장으로 봉사했다. 그가 고려신학교(현 고신대학교) 교수로 봉직하고 있던 1953년 10월에는 화란 자유대학으로 다시 유학을 떠났는데 이 때 그의 나이는 48세였다. 아내의 갑작스런 교통사고로 급거 귀국함으로서 화란에 체류한 기간은 불과 6개월 정도에 지나지 않지만 화란의 개혁신학을 접하게 되고, 이 신학을 한국에 소개하는 데 크게 기여하였다.

어떤 점에서 박윤선은 화란 개혁주의 신학자들의 글을 섭렵하고 한국교회에 소개한 최초의 학자라고 할 수 있다. 그가 화란학자들의 글을 처음 접한 것은 화란 유학 시절이 아니라 1935년 웨스트민스터신학교 유학시절이었다. 그는 이때 화란의 개혁주의 신학에 심취하여 독학으로 화란어를 해독할 수 있게 되었고, 바빙크의 『교회교의학』(Gereformeerde Dogmatiek)을 접했는데, 그는 이 책을 가장 애독했다고 한다. 박윤선이 보수주의 신학자 박형룡(朴亨龍, 1897-1979)과 다른 한 가지는 박형룡은 미국의 구 프린스톤신학(Old Princeton Theology)을 한국 장로교회의 전통으로 확립하고 이를 보수하려는 입장이었으나, 박윤선은 화란에서 발전된 개혁주의 신학도 적극적으로 수용하였다는 점이다. 즉 그는 구 프린스톤 신학에서 웨스트민스터신학교로 이어지는 미국 장로교 전통의 개혁주의 신학과, 특히 19세기 화란에서 발전된 개혁주의 신학, 이 두 흐름을 적절히 종합하였고, 이를 한국교회 현장에 이식하고 개화케 하였다는 점이다. 박형룡은 정통주의, 보수주의 혹은 근본주의라는 용어를 선호하고 이를 혼용하였으나, 박윤선은 개혁주의 혹은 개혁파라는 용어를 선호하고 이를 빈번히 사용하였다.

그가 고려신학교 교수로 봉직하고 있을 때인 1954년 9월에는 고려신학교 설립자인 한상동과 같이 미국 훼이스신학교(Faith Theological Seminary)에서 명예신학 박사 학위를 받았다. 1946년부터 1960년까지 14년간 고려신학교에서 가르쳤던 박윤선은 1960년 고려신학교 교장 및 교수직을 사임하고, 1960년부터 63년까지는 서울 서대문구 충정로에서 동산교회를 설립하고 목회자로 활동했다. 이 기간은 하나님의 말씀은 건조한 이론이 아니라 생명과 기쁨을 내포하고 있다는 사실을 체감하는 기회였다고 술회했다. 1963년 총회신학교(현 총신대학교)교수로 초빙 받은 그는 이 때부터 1980년까지 이 학교에서 가르쳤다. 1979월에는 설립 50주년을 맞는 미국 웨스트민스터신학교에서 다시 명예신학 박사 학위를 받았다. 이것은 그간의 신학연구와 교육에 대한 인증이었다. 1980년 10월 말에는 총신대학 대학원장직을 사임하고 김명혁, 신복윤, 윤영탁 등과 합동신학교를 설립하여 원장 혹은 교수로 봉사하였고, 명예원장으로 계시다가 1988년 6월 30일 세상을 떠났다.

구 프리스톤신학과 화란 개혁주의 신학의 수용

박윤선은 일생동안 개혁주의 신학의 확립을 위해 일관된 생애를 살았는데, 한국교회를 위한 그의 중요한 봉사는 성경주석 집필이었다. 그의 주석 집필은 1938년부터 시작되었는데, 이 때로부터 40년간의 노고 끝에 1979년 신구약 66권의 주석을 완간했다. 그의 첫 주석은 1949년 3월에 출판된 『요한계시록』주석이었고, 마지막 주석은 1979년에 출판된 『에스라·느헤미아·에스더 주석』이었다. 그의 주석은 분량으로 보면 구약은 총 7,347쪽, 신약은 총 4,255쪽에 달해 신구약 주석은 총 11,602쪽에 달하며 매년 약 240쪽의 주석을 집필한 것이다. 그는 주석 외에도 『영생의 원천』(1970), 『응답되는 기도』(1974), 『주님을 따르자』(1975) 등의 설교집과, 『성경신학』(1971), 『헌법주석』(1983), 유고집 『웨스트민스터신앙고백서』(1989), 자전기록인 『성경과 나의 생애』(1992), 『개혁주의 교리학』(2003) 등을 남겼다. 단행본 외에도 고신대학이 발간했던 《파수군》에 218편, 총신대학의 《신학지남》에 40편, 합동신학교의 《신학정론》에 12편의 논문을 발표하였다. 그가 고려신학교에서 일한 기간은 14년인데, 218편의 글을 발표했으므로 연 15.6편의 논문을 발표한 것이다. 외람되지만 그가 고려신학교에서 일한 기간은 고신 신학의 전성기였으며, 그의 생애에서 가장 열정적인 '학구의 기간'이기도 했다. 그는 지칠 줄 모르는 열정을 지닌 학자이자, 냉철한 이성과 뜨거운 가슴을 지닌 학자였다.

　박윤선은 조직신학자는 아니었으나 조직신학과 역사신학에도 박식하였고, 그의 성경주석에는 일본을 비롯한 동양권의 신학자와 하지(Ch. Hodge), 워필드(B. B. Warfield), 메이첸(J. Gresham Machen) 등 미국신학자들은 물론, 잔 메이어(Jahn Meter), 델리취(Delitzsch) 등 독일 신학자들과 아브라함 카이퍼(Abraham Kuyper), 바빙크(Herman Bavinck), 보스(G. Vos), 리델보스(H. Ridderbos), 스킬더(K. Schilder) 등 화란의 신학자들의 신학을 동시에 소개하였다. 그는 개혁주의 신학을 석명하고 이를 구체화하였을 뿐 만 아니라 개혁주의 신학 위에서 신정통주의나 자유주의 신학을 비판하고, 성경의 절대적 권위, 하나님의 주권, 그리고 하나님의 영광을 추구한 진정한 개혁신학자였다. 그는 한편으로는 개혁주의가 아닌 신학을 비판했고, 다른 한편으로는 개혁주의 신학을 천착하려고 힘썼다.

　박윤선은 한국 최초의 장로교신학교육기관이었던 옛 평양신학교의 벽을 넘어선 개혁주의 신학자였다. 간하배(Harvie Conn)교수는 박윤선은 단순한 근본주의 차원을 넘어서길 원했다고 함으로서 그는 진정한 의미에서 개혁주의 신학자였음을 지적했다.

박 박사는 옛 평양신학교가 너무나 제한된 분야에만 집중한 나머지 일반은 총의 여러 분야들을 인식하지 못한 교회가 세워질 것을 염려했다. 그는 단순한 근본주의의 차원을 넘어서길 원했다. 즉 한국교회가 칼빈주의라는 보다 원시적(遠視的)인 안목(the larger perspectives of Calvin)에서 바라보고, 또 그런 방향으로 나아가길 원했다. 개혁신앙에서 동료였던 박형룡과는 달리 박윤선은 조직신학 연구를 통해서만이 아니라 신약연구를 통해서도 이런 목적을 이루고자 노력하였다.

그가 말한 칼빈주의에 대한 '원시적인 관점'이란 삶의 체계로서 칼빈주의, 곧 개혁주의적 세계관을 의미했다. 그는 단순한 이론이나 지식을 가르치는 개혁주의자가 아니라 개혁주의적인 삶을 몸으로 체달(體達)했던 신학자였다. 그는 경신애학(敬神愛學)의 삶을 살았으며, 겸손한 기도의 사람이었다. 김명혁은 "한국교회 안에 칼빈주의 또는 개혁주의를 주장하는 사람들이 적지 않다. 그러나 대부분의 경우 개혁주의라기 보다는 근본주의 또는 보수주의적 입장을 견지하고 있는 사람들이 많다. 박윤선 목사님은 한국교회 안에 개혁주의 신앙이 무엇이며 개혁주의적 삶이 무엇인지를 가장 분명히 보여주신 분이었다. 칼빈주의 신학은 하나의 신학체계에 그치지 않고 하나님 중심적 뜨거운 신앙의 원리로 나타남을 보여 주셨고, 소극적 분리주의가 아니라 적극적 포용과 교제의 삶인 것을 보여 주셨으며, 세상사에 무관심한 반 문화주의가 아니라 사회문제와 구제사역 등에 적극적 관심을 나타내는 문화변혁주의인 것을 가르쳐 주셨다."고 회상했다.

그가 고려신학교 교수로 재직하고 있던 1956년에 교단 명칭을 고신측이 아니라 '개혁파'로 변경하고자 했던 점은 그의 개혁주의 신학은 구 프린스톤 신학과 웨스트민스터 신학으로 이어지는 미국의 전통만이 아니라, 화란과 유럽의 개혁파 전통을 수렴하고 이를 한국 교회 현실에서 석명하고 계승하고자 하는 의지가 강했음을 확인할 수 있다.

그가 남긴 신학적 유산

박윤선은 고신대학교(1946-1960), 총신대학교(1963-1980), 합동신학대학원 대학교(1980-1988)에서 학장으로 혹은 교수로 활동함으로써 그의 영향 하에 개혁주의 신학과 그 학맥(學脈)은 위의 3학교를 통해 체계적으로 계승되었다. 비록 그가 직접적으로 가르치지는 않았을지라도 그의 신학과 삶은 한국교회 전반에 수용되었다.

앞서 지적했지만 주경신학자로서 박윤선의 영향력은 조직신학자인 박형룡보다 앞섰다. 박형룡의 『교의신학』은 사변적 난해성 때문에 대중적 수용도가 낮았다. 그러나 주경신학자였던 박윤선의 저작들, 특히 성경주석은 일반 목회자들에게 광범위하게 읽혀졌다. 그의 성경주석은 '학문적인' 동기에서 시도된 것이 아니라, "한국교회 강단이 메마르지 않도록" 설교자들을 돕기 위한 '실천적인' 동기에서 시도되었기에 그의 성경주석에는 41편의 소논문이 특주 혹은 참고자료로 포함되어 있고, 1,053편의 설교와 다양한 예화 등 '설교재료'가 포함되어 있다. 그래서 그의 주석은 시골의 목회자로부터 도회지의 학자들에 이르기까지 광범위한 독자층을 얻고 있었다. 한국목회자들의 서재에서 가장 쉽게 발견할 수 있는 책이 박윤선의 주석임을 아무도 부인하지 못할 것이다. 그의 방대한 저술과 30여 년간의 신학교육과 목회 활동을 통해 개혁주의 신학을 공표하고 가르치고 대중화하는 데 결정적인 영향을 주었다.

박형룡의 교의신학은 선언적 의미가 컸지만 박윤선의 개혁주의적 성경주석은 목회적 터전에 쉬 용해되고 착근할 수 있었다. 이런 점에서 볼 때 그의 영향력은 박형룡을 능가하며, 한국교회 전반에 커다란 영향을 끼쳤다. 그는 저술활동을 통해 한국교회의 신앙과 신학 전 영역에 광범위한 영향을 끼쳤을 뿐만 아니라, 경건한 삶과 고매한 인격을 통해 개혁주의적 삶을 모범으로 보여준 한국교회의 사표였다.

특히 설교자로서 그가 한국교회 강단에 끼친 영향은 과소평가될 수 없다. 앞에서도 언급했지만 그의 성경주석은 목회적 동기에서 저술되었고, 그 주석 속에 포함된 1,053편의 설교는 설교의 모범으로 간주되어 한국 교회 강단에 영향을 주었기 때문이다.

박윤선의 설교

박윤선은 일생동안 세 가지 일에 몰두했다고 자신의 삶의 여정을 요약했는데, 신학교 교육, 주석집필, 그리고 목회사역이 그것이다.[47] 그러나 이 3가지는 별개의 일이 아니라 하나의 일로 정리될 수 있다. 그것이 바로 교회건설이었다. 그는 성경을 연구하면서 주석을 집필했고, 주석한 것을 가르치고, 그 주석을 근거로 설교했다. 반대로 그는 설교하면서 깨달은 것을 주석에 기록하고 그것을 강단에서 가르쳤다.[48] 이런 점에서 그의 주석집필과 설교는 무관하지 않다.

엄격한 의미에서 박윤선은 목회자라기보다는 신학자였다. 물론 그가 목회자로 일한 기간도 있었으나[49] 그는 일생동안 연구하고 가르치는 신학자였다. 그러나 그의 연구와 교수는 단순히 상아탑에서의 사변이나 냉냉한 논리

---

47) Y. S. Park, "Personal Touch," The Presbyterian Guardian, vol. 34-4(April, 1965), 54; 박윤선, "신학연구에 바친 생애,"『신앙계』(1983. 1), 39.
48) 박윤선, 161.
49) 박윤선은 숭실학교 재학 중인 4년간 주일마다 평양시 모란봉 너머에 있는 가현리의 교회에서 설교도하고 심방도 했다(박윤선,『성경과 나의 생애』, 48). 이것이 그의 첫 목회라고 할 수 있다. 이 때는 평양신학교에 입학하기 이전이었다. 그가 고려신학교 설립의 시원이 되는 진해 하기 신학강좌기에는 진해 경화동교회에서 목회하기도 했다. 또 1961-3년에는 서울에 동산교회를 개척하고 목회자로 일했다.

적 사유 활동이 아니었다. 그의 모든 연구와 집필, 교수활동은 궁극적으로 하나님의 나라와 교회를 위한 섬김이었고, 그의 모든 노력은 하나님의 교회를 세워가기 위한 목회적 동기를 지니고 있었다. 이런 점에서 박윤선을 "목회적 마음을 가진 신학자였다"는 서영일의 표현은 적절하다.[50] 그가 어떤 책임을 맡던 지역교회를 위해 봉사하기를 마지않았고, 그가 무엇을 하던 그것은 직접적으로 목회적 동기를 지니고 있었다. 그의 일생의 과제였던 주석 집필도 그런 노력의 일환이었다. 그의 주석은 신학훈련이 부족한 목회자들을 위한 안내서이자 설교자들을 위한 참고서였다. 말하자면 "강단이 메마르지 않도록 하기 위한" 목적을 지니고 있었다.

박윤선의 기록된 설교로 가장 오래된 것은 그가 평양신학교 학생 때인 1934년의 것이다. 『게자씨』1934년 6월호에 게재된 "승우승(勝又勝)"은 로마서 8장 35-38을 본문으로 한 설교로서 묵시록 4장 8절을 본문으로 한 『신앙생활』 1934년 6월호에 개제된 "묵시의 찬가"라는 제목의 설교와 함께 가장 오래된 설교문으로 알려져 있다. 그는 『신앙생활』 1934년 7월호와 8·9합본호에 "묵시의 찬미"라는 같은 제목의 연속 설교를 게재하였다.

연도	게제지	제목 및 본문
1934	『게자씨』 (1934. 6) 『신앙생활』 (1934. 6) 『신앙생활』 (1934. 7) 『신앙생활』 (1934. 8. 9)	勝又勝 (롬 8:35-38) 묵시의 찬미 (묵 4:8) 묵시의 찬미 (묵 4:8) 묵시의 찬미 (묵 5:9-10, 12, 13)

유학 후 귀국하여 일본과 만주에서 거주한 후 귀국한 이래 1946년부터 고려신학교 교수로 일하게 되는데, 그가 고려신학교를 떠나는 1960년까지 고려신학교 교지 《파수군》에만 40편의 설교를 게재했다.

---

50) 서영일, 26.

연 도	호수	제 목
1951	1	메시야의 이름 (사9:1-7)
1951	2	의의 하나님께 대한 다윗의 기도 (시4:1)
1951	6	제4회 졸업식 훈사 (수1:7)
1951	6	억울함을 당한 성도 (시109:1-4)
1951	12	성탄 (마1:1-52)
1953	25	백 훈(百訓)
1953	35	예수님의 탄생 (눅2:1-20)
1954	37	바울의 동족애 - 참된 전도정신
1954	39	예수님의 부활
1954	43	교역자의 세 가지 힘쓸 것
1955	48	디모데에 대한 바울의 심정
1955	48	예수님의 제자들이 부활신앙에 이르는 경력
1955	50	탄생하신 주에 무엇을 바칠까?
1955	50	구주성탄과 외양간 구유
1955	50	하나님께 대한 인간의 무지와 해결책
1956	57	범사에 감사하자
1956	58	예수님의 탄생과 동방 박사들
1957	59	새해 새 사람
1957	60	창세기의 신앙인물소고
1957	60	죽도록 충성하라
1957	69	말씀이 육신이 되심
1958	70	새해와 새 계명
1958	73	제12회 졸업생 훈사
1958	73	여호와를 경외함
1958	75	아론의 싹 난 지팡이
1958	76	입다의 진실함에 대하여
1958	77	시험 받음에 대하여
1958	78	밤이 어떻게 되었느뇨
1958	80	장로의 행동원리
1958	81	하나님 아들들의 행동원리
1959	82	확신에 대하여
1959	83	회혼례에 대하여
1959	86	시험을 이기는 비결
1959	86	은혜를 헛되이 받지 말라
1959	86	넓은 마음
1959	88	위기의 극에 주의하자
1960	103	복음을 가지고 정진
1962	124	감사에 대하여 (눅17:11-19)
1963	129	그리스도의 재림에 (딤전6:15-16)

그가 1949년부터 출판하기 시작한 성경주석에는 1,053편의 설교가 게재

되어 있다. 설교재료까지 합하면 1,500개에 달한다. 이 설교는 주석에 상응하는 내용으로서 주석 독자들의 설교를 위한 안내였다. 또 박윤선은 1970년대 3권의 설교집, 『영생의 원천』(1970), 『응답되는 기도』(1974), 『주님을 따르자』(1975)를 출간했다. 이 설교집에는 240편의 설교가 수록되었다. 이상의 자료만 보더라도 현재 우리가 확보할 수 있는 박윤선의 출판된 설교만 1,341편에 달한다. 시기적으로 말하면 1950년 이후의 것들이다. 우리가 이 모든 설교를 분석하기란 용이하지 않지만 출판된 그의 설교에는 다음과 같은 몇 가지 특징을 발견할 수 있다.

일반적 성격

박윤선의 설교는 당시의 다른 목회자들의 설교와 근본적으로 다른 그 무엇이 있을 것이라는 기대를 하지만 그의 설교집에 나타난 설교문을 근거로 분석해 볼 때 그 시대의 다른 설교자들과 다른 그 무엇을 발견하기는 쉽지 않았다. 설교집 『영생의 원천』에 포함된 설교는 설교 전문이라기보다는 설교 요약이라고 할 수 있을 정도로 축약되어 있다. 불과 1, 2쪽에 지나지 않는 짧은 설교문이 다수를 차지하고 있다. 또 『응답되는 기도』와 『주님을 따르자』에도 다수의 설교요약문이 포함되어 있다. 어떤 설교는 박윤선 본인의 기록이라기보다는 다른 이에 의해 대필된 것으로 추정되는 본문도 있어 진정성에 이의를 제기할 수 있다. 이런 점 때문에 출판된 설교집은 박윤선의 설교의 실상을 헤아리는데 한계가 있다.

이런 점을 고려한다 하더라도 박윤선의 설교에도 제목설교, 예화, 유교적 도덕의식, 때로는 알레고리컬한 해석 등 그 시대의 다른 설교자들과 동일한 형태가 나타나 있다. 예컨대 1970년에 출판된 설교집, 『영생의 원천』의 경우 118편의 설교가 개제되어 있는데, 거의 모든 설교에서 사례 혹은 예화가 소개되어 있고, "레바논의 눈(雪)을 본받자"(렘18:13,3-16)는 제목의 설교에서는 본문과 무관하게 충성에 대해 강조하고 있고, 이를 강조하기 위해 3가지의 예화가 사용되고 있다. 이런 경우는 여러 곳에서 확인할 수 있다. 예화의 사용은 박윤선의 설교에서 중요한 부분을 차지한다. 알레고리칼 해석의 문제도 드러난다. 이런 점에 대해서는 서영일에 의해 지적된 바 있다.[51]

서영일은 "박윤선이 교회를 위해서 성경을 교훈적이고 실천적으로 해석하다보니 알레고리적 해석을 자주하게 된 것 같다. … 박윤선은 부당한 알레고리적 해석을 피하려고 의식적으로 노력하였지만 많은 경우에 한국신자들이 '영해'라고 부르는 것의 유혹에 넘어갔다."고 지적하고, 요한복음 21장 11절에 대한 박윤선의 설교를 일례로 제시한바 있다. 박윤선은 이 설교에서 알레고리적 해석을 부인하면서도 자신은 또 다른 알레고리적 해석을 했음을 지적했다. 서영일은 레위기의 음식규례에 대한 해석에서도 영해를 하고 있음을 지적한 바 있다. 비록 이런 경우가 일부분에 지나지 않는다고 하더라도 박윤선의 설교에서도 그 당시의 설교 관행으로부터 완전히 떠나 있지 않았음을 보여주는 실례로 제시될 수 있을 것이다.

그럼에도 불구하고 박윤선의 설교에는 다음과 같은 몇 가지 특징이 있다. 그는 열정과 확신의 설교자였고, 지적 승인을 넘어서는 설교의 감화력을 보여주었다.

성경 원전의 의미 해명

박윤선 설교가 갖는 한 가지 중요한 특징은 성경 원전의 의미를 천착하려는 시도라고 할 수 있다. 이것은 성경주석에 포함된 설교 외에 고려신학교 교장으로 재직하는 동안 행한 설교에서 두드러지게 나타난다. 주석에 포함된 설교의 경우 이미 주석을 통해 원전의 의미를 해명했기 때문에 재료로 주어

---

51) 서영일, 251ff.

진 설교에서 다시 석명할 필요는 없었을 것이다. 그러나 고려신학교 재직기의 설교에서는 이 점이 중요하게 취급되었다. 이미 박윤선은 성경번역의 한계, 곧 번역성경의 제한성을 인식했고, 그런 이유에서 원어 공부에 주력하였음은 잘 알려진 일이다.

성경원어에 대한 박윤선의 관심은 그의 주석과 설교의 근간을 이룬다. 박윤선은 평양신학교에 입학한 후부터 "특히 신약원어(헬라어)와 구약원어(히브리어)에 주력했다."[52] 그는 호주 선교사인 왕길지(G. Engel)에게 성경언어를 배웠는데, 엄격한 왕길지로부터 성경언어를 터득했다고 한다. 이 당시 헬라어와 히브리어는 선택과목이었지만 박윤선은 동료 10여 명과 함께 성경언어 강의를 수강했다.[53] 박윤선은 1934년 웨스트민스터신학교에 유학하게 되는데, 지인들은 그의 유학이 "성경 원어를 공부하기 위한 것"이라고 인식했을 정도였다.[54] 이런 성경원어에 대한 이해는 번역 성경의 오역들을 헤아리는 능력이 있었다. 박윤선은 실제로 구역성경의 심각한 오역을 지적하기도 했다. 그것이 제1세대 한국 신자들이 몇몇 중요한 교리를 바르게 이해하지 못하게 하는 요인이 되었다고 지적했다.

헬라어 'epaggelia'는 영어로 '약속'(promise)이라고 번역될 수 있는데, 이를 한국어로 '허락'이라고 번역하였다(눅 24:49; 행 1:4; 2:33; 7:17;13:23;, 32, 23:21; 25:5; 롬 9:8, 9; 15:8 등). 이것은 매우 심각한 오역으로서 구원론적으로 매우 중요한 단어인 '약속'의 의미가 왜곡되었다. 이 말은 구원에서 하나님의 주도적인 역할이나 혹은 하나님의 단일한 사역을 가리키는 말인데, 구역의 '허락'이라는 단어는 이 위대한 사상을 흐리게 만든다.[55]

---

52) 박윤선, 58.
53) 박윤선, 54,
54) 방지일, "우리에게 있는 나다나엘," 『겨자씨』(1934. 8-9), 32.
55) Y. S. Park, "NT Studies in Korea," *Reformed Bulletin of Missions* (September, 1966), 2.

박윤선은 그의 설교에서 어휘, 용어, 신학적 개념에 대해서는 원전의 의미를 석명하고자 하는 노력을 보여주었다.[56] 이 점이 박윤선 설교의 첫 번째 특징이라고 할 수 있다. 그의 설교가 일견 동시대의 설교자들과 동일한 것처럼 보이지만 한 가지 현저한 특징은 그 시대 설교자들과는 달리 성경 원전의 의미를 석명하려는 노력을 보여주었다는 점이다. 그는 설교에서 먼저 번역어의 진정한 의미가 무엇인가를 드러내고자 했고 이것을 설교의 주지로 삼은 경우도 있다. 그 대표적인 경우가 이사야 9장 1-7절을 본문으로 한 "메시야(그리스도)의 이름"이라는 설교이다. 박윤선은 이 설교에서 "기묘(奇妙)라 하며 모사(謀士)라 하며"는 히브리어로 팰레요에츠로서 어자적으로 '모사의 기묘'라는 의미라는 점을 지적하고, "전능하신 하나님," "영생하신 아버지," "평강의 왕"도 동일한 방법으로 그 본래의 의미를 확인함으로서 원전의 의미를 드러내고자 했다. 또 "기독자의 시간관념"(엡5:15-21)이란 제목의 설교에서 세월로 번역된 카이로스의 의미를 설명하는 경우나,[57] 같은 제목의 다른 설교에서 "세월을 아끼라. 때가 악하니라"는 말은 "기회를 구속하라"는 의미라고 말하면서 '시간'은 '기회'(카이로스)라는 점을 설명하고 있다.

이런 노력은 특별한 일이라고 볼 수 없다. 그러나 성경 원어에 대한 이해가 다소 결여된 한국교회 강단에서 볼 때 번역 성경의 한계를 극복하려는 바람직한 시도였다.

강해설교의 시원

박윤선은 강해설교를 소개한 초기 한국인 중의 하나였다. 1930년대 전후

---

56) 예컨대, "덕을 세움에 대하여"(롬15:1-2)라는 제목의 설교(『영생의 원천』, 144-147)에서 '덕을 세움'이란 무엇을 의미하는 가를 원어로 설명하면서 설교를 시작하고 있고, "성직자에 대하여"(고전4:1-5)라는 설교(『영생의 원천』, 148-153)에서 '일군'이란 단어의 원어적 어의를 해명하면서 설교를 시작한다. "성령의 역사"(요16:7-11)라는 제목의 설교(『성경과 나의 생애』, 60-65)에서도 동일하게 원어의 의미를 석명하고 있다. 이런 경우는 박윤선의 설교의 특징이 되고 있다.
57) 『영생의 원천』, 178.

에는 한국에 3가지 신학사조가 등장한다. 일본을 통한 무교회주의의 유입, 신비주의적 경향, 그리고 자유주의 신학의 대두가 그것이다. 그래서 1930년대에 자유주의적 설교가나 신비주의적 설교가 등장했다.[58] 1930년대 전후까지 한국에서의 설교는 제목 중심의 교훈적 설교나 모범설교가 주류를 이루고 있었다. 심지어 평양신학교의 설교학 교수였던 곽안련(C. A. Clark)도 제목설교를 선호하였고, 그의 설교에도 억지해석이나 부자연스러운 성경 인용, 풍유적 경향이 적지 않았다.[59] 곽안련은 《신학지남》이 창간된 1918년부터 1940년까지 《신학지남》에 42편의 설교전문과 700여 개의 설교주제와 본문, 그리고 250여개의 설교요약문을 기고하였다.[60] 이중 설교전문이 기록된 42편의 설교를 분석해 보면 본문설교는 6편에 지나지 않지만 제목설교가 36편으로서 88%에 해당한다. 오늘 우리가 말하는 강해설교는 단 한편도 없다. 이론적으로는 본문설교가 더 바람직하고 이상적인 설교라고 지적하면서도 그 자신은 제목설교를 선호하였음을 알 수 있다.[61] 때로는 예화를 통해 성경본문과 무관한 주제를 강화해 가는 것을 볼 수 있다. 심지어 그는 이렇게 말한다.

> 설교에 있어서 본문은 큰 가치를 가진 것이며 경홀(輕忽)히 제외할 것이 아니지만, 명백한 제목이 있고 설교 전체가 인간을 구원할 목적으로 하나님의 말씀에 기초하였다면 본문까지도 생략될 수 있는 것이다.[62]

곽안련의 『설교학』은 1925년 10월 초판이 발간된 이후 1989년 7월 제26판

---

58) 박윤선은 숭실전문학교에서 수학하던 1930년대 초 자유주의적 설교 혹은 인본주의적 설교가 침투하고 있었다는 점을 지적했다. 즉 '성령의 불'을 '신자의 열심'으로, '영생'을 '이 세상에서의 자자손손 계대(繼代)해 감'으로 이해하는 이들이 있었음을 지적한다. 박윤선, 48.
59) 정성구, 『한국교회 설교사』. 45ff.
60) 이호우, 209.
61) 이호우, 216, 229. 정성구도 곽안련을 포함한 초기 선교사들이 제목설교를 가장 선호했다고 지적한 바 있다. 정성구, 『한국교회 설교사』, 31, 37.
62) 곽안련, 설교학, 111.

이 발간되었을 정도로 한국교회에 광범위하게 영향을 끼쳤다. 본문에 대한 강해보다는 제목설교를 선호하게 된 한국교회적 설교관행은 평양신학교 설교학 교수였던 곽안련에게 상당한 책임이 있다고 볼 수 있다. 긍정적으로 볼 때 곽안련을 비롯한 초기 선교사들은 기독교의 접촉과 수용기의 한국인들에게 복음 정신을 간단명료하게 전달할 수 있는 효과적인 설교방식으로 이해했다고 볼 수 있지만, 결과적으로 한국교회의 설교 방식이나 유형에 실로 엄청난 영향을 끼쳤다.

곽안련의 설교관은 1930년대 이후 한국인 설교자들의 설교형식에 그대로 반영되었다. 그 대표적인 경우가 길선주였다. 당시 명망 있는 설교가로 전국적으로 사경회를 인도하던 길선주의 설교도 제목설교 중심이었고, 광범위한 예화가 동원되었다. 길선주의 설교에서 "성경신학적으로 성경을 해명하는 설교를 들어보지 못했다"는 박윤선의 지적[63]은 당시 설교 관행을 보여주는 동시에 바른 설교가 어떠해야 하는가에 대한 자신의 인식을 보여준다. 이 점은 메이첸에게 보낸 편지에서 잘 드러나 있다.

> 저는 당신이 웨스트민스터 신학교 학생들에게 좀더 시간을 내어서 성경주해하는 공부를 하도록 격려하기 바랍니다. 오늘날 전 세계에서 신학생들과 설교가들을 위하여 필요한 것이 바로 이것입니다. 저는 이곳에서 매주일 설교하면서 강해설교만이 성경이 가르치는 교리를 영혼들에게 공급해 줄 수 있는 유일한 설교형태라고 생각합니다.[64]

주해 설교에 대한 박윤선의 관심은 실지로 그의 설교 속에 나타나기 시작한다. 비록 박윤선에게도 당시의 설교관행인 제목설교, 풍유적 해석이 나타나고, '모범' 설교로부터 완전히 떠나지는 못했다 하더라도 성경의 올바른 해

---
63) 박윤선 49.
64) 박윤선이 1936. 9. 10자로 메이첸에게 보낸 편지.

석에 기초한 강해설교를 의도했던 최초의 한국인이었다는 점은 부인할 수 없다. 그가 이런 설교를 할 수 있었던 것은 성경원어에 대한 이해가 있었기에 가능했다. 성경주석에 기록된 설교나 설교요약은 근본적으로 주해한 본문과 유관한 것이다.

변증적 설교

박윤선의 설교에 나타나는 또 한 가지 특징은 변증적 성격이다. 웨스트민스터에서 반틸에게 변증학을 배웠던 그는 신학논문과 함께 설교를 통해 개혁주의 신학을 변증하고자 노력했다. 이것은 1930년대 상황과 깊은 관련이 있다. 1930년대 일본을 통해 바르트 신학이 소개되기 시작했고, 점차 영향력을 확대해 가자 박윤선은 이를 공격하기 시작한다. 박윤선의 최초의 신학논문은 1937년 7월호 《신학지남》에 발표한 "칼 바르트의 성경관에 대한 비평"이었다. 그는 바르트의 성경관은 "예수와 사도들의 성경관과 다른," "비기도교적인 것"이며, 바르트의 신학은 "신임할 수 없는 신학"이라고 지적했다. 이어서 예수와 바울, 베드로의 성경에 대한 견해를 소개하고, 폴리갑, 어거스틴, 칼빈, 루더포드, 찰스 하지 등의 견해를 인용하며 성경의 무오와 성경의 권위를 변호했다. 이런 그의 입장은 1950년대까지 계속된다. 이 논문의 대의는 그가 1950년 1월 고려신학교 교장으로 재직할 때 고려신학교 학우회 이름을 출판된 『정통신학에서 본 빨트와 부른너의 위기 신학』에서 재진술되었다. 박윤선은 바르트의 성경관을 비평한 논문을 발표한 후 두 달이 지난 후에 발간된 《신학지남》 1937년 9월호에서 바르트의 계시관을 비평한 "칼 발트의 계시관에 대한 비평"을 발표하였다. 바르트 신학에 대한 비판은 그 후에도 계속되었다.

특히 1950년대 고려신학교가 발행하던 《파수군》에 "칼빈주의의 기본 원리와 칼 바르트의 기본원리"(《파수군》, 1952. 1), "칼빈주의 최대 표현인 웨스트민스터신앙고백서와 위기신학"(《파수군》, 1953. 4,5,6,7), "고전 15장에 관한 바르트

해석 선평,"(《파수군》, 1956. 4), "바르트 신학 소고"(《파수군》, 1957. 4), "신정통주의자들의 면모와 그 성경관,"(《파수군》, 1958. 5) 등을 통해 개혁주의 신학을 변증하고자 했다. 이런 그의 변증에 대한 관심은 고려신학교 교장으로 재직했던 1950년에 '진리운동'이란 이름의 연속간행물로 발표된 4권의 소책자, 곧 『정통신학에서 본 발트와 부른너의 위기신학』, 『대한예수교장로회는 어디로 가나?』, 『우리의 신앙』, 『신앙노선과 생활원리』에 잘 드러나 있다. 이 때는 프린스톤 신학교의 메카이와 부른너가 내한하게 되었을 때였으므로 박윤선은 이들의 신학은 바르트신학이거나 그 아류라고 판단하고 이들을 비판했던 것이다.

이런 그의 관심은 1980년대까지 이어진다. 박윤선은 합동신학교 교장으로 재직하던 1983년 당시 "칼 바르트의 신학,"(《신학정론》1983. 3), "칼바르트의 신론, 그리스도론, 성령론 비판"(《신학정론》1985. 5) 등을 발표함으로서 그는 복음의 변증에 깊은 관심을 드러냈다.

이처럼 박윤선은 바르트 신학을 비판하고 개혁신앙의 변증을 위해 노력했는데, 그의 설교 속에 그대로 나타난다. 그는 이것을 그의 사명으로 인식했다. 이런 형식의 설교는 그가 2차 유학에서 돌아온 이후 강조된 것으로 보이는데, 이 당시 설교는 문헌으로 남아 있지 않음으로 단정할 수는 없다. 그러나 그가 고려신학교에서 일한 1946년 이후의 설교에서 중요한 설교 정신으로 나타난다. 그것은 당시의 상황을 반영하는 것이기도 하지만 박윤선은 근본적으로 바르트주의와는 다른 개혁주의 신학을 정립하고 개혁주의 신앙을 확립하려는 노력의 일환이었다. 이 시기 박윤선의 설교를 들었던 이들이 공통적으로 증언하는 바는 박윤선의 설교는 신학논문을 읽는 것 같았고 청중이 이해하지도 못하는 신학용어를 사용하며 바르트 주의를 비판하고 개혁주의를 외쳤다는 점이다. 학생신앙운동(SFC) 출신으로 박윤선의 설교를 비교적 많이 들었던 고신의료원 원장이었던 박영훈은 지금도 박윤선의 설교에서 성경의 영감성, 축자 영감, 완전 영감 등의 용어를 기억하고 있다고 했다.

그의 설교는 신학적 설교라고 할 수 있을 만큼 교리적 명료성을 지니고 있었다. 앞에서도 지적했지만 학생신앙운동(SFC) 수련회 등에서 심할 정도로 교리적인 설교를 한 경우가 없지 않았다. 비록 교리적인 언급을 하지 않는다고 하더라도 그의 설교 근간에는 역사적 기독교, 혹은 장로교 전통이 기초되어 있었다는 점이다. 그가 일반인들에게 설교하면 성경의 영감 교리, 축자영감설, 선택과 유기, 성화 등에 대해 설교한 것은 오늘의 비교리적 대중 지향적인 설교와는 다른 바른 교리에 대한 확신을 반영하고 있다.

박윤선이 변증에 관심을 갖게 된 것은 그의 2차 유학시절(1938-39) 반틸(Conelius van Til)로부터 받은 영향이었다. 그의 전제적 접근 방법과 초월주의의 인정은 반틸로부터 받은 영향이었다. 그래서 박윤선 또한 자연주의적 이성에 기초한 사상들, 곧 로마 가톨릭과 위기신학, 바르트신학을 비판하고 역사적 기독교 신앙을 변호하고자 했다. 그가 독일어를 자습으로 익히고 배우고자 했던 것도 바르트의 저서들을 원문으로 읽고자 하는 욕심 때문이었다. 그래서 그는 1939년 10월 2차 유학을 마치고 일본 동경에 도착하여 수개월 체류하는 동안 독일어 강좌 학원에 등록하여 독일어를 공부하기까지 했다.

복음을 변증하는 그의 노력이 구체적으로 나타난 것은 1950년대 전후였다. 이 시기 그는 논설을 통해서만이 아니라 설교를 통해서도 위기 신학이나 바르트 신학을 비판했다. 그것은 1949년 10월과 11월 미국 프린스톤신학교 교장 맥카이(J. Mckay)와 독일의 부른너(E. Brunner)가 한국을 방문한 사건과 관련된다. 당시 고려신학교 교장으로 있던 박윤선은 1950년 1월 고려신학교 학우회 명의로 발간된 『정통신학에서 본 빨트와 뿌른너의 위기신학』[65]이라는 간행물을 통해 정통신학적 입정에서 바르트와 브른너의 위기신학을 비판했다. 이 글에서 박윤선은 바르트의 신학을 장로교 신도게요서와 대조하면서 비평하였다. 이글은 신학자들을 위한 것이 아니라 평신도들이 알 수 있도록 바르트의 글을 인용하되 번역본과 독일어 원문을 대조하여 알기 쉽게 설명

---

65) 이 글의 전문은 이상규, 『한상동과 고려신학교』(SFC, 2006), 346-358에 수록되어 있음.

하였다. 바르트 신학에 대한 비판은 그의 일생동안 계속되었다. 이것은 그가 복음의 변증에 얼마나 철저했던 가를 암시하고 있다. 바로 이런 그의 노력들은 그의 설교 속에 그대로 나타나 있다. 그의 설교는 일종의 신학강연이었다.

사회문화에 대한 상대적 무관심

박윤선의 설교에서 개혁주의 신학적 명료성, 하나님과 교회에 대한 사랑, 그리스도인의 삶 등의 문제는 강조되고 있으나 사회현실에 대한 기독교적 성찰이나 문화변혁적 설교는 찾아 볼 수 없다는 점이다. 그는 한국근대사의 격량기를 살아왔고, 해방 이후 혼란과 한국전쟁, 1960년대의 군사쿠데타, 박정희 정권의 장기 집권, 광주사건과 전두환의 군부통치 등 암울한 역사의 현실을 경험했으나 인권, 사회정의, 정치적 민주화, 경제정의, 국가에 대한 책임 등의 문제, 곧 사회현실에 대해서는 침묵하거나 무관심 했다. 이 점은 당시의 다른 보주적 인사와 동일했다. 그는 불의한 권력이나 정권을 비호하거나 지지하지도 않았지만 그들의 불의나 부정의에 대해 비판하지도 않았다. 말하자면 그의 설교에서 예언자적 선포를 발견할 수 없다.

우리는 한 설교자에게 모든 것을 요구할 수는 없다. 그는 1940년대 이래 1979년까지 주석집필에 온 정열을 쏟았고 사회현실에 관심을 둘 정신적인 여유가 없었다고 말할 수도 있을 것이다. 특히 그가 1974년 11월부터 1979년 2월까지 한국을 떠나 있었다는 점도 국내 현실에 대해 무관심했던 이유로 변호될 수 있을 것이다. 사회관심은 자신의 일차적인 관심이 아니었고 보다 우선하는 주제에 열정을 쏟아야했을 것이라고 변호할 수도 있을 것이다. 그럼에도 불구하고 박윤선은 복음주의 서클에서 한국을 대표하는 신학자였다는 점을 고려해 볼 때 그의 침묵은 사회문화에 대한 무관심을 보여준다고 볼 수 있다.

박윤선의 3권의 설교집 『영생의 원천』(영음사, 1970), 『응답되는 기도』(영음사,

1974), 『주님을 따르자』(영음사, 1975)는 박정희 정권 하에서 출간되었으나 인권이나 사회적, 경제적 정의, 국가와 교회간의 문제, 혹은 사회적 약자에 대한 관심을 직접적으로 취급한 설교는 단 한편도 없다. 단지 『응답되는 기도』에 수록된 "성경을 지키자"는 설교에서, 노동자의 고통을 언급하고 기독교인들은 사회의 소금으로서 역할을 다하기 위해 사회적 의무를 다해야 한다고 말하고 있을 뿐이다.[66] 이 설교는 1971년 1월에 행한 설교로서 전태일의 분신사건(1970. 11)이 발생한지 2달 후였음을 고려해 볼 때 이 사건으로부터 자극을 받은 것으로 해석할 수 있다.[67] 그러나 그 이후 더 심한 노동현장의 불의, 군사독재, 사회적 불의와 부정의에 대해서 언급한 일이 없다.

이런 사회현실에 대한 개혁주의적 전망의 결여는 그에게도 여전히 한국교회에 뿌리 깊게 남아 있는 하나님의 나라의 타계적 이해 혹은 분리주의적 성향이 아닌지 검토해 볼만 하다.

구약본문에 대한 상대적 소홀

박윤선의 설교에서도 구약본문이 상대적으로 소홀하게 취급된 것으로 생각된다. 구약본문에 대한 상대적 소홀은 비단 한국교회만은 아닐 것이다. 미국, 호주교회 등도 동일하다는 점이 지적되어 왔다. 미국의 여성 구약학자인 악트마이어(E. Achtemeier)는 "미국교회가 구약을 상실할 단계에 있으며 구약을 상실한다는 것은 신약을 상실한다는 것을 의미한다. 기독교의 복음을 올바로 선포하기 위해서는 구약을 다시 찾아야 한다."고 주장한 바 있다.[68] 그리고 그는 이런 불균형을 해소하기 위해서는 신구약 중 어느 하나의 본문을 택하여 설교할 것이 아니라 성구집(lectionary)을 사용함으로서 구약과 신

---

66) 『응답되는 기도』, 127.
67) 서영일, 363.
68) E. Achtemeier, *The Old Testament and the Proclamation of the Gospel* (Westminster Press, 1973).

약의 본문을 하나로 묶어 선포할 것을 제안하기도 했다. 구약 본문에 대한 극심한 소홀에 대해 호주 장로교신학교 교수였던 나이젤 리(Nigel Lee)는 적어도 구약설교를 신약본문의 4배 이상 해야하며, 이것이 균형 잡힌 설교라고 지적한 바 있다.

한국교회에 강단에서도 구약이 소홀히 취급되었다. 1982년 한신대학의 장일선 교수의 조사에 의하면, 당시의 대표적인 설교자 20여 명이 출판한 설교집에서도 구약이 설교본문으로 채택된 경우는 전체 설교의 25% 미만이었다. 즉 전체 설교의 4분지 1에도 미치지 못하는 것이었다. 그리고 구약 중에서도 주로 창세기, 시편, 이사야, 출애굽기에 크게 편중되어 있다고 지적하였다.[69] 다시 말하면 빈도에 있어서 구약설교는 전체 설교의 4분지 1에 해당하고 그 중에서도 4권의 책이 주로 설교되고 있으므로 다른 35권의 구약 본문은 비록 의도적이지는 않다 할지라도 거의 무시되거나 경시되고 있음을 알 수 있다.

이런 경향은 현재도 동일하며, 보수주의 혹은 개혁주의적 설교자들에게도 동일하다.[70] 박윤선의 경우 그의 현존하는 설교 1,400여 편은 다양한 본문의 신구약성경을 조화롭게 설교한 것이지만, 1970년대 출판된 설교집에 한정하여 볼 때 그의 설교에도 신약본문이 월등히 다수를 차지한다. 즉 구약본문에 대한 설교는 총 240편의 설교 중 21.3%인 51편에 지나지 않는다. 이것은 3권의 설교집의 경우이므로 특별한 의미는 없다고 할 수도 있지만 이런 경향은 박윤선의 경우에서도 크게 다르지 않다는 점이다.

설교집	전체설교	구약설교	신약설교	구약설교율
『영생의 원천』(영음사, 1970)	118	24	94	20.3
『응답되는 기도』(영음사, 1974)	32	6	26	18.7

---

69) 장일선, "한국교회와 설교," 『세계와 선교』 79 (1982. 12), 36.
70) 그 대표적인 경우를 오병세 교수에서 찾을 수 있다. 오병세(吳秉世)교수는 구약을 전공한 교수였으나 그의 설교집, 『그러므로의 생애』(개혁주의 신행협회, 1980)를 보면 구약을 본문으로 한 설교는 오직 15%에 지나지 않았다.

『주님을 따르자』(영음사, 1975)	90	21	69	23.3
계	240	51	189	21.3%

일반적으로 말해서 한국교회 설교자들이 구약본문 보다는 신약본문을 선호하고 있고, 이것은 구약의 역사적 배경이나 신학적 의미에 대해 무지하거나 무관심하다는 점을 반영하고 있다. 또 역사적 본문을 어떻게 설교할 것인가에 대한 이해의 결핍을 보여준다. 그 결과 구약본문을 설교하더라도 주로 기복신앙을 위한 예증이나 모범으로 이해되었고, 구속사적 관점보다는 도덕적, 윤리적 설교에 치중하였다. 이런 현실을 고려해 볼 때 구약본문 설교에 대한 박윤선의 강조나 지로(指路)가 있었다면 한국교회 강단의 쇄신에 또 다른 기여가 되었을 것이다.

인격과 삶에 기초한 설교

비록 박윤선의 설교에 강점과 함께 지엽적인 약점이 있다 하더라도 박윤선의 설교가 호소력을 지니고 청중들에게 감동을 주는 것은 그의 인격과 그의 삶이었다. 설교는 단지 언어적 유희이거나 논리적 진술이 아니며, 설교자의 신학과 신앙, 설교자의 신앙 인격을 반영한다. 박윤선과 접촉하고 그에게 배운 이들은 한결같이 그에게는 개혁주의 신학, 그 이상의 그 무엇이 있다고 고백한다. 그것은 바로 박윤선의 영성과 기도생활, 그리고 고결한 삶이었다. 그의 정통신학과 그의 신앙적 삶은 그의 설교에 생명을 불어넣는 힘이었다. 고신의 인물들, 특히 그의 가르침을 받았던 이들의 공통적인 증언은 이런 점이었다. 고신교회의 원로 선교사이자 박윤선을 집회강사로 초빙하기도 했던 유환준은 동일한 본문으로 설교하지만 그의 설교가 감동과 은혜를 끼치는 것은 그의 설교 속에 그의 인격과 삶이 내포되어 있기 때문이라고 말한다.

종교개혁 이래로 서구 기독교신학, 특히 루터교 전통에서 영적 삶의 기본 토대로서 3가지가 강조되어 왔다. 그것이 기도(Oratio), 묵상(Meditatio), 시련(Tentatio)이었다. 이는 경건훈련의 기본(基本)으로만이 아니라 신학연구의 기초 혹은 바른 신학함의 방법으로 간주되어 왔다. 신학연구의 기초로 기도의 중요성을 강조한 것은 신학은 인간의 이성만으로는 이룰 수 없는 학문이기 때문에 성령의 조명을 필요로 한다는 점을 의미한다. 인간은 타락으로 말미암아 하나님의 형상을 상실하였고, 이성의 눈은 희미해졌다. 이 '희미해 진 이성'(reine, verdunkelte, verfinsterte Vernunft)으로는 성경에 나타난 하나님의 계시와 구원에 이르는 진리를 온전히 깨닫는 데는 한계가 있기 때문에 '계몽된 이성'(erleuchtete, aufgeklrte Vernunft)이 필요하다. 그래서 신학연구와 신학훈련에는 기도를 통해 얻게 되는 성령의 조명이 필요하다. 기도는 학문연구 만이 아니라 경건한 삶을 위한 토대로서 강조되어 왔다.

기도는 경건한 삶의 기초로 인간의 능력이나 지혜를 의지하지 않고, 하나님의 은혜와 능력을 힘입는 것으로서 경건한 삶을 가능케 하는 원천이었다. 기도는 박윤선의 삶과 설교에서 가장 중요한 무기였다. 그것이 그의 설교를 은혜롭게 하고 감동을 불러일으키는 힘이었을 것이다.

한국교회의 설교와 박윤선

이상에서 우리는 박윤선의 설교의 특징에 대해 살펴보았다. 이제 종합적으로 한국교회 설교에서의 문제와 과제, 그리고 박윤선의 설교가 끼친 영향에 대해 정리해 두고자 한다.

'모범론적' 설교에서 구속사적 설교로

한국교회에 풍미하는 대표적인 설교방식은 '모범론적' 방식인데, 이것은 성경의 인물, 사건, 제도를 통해 어떤 '모범'(example)을 찾으려는 시도라고 할 수 있다. 이런 설교는 특히 인물 설교에 집중되는데, 성경의 인물을 우리가 본 받아야 할 이상적인 모범, 혹은 피해야 할 경고의 모범으로 제시된다. 즉 성경의 인물이나 사건을 하나의 모델로 사용하여 영적, 도덕적 교훈을 취하려는 설교라고 정의할 수 있다. 다시 말하면 이런 설교는 성경을 통해 어떤 모범을 발견하는 것을 가장 중요한 과제로 여기는 설교인데, 이런 방식의 설교를 홀웨다(B. Holwerda)는 '모범론적' 혹은 '모범주의적' 설교라고 명명했다. 홀웨다는 이런 설교는 결국, 성경의 역사를 우리에게 모범이 되는 다양한 독립적인 역사들로 해체시키는 결과를 가져온다고 지적한다.[71] 이런 설교는 구약의 역사적 본문에서 역사적 간격을 고려하지 않고 평면적으로 비교하는 잘못을 범하게 된다. 다시 말하면 구약시대의 사람들과 오늘날의 사람들 사이의 역사적 단절을 간과함으로서 과거와 현재 사이에 역사적 등식부호(historical equation mark)를 그어 준다. 이런 설교가 대체적으로 구약 사건에서 도덕적 귀감을 찾으려고 하기 때문에 도덕적 설교로 흐르기 쉽고, 결과적으로 성경의 구속사적 메시지를 상실하게 만드는 위험이 있다.

이런 형식의 설교는 현재까지도 많은 설교자들이 선호하고 있지만 박윤선은 개혁주의를 공부한 1937년 이래로 이런 설교의 한계성을 지적하고 구속사적 설교를 강조하였다. 사실 박윤선의 설교에도 이런 측면이 전혀 없는 것은 아니지만 이런 설교가 이상적일 수 없다는 점을 보여 주었다. 박윤선은 "나의 신학과 나의 설교"[72]라는 글에서 성경본문을 "단편적(atomistic)으로 하지 않고 구속사적으로 그 본문의 뜻을 찾는다"고 말하고 있다. 이렇게 할 때 "굵고 심오하고, 영적 인력(引力)이 있는 깨달음을 얻게 된다"고 하고, "그 본문에서 그리스도 중심의 요소들을 찾는다"고 말한다. 이것은 성경을 단편화하여 모범으로 해석하지 않고 구속사적 의의를 해명한다는 의미로서, 이것

---

71) Sidney Greidanus, *Sola Scriptura*, 19.
72) 《신학정론》 4권 1호(1986. 5), 6.

이 바른 해석이라는 점을 지적한다. 그 이유를 이렇게 말한다.

> 성경은 그 어느 부분이든지 직접 혹은 간접으로 그리스도를 보여주기 때문이다. 심지어 성경의 윤리적 부분들이나 성도들의 믿음과 덕행까지도 그리스도의 속죄와 구원을 배경하고 계시되어 있다. 그러므로 나는 그것을 단순히 윤리문제나 모범적 훈화로 취급하지 않고 그런 기사도 구속사적 관련으로 해석한다. 그와 동시에 그 본문이 오늘 우리에게 무슨 말씀을 하고 있는지 생각하며 현실적 의의를 찾는다.[73]

즉 박윤선은 성경본문은 모범적 훈화로 봐서는 안 된다는 점을 지적한다. 우리가 '모범론적'이라고 할 때, 이 '모범'(example)이라는 단어는 영어의 어의처럼 본받아야 할 모범(example)을 의미할 수 도 있고, 어떤 용어나 사건이나 사례를 설명하기 위한 예화(illustration)를 의미할 수도 있는데, 그 지향점이 동일하기 때문에 모범론적인 설교는 그와 유사하거나 동일한 사례나 예화를 필요로 한다. 따라서 이런 모범론적인 설교는 많은 예화를 사용하여 주제를 강화시킨다. 이런 설교가 청중들에게 감동을 불러일으키는 것은 사실이지만 성경 본문의 진정한 의미나 구속사적 의의를 놓치게 하는 경우가 적지 않다. 구약 본문의 경우는 더욱 그러하다. 심지어는 본문의 의미를 완전히 왜곡할 수도 있다.

이런 설교는 성경의 세계와 현대 사이의 역사적 문화적 간격(then and now)을 무시하는 특징을 지니고 있는데, 특정한 역사적 상황에서 일어난 사건의 특수성을 무시하고 평면적으로 보편화하는 특징이 있다. 또 이런 설교는 하나님의 구속 역사가운데서 나타나는 성경의 인물들에 대한 진술(description)을 오늘을 위한 규칙(prescription)으로 변형시켜, 본문의 진정한 의미를 왜곡하기 쉽

---

73) 위의 책, 6.

다. 성경의 기록자는 독자들에게 어떤 행위의 규칙을 주기 위해 성경의 인물들을 제시하고 있는 것이 아니다. 이런 설교는 하나님 중심적인 초점을 인간 중심적인 초점으로 변질시키는 결과를 가져올 수 있다.[74] 그래서 성경의 인물들이 하나님의 구원역사에 어떤 의미, 어떤 사명을 지니고 있는가가 아니라 반대로 하나님이 성경인물들에 대해 어떤 의미를 가지게 되는가에 초점을 두게 됨으로서 인간 행동이 성경 본문의 핵심으로 오인될 수 있다.

박윤선의 설교문이 보여주듯이 '모범' 설교가 이상적인 설교라고 볼 수는 없다. 성경은 근본적으로 어떤 인물이나 사건, 제도를 우리가 본받아야 할 모범으로 제시하는 것이 목적이 아니기 때문이다. 도리어 구약성경은 인물, 사건, 제도들을 통해 그리스도의 사역을 예표하고, 하나님의 구원역사를 제시하고 있기 때문이다. 구약성경이 하나님의 역사에 대한 인간의 반응을 기술하고 있고, 그것이 오늘 우리에게 교훈과 경고를 주는 것도 분명한 사실이지만 보다 중요한 점은 하나님께서 인간을 통해 무엇을 행하시는가가 더 중요한 것이다. 근본적으로 성경은 하나님께서 이루어 가시는 구원의 역사이며, 인간의 이야기에 관심을 기울이는 것은 성경의 핵심을 놓치기 쉽기 때문이다.[75]

풍유화(諷諭化, Allegorizing)와 신령화(神靈化, Spiritualizing)의 위험성

한국교회 강단에서 흔히 발견되는 또 한 가지 문제점은 성경 본문을 풍유화 하거나 신령화 하는 경우이다. 이것은 성경의 세계와 현대 사회 사이에 존재하는 역사적이고도 문화적인 차이를 간과하는 설교 방식으로서, 이 양자는 본문이 주어진 역사적 맥락을 고려하지 않는다는 점에서 동일하다. 박윤선은 이런 설교 형태에 대해 가장 부정적이었다. 이것은 개혁주의적인 성

---

74) Sidney Greidanus, *The Modern Preacher* …, 163.
75) J. Goldingay, *Approaches to Old Testament Interpretation*, 39.

경해석과 거리가 멀기 때문이다. 그러나 이런 설교가 유행하는 것은 한국적 상황과 깊이 관련되어 있다.

풍유적(諷諭的) 혹은 우의적(寓意的) 해석이라고 일컬어지는 해석법은 성경 문자 배후에 어떤 신령한 뜻(眞意)이 숨어 있다고 보고 그 뜻을 찾아내는 것을 설교의 목적으로 이해한다. 즉 풍유적 해석이란 '진리 이면의 진리'(truth behind the truth)를 찾는 해석법이라고 할 수 있다. 이 방법은 성경의 어떤 구절들은 문자적으로 취급될 수 없고 '영적인' 해석이 필요하다고 보는데 이런 경우, 역사적 문맥을 무시하거나 비역사적인 것으로 보는 특징이 있다. 그 이유는 역사적인 것은 우연적이고 유동적인 반면에 영원한 것은 부동적인 존재로 보아 역사적인 것을 참된 실재성으로 받아드릴 수 없다고 보기 때문이다. 또 이 풍유적 해석은 본문에 대한 주관적 해석의 가능성을 열어놓고 있다.

이런 식의 성경해석과 설교는 헬라(플라톤)철학에서 비롯된 것으로서 알렉산드리아의 유대인들에 의해 받아드려지고 오리겐에서 종교개혁 시까지 광범위하게 이용되기도 했다. 오늘의 한국교회에서도 이런 풍조가 편만하다. 영해(靈解)라는 이름의 해석이 이런 범주에 속한다.

이 방법은 3가지 점에서 문제를 지니고 있다. 첫째, 이런 해석은 성경의 '역사적' 문맥을 무시한다. 즉 본문의 본래 주어진 상황을 고려하지 않고, 역사적 단절성을 인정하지 않는다. 둘째, 성경을 우의적 내용으로 구성되었다고 보아 우의적 해석만이 성경의 의문을 해결할 수 있다는 잘못된 전제를 가지고 있다. 셋째, 이 방법은 성경을 주관적으로 해석함으로서 본문의 진의를 곡해할 위험이 크다는 점이다.

박윤선은 성경신학에서 자신의 성경해석법을 제시한 바 있고, 권성수 등 다른 논자들에 의해서도 충분이 논구된 것으로 안다. 박윤선은 자신의 계시의존사색을 성경해석에도 적용하였고, "성경은 성경으로라야 해석된다는 개혁주의원리를 우리는 그대로 믿는다."고 말한다.[76] 동시에 박윤선은 '문법적-역사적 해석'을 통해 풍유적 해석이 가져올 위험성을 자신의 설교에서 제시하였다. 이 점은 그가 남긴 중요한 기여라고 할 수 있다.

성경 원전에 대한 이해력 재고

한국교회 설교에서 박윤선이 남긴 가장 중요한 기여는 성경원전, 혹은 성경원어에 대한 이해와 강조였다. 그는 번역 성경의 한계를 극복하야 한다는 점을 강조하였으나 현실적으로 한국교회 강단에서 이런 측면의 개선은 미흡했다. 그것은 성경 언어에 대한 실력의 한계 때문일 것이다.

어떤 점에서 한국교회를 갱신하는 최선이 길은 강단의 개혁이며, 강단을 쇄신하는 최선의 길은 성경원전을 해독할 수 있는 언어적, 신학적 능력이다. 설교자에게와 설교를 듣는 청중 양자에게 있어서 가장 중요한 것은 성경본문이 말하고자 하는 의미를 해명하는 일이다. 박윤선의 설교에서 본문의 의미가 무엇인가를 우선적으로 제시하고자 한 것은 번역 성경의 한계를 극복하려는 의지였다. 박윤선이 강조한 바처럼 성경 언어에 박식해야 성경적인 설교(biblical preaching)를 가능하게 한다.

결론

박윤선 박사는 자신의 가르침과 성경주석, 그리고 설교를 통해 하나님의 말씀의 바른 이해와 바른 교회, 바른 생활을 강조했고, 이런 그의 신학적, 정신적, 도덕적 유산은 오늘 우리에게 귀한 선물로 주어져 있다. 그의 개혁주

---

76) 박윤선, "한국교회 주경사", 9. 권성수 (『박윤선의 생애와 사상』), 206

의 신학적 명료성, 칼빈주의적인 하나님의 주권사상, 성경원전에 대한 정확한 이해와 해명, 복음의 선포와 변증은 설교가 무엇이며 어떠해야하는가를 가르쳐 주었다. 여전히 한국교회 강단에서 쇄신되어야 할 점이 적지 않다. 박윤선은 바른 설교의 모범을 가르쳐 주었다.

결론적으로 말해서 한국교회의 갱신은 한국교회 설교자의 갱신에 있고, 설교자의 갱신은 성경을 바르게 해석하고 강해하고 주석할 수 있는 설교의 갱신에 있다고 볼 수 있다. 박윤선 박사의 일생의 삶, 곧 개혁주의 신학연구와 교수, 성경 연구과 주석 집필, 그리고 목회와 설교는 한국교회를 세워가는 교회건설의 일생이었다. 그는 설교자들이 가져야 할 보다 우선하는 과제는 메시지를 어떻게 잘 전달할 수 있을 것인가 하는 설교학적 문제가 아니라 어떻게 그 본문을 바르게 설교할 것인가 하는 해석학적인 관심이었다. 다시 말하면 그것이 좋은 설교인가? 혹은 그 설교가 회중들에게 감동을 주며, 삶의 변화에 도전을 주었는가? 하는 점 보다 더 중요한 것은 그것이 '정직한 설교인가?' 하는 질문이었다. 이것이 박윤선이 남겨준 값진 가르침이다.

3. '부흥의 인물' 길선주

영계(靈溪) 길선주(吉善宙, 1869-1935)는 한국교회가 낳은 위대한 영적 지도자로 알려져 있다. 그는 한국 장로교회의 첫 목사 중의 한 사람이며, 1907년 평양대부흥의 주역으로서 1907년 이후 1935년까지 전국을 순회하며 부흥집회를 인도했던 부흥의 사람이었다. 민족 독립에도 관심을 가졌던 그는 1919년 당시 민족대표 33인 중의 한 사람으로 기독교계를 대표하는 인물이었다. 그는 독로회 제4회 부회장(1910), 장로교 총회 제1회 부회장(1912)으로 피임되는 등 한국 장로교 발전에도 적지 않은 기여를 했다. 비록 시인으로서는 한국교회의 주목을 받지 못했으나 어릴 때부터 한학에 입문했던 그는 한시에 관심을 가진 풍류시인이기도 했다.[77] 김양선은 길선주를 "대 전도자이며, 대

---

77) 이 점에 대해서는 나동광, 『김삿갓 신학』(고요아침, 2003), 100ff. 참고.

부흥가요, 대 성경학자"라고 말하면서 이렇게 평가했다.

> 영계 길선주 목사는 한국 최초의 칠인 목사 중의 일인으로서 일찍 유(儒),불(佛), 선(仙) 삼교(三敎)를 모두 신봉하여 보았으나 만족을 얻지 못하다가 기독교에 개종한 후에 비로서 인생문제의 해결을 보았고, 구도심(求道心)의 만족을 얻는 동시에 희열과 영력에 넘치는 위대한 전도자가 되어 한국교회 건설의 개척자가 되었다. 그의 달식(達識)은 심오한 성경 연구에 경주(傾注)되어 마침내 저명한 성경학자가 되었으니 그의 묵시록 강해는 가장 저문(著聞)된 바이었다. 한국교회로서 그의 가르침을 받지 아니한 곳은 별로 없었다. 그는 어떤 의미에서 선교사들보다도 앞서는 대전도자요, 대부흥가요, 대성경학자였다.[78]

감정을 노출하지 않는 냉철한 역사가로 알려진 김양선의 평가가 이 정도이고 보면 길선주 목사는 우리의 관심을 끈다. 특히 평양 대부흥 100주년을 맞으면서 '부흥의 사람'으로 알려진 길선주가 어떤 종류의 사람이었는가를 살펴보는 일은 의미 일이라고 생각한다. 이 글에서는 길선주의 삶의 여정을 그 시대적 맥락에서 읽고 그의 부흥의 관점이 어떠했던가를 검토해 보고자 한다. 이 글은 한국에서의 부흥의 성격을 규명하는 것이 목적이 아니라 길선주의 부흥에의 관여와 역할을 역사적으로 정리하는 것이 목적이다.

길선주의 삶의 여정[79]

길선주는 성균관 박사 길재(吉再, 治隱)의 19대 손으로 1869년 3월 15일 평안남도 안주군(安州郡) 성내 후장동(後場洞)에서 길봉순(吉鳳順, 1829-1911)과 노복

---

78) 김양선, 『한국기독교해방10년사』, 176.
79) 길선주의 삶의 여정에 대한 중요한 정보는 길진경, 『영계 길선주』(종로서적, 1980)에 근거함.

순(盧福順)의 차남으로 출생했다. 네 살 때부터 가정에서 모친으로부터 한학을 배우기 시작했다. 일곱 살 때부터 향리의 선비 정씨 문하에서 한학을 배우며 유학에 정진했다. 그가 한문사숙에서 공부하던 시기인 열두 살 때는 十指不動衣盈箱(일은 하지 않는데 옷상자에는 옷이 가득하네)이라는 시 세 귀(三句)로 장원을 하기도 했다. 당시의 관습대로 길선주는 1879년 열 살 때 안주 성내 신선달 협(申先達 協)씨의 열다섯 살 되는 외동딸 선행(善行, 1864-?)양과 결혼하였다. 1883년 부친이 안주 노강첨사(老江僉事)로 부임하게 되자 14세의 길선주는 부친을 따라가 상서호(上西湖)의 장씨 사숙에서 한학을 연마하게 된다.

종교적 방황

부친의 축첩과 모친의 정신적 고통, 사업의 실패, 시대적 혼란 등을 경험하면서 삶의 회의를 가졌던 길선주는 19살 때부터는 염세적 성향을 보이기 시작한다. 이때부터 그는 종교적 수행을 하게 되는데, 그가 처음으로 접한 종교는 관성교(關聖敎)[80]였다. 이 교의 보고문(譜告文)을 만독하기까지 했으나 만족하지 못한 그는 선도(仙道)에 입문하게 된다. 선도 수련에 정진하던 그는 23세부터는 차력(借力)에 몰입하여 신차력(神借力)의 묘리와 선도의 신통력을 얻게 되었다고 한다. 그가 나름대로의 진리를 추구하던 여정은 19살 이후의 어거스틴의 모습과 유사하다 하여 김명혁은 그를 한국의 어거스틴이라고 불렀다. 그가 선도를 추구했으나 그것이 그에게 만족을 주지 못했다. 그가 25세가 되던 해, 불도를 닦기 위해 평양 대성산 두타사(頭陀寺)와 평남 순천군에 있는 안국사(安國寺)를 찾아가 그곳에서 3년을 지냈으나 무망지도를 깨닫게 된다. 다시 도교(道敎)에 의지를 하면서 신선이 되기 위한 약초를 연구하기도

---

[80] 관성교는 임진왜란 이후 조선에 들어온 관우(關羽)숭배를 바탕으로 당시의 여러 숭신 단체와 무당들을 모아 조직한 종교인데, 창립을 주도한 인물은 박기홍(朴基洪)과 김용식(金龍植)이었다. 경전은 '명성경'(明聖經)을 비롯하여 '각세진경'(覺世眞經), '삼성경'(三聖經) 등이 있다. 이 무속종교는 '관성제군보서고'(關聖帝君寶書誥)를 암송하며 관우를 병마와 재앙을 없애는 신으로 섬겼다.

했지만 그의 시력만 상하게 됐다. 많은 종교와 도의 성취를 위한 그의 노력은 항상 허무한 과정의 연속이었다.

개종과 수세

그러던 중 28세가 된 길선주는 도우(道友)였던 김종섭(金宗燮)의 인도로 개종하게 된다. 민족적 긍지와 자기 도(道)에 대한 자부심이 강했던 길선주는 처음에는 양교(洋敎)를 정도(正道)로 인정하지 않았으므로, "내가 세상을 평정케 하는 날에는 서학에 변심하는 김씨 같은 자는 마땅히 참(斬)하리라"고 김종섭의 변심회도(變心回道)에 분개하기도 했으나 결국에는 김종섭의 길을 추수했다. 길선주는 김종섭의 권고로『천로역정』(天路歷程)과 중국의 한문서적을 번역한『이선생전』(李先生傳),[81] 보유론적(補儒論的) 성격의『쟝원량우샹론』(張元兩友相論)[82] 등 기독교 서적을 통해 기독교로 회심하게 된다. 종교적 구도의 길을 통해 개종한 그는 민족운동이나 자강 구국운동, 혹은 계몽운동 차원에서 개종한 이들과 구별된다.

평양 널다리골(장대현)교회 신자가 된 길선주는 그해(1897년) 8월 15일 이길함(Graham Lee) 선교사에게 세례를 받았다. 29세가 되던 1898년에는 마포삼열 선교사에 의해 장대현교회 영수(領袖)로 임명되었다.

이 무렵 길선주는 안국사에서 불도에 정진했던 친구 김찬성(金燦星)에게 전도하여 그도 회심하게 된다. 이렇게 되어 길선주와 그의 친구인 김종섭과 김찬성은 초기 한국교회의 개척자의 길을 갔다. 즉 길선주와 김종섭은 1901년 평양장대현교회 장로가 되었고, 김찬성은 안주읍교회 장로가 된다. 평양신학교가 설립되자 이들은 목회자의 길을 가게 되는데, 길선주(1907, 1회), 김

---

81) 이 책은 아편 중독자로서 방탕한 생을 살던 이(李)라는 이름의 중국인이 회개하고 새 사람이 된 것을 기록한 간증서이다. 길진경, 69.
82) 이 책은 두 사람의 대화형식으로 된 기독교 신앙해설서였다.

찬성(1909, 2회), 김종섭(1910, 3회) 순으로 평양의 조선야소교장로회신학교를 졸업하고 목사가 된다. 길선주는 부모도 전도하여 아버지는 69세가 되고, 어머니는 59세가 되던 1898년 음역 5월 27일 세례를 받았다. 처에게도 전도하여 그의 아내는 1898년 7월 12일 34세의 나이로 세례를 받았다.[83]

목회자의 길

세례를 받고 영수가 된 길선주의 신앙은 급진전하여 그가 32세가 되던 1901년 평양 장대현교회 장로가 되었다. 장대현교회는 마포삼열 선교사에 의해 1893년 설립된 평안도 최초의 교회로서 평안도 지역 모교회였다. 그래서 선교사들은 이 교회를 평양중앙교회라고 불렀다. 1901년 당시 이 교회 교인은 1,200명에 달했다.[84] 후일 이 교회로부터 분리된 교회가 남문밖교회(1903), 창동교회(1905), 산정현교회(1906), 서문밖교회(1909) 등이다.[85] 이런 점을 보면 장대현교회는 평양의 중심 되는 교회였음을 알 수 있다.

길선주는 1902년에는 장대현교회와, 황해도 및 평안도의 도조사(道助事)가 되었다. 보다 직접적으로 목회자가 되고자 했던 길선주는 1903년에는 평양 신학교 입학하였고, 장대현교회 장로이자 전도사로서 교회를 섬기게 되었다.

약국을 경영하는 길선주가 복음전도자의 길을 가게 된 것은 그의 생의 커다란 변화이자 그가 살아온 시대에도 변화를 주었다. 특히 1903년 원산에서 부흥, 1907년의 평양 대부흥을 거쳐 가면서 길선주는 한국교회 부흥의 중

---

83) 길진경, 77, 78.
84) 1893년 7명의 교인으로 시작됐으나 1895년 교인총수는 102명, 1896년에는 300명, 1899년에는 1,000명 에 달했다. <백종구, " 선교사 마펫의 지도력과 평양장대현교회의 개척과 성장," 『교회, 민족, 역사』(민경배 박사 고희기념논문집, 2004), 401>. 1901년의 교인수에 대해서는 상이한 기록이 있다. 『그리스도 신문』1901년 6월 27일자에는 1,200명으로 산정되어 있으나, H. A. Rhodes는 1,400명으로 기록하고 있다(길진경, 109 참고).
85) 길진경, 224.

심에 서게 된다.[86] 이 점에 대해서는 차항에서 다시 논의하고자 한다.

신학교에 입학하면서부터 "전보다 갑절의 정열을 기울여 기독교 진리 탐구에 쏟았던" 길선주는 성경읽기와 기도에 몰두한다.[87] 그는 기독교에 입신하면서부터 조사가 되기까지 신구약성경을 20회 통독했고, 성경의 교훈을 연구하는 데 심혈을 기울였다. 그는 일생동안 구약성경은 30회, 창세기에서 에스더서 까지는 540회 통독했다. 신약성경을 100회 이상 읽었고, 요한일서는 500독, 요한 계시록은 1만 독한 것으로 알려져 있다. 이런 이유에서 그는 '독경의 사람'이라고 불리기도 한다. 그는 구약의 예언서, 시편, 신약의 복음서, 로마인서, 계시록을 포함한 요한 서신 등은 거의 외울 수 있었다고 한다.[88]

길선주는 개종과 함께 기도생활에도 열중하게 되는데, 아침 5시 혹은 밤 10시 등 일정한 시간을 정해두고 기도했고, 정오기도, 그리고 철야기도를 처음으로 실시했다.[89] 특히 1906년 공개적으로 시작한 새벽기도가 한국교회의 독특한 기도관행이 되었다.[90] 그는 새벽마다 묵시록 전체를 20분 동안 암송하고 기도하면서 성경 연구에 심취하였으며, 하루 2-3시간씩 기도하기를 쉬지 않았다고 한다. 이런 점에서 그는 '기도의 사람'으로 불리기도 한다.

1907년 6월 10일 평양의 신학교를 제1회로 졸업한 길선주는 그해 9월 17일 장대현교회에서 동료 6명과 함께 목사 안수를 받음으로 한국 장로교 최초의 목사가 된다. 동시에 그는 장대현교회의 청빙을 받고 위임 목사가 되었다. 이 때로부터 1927년까지 20년간 장대현교회 목회자로 일했다. 흥미로운

---

86) 길선주는 1905년 어간에 사경회 강사로 초빙되고 있으면서 부흥의 인물로 인정받고 있었다. *KMF*, vol. 2. no. 4(Feb. 1906), 8; *The Chronicle*, 1, Aug. 1907.
87) 길진경, 122.
88) 길진경, 123.
89) 길진경, 123.
90) 일반적으로 길선주에 의해 1906년부터 새벽기도가 시작된 것으로 알려져 있으나 이덕주는 1906년 이전에도 새벽에 기도하는 일이 있었음을 지적하고 있다. 이덕주, 『한국교회 처음 이야기』(홍성사, 2006), 185.

사실은 길선주는 한국인 목사로는 처음으로 평양 장대현교회에서 두 차례에 걸쳐 201명에게 세례를 베풀었는데, 이 때가 1908년 3월이었다.[91]

한국교회를 위한 봉사

장대현교회 목회 중인 1910년 길선주는 제4회 독노회 부회장(1910), 장로회 제1회 총회 부회장(1912)으로 피임되기도 했고, 1909년에는 '백반인구령운동'을 제안하고 이를 실행하기도 했다. '백만인 구령운동'은 길선주가 1908년 압록강 연안 순회 집회를 마치고 평양에 돌아오면서 입안되었고, 1910년 제4회 노회에서 자신이 부회장에 피선되고 전도국장을 겸하게 됨으로써 백만인 구령운동이 구체적으로 실행되었다. 이 운동의 결과 교인수가 급격히 늘어났다.[92]

'105인 사건' 때는 맏아들 진형(鎭亨)을 잃는 아픔을 겪기도 했다. 1919년 3.1운동 때는 민족대표 33인 중 한사람으로 가담하였고, 이 일로 옥고를 치르고 1920년 10월 출옥하였다. 그에게는 복음에 대한 열정과 함께 민족의 현실에 대해서도 동일한 책임을 인식하고 있었다. 1897년 안창호와 함께 독립협회 평양지부를 조직하고 사법부장으로 일한 경우나 3.1운동 당시 민족대표의 한사람으로 가담한 점이 구체적인 사례가 된다. 그는 목회활동과 함께 교육사업에도 관심을 가지고 '예수학당'을 열었는데 이것이 후일 숭덕(崇德)학교와 숭현(崇賢)여학교로 발전하였다. 그 외에도 남여성경학교와 여러 야학교를 설립하기도 했다.

그가 출옥한 후인 1926년 장대현교회 청년층인 박윤근과 그 동료들이 조직한 '유지회'가 길선주와 당회를 배척하는 일로 분규가 일어났고, 결국 길선

---

91) 『장로회신학대학 70년사』, 40.
92) 어떤 기록에는 1907년 3만 7000여 명에서 1911년에는 14만 4000여 명으로 4배 이상 증가되었다고 한다.

주는 1933년 그를 따르는 500여 명의 성도들과 함께 장대현교회를 나와 이향리(履鄕里)교회를 설립했다. 이 때의 분규는 사회주의적인 진보이념을 가진 이들이 보수적 신앙에 대해 저항한 것이었다. 길선주는 전국을 다니며 집회를 인도하던 중 1935년 11월 26일 평남 강서군 잉차면 고창동에서 평서노회 부흥회 마지막 날 새벽기도회를 마치고 향년 66세를 일기로 세상을 떠났다. "예수가 거느리시니,"가 그가 들은 마지막 찬송이었다.

길선주 목사는 40여 년간 1만 7천여 회 설교하였고, 380~500여만 명에게 복음을 전했고, 3천여 명에게 세례를 베풀었다고 알려져 있다.

부흥의 인물, 길선주

길선주는 자신의 삶의 여정에서 보여주는 바처럼 여러 영역에서 활동했지만 가장 대표적인 활동은 부흥운동이라고 할 수 있다. '부흥의 사람'이라는 칭호에 걸맞게 1907년 대부흥에서 주도적인 역할을 감당하였고, 1910년대부터 전국을 순회하며 부흥회를 인도하는 등 부흥의 인물로 살았다. 그는 1920년대의 김익두, 1930년대의 이용도 등과 함께 해방 전 한국교회의 가장 대표적인 부흥의 인물로 간주되고 있다.

1907년 전후의 부흥에의 관여

일반적으로 1907년의 대부흥은 1903 원산에서 시원한 것으로 보고 있다. 그해 8월 24일부터 일주일간 있었던 선교사들의 기도회, 10월과 11월의 프란손의 집회, 1904년 1월말의 개성의 사경회, 또 1906년의 개성 송도(松都), 평양 등지에서 부흥, 그해 9월 2일부터 서울에서 개최된 선교사들의 연례대회 등을 통해 성령의 역사를 경험하게 되었고, 1907년 1월 평양 장대현교회에서 개최된 평안남도 도사경회에서는 대부흥을 경험하게 된다. 이런 일련의 과정에서 하디(R. Hardie), 저다인(J. L. Gerdine), 캐럴(A. Carroll) 등 감리교계 선교사들이 중요한 역할을 감당하게 되는데, 내국인으로서 김찬성과 함께 길선주는 중요한 역할을 하게 된다.

부흥과 관련한 길선주의 최초의 등장은 1906년이었다. 1906년 10월 내한했던 미국 북장로교 해외선교위원이자 부흥사였던 하워드 존스톤 목사(Rev. Howard Agnew Johnston)가 내한하여 인도 카시아지방(Kassia hills)과 영국 웨일즈에서 일어난 부흥에 대해 보고했을 때 한국인들 사이에도 부흥에 대한 열망이 일어났다.[93] 존스톤이 웨일즈에서 부흥을 주도했던 이반 로버츠(Evan Roberts)처럼 부흥의 인물로 쓰임받기 원하는 이는 손을 들라 했을 때 길선주가 손을 번쩍 들었다고 한다.[94] 물론 이것이 부흥에 대한 최초의 관심은 아니다. 이미 1905년에 경상남도 칠원에서 회집한 북장로교회가 주관한 직분자 사경회에 강사로 초대받는 등 길선주는 한국교회를 대표하는 사경회 인도자로 활동했음을 알 수 있다.[95] 존스톤 목사 내한 시에 있었던 위의 사례는 부흥 혹은 성령충만에 대한 관심을 공개적으로 표현한 것으로 볼 수 있다.

1906년 12월 12일부터 22일까지 재령에서 600여 명이 회집한 가운데 열린 황해도 도사경회에서 주강사였던 길선주는 "장로 이재선(李在善)의 통회를 비롯하야 조사 김익두(金益斗)와 이원민(李元敏) 외 만흔 교인이 크게 영화의 은혜를" 끼쳤다.[96] 길선주가 1922년도 일기책에 "1906년 동기, 대사경회

---

93) 이런 점에서 아리조나주립대학의 George Thomas는 부흥운동에는 국제적인 넷워킹이 작용했다는 점을 지적하고 있다. George M. Thomas, *Revivalism and Cultural Change* (Chicago: The University of Chicago Press, 1989). 길진경도 이점을 인정하고 있다. 길진경, 182.
94) 길진경, 182; 김인서, "靈溪先生 小傳," 《신학지남》(1932. 3), 33. 원문은 다음과 같다. "존스턴 박사가 장대현교회에 래하야 설교할 새 웰쓰지방과 인도교회 부흥상황을 설명하고 '조선에서는 누가 성령충만을 밧고자 하느냐' 원하는 자는 거수하고 기입하라 하매 감히 응답하는 자가 업섯다. 당시에 아직 장로인 선생이 감동하는 바 잇어 거수하고 이러서매 박사는 조선의 부흥을 예언하고 도라갓다."
95) *KMF*, vol.12, no. 4 (Feb. 1906), 655-6; *The Chronicle* (Feb., 1, 1907), 8.
96) Annual Report, *Korea Mission of the PCUSA* (1907), 59.

때 성신강림하다"라고 쓴 기록[97]은 이 때의 일을 두고 한 말일 것이다. 즉 길선주는 1907년 이전에도 사경회를 인도하는 등 부흥의 인물로 인정을 받고 있었지만, 1907년 이후 한국교회 부흥의 중심에 서게 된다. 동시에 이 시기를 거쳐 가면서 부흥의 주도권이 선교사에서 한국인으로 옮겨가고, 감리교적 부흥운동은 장로교에로 서서히 이동하는 현상이 나타난다.

길선주의 역할에 대한 공개적인 시위는 1907년 1월 6일부터 평양 장대현교회에서 모인 평안남도 도사경회에서 나타났다. 그래함 리(Graham Lee), 윌리엄 스왈른(William L. Swallen), 찰스 번하이젤(Charles F. Bernheisel), 윌리엄 헌트(William Hunt), 그리고 윌리엄 블레어(William N. Blair) 등의 선교사와 함께 강사로 참여한 길선주는 8개 반으로 나눠 모인 성경공부반을 인도하게 되는데, 1월 7일(월)에 통회 자복하는 역사가 일어났다.

> …時에 吉善宙가 弟八所에서 聖神要理를 敎授ᄒ더니 聖神이 會衆에 임ᄒ매 蔡廷敏이 大聲痛哭ᄒ며 罪를 自服ᄒ기 始作ᄒ야 八所 一同이 一時 悔罪痛哭ᄒ엿스며 每夜에 李吉咸 宣敎師의 引導로 禮拜ᄒ는 中 忽然히 急ᄒ 바람이 臨ᄒ더니 이윽고 聖神이 降臨ᄒ매 滿堂聽衆이 放聲大哭ᄒ며 各其 起立ᄒ야 罪를 自服ᄒ니 哭聲과 自服聲을 分辨키 難개ᄒ더라.[98]

이 날의 성령의 역사는 집단적 회개를 불러왔고, 이런 역사는 그날 저녁 집회로 연결되어 성령의 역사가 강하게 나타났음을 보도하고 있다. 1월 8일에 이어 9일 저녁 "마음의 문을 열고 성신을 영접하라"는 제목으로 설교했을 때도 동일한 현상이 반복되었다.[99] 1월 10일의 "이상한 귀빈과 괴이한 주인"이라는 제목으로 설교했을 때 또 다시 회개의 역사가 일어났다. 성령이

---

97) 길진경, 183.
98) 『平壤老會地境各敎會史記』, 9. 동일한 내용이 『조선예수교장로회 사기』(1928), 180에도 기록되어 있다. 참고 이덕주, 『한국토착교회형성사 연구』(한국기독교역사연구소, 2000), 116.
99) 길선주, 185.

오셔서 마음에 들어가기를 기다리고 있지만 주인이 문을 열어주지 않는다는 내용의 설교였다. 이 설교가 반쯤 진행되었을 때 청중 가운데서 "아이고" 하는 소리와 함께 회개의 역사가 일어났고 장내는 울음바다가 되었다.[100] 1월 12일 길선주 전도사는 "맛을 잃은 말라빠진 사람들아"라고 외치며 합당한 신자의 삶을 살지 못했음을 책망하고 설교했을 때 또 다시 회개의 기도가 터져 나오기도 했다.

특히 1월 14일 저녁 길선주가 회중 앞에서 자신의 죄를 고백했을 때 이 죄의 고백은 1907년 성령의 역사를 불러일으키는 커다란 변화를 가져왔다. 이날의 회개에 대한 자세한 기록은, 당시 한국을 방문했던 조나단 고포드(Jonathan Goforth)의 기록 속에 잘 나타나 있다.[101] 장대현교회에서 나타난 부흥의 역사는 순식간에 평양 전역으로 알려졌고, 1907년 4월까지 교파를 초월하여 다른 교회와 다른 지역으로, 1908년에는 만주와 중국으로 확산되었다. 1월 22일까지로 예정됐던 평양에서의 사경회는 끝났지만 평양집회는 길선주의 인도로 1개월 더 계속되었고, "수천 명의 교인이 중생의 성신세례를 받았다."[102] 다소 과장된 표현일 수 있으나 성령의 역사가 있었음을 증거 하는 기록으로 이해할 수 있을 것이다.

길선주는 그해 2월 17일부터 승동교회서 개최된 서울지역 장로교연합회 사경회 인도, 3월 31일부터 4월 9일까지 평양신학교에서의 사경회를 인도하는 등 일련의 활동을 통해 한국교회 부흥의 주도적인 인물로 주목을 받았다. 1907년 1월에 시작된 부흥의 역사는 약 6개월간 계속된 것으로 보지만 장로교의 경우 청주집회(1907년 3월), 감리교의 경우 공주집회(1907년 4월)를 고

---

100) 길진경, 185.
101) 조나단 고포드, 『1907년 한국을 휩쓴 성령의 불길(When the Spirit's Fire Swept Korea)』(예수전도협회출판부, 1995), 24ff.
102) 『조선예수교장로회 사기』, 180-1.

비로 현저히 약화된다.[103]

부흥운동가로서의 활동

앞서 언급한 바처럼 1907년 평양대부흥은 이후의 '부흥회'라고 불리는 한국교회의 특징적인 종교적 관행으로 자리 잡기 시작하고, 길선주는 이런 관행의 형성에 중요한 기여를 하게 된다. 물론 부흥회(Revival meeting)라는 것이 우리나라에만 있는 고유한 집회형식이라고 볼 수는 없다. 복음주의 운동으로 불리는 18세기 영국의 웨슬리와 휫필드의 부흥의 전례도 있고, 미국에서의 2차에 걸친 대각성운동도 동일한 범주에 속한다. 그러나 이것은 일정 기간 동안의 전도와 각성을 위한 집회였으나 한국에서의 경우, 1907년 이후 오늘에 이르는 100여년 간 지속되어온 정례적 교회 행사로 정착되었다. 영국에서의 경우나 제1차 각성기라고 불리는 초기 미국의 경우 도시화 현상이 일어나기 전 지역순례를 통한 부흥집회가 불신자들의 개종과 회심이 중심이었다면, 한국에서의 경우 기 신자들의 각성이나 신앙적 심화에 더 큰 강조를 두었다. 전자가 전도 집회의 성격이 강했다면 한국에서의 경우 그것이 무시되지는 않았으나 사실에 있어서는 각성과 정화에 더 큰 강조를 두었다.

길선주는 부흥의 인물로 인식되는 1905년 이후 30년간 전국을 순회하며 전국 각지에서 집회를 인도했다. 그의 일기책(1922-4), '비망록' 그리고 가정에 비치된 '각처교회 부흥강도제목'에 근거해서 볼 때 1922년 이후 집회를 인도한 경우가 500회를 넘었다.[104]

길선주가 1905년부터 1935년까지 약 30연간의 사경회 혹은 부흥회 인도는 한 가지 일에 대한 몰두, 복음에 대한 열정, 그리고 등섭지로(登涉之勞)의 이동성에 있어서 웨슬리나 휫필드의 그것과 비교될 수 있을 것이다. 휫필드

---
103) 이덕주, 139.
104) 길진경, 335-345에 기재된 목록 참고.

는 일생동안 1만 8천번 설교한 것으로 알려져 있는데, 길선주는 1만 7천여 회 설교했고, 삼천리반도는 물론 남북만주에 이르기까지 그가 순회한 거리는 이수(里數)로는 연 6천리, 곧 20만 리(약 8만km)에 달했다.[105] 이 거리는 부산-서울 간을 100여회 왕복한 거리에 해당한다.

그는 매 집회시마다 새벽기도회, 오전 성경공부, 그리고 저녁 집회 등 3차례 설교했는데, 성경본문은 다양했으나 신약에 크게 치중되어 있었다. 이 점은 한국 목회자들의 공통된 특징이며, 외국의 경우도 크게 다르지 않다. 길선주는 3.1운동으로 수감생활을 보낸 1921년 이후 14년 간의 순회 부흥집회에서 새벽기도 시간에는 예수의 수난사건을 설교하고, 오전 성경공부시간에는 말세학 강의를 하는 경우가 90%를 상회했다.[106]

그의 설교 형식은 절대다수가 제목설교(topical preaching)라고 불리는 주제 중심의 설교로 볼 수 있다.[107] 이런 설교방식은 길선주의 경우만이 아니라 한국교회 설교자들의 일반적인 방식이었다. 초기 기독교회의 교부들, 특히 오리겐에서 어거스틴에 이르기까지 이 설교가 유행했고, 1900년대를 전후하여 미국교회에서 유행하던 설교 방식이었다. 이런 설교는 설정된 주제를 위해 성경 본문이 제시하고, 이 주제를 강화하기 위해 예화나 사례가 도입된다. 또 이런 방식의 설교는 성경본문을 모범(example)으로 이해하는 것이 특징이다. 성경신학적 이해가 결핍된 1920-30년대 한국의 그리스도인들에게 이런 주제중심의 제목설교는 상당한 호소력을 지닌다. 제목 설교는 전하고자 하는 내용을 요목화 하는 대지(大旨) 중심의 설교 형태를 띄고 있다.

부흥회는 한국교회의 형성(formation of the Korean church)과 신학의 성격을 구형하는데 있어서도 적지 않은 영향을 끼쳤다. 많은 해석자들은 1907년 부흥

---

105) 박형룡, "고 길선주 목사 기념설교," 『신앙생활』5권 1호(1936), 24.
106) 길진경, 329.
107) 임희모는 제목설교는 오늘에 이르기까지 한국교회의 주된 설교방식이었고, 길선주, 김익두, 박형룡 등도 제목설교의 지지자들이었다고 지적한다. Hee-Mo Yim, *Unity Lost- Unity To Be Regained in Korean Presbyterianism*, 160.

의 시원과 그 이후의 한국교회상을 '비정치화'의 과정으로 해석하기도 한다. 부흥회라는 형태의 기독교 본질 체험, 신유나 치병, 성경에 대한 문자적 강조, 개인적 구령에 대한 강조가 보수적인 신앙형태를 주형 할 수 있고, 그것이 정치적 현실에 대한 상대적인 무관심을 가져올 수 있지만 그것은 획일화 되거나 법칙화 될 수는 없을 것이다. 보수적 신앙형태가 역사현실에 대한 무관심을 결과한다는 견해는 논리적이지 못하다. 도리어 일제 치하라는 정치적 상황에서 반 '비정치화'를 불러오는 동력의 역할도 했다. 3.1운동이나 신사참배 반대 투쟁이 그 일례가 될 것이다. 이런 여러 측면에서 볼 때 길선주의 부흥 사역은 우리에게 시사하는 점이 많고 한국교회는 긍정적이든 부정적이든 그에게 빚을 지고 있음을 부인할 수 없다.

부흥운동의 성격

길선주의 신학

그의 일생의 삶의 여정이 보여주는 주요어는 '천당,' '지옥,' '원죄,' '후천년설,' '성경무오' 등 근본주의적인 신앙이었다. 그의 신학은 초기 선교사들보다 더 "앞서는 극단의 보수적인 신학"이었다.[108] 이런 입장은 후기로 갈수록 심화되었고 그의 생애 말년에 자유주의 사상을 배격하고 정통주의 신학의 고수를 강력하게 주장했다. 이것은 1930년대 이후 장로교회에서 대두된 '다른 전통'에 대한 경계였을 것으로 판단된다.

그 한 가지 단적인 예가 아빙돈 단권주석(Abingdon Bible Commentary) 사건이다. 길선주는 아빙돈 단권성경 주석의 역간 자체를 문제시 했다. 1934년 한

---

108) 김양선, 177.

국 감리교회는 희년기념으로 1930년 아빙돈출판사가 발간한 『아빙돈 단권 주석』을 역간했는데, 한역자들은 대부분 감리교인들이었으나 채필근, 김관식, 김명선, 김재준, 문재린, 송창근, 윤인구, 채필근, 한경직 등 장로교 인사들이 가담한 점이 문제시 되었다. 물론 이 주석의 성격에 대한 박형룡의 비판이 문제를 심화시킨 점은 분명하지만 길선주는 자유주의 신학자들에 의해 집필된 주석의 번역에 동참한 사실 자체를 문제시했다. 그는 장로교 목사들에게 엄중한 책임 규명을 함으로 후일의 경계로 삼아야 한다고 주장했다. 결국 1935년의 제24회 장로교 총회는 길선주의 주장을 받아들여 "신생사 발행 성경주역에 대해서는 그것이 우리 장로교회의 교리에 위배되는 점이 많으므로 장로교회로서는 구독치 않을 것이며 동 주석에 집필한 본장로회 교역자에게는 소관 교회로 하여금 사실을 심사케 한 후 그들로 하여금 집필의 시말을 기관지를 통하여 표명케 할 것이다."라는 결의를 하게 된다. 비록 형식적이라 할찌라도 김재준 등이 유감을 표하는 성명서를 발표하게 된 것은 길선주 개인의 신학이 어떠했던가를 보여줄 뿐만 아니라 한국교회에서의 그의 영향력을 시위해 준다. 이 일이 신학적 다양성을 수용하던 감리교회와 보수주의적인 장로교 간의 분명한 경계선을 획정하는 계기가 되기도 했다.

선교사들, 특히 그래함 리(Graham Lee)와 마펫(Samuel Moffett)으로부터 체득한 보수주의적 신앙 전통은 그를 통해 심화되어 한국교회에 자리 잡게 된다. 이런 사상이 박형룡을 통해 보다 학문적으로 정리되어 그 이후의 한국 장로교회 신학을 주도하게 된다. 흔히 박형룡은 프린스톤의 메이첸으로부터 결정적인 영향을 받은 것으로 논의되고 있으나 그의 신학은 도미 이전에 정립되었다. 마펫과, 베어드(William Baird), 그리고 길선주의 영향이 그의 신학

여정에 영향을 준 인물이었다.[109]

종말론적 성격

길선주의 신학과 부흥운동에서 가장 중요한 강조점은 종말론이었다. 흔히 '말세론'이라고 지칭되던 종말론 설교는 그의 설교를 아우르는 일이관지(一以貫之)였다. 따라서 요한계시록은 그의 설교는 주된 텍스트였다. 계시록을 일 만 독했던 그는 이 책을 암송했고 그 구조와 체계가 말세론의 기초였다.

그의 말세론적 경향성, 곧 재림신앙은 3.1운동과 관련하여 옥고를 치른 후인 1920년대 이후 보다 구체화되지만 이런 사상적 경향성은 이미 1900년대 초에서부터 나타난다. 이 점을 보여주는 흔적이 『해타론』(懈惰論)[110]이다. 이 책은 게으름이란 의미의 '해타'를 주제로 삼은 계몽적인 소설인데, 한국판 천로역정이라 할 수 있을 것이다. 천로역정의 영향을 받았던 길선주는 이 책의 구조와 비슷하게 이 세상을 '소원성'(所願城)이라 칭하고 신앙을 '성취국'(成就國)으로, 내세의 소망을 '영생국'(永生國)으로 기술하고 있다. 이 책은 결국 내세의 소망을 전제로 하여 현세에서의 게으름의 타파를 권고하고 있는 셈이다. 길선주는 해타론 서문에서 이 책을 1901년 5월부터 쓰기 시작했다고 말하고 있다. 이런 점을 감안한다면 그의 말세신앙적 경향성은 기독교 신앙이해의 기반이었음을 짐작할 수 있다.

역사의 현실이 암담하면 할수록 묵시묵학적 종말론은 인기를 얻었다. 암울한 정치적 상황에서 막힌 현실을 탈출하는 길은 초월적인 세계이다. 이런 정치적 현실에서 계시록의 세계는 나라 잃은 백성들의 소망이었고, 이런 상황에서 길선주의 설교는 수용성을 지니고 있었고 암울한 현실에서 심리적

---

109) 이 점에 대한 논의는, 이상규, "박형룡신학의 한국교회사적 의의," 『역사신학논총』9집(2005), 186-207.

110) 이 책은 1904년 대한성교서회에서 출간되었으나, 1916년 내용을 증보하여 『만사성취』(萬事成就)라는 제목으로 재발간되었다.

이민을 가능하게 하는 내세지향적 소망이었다. 이 점을 길선주는 인정했다.

> 우리의 신앙은 예수 그리스도의 십자가에 터를 닦고 우리 소망을 내세 영원한 안식 세계를 바라보는 만큼 주의 재림은 말세학의 중심이요 또한 초점이다.[111]

이런 그의 입장은 유일한 신학적 저술이라고 할 수 있는 『말세학』의 요점이다. 길선주의 『末世學』(1930)에서는 재림의 때를 징조로 설명하고 있는데, 29건의 내증(內證)과 6건의 외증을 제시하고 있다. 여기서 그의 성경이해 혹은 성경해석의 원리를 헤아릴 수 있다. 예컨대, "너희가 귓속말한 것이 지붕 위에 전파되리라."(마 10:27)는 예언이 전화와 라디오의 발달을 말한 것으로 해석하는 등 물질문명의 발달과 진보는 주님의 재림을 촉진하는 현상이고, 이것은 우연이 아니라 재림의 날이 가까이 왔음을 의미하는 것이라고 해석한다. '시대착오적 해석'(anachronistic view)이라고 불리는 이런 류의 해석은 그 이후의 한국의 하기오그래퍼들의 전형적인 해석의 방식이기도 했다.

길선주의 말세론에서 특징적인 점은, 비록 이 점은 길진경의 전기 속에 언급되어 있지 않으나, 재림의 때를 상정했다는 점이다. 재림의 때는 가장 큰 호기심의 대상이었고 계시록에 박식했던 길선주는 이 호기심을 피하지 않았다. 그는 이스라엘 민족이 저들의 죄로 인하여 이방민족의 권세 하에 억압당하는 기간을 의미하는 이방기약(異邦期約)과 결부시켜 1974년에 재림이 있을 것이라고 추정했다. 또 70희년의 해에 착안하여, 모세 시대의 첫 희년으로부터 3천5백년 후인 주후 2002년에 지상천국이 이루어져서 신자들이 1천년간 그리스도와 함께 안식할 것을 주장한 바 있다. 일종의 시한부 재림론에 해당하지만 문제화되지 않는 것은 길선주 자신은 이를 고정화하거나 계

---

111) 『영계길선주 목사 저작전집』제1권(대한기독교서회, 1968), 23.

시화 하지 않고 일종의 가설이라고 전재했기 때문이다.

> 그러나 이것이 확실하다고 단언할 수 없다. 그것은 세상연대가 정확한지 아니한지를 알 수 없는 까닭이다. 그러나 현세 인류의 심리상태를 보거나 하나님께서 암시하신 연대를 계산해 보면 주 재림이 불원한 것을 느낄 수 있다.[112]

재림의 때의 상정이 약간의 위경(僞經)사조를 보이지만, 김양선은 이를 "독창적 신학사상"이라고 평가한다. 그는 또 "주님의 재림과 세계의 종말을 강조하고 사태의 긴박성을 내세우는데 중점을 둔 그(길선주)의 부흥운동은 일반신도들의 신앙을 일깨워주는 데에 크게 기여하였고, 억압과 가난에 눌려서 신음하는 한민족에게 용기와 희망을 주었다"고 긍정적으로 해석하고 있다.[113]

한국적 예배의식, 토착교회

길선주는 당대의 한석진이 그러했듯이 한국교회의 토착적인 자주성을 주창했던 인물이었다. 그는 서양 전통의 기독교적 유산을 수용하면서도 한국적 상황에서 새롭게 구형(構形)하고자 했다. 길선주는 "외국인 선교사들과 자국인 지도자들 간의 언어소통이 원활하지 못해서 기독교의 깊은 진리에 대한 대화가 이루어지지 못함을" 애석히 여겨 자기 스스로 성경연구에 몰두하였다.[114] 서양 선교사들의 가르침을 거부하지는 않되 스스로 성경을 연구하여 20세기 초의 한국적 삶의 자리에서 성경을 해독하겠다는 의지가 그를

---

112) 위의 책, 23.
113) 김양선, "길선주," 149-50.
114) 길진경, 217.

독경의 사람으로 세워가게 된 것이다. 길진경은 이 점을 지적하고 있다.

> 한국말에 능숙치 못한 선교사들이 신학교육을 전담했을망정, 그 충치 못한 대로 그나마 성경해석의 정도(正道)를 찾아 낸 그들은 성경을 외우다시피 해 가며 연구하였다. 그 당시에 선생(길선주)과 장대현 교회의 장로이자 조사 안봉주 목사는 성경 해석에 일가(一家)를 이루었다.[115]

바로 이런 노력의 결실 때문에 그의 부흥설교는 넘치는 영력과 함께 성경 구절들을 구슬처럼 꿰매며 신구약의 산하를 넘나드는 신묘함이 있었던 것이다.

길선주는 교회의 자립은 경제적인 문제가 아니라 한국 사람으로서 기독교인이 되어 새로운 민족문화의 상징으로서 명실공히 한국인 교회가 되는 데서 이루어진다고 생각했다고 한다.[116] 그래서 그는 한국적인 상황에 부합하는 교회건설을 생각하게 된 것 같다. 서양교회적인 전통에 대한 맹목적인 추수(追隨)가 아니라는 점만으로도 우리의 흥미를 끈다. 그래서 길선주는 외국의 장로교회 전통에서 유래가 없는 집사직을 이분화하여 장립 받은 '안수집사'와 매년 임명되는 '서리집사'로 구분했다.[117] 이런 조처는 교회내의 비활동인력을 동력화 하기 위한 조처라고 해석할 수 있다. 또 필요한 경우 장립집사는 당회의 방청회원으로 회의에 참여케 하고 서리 집사는 장립집사를 보필케 하는 제도를 창안하게 된 것이다.

교회 음악에 있어서도 길선주는 1909년 아악을 교회에 도입해야겠다고 생각하고 악사를 초빙하여 도움을 청했다. 외국 음악으로 노래하기 보다는 조선 고유의 음악을 예배에 도입하고자 한 것도 한국적 정서로 신심(信心)을

---

115) 길진경, 218.
116) 길진경, 216.
117) 길진경, 217.

표현하겠다는 의지였다. 길선주의 노력에도 불구하고 이 일을 이루지는 못했다. 그것은 길선주 목사의 음악에 대한 지식이 부족했기 때문이었다. 예배에 있어서 한국전통 음악과의 접목의 시도라는 점에서 길선주는 게일(J. S. Gale)의 견해와 동일했다. 게일 역시 1917년 '조선음악연구회'를 조직하고 한국가락의 교회음악을 시도했으나 무위로 끝났다.

길선주가 장대현교회 담임으로 일하던 1913년에 찬양대만이 아니라 관현악단을 조직하기로 하고 강대상 중앙 하단에 관현악대 좌석을 만든 것도 범상치 않는 일이지만, 남여좌석을 구별하는 휘장을 걷어치우기로 결의한 일[118]은 당시로서는 시도하기 어려운 결단이었다.

김양선에 의하면 길선주는 "예배의식이나 기도방식에 있어서도 창의력을 발휘하여 진정으로 내 것, 우리의 것을 소화시켜 발전시키려고 부단한 노력을 기울였다."고 지적하면서 그는 불교, 선교, 유교 등의 경지에서 까지 그 형식에서 좋은 점을 선택하는 데에 꺼림이 없었다고 지적한다.[119] 그에 의해 시작된 새벽기도도 독창적인 한국적 기독교의 일면이고, 1907년 대부흥에서 시작된 것으로 알려진 통성기도도 길선주의 창안이었다고 한다.[120] 그가 해타론이나 말세론을 강조한 것 역시 비서구적인 한국적 상황에서 그것이 신앙을 지켜가는 길이라고 보았기 때문이다.

이런 점들이 서양전통을 받아드리면서도 서양전통을 절대시하지 않고, 동양적인 것을 존중하면서도 그 형식에 메이지 않는 자주적 토착교회의 이상을 보여준다고 하겠다. 이런 점들이 그의 목회와 부흥 메시지에 자연스럽게 반영되었을 것이다. 이렇게 볼 때 그는 독특한 유형의 신앙을 형성해 간 인물이었다.

---

118) 길선주 220, 221.
119) 김양선, "길선주,"「한국근대인물 백인선」(동아일보사, 1970), 149.
120) 민경배,「한국기독교회사」(연세대학교 출판부, 1993), 395.

결론

이상에서 우리는 부흥운동과 관련한 길선주의 여정에 대해 주목했다. 그를 가리켜, 성경학자, 민족운동가, 목회자 등으로 말하지만 그는 무엇보다도 부흥운동가로 살았다. 길선주 목사는 일생 동안 1만 7천번 이상의 설교를 했고 그의 설교(혹은 강연)를 들은 연 인원은 380만(혹은 500만)명에 달했다. 그가 키워낸 목사, 장로 혹은 사회운동가는 800여 명에 달했고, 그가 설립한 교회는 60여 개 처에 달했다.[121] 긍정적이든 부정적이든 그는 한국교회에 가장 큰 영향을 끼친 사람 중의 한 사람이다. 그의 부흥회의 형태나 방식, 내용은 후일의 한국교회 부흥회의 선례가 되었다는 점 또한 부인 할 수 없다.

그는 민족을 사랑했던 애국자였고, 민족 대표의 한 사람으로 독립운동에 가담했다. 길선주는 회개, 중생, 대속, 곧 하나님의 나라와 내세적 소망을 강조하면서도 동시의 현세적인 민족의 구원과 해방에 무심하지 않았다. 그는 내세지향적인 소망을 말하면서도 민족 현실과 독립에의 메시지를 상실하지 않았다. 내세적 초월주의와 현세적 내재주의의 두 경향성의 흥미로운 조화는 길선주의 생애의 특징이다. 많은 해석자들은 한 사람이 내면적, 영적인 것에 깊이 심취하면 심취할수록 현실적인 것에 무관심하고, 반대로 현실 문제에 집착하면 할수록 영적인 문제에 무관심해진다고 주장하지만 길선주의 경우는 그렇지 않았다. 그는 영적 지도자인 동시에 민족의 지도자였고, 그에게 양자의 동시성이 있었다. 그에게 있어서 신앙과 민족의 문제가 등가적 가치를 지닐 수 있었다는 것은 바로 그 시대적 정황 때문이었다. 즉 일제의 식민지배 그 자체는 악이었기에 신앙적 애국은 민족 성원의 의(justitia omnibus)였다.

또 한 가지 우리에게 남는 의문은 길선주의 이전 종교의 이해(前理解)가 그

---

121) 길진경, 326.

의 기독교복음 이해에 어떤 영향을 주었을까하는 점이다. 인간는 누구나 백지상태에서 사물을 인식하지 않는다. 칸트의 지적처럼 '물자체(Ding an sich, noumenon)와 그것을 인식하는 경험인 '현상'(phenomena)은 구별된다. '물자체'를 인식하려는 인간 능력의 한계성이나 제한성은 '물자체'를 인식하는데 영향을 주게된다. 그렇다면 길선주에게 있어서 이전 종교는 어떤 영향을 주었을 가능성이 있다. 유동식은 길선주의 새벽기도는 불교의 새벽 예불(禮佛)이나, 선도의 정시기도(定時祈禱)에서 배운 것이라고 가정한다면, 성경에 대한 그의 열의는 유교의 경서(經書) 연구에서 왔을 수도 있다고 말함으로써[122] 길선주의 기독교 이해는 개종 이전의 종교로부터 영향을 받고 있음을 암시한 바 있다. 이런 논의를 포함하여 그의 민족에의 관심 등은 '부흥의 사람' 길선주 그 이후의 문제이므로 여기서는 논외로 했다.

---

122) 유동식, 58.

4. 조국과 교회를 섬긴 주남선 목사

　신학교육기관에서 일하다보니 "좋은 목사님을 소개해 달라"는 류의 요청을 받는 일이 많다. 이런 때마다 '좋은 목사'란 어떤 목사일까를 생각하게 된다. 사람마다 목사상(像)이 다를 수 있고, 이상적인 목사상은 시대에 따라 다를 수도 있을 것이다. 좋은 목사란 주관적인 표현이지만 필자 나름대로는 목사가 갖추어야 할 덕목으로는 다음의 몇 가지가 중요하다고 생각한다. 즉 영적 지도력, 인격적 감화력, 도덕적 혹은 윤리적 모범, 균형잡힌 분별력, 그리고 겸손한 섬김 등이 그것이다. 역사적으로 볼 때 하나님의 교회에 큰일을 감당한 이들에게는 이런 덕목들이 구비되어 있었다. 한국교회에도 이런 분들이 적지 않았겠지만 필자가 아는 대표적인 한 분이 주남선 목사(朱南善, 1888-1951)였다.

　주남선 목사는 여러 면에서 우리의 흥미를 끄는 분이었다.[123] 그는 기독교

---

[123] 주남선 목사에 대한 더 자세한 논의는 이상규, 『한상동과 그의 시대』(SFC, 2006), 85-107, 295-302 등을 참고할 것.

전래 초기 호주 선교사를 통해 입신하였고, 권서인(勸書人)으로 불리는 매서 전도자로 일한바 있다. 또 독립운동에도 가담하여 삼일운동 당시에는 투옥을 마다하지 않으셨고, 일제 하에서는 신사참배를 거부하여 5여년간 옥중에서 지내시기도 했다. 해방 후에는 김구 선생으로부터 제헌국회에 출마해 달라는 요청을 받기도 했으나 그것은 나의 사명이 아니라고 거절하셨다. 해방 후 독립유공자로 포상하려했을 때는 조국의 독립을 위해 일하는 것은 국민 된 당연한 도리인데, "그것이 어찌 상 받을 일이겠는가?"라며 독립유공자 포상을 사양했다.

오늘 우리가 그를 주목하는 것은 이런 훌륭한 점 때문이 아니다. 도리어 그는 오직 한 길, 곧 주 예수 그리스도의 교회를 위해 겸손하게 일하며, 참된 목회자의 귀감이 되었다는 점 때문이다. 그의 생애 여정은 선한 목자의 길이었고, 세상적인 명예나 명망에는 무관심했다. 그는 부드럽고 겸손한 목회자였지만 동시에 옳고 그름에 대해서는 분명한 표준을 지니고 사셨던 이름 그대로 선한 목자였다. 그러기에 그는 세월이 지난 오늘에도 기억되어야 할 목회자로 남아 있는 것이다.

가정배경과 입신 및 신앙 활동

주남선 목사는 1888년 9월 14일 경남 거창에서 한학자인 주희현(朱喜賢)과 최두경(崔斗卿) 사이의 3형제 중 차남으로 출생하였다. 어릴 때 한학을 배우며 성장했으나 아버지는 그의 나이 15세 때 세상을 떠났다. 어릴 때부터 효성이 지극하여 거창 군수로부터 '효자상'을 받기도 했다. 17세까지 한학을 공부하며 농사일을 돕던 그는 경남 안의에 있는 잠업실습소를 수료하고, 지방관청에 등용되어 군수의 비서로 일한 일도 있었다.

농업에 종사하던 주남선은 1908년 친구인 오형선(吳亨善), 조재룡(曺在龍)과 함께 호주 선교사를 통해 복음을 받고 기독교로 입신하였다. 그는 이들과 함께 이 지역교회를 설립키로 하고 죽전(竹田)이라는 곳에 위치한 초가집을 매입했는데, 이것이 1909년 10월 10일 설립된 거창읍교회였다. 1911년 12월에는 호주 선교사인 맹호은(Rev. F. J. L. Macrae)에게 학습을 받고, 이듬해 6월에는 맹호은에게 세례를 받았다. 1913년에는 권서(勸書)가 되어 1916년까지 활동했는데, [124]이 기간동안 약 6천여권의 성경을 거창군 일대에 반포했다.[125] 이 기간 중에도 거창교회 집사로 활동했다. 즉 1914년 4월 거창교회 집사로 임명되었는데 이것은 거창교회의 첫 집사임명이었다. 그해 5월 10일에는 의령 남병현씨 의 2녀인 남술남(南述藍)과 혼인하였다.[126] 집사가 된 후 교회를 봉사하던 중 복음을 더욱 깊이 깨닫기 위해 성경학교에서 수학하고자 한 그는 1917년 3월 진주에 위치한 경남성경학원에 입학하여 2년간 수학하고 1919년 졸업하였다. 이 학교는 호주 장로교 선교부가 주관하는 신학교육 기관이었다. 그해 2월 28일에는 오형선에 이어 거창교회 제2대 장로로 장립을 받았는데, 이 때 그의 나이는 31세였다.

독립운동에의 참여

그가 경남성경학원을 졸업하고 또 장로가 되던 해에 3.1운동이 일어났다. 국가와 민족에 대한 사랑도 깊었던 그는 이 지방 독립운동에도 가담하였다. 즉 거창지방에서는 3월 20일 만세운동이 일어났는데 오형선, 고운서 등

---

124) 유대영, 옥성득, 이만열, 『대한성서공회사, II』(대한성서공회, 1994), 408.
125) 위의 책, 593. 이 책에는 주남선의 권서 활동에 대한 켈리(J. T. Kelly)의 1915년의 기록이 소개되어 있다. 장희근은 주남선이 거창지방 권서인으로 5년간 활동한 것 외에도 진주지방에서 권서인으로 8년간 일했다고 기록했지만 그 근거가 없다. 장희근『한국 장로교회사』(아성출판사, 1970), 285.
126) 후일 슬하에 경중(璟重), 경도(璟道), 경효(璟孝), 경세(璟世)등 4남과 경순(璟順), 경은(璟띈) 등 2녀를 두었다. 부인은 1973년 7월 24일 세상을 떠났다.

과 시위를 주도하였는데, 이때부터 그는 보다 적극적으로 독립운동에 가담하게 된다. 주남선은 형인 남재(南宰)와 동생 남수(南守)와 함께 만세운동에 가담하였고, 이들 형제들은 그해 8월에 있었던 국권회복운동(國權恢復運動)에도 관여하였다. 1919년 8월에는 이덕생(李德生), 김태연(金泰淵), 오형선 등과 독립군 자금과 의용병을 모집한 일에 관여한 혐의로 체포되었다. 이 일로 주남선은 징역 1년의 선고를 받고 복역 중 1921년 12월 29일 부산감옥 진주분감(晋州分監)에서 가출옥하였다.[127] 그의 출생과 성장기는 우리나라 역사의 변혁기였다. 일제의 침략이 노골화되고 기독교가 소개되는 역사의 길목에서 그는 그 시대의 민족과 신앙의 강(江)에 두 다리를 적시고 민족의 독립과 해방을 위해서도 분투하였다. 그가 독립운동에 관여한 것은 기독교에 입신하여 집사, 장로가 된 이후였고, 또 경남성경학교에서 수학한 이후였는데, 그는 독립운동을 민족공동체에 속한 일원으로서 당연한 의무로 여겼을 뿐만 아니라 그것이 신앙과 배치되지 않는다고 생각했다. 이 점은 독립운동이나 민족운동에 대해 상대적으로 무관심했던 한상동과의 차이를 보이고 있다. 출옥 후 1922년에도 짧은 기간 권서로 일한 것으로 보이지만 성서공회 측 자료에는 기록이 없다.

신사참배 반대, 해방 후의 활동

만세운동과 군자금 및 의용병 모집 건으로 체포되기 전 주남선은 이미 평양신학교에 입학하여 수학하고 있었다. 1930년에는 평양신학교를 제25회로 졸업하였다.[128] 그가 학교에 재적하고 있는 동안 거창교회 전도사(1922. 1-10), 거창지방 권서인으로 일하고 있었는데 이홍식 목사 후임으로 거창교

---

[127] 釜山監獄晋州分監長 朝鮮總督府典獄補 布村茂隆명의의 大正 十年 十二月 二九日字로 발행된 假出獄證票에 근거함. 심군식,『해와같이 빛나리』, 304 참고.
[128]『장로교신학대학 70년사』, 193.

회 교역자로 부름을 받았다. 1930년 10월에는 경남노회에서 목사장립을 받고, 1931년 2월 거창교회 위임 목사가 되었다.[129] 이 때 그의 나이 43세였다.

그의 목회생활이 길지 못했다. 1935년부터 일제는 신사참배를 강요했는데 주 목사는 1938년 이래로 거창지방에서 신사불참배 운동을 주도하였다. 이 일로 그는 거창교회를 사면하게 된다. 거창교회 제223회 당회록에는 "회장이 부득이한 사정에 의지하야 본교회 시무 사면을 제출한 고로 회중회에서 처결하는 되로 하기로 가결하다"라고 기록되어 있지만,[130] '부득이한 사정'이란 신사참배 반대로 인한 외부의 압력이었다. 주 목사는 1940년 7월 16일 소위 일제검거 시에 체포되어 약 5년간 투옥되어 있다가 1945년 8월 17일 해방과 함께 출옥하였다. 그의 이름은 원래 주남고(朱南皐)였으나 옥중에서 주남선(朱南善)으로 개명하였다.

해방과 함께 출옥한 주남선은 다시 거창교회 담임목사로 청빙을 받고 1945년 12월 거창으로 부임하였다. 해방 후 경남지방에서는 교회쇄신 재건 운동이 전개되었는데 이 때에도 그는 바른 교회 건설을 위해 노력했다. 특히 그는 한상동과 함께 신학교 설립 기성회를 조직하고, 개혁주의적 신학교육 기관으로서 고려신학교 설립에 동참하였다. 주남선은 설립자로서 직접적으로 고려신학교 운영과 경영에 참여하지는 않았으나 그가 세상을 떠나기까지 고려신학교의 험난한 항해에 설립자로서의 짐을 회피하지는 않았다.

목회와 목회활동

앞에서 언급했지만 주남선은 1908년 기독교에로 입신한 이후 권서인으

---

129) 주남선 목사는 1931년 1월 6일 부산 초량교회에서 회집된 제29회 경남노회에서 거창교회 위임을 허락 받았고(『경남노회록』, 159-160), 위임일은 2월 22일이었다(동 회의록, 163).
130) 거창교회 제223회 당회록.

로, 집사 혹은 장로로 봉사하였고, 1930년 6월 거창교회에 부임한 이후 1938년까지 말까지 약 7년, 1945년 말에서 1951년 3월까지 약 6년, 도합 13년간 거창교회에서 목회했다. 이 기간 동안의 그의 목회활동을 통해서도 존경과 신뢰를 받았다. 앞에서 언급한 바처럼 주남선 목사는 여러 일들에 관여했으나 그는 오직 순전한 목회자이기를 원했고, 직접적으로 하나님의 나라를 위해 일하고자 하는 욕심뿐이었다.

기도생활

주남선은 영적인 지도력을 갖춘 인물이었다. 그는 기도의 사람이었고, 기도는 그의 목회를 이끌어간 힘의 원천이었다. 영적 지도력과 감화력, 그리고 신앙과 삶의 일치는 목회자의 보범이 되었다. 그는 신사참배를 반대해서 싸울 때는 특별히 인간적 공명심에 빠지지 않도록 기도했다고 한다. 그는 기도하면서 시련을 이겼고, 출옥 후에도 한번도 자신의 신앙 투쟁을 드러내거나 자랑하려 하지 않았다. 1945년 12월 경남노회장으로 선출되었을 때 단상에 오른 주 목사는 신사에 참배한 이들을 포용하면서 "얼마나 수고가 많았습니까? 이 사람은 형무소에서 바깥 세상일은 생각지 않고 주님만 생각하다 보니 어느덧 6년이 지났습니다."라고 말할 수 있었던 그 포용성과 여유도 그의 신앙적 인격을 보여주는 단면이었다.[131] 그는 다른 이들과 달리 신사참배를 반대하고 싸웠다고 자기 의에 빠지지 않았다. 그는 진정으로 기도하는 사람이었다. 진정한 기도는 자기의 성(城)을 세우는 것이 아니라 자기 스스로 자기 아성을 파괴하는 일이다. 그는 목회활동에서 기도생활의 모범을 보였고, 새벽 2시에 교회에 가면 아침 9시 혹은 10시경까지 기도했다고 한다. 그를 가까이에서 대했던 이들의 증언을 종합하면, 그는 큰 소리로 기도하지는 않았지만 조용한 가운데서 기도했고, 그 모습만 봐도 하나님께 진실하게 기

---

131) 이상규 외, 『주남선 목사의 신앙과 삶』(고신대학교, 2001), 93.

도하는 모습이 배어났다고 한다. 그가 앉았던 자리에는 언제나 눈물로 얼룩져 있었다고 한다.[132] 그는 다른 어떤 것을 의지하지 않고 하나님을 의지하는 목회자였다.

설교

주남선 목사는 모든 성경은 영감된 하나님의 말씀이라는 확신과 성경의 무오성(inerrancy)과 성경의 최종적 권위를 확신했다. 그리고 하나님의 말씀에 대한 절대적이고 전폭적인 순종, 이것이 그의 생활이었다. 이 신앙이 신사참배 요구에 대항하여 싸웠던 힘이었고, 그의 목회와 설교의 바탕이었다. 그에게 '오직 성경'(sola scriptura)은 '성경 전부'(tota scriptura)였다. 이 성경에 대한 확신으로 설교하고 가르쳤다. 그의 설교는 요란하거나 잡다하지 않았고, 오직 성경을 '단순하게' 가르치려고 했다. 구변이 능하지 않았고, 인간적인 기교도 없었다는 점에서 '평범한 설교'라고 할 수 있지만, 그 설교는 자신의 신앙적 삶에 근거한 진실한 설교였기에 사람들에게 은혜를 끼쳤다고 한다. 한 때 주남선 목사와 같이 거창교회에서 일했던 전성도 목사는 주남선 목사는 생활로 모범을 보여주시는 무언의 설교자라고 평했다.[133] 그의 설교는 웅변적이지도 않았고, 열변도 아니었고 단순하고 조용한 선포였다.[134] 그저 자신이 믿고, 깨닫고, 체험한 바를 전하려고 했다. 오병세 박사는 그의 설교를 이렇게 회상했다. "그의 설교에는 많은 사투리가 섞여 나오고, 웅변도 아니었으나 그에게는 한 가지 특징이 있었고, 무기가 있었으니 곧 진실이었다. 그에게는 인간적인 수단과 방법 등을 찾아볼 수 없는 것 같았다. 그 어른에게는 시

---

132) 남영환, "개혁주의 신앙의 구르터기," 『월간고신』 55호(1986. 4), 38-39.
133) 전성도, "무언의 설교자," 『월간고신』 55호(1986. 4), 36.
134) 이상규, 앞의 글, 97.

원스럽다든지, 흰하다는 것은 없어도 참이라는 것을 찾아볼 수 있었다."[135]
고 회상했다.

목회일반

주남선 목사는 온화한 성품의 소유자로서 따듯한 인간미를 지니고 있으면서도, 하나님의 말씀에 위배될 때는 한 치의 타협도 없으신 외유내강한 분이셨고, 죽음의 고비를 넘나들었던 현실 초월적인 도량과 신앙적 인격을 겸비한 분이었다. 따라서 이런 그의 삶의 여정이 그의 목회 전반에 나타나 있다.

그는 목회활동에서 심방을 중시했다. 1946년 8월 당시 거창교회의 주일 평균출석수는 270명이었는데,[136] 그는 교인들의 가정을 알뜰하게 살피고, 교인 가정의 문제를 자신의 문제처럼 해결하려고 힘썼다. 어느 해 여름 장마비가 심하게 내려 수해가 나고 집이 침수되는 등 어려움을 당했을 때 온 밤을 새우며 등불을 들고 교인 집을 찾아다니며 교인들을 위험에서 구했다고 한다. 자녀 없이 살던 한 노파가 친정에 가서 병사했다는 소식을 듣고는 집사 세 분과 같이 먼 길을 찾아가 손수 장례를 치러주고 오기도 했다.[137]

6.25 동란이 발발했을 때 자신의 생명을 지키기 위해 피난가지 않고 교회를 지키며, 성도들을 돌보며 지냈다. 박손혁 목사는 주남선 목사의 장례식에서, "1950년 6월 25일 사변이 발생되자 일주일간 금식기도를 드린 후 피난을 단념하시고 동역자들을 역방(歷訪) 하시면서 교회와 양떼를 사수하기를 권장하시고, 폭탄과 총탄이 비 오듯 하는 때라도 아직도 남아 있는 교인이 있

---

135) 심군식, 앞의 책, 6.
136) 이 통계는 거창교회의 교세현황표 참고. 그가 부임하기 전인 1944년 당시 거창교회는 제직원 21명(남 13, 여 8), 장로 4명, 집사 14명이었고, 교인 수는 231명(남 35, 여 105명)이었다. 세례교인은 135명이었다. 그러나 1946년 8월 31일 당시 주일평균 출석은 270명(남 60, 여 210명)이었고, 전체 교인 수는 354명(남 128, 여 226명)으로 보고되었다.
137) 심군식, 앞의 글, 234.

지나 않나 하여 집집이 찾아다니셨다"고 회상했다. 또 그는 이와 같은 교인 심방을 위해 "8월 29일 함양지방으로 순회하시든 중, 개평교회에서 복음 진리를 힘써 증거하시다가 인민군에게 붙잡혀 구금을 당하셨다가 하나님의 특별하신 섭리로 놓임을 받으셨던" 일화를 소개했다.[138] 이처럼 그는 교인들을 보살피는 일에 관심이 많았던 자상한 영적 아버지였다.

그는 공사석에서 남을 비방하거나 헐뜯는 일이 없었고, 자기 자신과 생각을 달리한다고 남을 비방하거나 험담하지도 않는 성숙한 신앙인이었다. 그래서 그는 자상한 아버지같이 교회를 돌보고 교회를 치리하셨다. 평소 한복을 즐겨 입으셨던 그는 선비적 자태로 교회를 섬기셨다.

목회자적 신앙과 인격

주남선 목사의 생애 여정과 삶의 자취들을 살펴볼 때 그의 삶의 태도, 신앙적 면모, 혹은 신앙인격을 다음의 5가지로 정리할 수 있을 것이다.

첫째, 주 목사님은 무명(無名)에의 의지로 산 사람이다. 그 분은 오직 하나님의 영광만을 위해 사신 분이시기에 자기의 명예나 자신의 영예에는 관심이 없었다. 자기를 위해서는 사진한 장, 글 한편 남기기를 원치 않으신 분이다. 신사참배를 반대하여 그 약한 몸으로 그 숱한 고초를 겪으시고도 해방 후 그가 하나님의 부름을 받을 때까지 말씀하지 않으셨다. 그것이 자신을 드러내는 일이 될까하여 그는 늘 "하나님의 은혜로 살았지요." 혹은 "내 같은 죄인이 그런 귀한 체험을 하였지요."라고 말씀하였는데 그는 이처럼 자신의 이름을 내고 자신의 업적을 드러내는 일에 무관심했다.

둘째, 그는 건실한 교회 건설자였다. 그의 생애 궁극적 관심은 하나님의

---

138) 장희근, 앞의 책, 286; 박손혁, 35.

교회였다. 그의 신사참배 반대, 해방 후의 교회 쇄신운동, 고려신학교의 설립, 목회 활동, 이 모든 것은 한국교회를 정화하고 교회를 바로 세우려는 일념에서 하신 일이었다. 이 모든 주남선의 노력은 결국 하나님의 교회건설의 의지였다.

셋째, 그 분은 역사는 하나님의 통치아래 있다는 분명한 확신의 소유자였다. 다시 말하면 하나님의 주권과 통치에 대한 확신을 가지고 사신 분이다. 진리는 반드시 드러나고, 하나님은 겸손히 자신을 의지하는 자에게 승리를 주신다는 확신이 있었다. 그래서 그는 자기를 드러내려하지 않고 겸손히 그리고 신실하게 살고, 가르치고 실천했다.

거창지방의 불신자들에게서 조차도 존경과 신뢰를 받았던 주남선 목사의 영적 지도력, 신앙적 인격, 겸손하면서도 자상하신 성품, 세상의 물질이나 명예나 권력의 유혹으로부터 자유하셨던 분명한 목회자적 철학, 이 모든 것은 오늘 우리 시대 목회자들이 본받아야 모범이 되고 있다. 그를 아는 이들은 그를 '목사다운 목사'라고 회상했다. 비록 좋은 목사에 대한 기준이나 표준은 다를 수 있어도 나 자신의 어떤 것들 구하지 않고 오직 하나님의 영광만을 구하며 겸손히 주의 발자취를 따라가는 선한 목회자 상은 우리 시대의 귀감이 되고 있다.

불행하게도 주남선 목사의 봉사의 날은 길지 못했다. 민족상잔의 가슴 저미는 전화의 와중인 1951년 3월 23일(금요일) 오후 6시 간암으로 세상을 떠났다. 향년 63세였다. 그는 생시에 끝까지 거절했으나 그의 사후 1977년 정부는 그에게 건국공로훈장을 추서하였다. 1996년 그의 유해는 대전의 국립묘지 애국지사묘역으로 이장되었다. 그가 애국지사로 인정받았다는 점이 중요하지 않다. 보다 더 중요한 사실은 그는 겸손히 하나님을 의지하는 말씀의 사역자였다는 사실이다.

5. 주기철의 삶과 설교, 저항권 사상

"나의 사랑하는 교우 여러분, 그리스도의 사람은 살아도 그리스도인답게 살고 죽어도 그리스도인답게 죽어야 합니다. 죽음이 무서워 예수를 저 버리지 마시오. 풀의 꽃과 같이 시들어 떨어지는 죽음을 아끼다가 지옥에 떨어지면 그 아니 두렵습니까? 한번 죽어 영원한 천국의 복락이 그 아니 즐겁습니까? 이 주 목사가 죽는다고 슬퍼하지 마시오. 나는 내 주님밖에 다른 신 앞에서 무릎을 꿇고는 살 수 없습니다. 더럽게 사는 것보다 차라리 죽고 또 죽어 주님향한 정절을 지키려 합니다. 주님을 따르는 죽음은 나의 기원입니다. 나에게는 일사각오(一死覺悟)가 있을 뿐입니다."[139]

이것은 주기철 목사의 최후의 설교인 '다섯 가지 나의 기원' 중의 한 부분

---

139) 민경배, 『순교자 주기철 목사』, 276.

이다. 영어의 몸에서 잠시 석방되어 평양 산정현교회 강단에서 행한 이 유언적 설교에는 주 목사의 사생관, 신앙적 정절, 신사참배 거부 의지 등이 나타나 있다.

주기철 목사는 한국교회가 낳은 대표적인 순교자라는 점에 대해서는 의의가 없을 것이다. 그가 해방 이후 한국교회의 역사와 신앙적 삶에 끼친 영향은 지대했다. 그는 우리가 본받아야 할 신앙과 영적 투쟁의 '모범'으로 제시되었고, 그의 신사참배 반대와 저항, 그리고 순교에 이르는 선한 투쟁은 한국 그리스도인이 추구해야 하는 '선한 싸움'의 정신적 기초를 제공했다.

이 글에서는 주기철 목사의 삶의 여정을 정리한 다음 그의 설교에 나타난 교회관, 민족주의, 저항권 사상에 대해 설명해 보고자 한다. 그 동안 한국교회는 '순교자로서의 주기철 목사'에 대해서는 커다란 관심을 기울여 왔지만 그의 설교에 대해서는 특별한 관심을 보이지 않았다. 그래서 이 글에서는 '설교자로서의 주기철 목사'에 대해 주목하고자 한다.

주기철의 '선한 싸움'의 여정

사실 한국교회 인물 중에 주기철(朱基徹, 1897-1944) 만큼 널리 알려진 인물도 없을 것이다. 그는 복음을 위해 '사슬에 메인 사신'이 되었고 '그리스도의 좋은 군사'로 고난을 받았다. 그는 진리를 증거 하기 위해 자기 '생명을 조금도 귀한 것으로 여기지 않았던' 일사각오의 신앙인이자 순교자였다.

거룩한 소명

주기철 목사는 1897년 11월 25일 경남 창원군(昌原郡) 웅천면(熊川面) 북부리(北部里)에서 주현성(朱炫聲) 장로와 조재선(曺在善) 여사의 넷째 아들로 때어났다. 일찍부터 주일학교에 다니면서 자란 주기철은 한학을 공부하다가 그의 나이 8세 때인 1906년에는 고향의 개통(開通)학교에 입학하였다. 이곳에서 약 7년간의 교육을 받은 주기철은 당시 전국을 순회하며 계몽강연을 하던 이광수(李光洙)와의 만남을 통해 오산학교 입학을 결심하고 1913년 이 학교에 입학하였다. 어릴 때 이름이었던 기복을 기철로 개명한 것은 이 무렵이었다. 당시 정주, 선천, 안악 그리고 평양은 민족교육의 중심지였는데 정주 오산학교는 대표적인 학교였다. 이곳에서 주기철은 조만식과 이승훈으로부터 신앙, 애국, 그리고 민족정신 등 많은 영향을 받은 것으로 보인다.

1916년 3월 오산학교를 졸업한 주기철은 그해에 연희전문학교 상과에 입학하였다. 그러나 안질인 드라코마로 시력이 약해져 일 년도 수학하지 못하고 중퇴하였다. 이때로부터 약 4년 반 동안 실의와 좌절의 날들을 보낸다. 그가 만 20세 때 김해출신 안갑수(安甲守, 1900-1933)와 결혼하였는데, 어떤 이는 안질로 인한 실의와 정신적 방황을 이기게 하려는 의도가 있었다고 했다. 주기철은 후일 5남 1녀를 두었는데 다 안갑수 부인의 소생이었다. 주기철은 웅천에서 칩거하는 중에 마산 문창교회에서 열린 김익두 목사의 부흥집회에 참석하였는데, 이날의 집회가 목사의 길로 인도하는 결정적인 계기가 되었다. 주기철은 경남노회에서 강상은(姜商殷), 주정택, 홍수원 등과 함께 신학교 입학추천을 받고, 1922년 3월 평양의 장로회 신학교에 입학하였다.

1925년 9월에는 이 학교를 졸업하였는데, 꼭 한 달 뒤인 10월 15일은 조선에서의 신사(神社)제도의 총본산인 조선신궁(朝鮮神宮)이 건립되었다. 조선신궁은 일본 국체(國體)의 중추요 핵심부로서 사실상 한국통치의 이념적 심장이었다. 묘하게도 주기철이 영적인 무장을 하고 신학교 문을 나섰던 바로 그 해에 그가 일사각오로 싸워야 할 '선한 싸움'의 대상도 남산에 자리를 잡고 일어섰던 것이다. 주기철의 신도주의(神道主義)와의 향후 19년간의 싸움은 이때로부터 시작되었다. 신학교를 졸업한 주기철은 그해에 경남 지방 굴지의 교회인 부산 초량교회에 부임하였고 1926년 1월 10일 위임 목사가 되었다.

초량교회는 주 목사의 처녀 목회지였는데, 그는 이곳에서 1931년까지 약 6년 간 시무하였다.

　이 기간 중에 주 목사는 신사참배 거부안을 경남노회에 상정하여 가결시 켰던 것으로 알려져 왔고, 이 점을 김요나, 김인수, 김충남, 민경배, 박용규, 이상규 등이 인용해왔으나, 이만열은 이 점이 원 사료인 경남노회록이나 다른 공식적인 기록에는 남아 있지 않다는 점에서 이 주장은 근거 없는 잘못된 주장이라고 말한다.[140] 그래서 이 점은 논란의 대상이 되고 있다.[141] 이만열의 실증적 검토는 타당성을 지니고 역사연구의 기본적 태도를 보여주지만, 이 건과 관련하여 일본인이 발행하던 부산일보에 사설로 게재되었다는 "완미(頑迷)한 양귀(洋鬼), 끝끝내 신사참배 거부"라는 인용 마저 후대의 위조라고 보기는 어렵다. 주기철의 신사참배 반대와 순교 등과 같은 생애 여정을 기록하면서 '완미(頑迷)한 양귀(洋鬼)' 등과 같은 용어까지 허위로 조작했을 만큼 비역사적이거나 비신앙적이었을 것으로는 생각되지 않기 때문이다. 또 1929년에 주기철이 그런 헌의안을 상정했다는 점을 기록하지 않으면 안 될 필연적 요인이 있었다고 보지 않는다. 의도적 위조의 가능성이 낮다면 이 건과 관련한 전거에 대한 오기나 착오는 있을 수 있으므로 경남노회록 이외의 문건을 검토해 볼 필요가 있을 것이다. 만일 주기철이 1929년 신사참배가 공식적으로 요구되기 전에 신사참배 반대 헌의안을 상정한 것이 사실이라면 주기철은 신사참배가 강요될 것을 미리 예견하고 있었던 것으로 해석할 수 있다.

　초량교회를 사면한 주기철 목사는 1931년 7월에는 마산 문창교회에 부임하였다. 그는 교회당을 개조, 수리하는 외적인 정비만이 아니라, 행정과 조직을 정비하고 청소년 교육을 강화하는 등 교회발전을 위해 혼신의 정열을 쏟았다. 그는 문창교회에서 사역하던 중인 1933년 5월 16일 부인 안갑수 여사

---

140) 이만열, 『역사에 살아 있는 그리스도인』(한국기독교역사연구소, 2007), 321.
141) 이만열, 319-21.

와 사별하였고, 2년 후인 1935년 오정모(吳貞模) 여사와 재혼하였다. 주 목사는 이곳에서 1936년 6월까지 시무했는데 이때는 신사참배가 강요되기 시작할 때였다. 1925년 조선신궁이 건립되고 진좌제(鎭座祭)가 개최되면서 서서히 학생들의 참배를 요구하더니 1931년 만주사변 이후 군국주의자들이 득세하면서 상황은 급진전하였다. 1935년부터는 신사참배가 기독교학교에 재학한 학생들로부터 강요되기 시작했다. 비록 주기철 목사는 한국 남단 마산 일우에 있었으나, 이 민족 강산으로 죄여오는 시련의 그림자를 헤아리고 있었다. 주 목사는 이미 1934년 8월에 '죽음의 준비'라는 설교를 했는데, 이 설교에서 신사참배라는 말은 쓰지 않았으나 벌써 그 고난의 여정을 감지하고 있었다. 그가 평양의 장로회 신학교에서 부흥집회를 인도했을 때는 1935년 9월이었는데, 이때의 그의 설교 또한 일제와의 한판 승부를 각오한 것이었다. 그 설교 중의 하나가 '일사각오'인데, 그는 이 설교에서 예수를 따르는 일사각오, 남을 위한 일사각오, 그리고 진리를 위한 일사각오 등 3대 각오를 언급하였다.

　1936년 7월에는 평양 산정현교회로 부임하였다. 산정현교회는 장대현교회에서 1906년 분립된 교회로써 남문밖교회(1903), 창동교회(1905)에 이어 평양 제4교회로 통칭되었다. 이 교회는 주 목사의 은사인 조만식, 민족산업가 김동원, 유계준 등 저명한 분들이 장로로 시무하는 교회였다. 주 목사의 평양에로의 이거는 특별한 의미를 지니는 것이었다. 말하자면 주 목사는 1930년대 신사문제의 중심부로 접근하였고, 황량한 들판에서 어두움의 세력 앞에 도전자로 서게 된 것이다. 이런 점에서 주 목사 환영회 석상에서 행한 이성휘(李聖徽) 목사의 환영사는 진실이었다. "우리는 산정현교회 주 목사를 환영하는 것이 아니라, 평양교회 주 목사를 환영하는 것이요, 조선교회의 주 목사를 환영하는 것입니다." 주기철 목사는 산정현교회 담임 목사로서만이 아니라 평양으로 스며드는 어두움의 세력과의 일전을 위해 평양으로 이거해 갔던 것이다.

의로운 저항

1938년으로 접어들자 신사참배강요는 더욱 거세어 갔고 교회의 변질 또한 심화되었다. 1938년 2월부터 그해 9월 장로교총회가 열리기 전까지, 당시 23개 노회 중 평북노회를 필두로 이미 17개 노회가 신사참배를 가결한 상태였다. 주 목사는 가장 대표적인 신사불참배론자였으므로 그의 구속은 필연적이었다. 주 목사에게 있어서, 신사참배행위는 명백한 우상숭배였으므로 용납할 수 없는 것이었다. 그가 처음으로 구속된 것은 1938년 2월이었는데 산정현교회의 헌당 예배 후였다. 현존질서를 문란케 한다는 죄목이었다. 이때로부터 그는 네 차례(1938년 2월 27일간 구속, 1938년 8월에서 39년 2월까지, 1939년 9월에서 1940년 4월까지, 1940년 9월에서 1944년 4월 21일 순교 시까지) 투옥되어 7년여 동안 형언할 수 없는 고문을 당했다. 이것은 신앙적 정의를 위한 불가피한 싸움이었다. 그래도 주 목사의 신앙적 의지를 꺾지 못했다. 그가 4번째 투옥되었을 때 평양노회는 주 목사를 목사직에서 파면했고, 신사참배 반대의 상징적 보루였던 산정현교회를 폐쇄하였다.

옥중의 주 목사에게는 하루하루가 순교의 날들이었다. 1944년 4월 13일, 네 번째로 투옥된 지 3년 7개월이 지났을 때, 그의 몸은 극도로 쇠잔해 졌고, 병고와 심한 고문으로 육신마저 지체할 수 없어 병감(病監)으로 옮겨졌다. 이때쯤 기록된 것으로 보이는 유언적 기록에는 이런 내용이 있다. "여드레 후에는 아무래도 소천될 것 같습니다. 지금까지 몸이 부어올랐습니다. 막내 광조에게 생명보험을 든 2백원으로 공부를 시키십시요. 어머님께 봉양 잘해 드리고, … 어머님께는 죄송합니다."

부인 오정모 여사가 마지막 대면했던 날은 4월 20일이었다. "내 하나님 앞에 가면 조선교회를 위해 기도하오리다"라는 말을 남긴 그는 그 다음날 순교하였다. 이때가 1944년 4월 21일이었다. 이글 서두에서 언급하였지만 사실 그의 "5종목의 기도"라는 설교, 곧 죽음의 권세를 이기게 하옵소서, 장기간의 고난을 견디게 하옵소서, 노모와 처자와 교우를 주님께 부탁합니다, 의에 살고 의에 죽게 하옵소서, 내 영혼을 주님께 부탁합니다는 그의 유언이자 신앙고백이었다.

혹자는 그가 몰역사적 영웅주의자였고 무모한 고집으로 죽음을 자초하였다고 혹평했으나 이것은 악의에 찬 비난이다. 당시의 표준으로 볼 때 주기철은 정상적인 교육을 받은 합리적인 인물이었고, 뜨거운 가슴과 함께 냉철한 이성을 지닌 심리적 평정을 지닌 목사였다. 무모한 고집이 7여년의 옥고를 견디게 했다는 주장은 설득력이 없다. 몰역사적 영웅주의가 한사람의 내면세계에서 그처럼 긴 기간의 행동양식을 결정했다고 보기는 현대 심리학으로 설명할 수 없다. 그가 7여년에 이르는 긴 형고(形苦)의 날을 인내할 수 있었던 것은 종교적 확신 때문이었고, 그것이 그의 저항의 동기였다.

주기철 목사에 대한 논구에서 가장 중요한 문제는 일제의 신사 참배 강요에 대한 그의 일관된 저항과 투쟁이 갖는 의미가 무엇인가 하는 점이다. 이 문제가 그의 신앙 여정과 목회적 삶의 행로를 결정했고, 또 오늘의 주기철상을 주형하였기 때문이다. 소양이 직접적으로 신사참배 문제에 연루된 때를 1930년대 초로 본다면 그는 이때로부터 1944년 순교할 때까지 10여년 이상 신사참배 강요에 맞서 싸웠고 드디어는 자신의 신념과 확신의 희생자가 되었다. 이런 그의 생의 여정을 살펴볼 때 신사참배 문제는 그의 생애를 '믿음의 선한 싸움'으로 인도해 간 영적 싸움의 대상이었다. 그의 싸움은 '신앙만의' 싸움이었고 그의 싸움의 기초는 '신앙적 정의'(Recht)였다. 따라서 그의 생애와 신앙의 자취, 그리고 오늘 우리가 본받아야 할 신앙적 삶의 방식을 이해하는데 있어서 신사참배 문제는 매우 중요하다.

신교의 자유와 교회의 순결

그가 신사참배를 반대했던 가장 중요한 이유는 신사참배는 하나님의 계명에 반하는 우상숭배로 간주하였기 때문이다. 신앙의 순수성과 교회의 거룩성을 유지하기 위한 것도 중요한 이유였다. 신사참배 반대와 관련하여 3가지 점을 주목해야 한다.

첫째, 그의 신사참배 반대는 그의 보수주의 혹은 개혁주의 신학에 근거했다는 점이다. 신학은 한 사람의 사회적 활동(social action)을 규정짓는 가치체계(value system)인데 그의 신학은 성경을 신앙과 생활의 유일한 규범으로 믿는 '오직 성경'사상, 곧 천황제보다 우위에 있는 성경의 절대 권위를 강조하는 신학이었다.

둘째, 그는 신사참배를 반대했으나 기구적 조직체를 통해 반대운동으로 전개하지는 않았다는 점이다. 이 점이 이기선이나 한상동과의 차이점이다. 물론 주기철은 신사참배가 강요될 당시나 1938년 장로교총회의 신사참배 가결 전후 시기에 투옥되어 있었으므로 직접적으로 반대운동을 주도하거나 가담할 수도 없었지만 그는 신사참배에 대한 반대는 개인의 신앙양심과 확신에 따라야 반대운동을 조직화하고 이를 운동(movement)의 차원에서 전개하는 일에는 소극적이었다. 다시 말하면 주기철은 개인의 신념을 강조하였고 조직의 힘으로 대항하려고 하지 않았다. 주기철은 신사참배가 우상숭배요 계명을 범하는 죄라는 사실을 강조하고 이를 반대하는 것은 개인의 신앙적 결단으로 해야 한다는 입장이었다. 비록 주 목사 자신의 친필기록은 아닐지라도 약 30여편의 설교를 남겨주고 있는데 그의 설교에서도 신사참배 반대운동을 전개해야 한다고 주장하거나 이를 권고하지는 않았다.

셋째, 주기철은 신사참배를 반대함으로서 교회의 순결과 순수성을 지키려고 노력했으나 지상교회의 불완전성을 인정하고 있었다. 따라서 신사참배 반대자들의 별도의 치리회 조직을 시도하지 않았다. 한상동 목사가 별도의 노회 조직을 주장했을 때 이를 시기상조라는 이름으로 거절하였다. 주기철 목사에게 있어서 불의한 권력에 대하여 신앙양심에 따라 저항하는 것이 우선적인 관심사였지, 그 이상의 문제에 마음 둘 겨를이 없었다. 그에게 있어서

지상교회는 완전한 교회가 아니었다. 분명한 사실은 지상교회의 완전성은 그의 신념이 아니었다. 이 점은 그가 한상동의 권고에 동의하지 않았던 점에서 확인된다.[142]

넷째, 주기철은 정교분리라는 전통적인 개혁교회의 입장을 따랐다는 점이다. 그는 산정현교회 취임설교에서 교회 내에서의 정치활동을 배격한다는 점을 강조한 바 있다. 일제의 신사참배를 국민의례라고 주장하고 참배를 강요했을 때 이를 반대하고 투쟁한 것은 정치로부터 교회의 독립(libertas ecclesiae)을 말하는 개혁주의 원리를 따랐음을 알 수 있다. 교회가 정부에 부당하게 간섭하는 것도 옳지 않지만, 국가권력이 신앙의 자유를 간섭하고 통제하는 것도 옳지 않다고 보았다. 이 입장은 '황제교황주의'(Caser-papism)나 에라스티안주의(Erastianism)와 다른 장로교의 특징이기도 하다.

주기철 목사는 민족운동 하기 위해 옥에 갇히고 일제와 싸운 것이 아니었다. 비록 그의 유해가 국립묘지에 안장되었고 "애국지사 주기철"이라는 묘비명이 세워져 있지만, 그의 싸움은 신앙적 동기를 지니고 있고, 그의 투쟁은 우상숭배와의 영적 싸움이었다. 신사참배 반대와 투쟁은 그의 삶을 이끌어 간 축이었으므로 이 문제와 관련된 그의 삶의 여정에 의미를 두지 않는다면 주기철의 순교는 의미를 상실하고 만다. 바로 이런 이유 때문에 주기철 목사의 신사참배 반대와 저항에 대한 기존의 해석에 있어서 두 가지 문제점을 간과해서는 안 된다.

첫째, 그의 신사참배 강요에 대한 저항의 의미를 약화시키거나 혹은 무의미하게 하는 경우이다. 이들은 신사참배는 종교행위가 아니라 국민의례일

---

[142] 이 점에 있어서 박윤선의 입장도 동일했다. 박현찬 목사의 증언에 의하면 박윤선은 고려신학교 강의에서 교회가 비록 부패하고 변질됐다고 하더라도 그것이 교회 이탈의 정당성이 되지 못한다는 사실을 거듭 강조했다고 한다. 박윤선은 교회 안에 남아 있으면서 교회를 정화하도록 하는 것이 칼빈주의 교회관이며 그것이 바른 길이라는 점을 학생들에게 강하게 주지시켰다고 한다. 이런 가르침에 근거하여 대한예수교장로회 고신교회에서 송상석 고소에서 보여준 바와 같이 불신법정 송사를 수용했을 때 박현찬과 류윤옥이 중심이 된 경동노회에서는 경남노회나 경기노회 등과는 달리 행정보류를 거쳐 교단을 이탈하지 않고 교단에 남아 있으면서 불신법정 송사의 부당성을 헌의하는 방식으로 개혁을 추진했다고 한다. 박현찬과의 대화(포항 충진교회당, 2007. 5 16).

따름이라고 주장한다. 이것은 일본 조합교회 목사이자 일본기독교 대회 의장인 도미타 미쯔르(富田滿, 1883-1961), 조선총독부 교육국장이었던 와다나베(渡邊)의 교지(敎旨)로써 일본정부의 주장을 액면 그대로 추수(追隨)하는 입장이다. 1919년과 1930년대만 해도 국가신도를 종교라고 천명했던 로마 가톨릭의 교황청은 1936년 5월 26일자로 "가톨릭 신자들은 국가의식에 참여하여도 무방하니 이는 기독교를 욕 돌리는 것이 아니다"고 하여 신사참배를 국민의례로 간주하였다. 만일 신사참배 강요가 일제의 주장대로 종교의식이 아니라 국민의례에 지니지 않는다고 본다면 주 목사의 투쟁과 순교는 일제의 식민지배에 대한 저항 그 이상의 의미를 지니지 못한다. 따라서 그의 순교는 무의미해질 수밖에 없다.

둘째, 그의 신사참배 강요에 대한 저항을 민족적 혹은 민족주의적 동기로 해석하는 경우이다. 일부의 인사들은 주기철의 신사참배반대와 저항을 민족적 혹은 민족주의적 관점에서 해석함으로써 신사참배 반대행위의 이념적 기초였던 신앙적 동기가 무시되거나 경시되고 있다. 주기철은 오산학교에서 수학한 분으로써 민족 혹은 민족주의에 무관심했다고는 볼 수 없다. 그러나 그의 삶의 행로와 반 신도주의적 행위를 결정했던 것은 신앙적 동기였지 민족적 동기가 아니었다. 단적으로 말하면 그는 민족운동이나 독립운동을 하기 위해 고난과 투쟁의 길을 간 것은 아니었다. '민족적' 측면은 획득된 결과였지 의도된 동기는 아니었다. 따라서 그의 신사참배 반대 투쟁의 동기와 의미는 신앙고백적(confessional) 관점, 곧 '신앙적 정의' 추구라는 측면에서 해석되어야 한다. 주기철은 거대한 권력과 위력 앞에 순수한 정신적 투쟁이 얼마나 무력하다는 것과 자신의 저항이 무위로 해체될 수도 있다는 절망적인 현실을 알고 있었다. 그러나 그가 일관되게 투쟁하며 종국적으로 순교자의 길을 갈 수 있었던 것은 바로 그의 신앙고백적 동기 때문이었다.

결론적으로 말하면, 주기철 목사는 신사참배에 대한 투쟁과 이로 인한 희생의 대표적 인물이었고, 신사참배 반대의 상징적 존재였다. 그는 한국교회가 신사참배의 폭풍 아래 갈피를 잡지 못하고 있을 때 처음부터 단호하게 거부하여 신사참배의 범죄로부터 한국교회를 지키는 방파제 역할을 감당하였다. 그는 뜨거운 가슴과 함께 냉철한 이성을 지닌 교육받은 목회자였고, 합리적인 사고와 심리적 평정을 지닌 양식 있는 목사였다. 그는 신앙적 정의에 대한 확신으로 7년간의 긴 형고(形苦)의 날을 인내할 수 있었다.

서두에서 언급하였지만 그의 투쟁은 민족적 동기나 정치적 동기가 아니라 신앙적 동기에서 시작되었다. 그는 정교분리의 이념을 고수하였고, 정치적 독립이나 민족주의적 동기가 신앙 보다 우선시 될 수 없다는 분명한 인식을 하고 있었다. 따라서 그의 투쟁을 민족운동 혹은 민족적 동기에서 접근하는 것은 주기철에 대한 정확한 인식이라고 볼 수 없다.

주기철의 설교에 나타난 교회, 민족, 저항권 사상

주기철 목사의 설교 자료, 설교형식과 내용

주기철 목사의 설교가 어떠했는가를 논함에 있어서 가장 큰 한계점은 그가 남긴 기록이 극히 제한적이라는 사실이다. 현재까지 수합된 그의 삶의 여정이나 설교, 신학을 헤아릴 수 있는 문헌기록으로는 설교 31편, 소논문 1편, 기도문 2편, 앙케이트 설문에 대한 응답문 1편 등 총 35편이다. 설교 32편 중 주 목사가 순교하기 전에 교계신문이나 잡지 등에 발표된 것이 16편이며, 해방 후 김인서에 의해 복원된 주기철의 설교가 15편이다. 현재 남아 있는 설교 중에서 주 목사가 직접 쓴 설교는 불과 몇 편에 지나지 않고, 거의 대부분은 주 목사가 남긴 설교 요약문을 기초로 김인서(金麟瑞)가 확대한 것이거나, 유기선(劉基善), 이숙경(李淑京) 등이 들은 설교를 김인서가 기록한 것이다. 혹은 밀양읍 교회 주남석(朱南石) 장로가 기록한 설교이다. 이런 점을 고려해 볼 때 해방 이후 소개된 주기철 목사의 설교의 진정성에 문제가 없지 않으나, 설교의 내용과 형식을 헤아리는 데는 크게 문제되지 않는다.

건실한 목회자였던 주기철은 유명한 설교가이기도 했다. 평양신학교를 졸업한 그가 초량교회에 부임하게 된 것은 그가 경남 출신이라는 점 외에도 당시로서는 비교적 정상적인 교육을 받은 인물이라는 점이 고려되었다. 그가 1936년 평양산정현교회에 청빙을 받은 것은 그의 감화력 있는 설교가 혼란했던 산정현교회를 수습할 수 있을 것으로 인정 받았기 때문이었다. 주기철 목사는 산정현교회 담임으로 재직할 당시 한국교회의 대표적인 설교자로 두각을 나타내고 있었다. 이를 반영해 주듯이 1937년 한 해 동안 그의 설교 10편이 설교전문잡지인 『설교』에 게재되었다. 주기철 목사는 문창교회 재직시부터 부흥사경회 강사로 초청받기 시작했고, 장로교 목사 수양회(1936. 5), 장로회 제26회 총회(1937. 9) 당시 강사로 초청된 점 등은 그가 설교자로 명성을 얻었음을 보여주는 증거라고 할 수 있다.

주 목사의 설교는 이 당시 한국교회의 일반적인 형식과 크게 다르지 않았다. 1920년 이후의 한국교회 설교에 대한 자료가 되는 『백목강연』(白牧講演), 『조선의 강단』, 『희년기념 목사 대 설교집』 등을 보면 한국교회 설교는 형식면에서 제목설교(topical preaching)가 중심을 이루고 있었다. 평양의 장로교신학교에서 33년 간 설교학을 가르쳤던 곽안련(C. A. Clark)은 주해설교의 중요성을 강조했고, 그것이 가장 좋은 설교방식이라고 주장했음에도 불구하고 그 자신은 단 한편의 주해설교도 남기지 않았을 정도였다. 제목설교는 선교사들의 일반적 설교방식으로 선호되었고 한국교회에도 영향을 끼쳤다. 그래서 한국교회 강단에서 제목설교 선호 현상이 뚜렷했다. 이호우의 분석에 의하면, 1884년에서 1919년까지 제목설교는 71.7%에 해당했고, 1920년에서 1930년까지는 73%, 1931년부터 1940년까지는 전체 설교의 80%가 제목설교였다고 한다.[143] 이 당시 설교자들이 본문설교(textual sermon)를 시도하기도 했으나, 그것은 한국어 설교의 자구적(字句的) 해석에 지나지 않았다. 성경신학에 대한 이해나 신학전통에 대한 이해가 결핍되어 있었으며 진정한 의미의 본문설교이지 못했다.

1930년대 주기철 목사의 설교도 이런 큰 틀 안에서 행해졌는데, 3가지 특징을 지적할 수 있다. 첫째, 그의 설교도 제목중심의 설교로서 설정된 주제를 강화해 가는 방식을 따르고 있고 때로 예화와 비유가 사용되었다. 둘째, 주기철 목사의 설교도 '모범식(範例的) 설교'(examplary preaching)라는 점이다. '모범식 설교'란 성경이 말하는 가르침을 우리가 따라야 할 모범으로 이해하고 선포하는 설교방식인데, 이런 설교는 도덕적 혹은 윤리적 설교라는 특성이 있다. 이런 설교는 구약 보다는 신약에 치중하는 경향이 있고, 성경본문의 구속사적 관점을 무시하거나 경시하는 약점이 있다. 반대로 이런 설교는 난해하지 않아 수용성이 높고, 강한 도덕적 요구가 있어 한국적 현실에 적용성을 높여주는 장점이 있다. 셋째, 주기철 목사의 설교에서도 구약보다는 신약 본문을 선호했을 알 수 있다. 확인된 설교 본문을 보면 신약을 본문으로 한 경우가 20회인 반면 구약본문의 설교는 오직 6회에 지나지 않아 전체 설교의 약 20%에 해당한다. 이 점 역시 제한된 자료에 근거한 통계이지만, 주기철 목사의 경우에서도 신약본문을 선호한 것은 분명하다. 이 점은 거의 모든 한국인 설교자들에게 나타나는 동일한 현상이다.

흔히 주기철 목사의 설교에서 '일사각오'로 상징되는 우상숭배에 대한 저항과 투쟁에 강조를 두지만, 이것은 주기철 목사의 설교에 대한 종합적인 판단이라고 볼 수 없다. 그 동안 한국교회가 '순교자로서의 주기철' 상에 집착하여 '영혼의 목자로서의 주기철'상을 동시에 보지 못했다. 주기철 목사에게는 우상숭배 강요와 같은 국가권력의 탄압에 대해서는 강하게 저항했지만

---

[143] 이호우,『곽안련의 신학과 사상』(생명의 말씀사, 2005), 234.

자애로운 목회자였고 상처 난 영혼을 안고 씨름하는 영혼의 교사였다.

그의 설교에는 4가지 특징이 엿보이는데, 첫째, 그의 설교에서 영적 변화와 성령의 역사를 강조하고 있다는 점이다. 이 점은 그의 설교 속에 나타난 가장 보편적인 특징이다. 그의 설교, "영으로 살자," "성신을 받으라," "성신과 기도"가 이점을 강조한다.

둘째, 주기철 목사의 설교에는 분명한 사생관이 나타나 있다. 사생관은 단지 삶과 죽음의 문제만이 아니라 신앙적 삶에 대한 태도를 총체적으로 보여주는 것이다. 이 점이 그의 순교적 투쟁을 가능하게 했고, 국가 권력의 부당한 간섭에 대해 저항할 수 있었던 힘이었다.

셋째, 주기철 목사의 설교에는 십자가와 부활에 대한 확신으로 가득차 있다. 그의 설교 속에는 십자가와 부활로부터 오는 희망이 나타나 있고 그것이 그의 신앙을 관통하고 있다. 주기철 목사가 장기간 고난에도 견딜 수 있었던 것은 부활의 주님께 완전히 자기를 의탁했기 때문이며, 그리스도의 부활이 자신의 부활이라는 확신과 희망이 있었기 때문이었을 것이다. 넷째, 그의 설교 속에는 역사 심판사상이 분명히 나타나 있다. 이 점은 신사불참배론자들의 예심종결서에 공통적으로 나타나는 특징이다. 특히 주기철 목사의 설교에는 예언자적 선포와 동시에 역사에 대한 심판사상이 분명하다.

주기철의 설교와 민족주의

일제 하의 상황에서, 특히 주기철 목사의 학교 교육과 목회활동 기간, 그리고 그의 구금에서 순교에 이르는 기간 동안 한국 사회에서 가장 중요한 담론은 민족주의였다. 특히 1910년 이후 식민지배 하에서 민족의 생존권을 지키려는 '저항적 민족주의'를 형성하게 된다. 이 시대를 살았던 주기철 목사 또한 민족의식과 민족주의적 분위기 속에서 청년기와 학창시절, 그리고 목회활동을 하게 된다. 이런 점을 고려해 볼 때 주기철은 민족이 처한 현실을 관조하는 민족의식이 있었고, 그 시대적 가치로부터 자유 할 수 없었을 것이다. 이런 점에서 주기철은 민족의식이나 민족주의적인 풍조로부터 자유 했다고 말할 수 없다. 그러나 분명한 사실은 주기철의 신사참배 반대와 저항의 근본 동기는 민족의식의 발로나 민족주의적 동기가 아니었다는 점이다. 주기철 목사의 신사참배 반대와 저항을 민족주의적 동기로 관찰하는 것은 주 목사의 신앙적 의와 그 고난의 여정을 왜곡하거나 폄하하는 결과를 가져온다. 주기철 목사가 신사참배를 반대했던 것은, 그리고 그 결과로 순교에 이르게 된 것은 민족적 울분이나 반일적 차원에서 출발한 것이 아니라, 신사참배 강요는 제1계명과 제2계명을 범하는 우상숭배의 강요라고 보았기 때문이었다. 주기철 목사는 민족주의와는 어느 정도 경계선을 설정하려는 강한 의지를 여러차례 보여 주었다. 주기철 목사의 신사불참배운동은 한국에서의 경우, 민족주의적 동기와 무관했지만, 결과적으로는 일제의 극단적인 민족주의 곧 제국주의에 대한 저항이었다는 점이다. 그의 신사참배 반대운동은 인종적 민족주의(ethnic nationalism)를 넘어서는 보편적 의미와 가치를 지닌다.

 주기철 목사의 신사참배 반대와 저항은 일본의 제국주의적인 민족주의에 대항했다는 점에서 이중적인 비(非) 민족주의적이었다고 할 수 있다. 일본의 민족주의는 근본적으로 신도(神道)에 뿌리를 두고 있는데, '일본적 중화주의'(日本的 中華主義), '일본주의'(日本主義), '일본인론'(日本人論)은 연원적으로 말하면 일본 신화에 바탕을 두고 있고, 자기 민족은 인종적으로나 문화적으로 타 민족 보다 우월하다는 의식을 반영하고 있다. 그 기초가 신도였다. 즉 신도에 근거한 우월의식은 일본의 동아시아 대외관계 정책의 근간이 된다. 이것이 소위 화이의식(華夷意識)인데, 만세일계(萬世一系)라는 천왕을 타국이나 타민족에 대한 우월의 근거로 삼아 소위 '정한론'(征韓論), 조선침략론(朝鮮侵略論)으로 발전하게 된다. 일제의 소위 '대동아공영권' 확보라는 차원의 전쟁 정책은 바로 이런 논리의 결과였던 것이다. 다시 말하면 신도주의는 일본 민족주의의 근간을 이루는 이데올로기라고 할 수 있다.

이 점은 이스라엘의 유대교와 비교될 수 있다. 유대교적 선민사상이 이스라엘 민족주의의 근간이듯이, 신도는 일본 민족주의 그 자체라고 할 수 있다. 이런 신도적 민족주의가 극단화된 것이 제국주의적 패권주의로 발전하여 전쟁정책으로 발전한 것이다. 즉 일본이 말하는 대동아 공영권이란 것은 아시아적 보편주의가 아니라, 신도적 민족주의의 표현일 뿐이다. 신사참배는 그 이념적 기초로 요구되고 강요되었던 것이다. 따라서 주기철 목사의 신사참배 반대는 일본의 극단적인 민족주의, 곧 제국주의적 식민주의에 대한 반대였던 것이다. 결과적으로 주기철 목사가 일본의 민족주의를 반대한 것은 정치적인 동기에서가 아니라 신앙적 동기에 근거하고 있는 것이다.

주기철과 국가관과 저항권 사상

주기철 목사는 비록 용어는 사용하지 않지만, 서양사상적으로 볼 때 '황제교황주의'나 '에라스티안주의'(Erastianism)를 반대하고 도리어 '장로교 정신'(Presbyterianism)을 강하게 주창했음을 알 수 있다. 즉 국가 권력의 한계를 설정하고 국가나 국가권력의 교회 지배나 간섭을 배제했다는 점이다. 주기철 목사가 "예언자의 권위"에서 강조한 바는 국가권력의 한계를 규정했다는 점이다. 이 점을 보여주는 대표적인 경우가 일본기독교 대회 의장이었던 도마다 미쯔르(富田滿, 1883-1961)와의 대화 속에 나타나 있다. 이념적으로 도미다는 국가와 교회관, 식민지관, 그리고 전쟁관에서 우에무라 마사히사(植村正久)를 계승한 자였다. 교회와 국가는 각기 다른 사명을 지니고 있고, 국가가 교회문제에 개입하거나 간섭하는 것도 옳지 않지만, 반대로 교회가 국가의 지배자가 되어서도 안 된다. 주기철 목사의 삶과 설교 속에는 칼빈의 장로교 전통과 17세기 스코틀랜드 언약도들(Covenanters)이 보여주었던 국가-교회간의 바른 관계에 대한 인식을 보여주고 있다.

비록 주기철은 '저항권'이라는 용어를 사용한 일은 없다. 사실 한국교회도 이런 용어에 익숙하지 못하다. 한국교회가 지난 1970년대 이후 정치권력과 대결하고 민주화운동에 관여해 왔지만 1980년대 초까지 '저항권' 사상에 대한 어떤 언급도 없었다는 사실은 한국교회가 서구 교회의 신앙유산에 대하여 얼마나 무관심했던가를 반증한다. 하물며 1930년대의 한국교회가 서구 교회, 특히 칼빈주의적 장로교 전통에서 발전되어 온 저항권 이론을 이해했을리 만무하다. 비록 서구 신학적 개념으로 '저항권' 사상을 인식하지 못했다고 할지라도 주기철 목사의 경우는 부당한 국가권력에 대해서는 저항할 권리가 있다는 점을 확신하고 있었다. 이 점을 잘 보여주는 경우가 그의 "예언자의 권위"라는 설교였다. 칼빈, 베자, 낙스, 멜빌로 이어지면서 보다 구체화되는 저항권 사상은 위정자의 권리와 의무를 규정했는데, 근본적으로 무엇에 복종하고 무엇에 저항할 것인가를 가르쳐 준 것이다. 그리스도인들에게는 말할 필요도 없이 하나님의 말씀만이 불변의 규범이다. 그러므로 하나님의 법에는 예외 없이 절대적인 복종을 해야 하지만, 위정자에 대한 복종은 상대적이며 조건부적일 수밖에 없다. 위정자에 대한 복종은 하나님께로부터 받은 '경건'(십계명의 1-4계명)과 '사랑'(십계명의 5-10계명)이란 두 가지 한계 안에 있다. 위정자가 비종교적이고 부도덕한 일을 강요하지 않는 한 이 땅에서 하나님의 뜻의 대행자인 위정자에게 복종해야 한다. 그러나 위정자의 요구가 명백히 종교적인 것, 곧 하나님 섬김의 자유를 침해하거나 부도덕한 일을 강제할 경우에는 "사람보다 하나님을 순종하는 것이 마땅함으로(행 5:29) 저항 할 수밖에 없다. 주기철 목사의 신사참배 반대와 저항은 그 요구가 명백하게 하나님의 계명에 반하는 부당한 강요라는 확신에 기초한다. 주기철 목사는 일본 국민이라는 점 자체를 부인하려하지 않았다. 그러나 국가권력이 신교(信敎)의 자유와 양심의 자유를 명백하게 침해한다고 확신했을 때 저항할 권리가 있다고 보아 저항했던 것이다. 비록 주기철 목사는 서구교회의 '저항권' 이론을 이해하지 못했다 할지라도 그의 삶과 설교를 통해 저항권을 드러내고 있다. 이점은 주기철 목사의 신사참배 반대와 투쟁이 개인적인 고집이나 경상도식의 우직스런 맹목적 충성이 아니라 하나님의 계명에 대한 충성이었음을 확인시켜 준다.

맺는 말

지금까지 주기철 목사에 대해서 신사참배에 대한 반대와 저항이라는 측면에서 그의 상(像)을 주형해 왔다. 그러나 동시에 고려해야 하는 점은 주기철 목사는 신교의 자유를 억압하고, 하나님의 교회의 거룩과 순수성을 훼파하려는 외부적인 압력에 대해서 자기 해체적인 외로운 싸움을 전개했지만, 동시에 그는 가난한 영혼들을 감싸 안고 목양하며 한국에서의 하나님의 교회를 건설해 가고자 했던 또 다른 주기철 상(像)에 무관심해서는 안 된다는 사실이다. 주기철 목사는 순교자일 뿐 아니라 당시 한국에서 인정받았던 설교자였다는 점을 간과해서는 안 된다.

주기철 목사의 삶과 설교, 저항과 순교의 가장 주요한 동기는 하나님의 말씀에 대한 순종이었다. 그것이 그의 저항과 순교의 동기였다. 비록 그는 민족의식과 민족주의적인 시대정신에 무지하거나 무관심하지 않았으나 그의 사회활동(social action)을 움직였던 신념은 하나님의 계명에의 충성이었다.

6. 나환자의 친구 손양원 목사

　우리가 역사의 인물에 대해 말할 때 주의할 점은 한 인물을 지나치게 미화하거나 과장하여 영웅시하거나 도덕화하는 경향이다. 반대로 고의적으로 왜곡하거나 폄하하여 한 인물을 과소평가하는 경우도 있다. 전자의 경우는 종교적 인물의 경우 빈번하게 나타나는데, 중세 성인들을 과도하게 영웅시하고 신비적 능력으로 덧칠하여 후세 역사가들을 혼란하게 한 경우가 적지 않았다. 한국교회에서는 교회지도자들을 과도하게 미화하여 정직한 연구를 방해한 일도 없지 않다. 역사의 한 인물을 의도적으로 폄하하거나 왜곡하는 것도 옳지 못하지만 한 인물을 지나치게 미화하는 것도 옳지 못하다. 손양원 목사의 경우에도 그런 위험이 없지 않다.

　사실 역사가는 그 시대적 상황과 정신풍토의 영향이나 주관적 판단, 편견을 완전히 배제하기는 어렵다. 그래서 역사가 케언즈(Earle E. Cairns)는 역사가에게 있어서 최상의 덕목은 정직과 진실이라고 말한 바 있다. 우리가 손양원 목사에 대해 말할 때 그를 '한국이 낳은 세계적 사랑의 성자' 혹은 '사랑의 원자탄'이라고 말하므로 그를 지나치게 영웅시하는 경향이 없지 않다. 그러나 그의 삶의 여정을 따라가 보면 그에게도 우리처럼 인간적 고뇌가 있었고 내적 갈등과 인간적 욕망이 있었다. 단지 그것과 싸워 이기려는 신앙적 고투가 있었기에 오늘 우리가 흠모하는 인물이 된 것이다.

손양원 목사(1902-1950)의 생애와 삶에 대해서 말할 때 크게 3가지 측면이 있다고 볼 수 있다. 첫째는 나환자들과 함께한 그의 목회적 삶(1940년 이전)이고, 둘째는 신사참배 반대와 투옥(1940-1945), 셋째는 해방 이후 실천적 삶과 순교(1945-1950)가 그것이다. 그 어느 측면을 보더라도 손 목사에게는 오늘 우리시대의 목회자들의 소시민적 자기 보위적 삶의 행로와는 다른 영적 비범함이 있었다. 이것을 영웅시하여 규범화할 필요는 없지만 오늘을 사는 우리들에게 도전을 주는 것은 분명하다.

배움의 길

손양원(본명 손연준)은 1902년 6월 3일 경남 함안군 칠원면 구성리(咸安軍 漆原面 九城里)에서 손종일(孫宗一)의 장남으로 출생하였다. 손종일은 1908년 입신하였으므로 손양원은 어릴 때부터 부모를 따라 교회에 출석하면서 기독교 신앙을 접하게 되었다. 향리에 있는 서당에서 한학을 배우던 그는 1913년 칠원 보통공립학교에 입학하여 수학하였고, 1917년 이 학교를 졸업하였다. 바로 그 해에 15세 소년 손양원은 호주 선교사 맹호은(孟虎恩, J. F. L. Macrae)에게 세례를 받았다. 맹호은 선교사는 1910년 내한하여 호주 장로교 마산지부에서 일하던 선교사였다. 1919년에는 서울로 가서 중동중학교에 입학하여 공부하였으나 그의 아버지가 3.1운동에 가담한 혐의로 마산 형무소에 투옥되자 학교를 중퇴하고 낙향하여 가사를 도왔다. 얼마동안 가사를 돕던 손양원은 창신학교에 편입하여 수학하고, 1921년에는 일본으로 건너가 동경의 스가모(巢鴨)중학교 야간부에 입학하였다. 이 기간 동안 그는 성결교회인 동양선교교회에 출석하였는데, 이 때 노방전도활동을 보고 한국에서 전도자로 몸 바칠 각오를 한 것으로 알려져 있다.

1923년 스가모 중학교를 졸업한 그는 귀국하여 부모의 권유로 정양순(본명 정쾌조)와 결혼하였다. 그리고는 진주에 있던 '경남성경학원'에 입학하였다. 이 학교는 경남노회 관할 하에 있었지만 호주 선교부가 운영하던 일종의 신학교육기관이었다. 1925년 졸업과 동시에 전도사로서 울산 방어진교회 등에서 시무하였다. 전도와 교회 설립에 관심이 많았던 그는 남창교회, 양산읍교회, 원동교회 등을 순회하거나 개척했다. 그는 이 무렵 메켄지(Noble Mackenzie) 선교사와의 접촉을 통해 부산 감만동에 위치한 나환자 보호병원에서 일하게 된다. 전도사란 이름으로 원장인 메켄지 선교사를 도우며, 밀양 수산교회 등을 개척하며 전도사로 활동했다. 이런 그의 경험이 후일 애양원에서 사역하는 등 나환자들의 친구로 살아가게 했던 전기(轉機)가 되었다.

목회자의 길

목사가 되기로 결심한 그는 1935년 4월 5일 평양신학교에 입학하면서 능라도교회에서 봉사하게 된다. 신학교에서 3년간 수학한 그는 1938년 3월 16일 평양신학교 33회로 졸업했다. 강신명, 계일승, 김규당, 김양선, 경남의 박군현, 박손혁, 배운환, 윤술용, 한정교 등이 동기생들이었다. 곧 손양원은 경남노회 부산지방 시찰회 순회전도사로 파송을 받아 부산을 비롯하여 김해, 양산, 함안 등지를 순회하며 14개월간 활동했으나 신사참배 반대운동을 한다는 이유로 해임된다.

1939년 7월 15일에는 여수 애양원(愛養院) 교회의 교역자로 부임하였다. 애양원이란 호남지역에서 활동하던 미국 남장로교 선교부가 1909년 광주 양림에서 시작한 나환자 보호 및 치료기관이었는데 지역민들의 거센 반발 때문에 1925년 여수의 한적한 섬인 신풍으로 옮겨간 나환자 수용시설이었다. 나병은 천형병(天刑病)이라고 불릴 만큼 일반인들이 경원시했으나 손 목사는 이들을 위해 전도자로 살기로 작정하고 이곳으로 부임한 것이다. 신학교 재학 중 애양원교회서 집회를 인도한 일이 계기가 되어 목회자로 초빙 받게 되었다고 한다. 이곳을 방문한 외국인은 흰 장갑을 끼고 가는 것이 관례였으나 손양원은 장갑도 끼지 않고 악수도 하고 식사도 함께 하는 등의 일로 신뢰를 받았다.

일반적으로 이곳에서 손양원은 애양원의 '양원'을 따라 자신의 이름을 손양원(孫良原)으로 개명하였고, 그의 처는 양순(良順)으로 개명한 것으로 알려져 있으나 이것은 사실과 다르다. 손양원의 출신교회인 함안군의 칠원교회에 남아 있는 교적부에 보면 손연준과 손양원 두 이름이 병기되었음을 알 수 있다. 애양원에 부임한 이후 '양원'으로 개명한 것은 아니고, 이때쯤 양원이란 이름이 더 빈번하게 사용되기 시작했을 뿐이다.

손양원은 '단지 나병이라는 이유만으로' 학대받고 가족과 별거되어 고통받은 이들을 위해 위로의 복음과 하늘의 소망을 전하는 은혜의 전령이기를 원했다. 그래서 그는 흉측한 몰골의 나환자들에게 인간적 사랑을 쏟았을 뿐만 아니라, 전염의 위험 때문에 감히 접근을 기피했으나 그는 중환자실에도 거침없이 출입하여 선교사들이 크게 탄복하였다고 한다. 이런 점에서 그는 진실하고도 훌륭한 목자였다. 물론 손양원의 애양원에서의 사역은 그의 가족들의 무한한 희생 위에서 가능한 것이었다.

손양원은 1940년 9월 25일, 신사참배반대 및 거부로 체포되었다. 상식적인 이야기이지만 일제는 1935년부터 신사(神社)참배를 강요하였는데, 한국교회는 처음에는 강하게 반대하고 저항하였으나 탄압이 심화되자 점차 신사참배를 수용하였고, 1938년에는 한국교회의 최대 교파인 장로교회 마저도 신사참배를 공식 가결하기에 이르렀다. 비록 그것이 강압에 의한 불법적인 가결이라 할지라도 한국교회의 약화된 저항과 타협을 보여주는 것이었다.

이런 상황에서도 신사참배를 반대하고 일제의 탄압에 저항하는 운동이 일어났는데, 이를 보통 '신사불참배운동'이라고 말한다. 이북과 이남, 특히 부산, 경남지방에서 신사불참배운동이 일어나고, 이것이 조직화되자 일제는 1940년 소위 일제검거란 이름으로 신사참배 반대자들을 체포, 구속하기 시작하였는데 이러한 일제검거에 의해 손양원도 체포되었다. 손양원은 개인적으로 신사참배를 반대했을 뿐만 아니라 부흥집회를 통해서도 신사참배는 우상숭배로서 계명을 어기는 것이라고 설교해왔기 때문에 그의 체포는 당연한 것이었다. 여수 경찰서에 구금된 그는 곧 광주형무소로 이송되었고 다시 서울, 청주 형무소로 이송, 이감되었다.

애양원은 사회로부터 격리된 곳이었고 이름 그대로 나환자들의 수용소였기 때문에 일제의 감시로부터 비교적 자유했으나 끝내 이곳에서도 신앙의 자유를 보장받을 수는 없었다. 그가 체포된 후 곧 그의 가족은 애양원 사택에서 쫓겨났고, 적절한 거처가 없던 이들은 전전하던 끝에 부산 범일동 범내골 판자촌(현재 변전소 근처)에서 살지 않으면 안 되었다. 이때 가족들은 많은 고초를 겪었다. 이런 어려움 중에서도 손양원 목사의 부인은 부산 사상교회의 민영석집사가 신사참배를 반대해 투옥되어 있다는 소식을 듣고 사상의 민영석 집사 집을 정기적으로 방문하고 쌀 두서너 되, 토란 줄기, 갈치 말린 것 등을 나눠주는 사랑을 베풀었다고 한다.[144] 손양원 목사의 자녀들은 신사참배를 반대해 학교를 포기하고 생계를 위해 무슨 일이든 하지 않으면 안 되었다. 그래도 살기 어려워 가족들은 뿔뿔이 흩어졌고, 동희와 동장은 1944년 초부터 해방이 오기까지 구포의 '애린원'이라는 고아원에서 살았다.[145]

---

144) 민상식, "나의 아버님 민영석 목사," 『부·경교회사연구』4호(2006. 9), 75.
145) 한영선, 『새벽이슬처럼』(광야, 2003), 118-9.

순교의 길

만 5년간 투옥되었던 손양원은 해방과 함께 1945년 8월 17일 석방되었고 흩어졌던 가족이 다시 모여 애양원으로 돌아갔다. 손양원은 해방 이듬해인 1946년 9월 부산에 설립된 고려신학교에서 총무란 이름으로 일한 일도 있으나 목사 안수를 받은 그는 애양원에서 목회자로서의 삶을 시작하였다. 이것이 그의 생애 제3기에 해당한다. 그의 목회는 나환자들을 위한 목회였고, 그의 삶은 나환자들과 함께한 삶이었다.

혼란했던 당시를 흔히 해방정국이라고 말할 만큼 해방된 조국은 정치적으로, 사회적으로 혼란했다. 대표적인 경우가 1948년 10월 19일에 있었던 '여순(麗順)반란사건'이었다. 여순반란사건이란 여수에 주둔하고 있던 국군(당시 국방군) 제14연대를 제주 4·3사태를 진압하기 위해 급파하기로 했을 때 지창수, 김지회 등 좌익계 군인들이 중심이 되어 제주도 출동을 거부하고 친일파 처단, 조국통일 등을 내걸고 반란을 일으킨 사건을 의미한다. 이들은 19일 저녁 8시경 무기고와 탄약고를 점령하고 선동과 위협으로 반란군에 동참하게 했다. 곧 경찰서와 관공서를 장악하고 여수·순천을 순식간에 휩쓴 뒤 곧바로 광양·곡성·구례·벌교·고흥 등 전라남도 동부 5개 지방을 장악해 나갔다. 해방 후 공산당을 비롯한 좌익세력의 활동이 불법화되자 이들 세력은 지하활동으로 전환하여 폭동, 파괴, 살인, 방화 등을 통해 사회적 불안을 일으키고 소위 '혁명적 여건'을 조성하고자 했다.

비록 반란은 일주일만에 진압되었으나 많은 양민이 희생되었다. 이 당시 좌익학생들은 기독교는 친미적이라 하여 크리스챤 학생들에게 폭력을 가했는데, 이 와중에서 손양원의 두 아들 동인과 동신은 살해되었다. 손 목사의 투옥 때문에 제대로 교육 받지 못했던 이들은 순천사범학교와 순천중학교에 각각 다니고 있었는데 반란이 일어난 다음날인 10월 21일, 좌익 학생들에 의해 피살된 것이다.

당시 손 목사는 부산에서 부흥집회를 인도하고 있었는데, 이 소식을 접한 그는 비통한 가운데 몇 일을 보내고 기도하는 중에 하나님의 사랑을 실천하기로 비장한 각오를 하였다. 그는 두 아들을 죽인 범인 안재선을 양자로 삼기로 한 것이다. 여수의 나덕환 목사를 통해 구명활동을 하여 즉결처분직전에 있던 그를 양자로 삼았다. 당시 취조하던 경찰은 피우던 담배를 떨어뜨리며 "손양원 목사! 손양원 목사! 당신은 참으로 위대하십니다"라고 감탄했다고 한다.

손 목사는 두 아들의 장례식에서 답사를 하면서 아홉 가지 감사를 했는데 이것은 유명한 일화로 남아있다. "첫째, 나 같은 죄인의 가정에서 순교의 자식이 나게 하셨으니 감사하고…"로 시작해서 "한 아들의 순교도 귀하다 하거늘 두 아들이 순교하게 하셨으니 감사하고," "사랑하는 아들 죽인 원수를 회개시켜 양자 삼고자 하는 마음 주신 것을 감사하고…" 등은 극한 고통 중에서도 거룩한 사랑을 실천하고자했던 손 목사의 고뇌에 찬 신앙고백이었다. 손 목사는 진정으로 그리스도의 사랑을 실천하고자 했던 참 신앙인이었으니 영결식은 온통 눈물바다를 이루었다. 이 일로 백범 김구 선생은 손양원 목사를 존경하게 되었다고 알려져 있다.

해방 후 손양원은 애양원 교회에서 목회하는 한편 회개운동을 전개하고 '국기에 대한 경례'에 대해 반대하는 등 신사참배 반대의 정신적 가치를 계승하고자 노력했다. 1950년 6.25동란이 일어났을 때는 피난을 권고 받았으나 손양원 목사는 이를 거절하였다. 교회도 지켜야하지만 병들어 행동이 자유롭지 못한 나환자들을 두고 혼자 피할 수 없다는 것이었다. 내 마저 도망가면 누가 나환자들의 벗이 되겠느냐는 것이었다. 끝까지 나환자들의 벗이 되어 강단을 사수하던 그는 1950년 9월 공산당원에게 체포되었고 28일 밤 순천으로 옮겨가던 중 미평(美坪)에서 총살되었다. 그 역시 순교자의 길을 간 것이다.

손양원 목사는 오늘의 현실에서 말할 때 교회 정치에도 무관심했고, 도시

교회나 대 교회를 넘나보지도 않았다. 그는 자신의 안위를 구하거나 유욕한 삶에 안식을 구하지도 않았다. 그는 가난하고 외로운 이들의 벗이길 원했고, 병든자와 함께 울고 웃으며 하늘의 위로를 전하는 소박한 전도자이기를 원했다. 그는 전라남도 여수군 율촌면 신풍리 애양원교회의 가난한 목사였을 뿐이다. 그런 점에서 그는 우리와 다른 영적 고상함이 있었다.

7. 함께 사는 사회를 꿈꾼 장기려

의사 장기려(1911-1995)는 우리 시대 의료인의 표상으로 인정으로 인정을 받아왔다. 그는 '이 시대의 성자,' '인간 상록수,' '사랑의 실천자,' '가난한 자의 친구,' 혹은 '한국의 슈바이처'라고 불리기도 했다. 그에게 허여(許與)된 민심만으로도 그는 우리의 관심을 끈다. 손봉호 교수는 장기려 박사를 가리켜 자신이 가장 존경하는 인물이라고 말한 바 있다. 그는 어떤 인물이며 어떤 삶을 지향해 왔을까? 그가 세인들의 존경을 받은 이유는 무엇일까? 이런 질문을 가지고 그의 삶의 여정을 돌아보고자 한다.

그의 생애와 삶

장기려는 1911년 음력 8월 14일 평안북도 용천군 양하면 입암동 739번지에서 한학자였던 장운섭(張雲燮)과 최윤경(崔允卿)의 차남으로 태어났다. 6살 때 부친이 설립한 의성학교(1918-1923)를 거쳐 송도고등보통학교(1923-1928)에서 수학했다. 의사가 되고자 했던 그는 1928년 경성의학전문학교(京城醫專)에 입학했다. 그가 경성의전을 지원할 때 이 학교에 들어가게만 해 준다면 의사에게 치료받지 못하고 죽어 가는 사람들을 위해 평생을 바치겠다고 다짐했다고 한다. 1932년 이 학교를 졸업하고 그 해 4월 9일에는 김봉숙(金鳳淑)과 결혼하였다. 장인 김하식의 권유로 백인제선생 문하에서 외과를 전공하였다. 그 후 후복막 봉와직염(後腹膜 蜂窩織炎)과 패혈증(敗血症)에 관한 연구에 몰두했고, 1940년 9월에는 "충수염 및 충수염성 복막염의 세균학적 연구"라는 제목의 논문으로 나고야(名古屋)대학에서 의학 박사 학위를 받았다. 그 동안 경성의전에서 일했던 그는 이용설의 소개로 1940년 3월 평양의 연합기독병원 외과 과장으로 갔다. 이 병원은 1891년 의료 선교사로 내한한 감리교의 윌리엄 홀(Dr. William Hall)이 1894년 11월 34세의 나이로 한국에서 사망하자 그의 미망인에 의해 1897년 설립된 기홀병원(The Hall Memorial Hospital)으로 시작되었는데, 1923년 평양의 장로교병원과 병합한 후 평양 연합병원으로 개칭된 평양지방의 기독교 병원이었다. 이 병원으로 옮겨 간지 두 달 후에 원장이었던 북감리교 선교사 안도선(安道宣, Albin Garfield Anderson)이 귀국하게 되자, 장기려는 병원장에 취임하였다. 그러나 인사에 불만을 가진 이들의 질시 때문에 불과 두 달만에 원장직에서 물러나 외과과장으로 돌아갔지만 변함없이 성실한 마음으로 일했다고 한다.

    1943년에는 간상변부에 발생한 간암의 설상절제수술(楔狀切除手術)을 실시하고 그 결과를 조선의학회에서 발표하여 주목 받는 의사가 되었다. 해방 후인 1945년 11월에는 평양도립병원장 겸 외과과장으로 약 일년간 일하다가 1947년 1월부터는 김일성대학의 의과대학 외과학 교수겸 부속병원 외과과장으로 일했다. 그는 주일에는 일을 할 수 없다는 조건으로 이 대학으로 갔고, 이 학교에 근무하면서도 주일을 지키고 환자를 수술할 때는 먼저 기도

하는 등 일관된 신앙의 길을 갔다. 그의 신실성, 성실성, 그리고 검소한 생활 때문에 이곳에서도 신뢰를 받았고, 1948년에는 북한 과학원으로부터 최초로 의학 박사 학위를 수여 받기도 했다.

1950년의 한국전쟁과 분단은 장기려에게도 시련을 안겨 주었다. 차남 가용(家鏞)만을 데리고 남하한 그는 부산 제3육군병원에서 약 6개월간 봉사했다. 그 후 경남구제위원회의 전영창 총무, 서기겸 회계인 김상도 목사, 그리고 초량교회의 한상동 목사의 요청으로 1951년 6월 부산 영도 남항동에 위치한 제3영도교회 창고에서 무료의원을 시작했는데 이것이 복음병원의 시작이었다. 이 때부터 장기려는 1976년 6월까지 25년간 복음병원 원장으로 일했다. 그는 복음병원에서 근무하면서 동시에 서울대학교 의과대학 외과학 교수로(1953. 3-1956. 9), 부산대학교 의과대학 교수 및 학장으로(1956. 9-1961. 10), 그리고 서울 가톨릭 의대 외과학 교수로 봉사(1965-1972. 12)하기도 했다. 또 부산대학교 의과대학에 외과를 창설했다. 지금은 이해할 수 없지만 당시 그는 복음병원장 직을 수행하면서 동시에 다른 직을 가지고 있었다. 이 일로 복음병원의 일을 소홀히 한 것은 부정할 수 없다.

1959년 2월에는 간의 대량절제수술을 성공하였는데 당시에는 간에 대한 연구가 거의 이루어지지 못했던 때이므로 그는 이 분야에 중요한 기여를 했다고 볼 수 있다. 계속된 간암에 대한 연구로 1961년에는 대한의학회 학술상을 받았다.

의료 활동 외에도 1956년에는 성경공부를 위한 목적으로 '부산모임'을 시작하였고, 1959년에는 일신병원 설립자였던 매켄지(Dr. Helen Mackenzie), 내과 의사인 이준철(李俊哲), 치과의사인 유기형(劉基亨) 등과 함께 '부산기독의사회'를 조직하기도 했다. 특히 1968년에는 부산시 동구 초량동에 위치한 복음병원 분원에서 청십자 의료보험조합을 발족했다. "건강할 때 이웃 돕고, 병났을 때 도움받자" 라는 취지로 시작된 이 의료보험조합은 정부가 의료보험제를 실시하기보다 10년 앞서 시작된 순수 민간단체에 의한 의료보험 기구였다. 이 의료보험조합은 1975년에는 의료보험조합 직영의 청십자의원 개원을 가능케 했고, 이듬해에는 한국 청십자사회복지회를 설립하기에 이르렀다. 이러한 지역사회 봉사활동에 대한 공헌을 인정받아 1979년 8월에는 막사이사이 사회봉사상을 수상했다.

장기려는 복음병원에서 은퇴한 후에도 청십자의원에서 진료하는 등 여러 사회봉사활동을 계속하였고 은퇴가 없는 일생을 살았다. 사랑, 생명, 평화는 그의 생애를 엮어간 주요어(key word)라고 볼 수 있다.

삶의 기초로서의 기독교 신앙과 영성

장기려의 생애와 삶의 여정을 이해하는 데 있어서 가장 중요한 것은 그의 기독교 신앙이었다. 기독교신앙은 그의 삶과 인격의 기초였다. 따라서 기독교신앙인으로서의 장기려를 외면하면 장기려를 바르게 이해할 수 없다. 그의 이타적(利他的) 삶, 가난하고 불쌍한 사람들에 대한 사랑은 기독교 신앙에 바탕을 두고 있다. 신앙은 그의 삶의 근거이자 기초였고, 그의 삶의 목표이기도 했다. 이런 점에서 기독교 신앙과 그의 영성은 84년간의 생애를 움직여왔던 축이었다.

장기려는 어릴 때 할머니를 통해 신앙을 접했고, 송도고등보통학교 재학 중인 1925년 세례를 받았다. 그러나 그가 기독교 신앙의 진수를 깨닫고 신앙적 삶을 모색하게 된 것은 경성의전을 졸업한 후였다. 경성의전을 졸업한 후 그는 후지이 다께시(藤井武), 우찌무라 간조(內村鑑三, 1861-1930), 야나이하라 다대오(失內原忠雄), 김교신(金敎臣, 1901-1945), 함석헌(咸錫憲, 1901-1989) 등의 저서를 읽으며[146] 일본 무교회주의 인사들로부터 많은 영향을 받았다. 그래서

---

146) 회고록, 25.

"김교신은 내가 가장 영향을 받은 사람 중의 하나이다."[147]라고 말했을 정도였다. 10년 연배였던 함석헌으로부터도 많은 영향을 받았는데 그를 처음 만난 때는 1940년 1월초 서울 정릉에 있던 김교신의 집에서 였다고 한다.[148] 이때부터 장기려는 함석헌을 존경하였고 깊은 교우관계를 유지하였다.[149] 특히 그는 김교신의《성서조선》을 정기구독 하였고, 1942년 3월《성서조선》제158호의 권두문인 "조와"(弔蛙)라는 글이 문제가 되었을 때 그는 정기 구독자라는 이유 때문에 김석목, 유달영 등과 함께 평양경찰서 유치장에 12일간 구금된 일이 있다.

김교신이 일본 유학에서 귀국한 때는 1927년 3월이었고, 내촌의 영향을 받은 이들은 1927년 7월《성서조선》을 창간했다. 장기려가 일본 무교회 인물들의 저작을 접했을 때가 경성의전을 졸업한 후였다는 점을 고려해 볼 때 아마도 1930년대 초부터《성서조선》을 구독한 것으로 보인다. 장기려는 무교회주의의 영향을 받았으나 무교회주의자로 머물러 있지 않았다. 해방이 되고 일제에 의해 강제 폐쇄되었던 산정현교회가 다시 집회를 시작했을 때, 곧 1945년 9월부터 장기려는 평양의 산정현교회에 출석하기 시작했고[150] 곧 집사가 되었다. 또 청년반의 성경강해를 맡아 봉사했는데, 로마서를 강해하기도 했다. 이 때는 그가 평양인민병원 원장 겸 외과 과장으로 일하고 있을 때였다.[151] 1948년 8월에는 양재연집사와 함께 산정현교회에서 장로가 되었다. 말하자면 교회주의자로 제도교회에 머물고 있으면서도 무교회주의자들

---

147) 회고록, 41.
148) 장기려, "그리스도인 장기려," 『나의 스승 함석헌』 김용준편 (해동문화사, 1991), 13. 이때 장기려는 김교신, 함석헌 외에도 송두용(宋斗用) 등《성서조선》동인들을 만났다(장기려, "곁에서 본 송두용 선생", 『신앙만의 신앙』, 제일출판사, 1975, 418).
149) 회고록, 75.
150) 장기려, "8.15에서 6.25까지에 있어서의 평양 산정현 교회," 『부산모임』 104호(1985. 6), 1. 장기려에 의하면 이 당시 산정현교회에는 출옥하신 이기선, 채정민, 한상동, 김의창 목사가 함께 있었고, 장로들로는 방계성, 조만식, 김동원, 박정익, 유계준, 김봉순, 오윤선, 김찬두 장로가 교회를 지도했다고 한다. 한상동 목사가 남하하고, 이기선 목사가 신의주제일교회 담임으로 가신 후에는 김의창 목사가 당회장으로 있고, 방계성 장로가 설교했다고 한다. 후일 방계성 장로는 목사 안수를 받았다.
151) 장기려, 위의 글, 3.

의 성경연구와 그 가르침을 수용하는 입장이었다. 그의 영성은 교조주의적 한계로부터 자유하게 했다. 그는 어느 양극단에 안주하여 다른 하나를 무시하는 편협성에 빠지지 않았다. 이와 같은 그의 입장은 함석헌과 여러 면에서 생각을 달리하면서도 그와 깊이 교제했던 사실에서도 찾아볼 수 있다.

    남하한 이후 장기려는 이이라 장로, 박덕술 권사와 함께 1951년 10월 부산 중구 동광동에서 북에 두고 온 산정현 교회를 재건하였다. 이 교회를 어느 교단에도 속하지 않는 독립교회로 둔 것은 아마도 제도교회의 문제점에 대한 반성으로 보인다. 이렇게 볼 때 장기려는 비록 제도교회에 뿌리를 두고 있으나 무교회적 입장을 수용하고 있음을 알게 된다. 그래서《성서조선》의 동인이었던 송두용은 장기려에 대하여 "교회도 떠나지 않고 있으면서도 무교회의 신앙을 이해하는 변치 않는 태도가 좋다."[152]라고 말한 바 있다. 산정현교회 장로로 봉사해 온 그는 1981년 12월 은퇴하였고 원로 장로로 추대되었다. 1987년부터는 흔히 '종들의 모임'이라고 불리는 비교파적, 비조직적 신앙운동에 관여하였고[153] 그가 치료차 서울로 옮겨가기까지 이 모임에 적극적으로 참여하였다. 평소 제도교회의 모순과 문제점을 지적했던 그는 모든 외형적인 것에 얽매이지 않는 순수한 복음운동에 관심이 많았다. 세상을 떠나기 전까지 장기려는 '종들의 모임'에서 영적 안식을 구했다. 이상과 같은 그의 신앙 여정을 종합해 볼 때 그의 영성에는 무교회주의의 영향이 강하게 남아 있음을 발견할 수 있다. 그는 "건전한 종교"라는 글에서 "종교가 사람의 손으로 지은 회당에 있지 않다"고 말하고 외형적인 것에 매이지 않는, 혹은 외적인 것으로부터 자유한 복음적 신앙이 참된 종교라고 강조한 바가 있다.[154] 이렇게 볼 때 그는 교회의 전통이나 신앙고백, 교리적 내용(doctrinal integrity)에 대한 관심보다는 이런 것들에 매이지 않는 신앙운동, 신앙적 실

---

152) 장기려, "곁에서 본 송두용선생,"『신앙만의 신앙』(서울: 제일출판사, 1975), 419.
153) 장기려 선생이 종들의 모임에 관여한 시기에 대해서는 손동길의 증언에 기초함(1996.12. 24).
154) 장기려, "건전한 종교",『부산모임』, 제13호(1969. 6,7호), 2.

천, 삶이 있는 신앙을 추구했다고 볼 수 있다. 이것이 그의 영성이었다. 즉 그는 신앙의 정통성(Orthodoxy)보다는 신앙의 정체성(Identity)에 더 큰 관심을 가졌던 분으로 평가된다.

실천적 삶

앞에서 지적했지만 장기려의 영성과 신앙적 삶을 결정했던 행동양식(behavior pattern), 신념체계(value system), 그리고 그의 사회적 활동(social action)의 기초는 기독교신앙이었다. 이 점을 제거하고 나면 그는 한 사람의 휴메니스트일 뿐이다. 그의 생애와 삶의 자취들이 그가 단순히 인도주의자 그 이상의 의미를 지니는 것은 기독교적 영성 때문이다. 그의 삶과 실천은 그의 신앙고백이었고, 신적 명령에 대한 응답이었다. 그래서 의료인으로서 그의 모든 활동은 일차적으로는 하나님을 섬기는 행위였고, 이차적으로는 인간을 섬기는 행위였다. 장기려에게 있어서 의사라는 직업은 마치 루터가 이해했던 것처럼 더 낫고 더 높은 신분에로의 부름(召命)이 아니라 지금 하고 있는 그 일에의 소명이었으며, 그 소명이란 하나님을 영화롭게 하고 이웃을 섬기는 행위였다. 즉 하나님 사랑과 인간 사랑의 두 가지 측면은 그의 의료 활동, 그의 윤리와 행동을 이끌어 가는 축이었다. 장기려의 삶의 행로를 결정했던 특징을 다음의 몇 가지로 정리할 수 있다

사랑과 선의(goodwill)

장기려가 남긴 글 중에 사랑을 주제로 한 글이 월등히 많다.[155] 이 점은 그

---

155) 대표적인 글을 집필연대순으로 보면 다음과 같다. "바울의 사랑의 참미,"(『부산모임』, 11호, 1969. 1,2호), "유물론자들에게,"(『부산모임』,1974. 8), "원수를 사랑하며 기도하라,"(『부산모임』 1983.

의 삶에 있어서 사랑이 관심의 핵이었음을 보여준다. 하나님 사랑에 대한 외연(外延)으로서 이웃에 대한 사랑과 선의는 그의 윤리의 동기였다. 그래서 그는 "'하나님은 사랑이시다' 라고 하는 이 말에서 우리는 사랑의 본체를 발견한다. 사랑은 확실히 인생의 지상선이다. 사랑은 율법을 완성한다. 도덕의 도덕, 생명의 생명은 사랑이다."고 했다.[156] 그는 이 사랑의 행위는 우리를 향한 하나님의 사랑에 기초하고 있다고 말한다.[157] 장기려는 자기를 필요로 하는 이들에게는 도움을 준다는 것이 그의 철학이었다. 그래서 그는 복음병원 원장으로 있으면서 서울을 왕래했고, 자기 일에 충실하지 못했다고 스스로 자신의 봉급을 삭감해서 받기도 했다고 한다.[158] 그가 부산 복음병원 원장직에서 은퇴한 이후에 청십자의료조합과 청십자의원을 개원한 것이나 부산의 아동병원, 거제도의 애광원 그리고 보건원의 자문의로 봉사한 것도 그와 같은 정신의 결과였다. 그는 냉정한 이성으로 헤아리기 보다는 뜨거운 사랑으로 실천한 분이었다. 그의 의료윤리는 기본적으로 그리고 근본적으로 환자에 대한 사랑에 기초하고 있다.

무사무욕(無私無慾, unselfishness)

장기려는 물질이나 돈에 대해 무관심했고, 사리나 사욕을 추구하지 않았다. 그는 지나치게 개인적인 이익추구를 가능케 해 주는 자본주의 제도 자체에 대해서도 비판적이었다. 한국교회의 지나친 성장제일주의적 경향에 대해서도 비판한 일도 있다.[159] 인간생명에 대한 고결함, 이것이 의사로서의 그

---

12), "사랑의 실천철학," 『청십자』, 1985. 3. 4), "사랑이 주는 교훈"(『청십자』, 1986. 3. 3), "평화를 위한 사랑,"(『청십자』, 1986. 5. 5) 등이다.
156) 회고록, 94.
157) 장기려, "사랑의 실천철학," 『청십자』, 1985. 3. 4.
158) 전종휘, 26.
159) 『부산모임』, 1975. 10.

의 관심사였고 그가 추구한 가치였다. 그는 "늙어서 별로 가진 것이 없다는 것은 다소 기쁨이기는 하나 죽었을 때 물레밖에 안 남겼다는 간디에 비하면 나는 아직도 가진 것이 너무 많다"고 겸손해 하셨다.[160] 그는 "참되게 사는 사람"이라는 글[161]에서 사리사욕이나 이해타산을 추구하는 것은 두마음(二心)을 가진 자, 변심(變心)하는 자와 함께 참되지 못하고, 진실치 못한 사람으로 규정하고 있다. 무사무욕은 한 시대를 이끌어간 명의로서 갖기 어려운 삶의 태도이다. 그는 자족하는 마음으로 살았고, 철저한 무욕, 그리고 무소유는 그의 이웃을 위한 사랑과 배품의 윤리였다.

자선(charity)과 봉사로서의 윤리

장기려는 의학적 지성(mind)과 자애의 가슴(heart)을 지닌 의료인이었다. "인술은 자비심"이라는 글에서 그는 의술은 자비의 행위이며 인술은 곧 의(義)라고까지 말했다.[162] 또 그는 "참되게 사는 사람"이란 글에서 남을 불쌍히 여기는 사람은 '진리와 겸손을 섬기는 사람'과 함께 참 진실 되게 사는 사람이라고 했다. 그는 이 글에서 "하나님은 공의를 행하는 것을 기뻐하신다. 어느 누구든지 다 같이 동일하게 대우하여 주신다. 인격의 차별을 두지 않으신다. 우리도 공의를 행하는 참된 삶을 살려면 사람을 차별하지 않고 사랑할 수 있어야 한다. 이 세상에서 고아와 과부, 신체장애자, 정신박약아들을 참 마음으로 사랑하는 사람이 참되게 사는 사람이다."고 했다. 가난하고 고통당하는 이들을 위한 여러 자선활동은 그의 윤리였다. 그는 "어려서부터 예수를 구주로 믿고 구속받은 자로서 1932년에 의사가 되어" 이 시대의 선한 사마리아인이고자 했다. 의료를 통한 봉사 그것이 그의 윤리이

---

160) 회고록, 75.
161) 『청십자』, 1987. 3. 2.
162) 『생명과 사랑』, 159-160.

자 영성이었다.

함께 사는 사회(togetherness)

장기려가 추구했던 또 한 가지는 '함께하는 사회'였다. 그의 생애여정과 그의 활동은 이 점을 분명하게 보여준다. 그가 청십자의료보험조합을 창설했던 가장 중요한 이유도 같이 살기 위한 것이었다. 가난하고 불쌍한 환자들을 위해 조합운동을 시작할 때 "건강할 때 병자를 돕고, 병에 걸렸을 때 도움을 받자"는 공생(共生)과 상생(相生)의 정신을 강조하였다. 1975년에 부산 수정동에서 청십자 의원을 시작한 것도 가난한 환자들의 고통을 덜어주기 위한 것이었다. 행려환자의 구호, 기독의사회를 통한 구급활동, 간질병환자를 위한 장미회의 운영, 가난한 이웃을 위한 의료보험조합운동, 이것은 공생과 동거의 정신에 기초하고 있다.

그는 모든 사람에 대하여 형제애로 살고자 했고, 이북의 무신론자나 공산주의자들에 대해서도 동일하게 대하고자 했다. 그는 "이북이 어찌 우리의 적이요 원수란 말인가? 우리의 가족이요 동포가 아닌가? 그들을 사랑으로 감싸고 용서해야 한다."[163]고 했는데 그것은 공생의 정신에서 한 말이다. '함께 사는 사회'는 그의 일관된 신념이자 실천강령이었다. 결국 그는 사랑의 보편주의(love-universalism)를 추구하였다고 볼 수 있다.

그가 남긴 것 - 오늘을 위한 교훈

이상에서 우리는 장기려 박사의 생애와 신앙의 자취들에 대해 살펴보았

---

163) 조형균, "거룩한 뫼 장기려 박사님," 『씨울마당』, 8호(1996. 2), 40.

다. 그는 비록 교리나 신학전통에 대한 무관심으로 경건주의적 경향을 띠고 있으나, 그의 순수한 신앙, 복음에 대한 순전한 열정, 기독자적 삶에 대한 일관된 생애는 그 모든 것을 덮을 만한 힘을 지니고 있다. 그의 생애 속에서 보여준 몇 가지 열매들에 대해 정리해 두고자 한다.

첫째, 기독교적 가치(Christian value)를 고양했다는 점이다. 그는 기독자적 사랑을 강조하였고 그 사랑을 실천하려고 노력하였다. 즉 그는 그리스도인들의 굴절된 삶의 행태로 비난받는 우리 시대에서 언행일치, 신행일치의 삶을 통해 기독교적 가치를 고양하여 주었고, 기독자적 삶이 얼마나 큰 위력을 지니고 있는지를 보여주었다. 둘째, 그의 삶은 한국교회와 사회를 개혁하는 것이었다. 그는 교회가 복음의 본질적인 활동보다는 외적 성장이나 외형적 확장을 중시하는 것에 대하여 비판적이었다.[164] 그는 자신의 검소하고도 청빈한 삶을 통해 자본주의적 가치를 비판했다. 그는 혁명적인 방법으로 이 사회를 개혁하고자 시도하지 않고 자신의 의로운 삶을 통해 교회와 사회를 개혁하고자 했다. 셋째, 기독교적 사회참여 방식의 한 모델을 제시했다. 한국교회의 사회참여 방식은 양극화되어 있다. 진보적 교회는 1970년대 이후 인권운동, 민주화운동 등 제도나 조직의 개선을 위해 싸웠고, 개인구원에 대한 무관심은 죄의 심각성을 간과하는 약점이 있었다.

반면에 보수적인 교회는 사회에 대한 관심보다는 개인구원에 일차적인 관심을 둠으로써 결과적으로 사회문제에 소극적으로 대처하였고, 기독교 이념의 사회화에 적극적이지 못했다. 따라서 사회변화와 개선에 영향을 주지 못했다. 그러나 그는 양극단을 지양하고 기독교 정신의 사회화를 추구하였는데 그 대표적인 경우가 청십자 의료보험조합운동이었다. 기독교적 사랑, 가난한 이웃에 대한 배려, 이타적 생활방식, 이것은 기독교 정신이며 개인의 생활을 통해 의미를 줄 수 있을 것이다. 그런데 이런 기독교적 정신을

---

164) 위의 글.

개인의 차원에서 머물지 않고 이를 조직화하고 제도화한 것이 바로 의료보험조합이다. 이렇게 볼 때 이 운동은 기독교의 건실한 사회참여 혹은 사회봉사 방식을 보여 준 것이라고 볼 수 있다. 마치 초기 한국교회가 기독교학교를 설립함으로써 특수계층의 사람들만이 누리던 교육의 기회를 확대하고 학교교육을 대중화하여 기독교 교육을 가능하게 했던 것과 같다. 또 병원을 설립하여 현대의학의 혜택을 누릴 수 있도록 했던 것과 같다.

의료보험조합은 국가 주도의 의료 보험제도가 시작되기 앞서 자의적, 자발적 참여를 통해 영세민들에게 의료혜택을 누릴 수 있도록 길을 연 것으로서 이 운동은 가난하고 핍절된 이웃을 돌아보는 이상적인 사회참여 혹은 사회봉사의 한 모델이라고 볼 수 있다.

그는 교회의 부패를 지적하고, 사회개혁을 외친 일이 없다. 또 인권을 위해서나 민주화를 위해서 투쟁한 일도 없다. 그러나 그는 우리 사회를 개혁하고 개선하는데 크게 기여하였다. 왜냐하면 그는 일생동안 생명, 사랑, 평화를 소중히 여겼고 자신의 희생적인 삶을 통해 이를 이루기 위해 노력했기 때문이다. 이는 마치 예수님께서 노예해방이나 사회개혁을 위해 정치적인 투쟁을 한 일은 없으나 그가 가르친 사랑은 노예제도를 폐지하고 사회를 개혁하는데 큰 영향을 주었던 것과 같다. 이렇게 볼 때 장기려는 기독교적 사랑에 기초한 사회참여 혹은 사회봉사의 모델을 제시했다고 볼 수 있다.

| 제 4 부 |

한국교회와 역사현실

한국교회 역사와 신학

1. 선교 연합사역의 역사와 전개

기독교 복음이 한국에 전래되는 과정에서 몇 가지 유형이 있었다. 주지하는 바와 같이 한국교회는 미국을 비롯한 호주, 캐나다 등의 교파 단위적 선교에 의해 이루어진 교회이다. 물론 1880년대 이전에 중국 혹은 만주를 징검다리로 하여 서구 교회와의 접촉이나 일본을 통한 접촉이 없지 않았으나 사실 이것은 우연한 '조우'(遭遇)에 지나지 않았고 한국 기독교회 형성에 주효한 영속적인 선교운동으로 발전되지는 못했다. 그러다가 1880년대, 좀더 정확하게 말하면 1876년 개항과 1882년 한미 수호 통상조약(韓美修好通商條約)의 체결로 '양국 문화인(生徒)이 피차의 나라에 왕래하면서 학문이나 언어, 예술을 비롯한 여러 사업을 학습하고 또 피차 도와서 우의를 돈독히 한다'는 그 '문호개방'의 결과로 한국 선교가 가능하게 된 것이다.

그래서 1884년 알렌의사의 입국 이듬해인 1885년에는 미국 북장로교와 미국 북감리회의 선교사가 파한되었고, 1889년에는 호주 장로교가, 1892년에는 미국 남장로교가, 1896년에는 미국 남감리교가 각각 한국에 선교사를 파송하였다. 또 1898년에는 캐나다 장로교회(1925년 이후는 캐나다연합교회)가 한국에 선교사를 파송하고 한국선교를 시작하였다. 그래서 1890년에까지 한국에서는 미국 북장로교, 호주 장로교, 미국 남장로교, 캐나다 장로교 등 4개 장로교 선교부와 미국 북감리회, 미국 남감리회 등 2개 감리교 선교부가 한국에서 선교하였다. 그 외에도 성공회와 침례교 독립 선교사가 일하고 있었다.

선교공의회의 조직과 선교협력

이처럼 여러 선교부가 선교사역을 감당하게 되자 자연히 과도한 경쟁과 필요 이상의 대립이 야기되었으므로 보다 효과적인 선교와 상호 협력을 위한 연합이 절실히 요구되었다. 이런 현실적 필요 때문에 한국 선교 초기에는 연합을 위한 노력이 강구되었다. 그 첫 시도가 1889년 시작되었다.

당시 한국에 선교사를 파송했던 미국 북장로교 선교부와 호주 빅토리아 장로교 선교사(데이비스)는 '미국 북장로교 선교부 및 빅토리아 장로교 연합공의회'를 조직하였다. 이것은 한국에서의 최초의 선교부 간의 연합기관이었다. 이 연합공의회는 호주의 첫 선교사이자 유일한 선교사였던 데이비스(J. H. Davies)의 갑작스런 서거(1890)로 해를 넘기기가 바쁘게 해체되었다.

그러다가 1892년 남장로교 선교사가 내한한 이래로 연합을 위한 새로운 시도로 1893년 '장로교 정치를 쓰는 선교공의회'(The Council of Missions Holding the Presbyterian form of Church Government)가 조직되었다. 그러나 그 명칭이 보여주듯이 이 연합회는 장로교 선교부 간의 연합을 위한 기구였고 감리교나 성공회, 침례교 등은 이 연합에서 제외되었다. 사실 감리교(특히 남감리교)와 성공회 그리고 침례교 등은 연합사업에 소극적이었고 따라서 이 연합 기구에 동참하지 않았다. 이 장로교 공의회는 치리권(治理權)을 가진 상회기관은 아니었고 이름 그대로 상호협의와 협조를 위한 기구였다. 그러나 한국 장로교회 치리회가 공식적으로 구성되기 이전까지 한국에서의 장로교 선교부 간의 선교사역의 연합과 협력에 실로 중요한 역할을 감당하였다. 1907년 '독노회'라는 장로교 조직이 이루어지기 이전까지 치리기구로서의 역할을 했다고 할 수 있다. 그러나 이 공의회는 선교사역에 있어서의 연합만이 아니라 향후 하나의 한국교회를 조직한다는 궁극적인 목표를 지니고 있었다.

  이 장로교 선교 협의회는 4개의 장로교 선교부 간의 협의와 합의를 거쳐 크게 두 가지 결정을 했는데 이것은 당시 장로교 선교부 간의 연합의 소산이었다. 첫째는 선교지역의 구분과 분담이었다. 이것은 흔히 '예양협정'(Comity arrangement)이라고 하는데 선교부 간의 중복 투자나 불필요 한 경쟁을 예방하기 위해 선교지역을 '연합적으로 할당하는' 프로그램이었다. 북장로교 선교사였던 곽안련(Allen D. Clark)에 의하면 선교사들 간의 "불미스런 노력의 중복과 경쟁을 피하기 위하여 … 협력할 것을 목적으로" 한 것이었다고 했다.

  이 선교지역 분담 협약에 따라 북장로교는 평안도, 황해도, 경상북도와 경상남도 일부, 호주 장로교는 경상남도, 남장로교는 충청도와 전라도 지방, 캐나다 장로교는 함경도와 간도지방을 맡았다. 그런데 이보다 앞서 1892년 6월 11일에는 북장로교와 북감리회가 민경배 교수의 표현대로 '신앙과 교리의 경계선을 헤치고 합의를 거쳐서 한국의 전 지역을 지리적으로 분활'하였는데, 인구 5천명 이상의 읍(邑) 정도 이상의 지역에서는 두 교파가 공동으로 선교하지만 그 이하의 지역에서는 기득권을 피차 인정한다는 것이 그 내용이었다. 또 교인들의 이동이 가져올 문제를 예견하고 이명증서(移名證書)가 없을 때는 타 교회 교인을 자교회로 받을 수 없으며 타선교부 소속 유급 교역자를 그 선교부의 허락 없이는 고용하지 못하도록 합의하였다. 또 각종의 종교서적이나 신앙문서는 무상 보급이 아니라 판매를 원칙으로 하기로 합의하였다. 이 연합적 사역에 대해 『조선 장로교회사 전휘집』(朝鮮長老敎會史典彙集)에서는 "호상 조력(互相助力)하며 호상 물조(互相勿阻)하기로 초차(初次) 계약(契約)하였느니라."라고 하였으나[1] 감리교 본부의 포스터(R. S. Foster) 감독의 거부로 원만하게 시행되지는 못했다.

어떻든 1893년 시작된 선교지역에 대한 연합적 분담은 약간의 수정과 변화가 뒤따랐다. 북감리회가 1895년 서울에 선교사를 파송하게 되고, 또 남감리회가 1896년 한국선교를 시작하면서 장로교와 북감리회가 활동하고 있는 황해도로 진출하게 되자 문제가 복잡해졌다. 선교지역 재조정은 불가피해졌다. 그래서 계속적인 재조정이 있었고 1909년에는 완전히 확정되었다.

이 선교지 분담 정책은 결과적으로는 한국 장로교의 분열의 지역적 거점이 되어 뜻밖에도 교회분열의 내제적 요인이 되었다거나(이만열), 이 선교지 분담정책 자체가 '교파주의 이데올로기에 근거를 두고 있다'는 동기론적 비판(서광선)이 없지 않으나 이 정책은 본래 선교부 간의 연합에 의한 선의(善意)의 할당이었다.

장로교 선교 공의회가 남긴 다른 한 가지 연합사역은 초기 한국선교의 기본 원칙에 합의한 일이었다. 이 기본원칙은 10개항으로 요약, 정리될 수 있다. 예컨대, 상류 계급보다는 근로 대중 계급 전도를 강조하고, 청소년과 부녀자 교육과 전도를 중시하고, 의료선교 활동, 성경번역을 강조하였다. 그리고 모든 종교서적은 순 한글로 제작하며 한국인 전도사를 양성한다는 점을 강조하였다. 이 10개항의 선교원칙은 네비우스 방법(Nevius Method)을 근간으로 하여 구체화 한 것이다. 상식적인 이야기이지만 주한 북장로교 선교사들은 1890년 중국 산동성 지푸에서 선교하던 존 네비우스(John Nevius)를 초청하여 한국선교 정책에 관한 강의를 들었는데, 이때 네비우스가 제창한 선교방법이 '네비우스 방법'이다. 네비우스는 이때 영국 교회선교회(CMS)의 총무

---

1) 『朝鮮長老敎會史典彙集』, 13.

였던 헨리 벤(Henry Venn)이 제창했던 자치(自治), 자급(自給), 자전(自傳)의 원리를 원용하고 광범위한 순례전도와 성경공부를 강조한 바 있다. 헨리 벤의 토착교회 설립을 위한 이 선교이론은 당시에는 많은 비판을 받았으나 그의 견해는 후일 한국교회에서처럼 상당한 호응을 얻었다.

선교부 간의 연합사역

초기 선교사들은 교육, 의료 활동 그리고 성경번역, 기독교서회 운영 등에서도 선교부 간의 벽을 넘어 연합적으로 활동했다. 이런 연합이 1903에서 1907년에 이르는 부흥의 결과라는 주장이 있지만 사실은 이 부흥과 무관하게 이 연합은 추진되었다. 신학교육의 경우는 신학적 차이나 교파적 특성 때문에 교파 단위로 시행되었지만 그 외의 경우는 상당한 연합을 이루었다. 장로교의 경우, 장로회 선교공의회는 1901년 평양에 신학교를 설립하였는데 이것은 네비우스의 원리에 따른 결과였다. 이때 설립된 장로교신학교는 평양에 위치하고 있다는 점 때문에 흔히 평양신학교라고 불렸는데, 신학 교육은 주한 4선교부의 연합으로 이루어졌다. 설립에 직접적인 기여를 한 마포삼열과 그가 속한 북장로교 선교부가 주도하였으나, 이 학교의 운영과 교육, 재정후원, 기숙사 건립 등에는 주한 4개 장로교 선교부가 연합적으로 참여하였다.

장로교신학교 교수로는 북장로교의 마포삼열(Samuel A. Moffet), 이길함(Graham Lee), 원두우(H. G. Underwood), 배위량(W. B. Baird), 곽안련(A. D. Clark) 등이 참여하였다. 남장로교 선교부는 이눌서(W. D. Reynolds), 구례인(J. C. Crane), 호주 장로교 선교부는 왕길지(G. Engel) 등을 교수 요원으로 파견하였다. 그리고 캐나다 장로교 선교부는 부두일(W. R. Foote), 업아력(A. F. Robb) 등을 교수요원으로 파견하였다.

이와 같은 장로교 선교부 간의 연합적 사역 외에도 장.감(長監)의 연합사업도 전개되었는데 그 대표적인 경우가 교육과 의료 활동이다. 숭실전문학교는 1897년 장로교의 윌리엄 베어드(W. Baird)에 의해 설립되었는데, 이 학교는 영어로는 평양연합기독교대학(Pyung Yang Union Christian College)이라고 불렀다. 또 1915년 3월 설립된 연희전문학교는 미국 북장로교와 북감리회가 공동으로 설립하여 연합사역을 이루어갔다. 흔히 '연희전문학교'라고 말하지만, 영어로는 이 학교를 조선 기독교대학(The Chosun Christian College)라고 불렀다. 평양의 숭실이 이미 연합이라는 말을 썼기 때문에 연희전문학교는 혼돈을 피하기 위해 연합이라는 말은 사용하지 않았으나 장로교와 감리교 간의 대표적인 연합 교육기관이었다. 한국에서 선교활동을 했던 여러 교파 중 주도적인 두 교파인 장로교와 감리교는 타 교단에 비해 비교적 원활한 연합을 이루어 갔다.

교육기관만이 아니라 의료 활동에도 연합이 모색되었다. 예컨대, 평양에는 감리교 선교부에 의해 설립된 기홀병원과 장로교 선교병원이 독립적으로 운영되고 있었으나 이 두 선교병원은 1907년 이후 연합하여 '평양 연합기독병원'으로 통합되었다. 그래서 양 교파가 공동으로 운영하였다. 이 병원의 첫 한국인 원장이 바로 장기려 박사였다. 성경번역과 성서공회, 기독교서회의 설립과 운영에도 양 교파는 연합하였다. 주한 외국선교부 중 장로교와 감리교는 연합에 적극적이었다. 다른 교파는 소수 집단에 불과했으나, 장로교와 감리교 선교부는 한국교회 주류를 형성하고 있었기 때문일 것이다.

이런 연합사업 과정에는 언더우드(H. G. Underwood)의 영향이 컸다. 언더우드는 여러 교파에서 신앙경험을 했기 때문에 어느 특정 교파만을 절대시하는 교파절대주의에 빠지지 않았던 것으로 보인다. 그는 부모의 신앙을 따라 회중교회적 배경에서 자랐고, 신학교육은 화란 개혁파교회가 운영하는 뉴 부른스윅(New Brunswick)에 있는 화란개혁교회신학교(Dutch Reformed Theological

Seminary)에서 교육을 받았다. 그러나 한국에 올 때는 미국 북장로교 선교사로 왔다. 그래서 그에게는 에큐메니칼한 성향이 있었다. 이런 배경 때문에 그는 교회 간, 교파 간 연합이 가져 올 수 있는 장점을 헤아리는 안목이 있었던 것으로 보인다.

초기 한국 선교사들은 비교적 건실한 신학의 소유자들이었고, 연합 사역에서 신학적 충돌을 의식하지 않았다. 언더우드 부인인 릴리아스 홀톤(L. Horton)은 언더우드에 대해 이렇게 썼다. "그의 생애에 있어서 가장 큰 꿈이 있었다면 그것은 한국이 그리스도에게 돌아오며 모든 복음주의 교파의 유기적 일치와 모든 한국교회의 자립과 모든 한국교인들의 성경공부였다. 그러나 오직 일치(unity)만이 그의 거대한 이상이었다." 언더우드 장례식에서 저명한 선교동원가이자 교회 연합운동가였던 존 모트(John Mott)는 언더우드를 "연합운동가"(unionist)라고 불렀다.[2]

하나의 한국교회를 위한 시도

초기 주한 선교부 간의 연합과 협조가 그렇게 만족스러운 것은 아니었으나 여러 분야에서 연합적 사역을 감당하고 있었으므로 장차 한국에서는 교파나 선교부의 벽을 넘어 하나의 교회, 곧 단일 조직으로서의 '한국 기독교회' 혹은 '한국교회'에 대한 기대가 없지 않았다. 우리가 선교사역에서의 연합이라고 할 때 이 표현 자체가 교파나 선교부 간의 분리 혹은 구분을 전제로 한 표현이며, 연합사역이란 비록 각이한 선교부들이 선교사역을 한다 할찌라도 가능한 공동목표를 위해 상호협의와 중재를 통해 효과적인 선교를

---

2) L. Underwood, *Underwood of Korea*, 337.

위한 공동보조의 의미를 지니고 있다.

그런데 한국에서의 경우, 연합뿐만 아니라 일치를 위한 노력도 없지 않았다. 장로교와 감리교가 각기 달리 선교활동을 전개하였으나 양 교파가 연합하여 하나의 복음주의 교회를 설립하고자 시도하였고, 이들은 1904년에는 합의에 이르렀다. 즉 장·감 양 교회는 '대한 예수교회'(The Church of Christ in Korea)라는 이름으로 하나의 개신교회를 설립하기로 한 것이다.[3] 이런 일련의 연합에의 추구에서도 언더우드는 주도적인 역할을 감당했다. 에큐메니즘은 그의 확신이었기 때문이다. 그러나 결과적으로 이것은 이루어지지 못했다. 민경배는 이런 상황에 대해 "사방 어디를 둘러보아도 한참 줄기차게 뻗어가던 교회 일치의 기운이 맥없이 꺾이는 듯한 환멸이 찾아들 것이라고는 아예 없는 곳 같이 느껴졌던 때가 있었다"고 했다.[4] 다소 그 표현이 수사적이지만 하나의 교회를 이루려는 기대가 좌절되었음을 표현하는 의미로 보인다.

당시 교회일치 위원회 위원장이었던 북장로교회의 스왈론(W. L. Swallon) 선교사는 "한국에 감리교와 장로교가 그 교리의 조화를 찾는데 있어서 어려움이 개재한다고 보지는 않는다."고 하여 일치의 가능성을 시사하였다. 또 헐버트(H. B. Hulbert)도 "서로 협조해서 궁극적인 일치를 가져올 때 비로소 도덕적이요 지적이요 사회적인 활동의 결실이 나타날 것"이라고 하였다. 그러나 당시 상황으로 볼 때 장·감 양 선교부가 일치하여 한국에서 하나의 교회를 세운다는 것은 사실상 불가능했다. 민경배는 그 불가능성을 3가지로 분석하여, 선교사를 파송한 모교회(母敎會)의 모호한 태도, 당시의 기구적 교회일치에 대한 무관심, 주한 선교사들의 적극적이지 못한 태도와 '미끈한 구실' 등을 그 원인으로 들고 있다. 물론 이 3가지도 영향을 준 것은 사실이나

---

3) 장, 감 양 교회의 연합에 있어서 언더우드의 역할에 대해서는 김인수, "초대 선교사 언더우드의 에큐메니칼 정신과 사역," 『교회, 민족, 역사』(민경배 박사 고희기념논문집 출판편집위원회, 2004), 225ff.

4) 민경배, 『한국 기독교회사』, 269.

근원적으로 장.감이 연합하여 하나의 교회를 세우는 일은 신학적으로 불가능했고 이 신학적 차이를 극복하는 일은 당시의 신학적 기류에서 볼 때 불가능하였다. 당시 두 교파의 연합에 부정적이었던 것은 본국의 장로교측이 아니라 감리교 측이었다. 특히 장.감 일치에 대해서 남장로교회는 매우 부정적이었다. 체스터(S. H. Chester)라는 선교사는 『선교』(The Missionary)라는 잡지(1906년 3월호)에 기고한 "한국에서의 교회 연합"(Church Union in Korea)이란 글에서 이렇게 말했다.

> 이들이 하나의 교회를 이룩하겠다는 엉뚱한 생각에 놀랐다. 그렇다면 그 '한국 기독교회'의 정체는 어떠할 것이며 이 새 교회의 신조는 어떤 것이 된단 말인가? 여기(미국)에서 가진 장로교와 감리교 상호간의 교리적 차이점은 어떻게 하고 교리 운운 한단 말인가?

미국 남장로교는 한국 장로교 선교공의회에 공식 서한을 보내 "후일에 여차히 타 교회와 연합하여 자유교회를 설립하는 것은 가하나 지금은 유안(留案)하는 것이 위호(爲好)하다."는 뜻을 전달하였다. 사실 남장로교의 입장은 정직한 것이었다. 결국 장로교와 감리교 양 교파가 통합하여 하나의 교회를 조직하는 것은 이미 시작된 교파 단위적 선교의 결과로 볼 때 현실성이 없었다.

비록 교파를 넘는 연합은 이루어지지 못했으나 장로교의 경우, 주한 4개 선교부는 연합하여 하나의 장로교회를 조직하였는데, 그것이 1907년 조직된 '독노회'였고, 1912년에는 '조선 야소교장로회 총회'로 발전하여 해방되고, 한국전쟁이 발발하기까지 하나의 장로교회로 남아 있었다. 서광선은 "이 일치운동은 4개 선교부의 교파별 세력의 조정 아래 있었다."고 하고 "형식은 일치였으나 내용은 교파별 이해와 교파주의를 가진 채 형성된 '독립교회'였다"고 비판적인 평가를 하였지만 각 선교부의 상이한 견해와 역사적 배경, 그로 인한 이질성을 완전히 해소, 융해하는 연합이나 일치는 어디 가능한 일인가? 4개 장로교 선교부가 연합하여 하나의 장로교 치리회를 조직한 것도 연합운동으로써의 쾌거라고 아니할 수 없다.

교회 간 연합은 불가능한 시도인가?

이상에서 우리는 초기 한국교회에 있어서의 연합운동 혹은 연합사업에 대해 살펴보았다. 앞에서 부분적으로 언급하였지만 주한 외국 선교부 중에서 장로교와 감리교가 비교적 원활한 연합을 이루었고, 상대적 소수 집단이었던 성결교, 침례교 등은 연합에 관심이 없었다. 또 장·감 연합사역에서도 사안별 연합을 함으로써 교파의 한계성을 극복하지 못했음을 살펴보았다. 그러나 한국에 선교사를 파송하였던 주한 4대 장로교 선교부는 장로교선교공의회라는 기구를 통해 지속적으로 연합을 추구해 왔음을 알 수 있다. 역사는 '오늘을 위한 거울'(고전 10:6, 11)이라고 볼 때 우리는 지난 역사에서 어떤 교훈과 경고를 얻을 수 있을까?

한국교회는 그 초기에 선교부 간의 연합을 위한 노력했지만 후일 한국교회는 심각하게 분열되었고 지금은 장로교회만 해도 120여 개의 교단으로 분열되어 있다. 물론 여러 가지 이유와 원인이 있지만 기독교가 전래되고 한국에 교회가 설립된 이후 한국교회의 문제는 바로 우리의 문제이며, 선교사나 선교사를 파송한 교회가 아니라 우리가 한국교회 문제에 직접적인 책임을 지니고 있다. 처음부터 한국에는 미국을 비롯한 호주, 캐나다의 교파단위적 선교에 의해 기독교가 소개되었고, 선교지역 분담 안이 연합적 합의에 의한 것이었지만 결과적으로는 교회분열의 간접적 동기가 된 것은 부인할 수 없다. 그럼에도 불구하고 한국에서의 교회 분열은 우리의 책임이라는 사실을 부정할 수 없다.

이제 한국교회는 미국교회의 한국 선교과정에서 표출된 과오와 문제를 거울로 삼아야 한다. 지금 한국교회는 외국에 많은 선교사를 파송하고 있다. 그런데, 그 선교사업이 연합적으로 이루어지지 못하고 개교파, 개교단별로 이루어지고 있다. 예컨대 대한예수교장로회 통합교단은 통합 교단 독자적으로, 합동 교단은 합동교단 독자적으로, 그리고 고신교회는 독자적으로 선교사를 파송하고 있다. 여기서 우리는 20년 혹은 40년, 100년 후의 피선교국의 상황을 생각해 볼 수 있다. 우리는 미국교회가 범했던 바처럼 한국교회의 분열 상황을 피선교국에 그대로 이식하게 될 것이다. 이런 문제점을 극복하기 위해서는 가능한 범위 안에서 만이라도 선교사업은 연합적으로 이루어져야 하며, 피선교국에 하나의 교회를 설립할 수 있도록 연합과 일치에 관심을 가져야 한다.

현재는 이러한 선교사업에 있어서의 연합을 이룰 제도적, 혹은 기구적 조직이 없다. 우리는 선교 현지에서라도 연합을 위한 노력을 최우선 과제로 삼지 않으면 안 된다. 이것은 우리 교회의 역사가 주는 교훈이자 경고이기도 하다.

2. 한국에서의 칼빈주의 신학

칼빈주의와 개혁주의

칼빈주의(Calvinism)는 개혁주의(Reformed)와 동의어로 사용되고 있다.[5] 물론 약간의 개념상의 차이는 있다. 16세기에는 칼빈의 사상을 칼빈주의라고 했지만, 개혁주의라는 말은 쯔빙글리와 칼빈의 개혁운동, 곧 스위스의 개혁운동을 독일의 루터의 그것과 구별하는 의미가 있었다. 그러나 16세기 이후는 칼빈만이 아니라 칼빈의 가르침을 따르는 신학사상을 통칭하여 칼빈주의라고 칭하였고 이 신학체계는 17세기 화란에서 보다 분명히 체계화되었다. 영국에서 칼빈주의는 17세기 웨스트민스터신앙고백서에 바탕을 둔 장로교회를 통해 체계화되어 미국으로 전수되었고, 프린스톤신학을 통해 석명

---

5) 이 점에 대한 자세한 논의는, 이상규, 『개혁주의란 무엇인가?』(고신대학교 출판부, 2007), 제1장 (11-30)을 참고할 것.

되어 한국에 소개되었다. 우리는 칼빈주의와 개혁주의를 동의어로 사용하고 있으나 서양사회에서는 개혁주의라는 말보다는 칼빈주의라는 말이 일반적으로 사용되고 있다. 이것은 칼빈 이후 최대의 칼빈주의자로 알려진 화란의 아브라함 카이퍼가 미국 프린스톤에서 행한 스톤강좌(The Stone Lectures)에서 행한 강연으로 엮은『칼빈주의 강의』(Lectures on Calvinism)에서 잘 보여주고 있다. 우리에게는 개혁주의(改革主義)라는 말이 있지만 영어나 독일어, 화란어에는 '개혁주의'라는 용어자체가 없다는 점만 보아도 이 점을 알 수 있다. 영어나 독일어, 화란어에서는 단지 '개혁된'(Reformed, Reformiert, Gereformeed)이란 단어만 있을 뿐이다.

찰스 하지(Charles Hodge)는 칼빈의 이름에서 유래된 칼빈주의라는 용어 대신 칼빈 이전의 칼빈주의자였던 어거스틴의 이름을 따라 '어거스틴주의'(Augustinism)이라고 명명하자고 제안한 일이 있다. 그런데 최근 한국에서는 칼빈주의라는 명칭보다는 개혁주의라는 이름을 선호하는 경향이 있다. 그것은 아미도 칼빈은 오직 하나님의 영광만을 위해 살았고, 그것이 그의 신학의 중요한 축이었으므로 오늘 우리가 칼빈의 이름을 따라 칼빈주의라고 칭하기 보다는 차라리 개혁주의라는 이름이 적절할 것이라는 판단 때문일 것이다. 칼빈주의는 한국 장로교회의 중심신학으로서 신학과 교리, 예배와 생활 전반에 가장 영향력 있는 신학으로 자리하고 있다.

한국에서의 칼빈주의

성경관과 구원관, 그리고 국가관과 성례관 등에서 천주교의 사제주의(Sacerdotalism), 독일의 루터주의(Lutheranism)와 구별된 칼빈주의는 17세기 화란에서 일어난 알미니안주의(Arminianism)와의 논쟁을 통해 하나님의 주권, 예정과 선택, 인간의 무능력 등 구원관에 있어서 보다 분명히 정립되었고, 17세기 이후 유럽의 칼빈주의자들이 미국으로 이주함으로서 이 신학사상은 미국으로 이식되었다. 18세기 대륙의 합리주의 그리고 계몽주의의 영향으로 칼빈주의는 심한 공격을 받았으나 19세기 후반기에는 칼빈주의 부흥운동이 일어났다. 특히 화란의 흐린스터(Groen van Prinsterer, 1801-1876), 아브라함 카이퍼(Abraham Kuyper, 1837-1920), 헤르만 바빙크(Herman Bavinck, 1854-1921) 등에 의해 일어난 이 운동은 북미 대륙에도 큰 영향을 끼쳤다. 미국에서의 칼빈주의 신학은 1812년에 설립된 프린스톤신학교를 통해 교수되었고,[6] 19세기 후반기부터 미국 장로교 선교사들에 의해 우리나라에 소개되기 시작하였다. 일반적으로 말해서 1930년대 한국에서의 자유주의 신학이 일어나기 이전까지 한국 신학을 주도한 이는 선교사들이었는데 이들은 대체적으로 칼빈주의적 성격이 강했다.

한국의 초기 신학사상이란 사실 선교사들의 신학을 의미하는데 예컨대, 평양신학교 설립자이자 교장이었던 마포삼열(Samuel A. Moffett), 교수였던 곽안련(Charles A. Clark), 남장로교 선교사로서 역시 교수였던 이눌서(W. D. Reynolds), 구례인(J. C. Crane) 등은 칼빈주의자들이었다. 그러나 선교초기부터 이들에 의해 칼빈주의라는 용어나 개혁주의라는 용어가 사용된 흔적이 없다. 또 한국인들에 의해서도 초기 한국교회의 신학이 보수주의(간하배), 보수적 복음주의(김명혁), 혹은 청교도적 보수주의(박아론), 극보수주의 혹은 근본주의(전성천) 등의 용어로 사용되었다. 초기 선교사들은 초기 한국교회 신학이 넓은 의미에서 복음주의적 범주 안에 있으나, 그 신학의 역사적 배경이나 개념을 달리하는 신학적 경계선에 대해서는 분명하게 제시하지 못했다. 그래서 보수주의, 근본주의, 복음주의 혹은 칼빈주의가 혼용되고 있고, 때로는 세대주의 까지도 같은 범주로 혼용되는 것을 볼 수 있다. 이러한 신학개

---

6) 구 프린스톤신학과 웨스트민스터 신학에 대한 분석과 이 신학에도 스코틀랜드의 상식철학(Common Sense Philosophy)의 영향이 여전히 남아 있다는 주장에 대해서는 John C. Vander Stelt, *Philosopy and Scripture: A Study in Old Princeton and Westminister Theology* (Marlton, NJ: Mack Pub. Co., 1978).

념 혹은 신학사상의 비구체성 혹은 모호성은 한국교회가 그런 신학적 개념을 수용할 수 있는 상황이 되지 못한 점도 있지만 선교사들의 신학적 훈련의 미숙일 수 있고, 또 1920년대 이후 미국에서 일어난 근본주의 논쟁 때문에 이에 대한 반작용으로 현대주의 혹은 자유주의적이 아닌 것을 통칭해서 보수주의라는 용어가 주로 사용된 것으로 볼 수 있다.

초기 한국에서의 선교사들의 신학에 대해서는 미국 장로교 선교부(Board of Foreign Missions of the Presbyterian Church, U.S.A.)의 총무였던 브라운(A. J. Brown)의 글 속에 잘 나타나 있다. 그는 1911년 이전의 주한 선교사들의 신학적 견해에 대해 다음과 같이 논평했다. 즉 "개국 이후 첫 25년간 내한한 선교사는 전형적인 푸리탄형의 선교사였다. 이들은 1세기 전 그들의 조상들이 뉴 잉글랜드에서처럼 안식일을 지켰으며 술이나 담배, 그리고 카드놀이에 기독교 신자들이 빠져서는 안 될 죄라고 보았다. 신학과 성경 비평에 대해서는 그들은 철저히 보수적이었으며 그리스도의 재림을 확신했고 저들은 자유주의 신학을 배격했다." 또 1890년에 내한한 마포삼열(Samuel A. Moffett, 1864-1939)의 기록도 이와 유사하다. 그는 1909년 첫 25년간(1884-1909)의 한국선교를 회고하면서 "선교부와 교회는 성경은 하나님의 말씀이라는 투철한 신념과 예수 그리스도를 통해 죄로부터 구원받는다는 복음의 메시지를 믿는 열성적인 복음정신으로 특징 지워질 수 있다."[7]고 했다. 곽안련(Charles A. Clark)도 "초기 선교사들의 대부분은 스코틀랜드의 언약파의 후손들이다. 그들은 그들의 선조들이 믿고 가르쳤던 것처럼 성경을 믿었고 또 성경을 믿고 있다. 그들은 이 신앙을 한국교회에 굳게 심어주었다. 그래서 심지어 오늘날에도 성경을 권위 있는 책으로 받아들이지 않는 어떤 한국어 책들도 대부분의 한국

---

7) "The mission and the church have been marked preeminently by a fervent evangelistic spirit, a thorough belief in the Scriptures as the Word of God, and in the Gospel message of salvation from sin through Jesus Christ." (H. Conn, "Studies in the Theology of the Korean Presbyterian Church, Part I", *The Westminster Theological Journal*, Vol. XXIX No. 1, Nov. 1966, 4).

인들에게는 금지되어 있다."[8]고 했다.

초기 한국교회의 신학에 대해 분명한 용어로 묘사하고 있지는 않으나 칼빈주의적 성격이 깊었다는 점은 분명했다. 이 점은 1907년 독노회의 조직과 함께 채택된 12개 신조에 대한 백낙준의 평가에 드러나 있다. 백낙준은 12개 신조는 개혁파교리를 분명하게 보여준다고 말하고, "이 신앙고백은 철저한 칼빈주의적 경향을 보여준다"고 지적했다.[9] 사실 12개 신조는 지나치게 단순하여 교회가 직면할 수 있는 여러 문제에 대해 지침을 줄 수 있는 신앙의 척도로는 부족한 점이 있으나 기독교의 기본적인 진리를 포함하고 있는 칼빈주의적 성격의 신조였다. 이런 신조를 채택했다는 점은 당시 선교사들의 신학적 견해를 반영한다. 또 블레어(Herbert E. Blair)는 평양신학교의 신학을 "… 역사적 칼빈주의 배경을 지니고, 웨스트민스터 신앙표준을 수납하며, … 구 프린스톤 신학에서의 경우처럼 성경을 하나님의 말씀으로 의심치 않고 받아드렸다."고 했다.[10] 간하배는 평양신학교의 교수 중 마포삼열, 곽안련, 이눌서의 영향력이 지대하였음을 언급하고, 이들의 칼빈주의적 입장 때문에 "칼빈주의는 평양신학교에서 아주 효과적으로 배양되었다."고 했다. 비록 칼빈주의는 적어도 1930년대 이전의 한국의 주도적인 신학이었음에도 불구하고 그 신학이 칼빈주의라는 용어로 분명하게 지칭되지는 못했다.

한국에서의 칼빈주의 신학에 대해 보다 구체적으로 논구, 해명하고 연구 교수한 대표적인 인물은 선교사로는 함일돈, 한국인 신학자 혹은 목회자로는 박윤선, 이근삼, 신복윤, 이종성, 김성환, 한병기 등이었다. 이 글에서는 함일돈, 박윤선, 이근삼에 대해서만 간단히 언급해 두고자 한다.

함일돈(F. Hamilton, 1890-1969)은 프린스톤 신학교에서 신학사(BD)과정과 신

---

8) C. A. Clark, *The Nevius Plan for Mission Work* (CLS, 1937), 121.
9) 백낙준, 『한국개신교 선교사』, 376.
10) *Report of the 50th Anniversary Celebration of the Korea Mission*, 121.

학석사(ThM) 과정을 이수하고 1920년 1월 4일 북장로교 선교사로 내한하였는데[11] 특히 메이첸의 영향을 많이 받았던 인물이며, 변증학 분야와 창세기 연구에 상당한 식견을 가진 학자였다.[12] 그래서 그는 내한 후 곧 평양신학교 강사로 변증학을 강의하기 시작하였고, 1926년부터 1936년까지는 평양 숭실전문학교 교수로 봉직하였다. 그는 당시로는 보기 드문 학자로서 "그의 학문적 재능은 선교지에서도 유감없이 발휘되었고 저술과 신학교육을 통해 많은 사람을 감동시켰다. 그의 영향은 평양신학교와 평양의 숭실대학의 학생들에게 뚜렷이 나타났고, 이들을 통해서 1930년대의 보수주의는 장로교회에 더욱 뿌리를 내리게 되었다."[13] 일제의 강압으로 1941년 한국을 떠났던 그는 1947년 정통 장로교(OPC) 선교사로 다시 내한하여 1950년 한국전쟁으로 일본으로 떠나기까지 부산 고려신학교 교수로 창세기를 비롯한 모세 5경, 주경신학, 그리고 변증학 분야를 강의하였다.

그는 "칼빈주의"라는 제목의 논문을 《신학지남》19권, 4, 5, 6호(1937년 7, 9, 11월호)에 발표했는데 이것이 한국에서의 칼빈주의라는 제목의 첫 논문이었다. 물론 그 이전인 1934년 《신학지남》은 칼빈 특집호를 엮어 칼빈의 생애와 목회, 그리고 그의 신학에 관한 글을 발표한 일이 있으나, 칼빈주의라는 신학적 체계에 대해 처음으로 소개했던 인물은 함일돈이었다. 뵈트너(L. Boether)의 책 *The Reformed Doctrine of Predestination*이 박형룡에 의해 『칼빈주의 예정론』이란 제목으로 역간된 때도 1937년이었다. 사실 함일돈은 해방 전에는 평양신학교와 숭실학교에서 칼빈주의 신학을 교수했던 인물로서 선구자적인 역할을 하였다고 볼 수 있다. 그래서 이종성은 한국교회 지도자들의 유형에 대해 말하는 중에 평양신학교의 신학교육과 관련하여 다음과 같

---

11) H. A. Rhodes, *History of the Korea Mission, PCUSA, 1884-1934*, 631.
12) 함일돈에 대한 자세한 논구는, 이상규, 『한상동과 그의 시대』(SFC, 2006), 제9장(177-189)을 참고할 것.
13) 박용규, 『한국 장로교 사상사』, 98.

이 말한바 있다.

평양신학교를 시작하고 그 곳에서 수년간 가르쳤던 선교사들은 강력한 근본주의자들이었기 때문에 그 학교의 신학적 입장은 엄격한 근본주의였다. 이 점에 대해서는 신학교 강의를 통해 한국인 목사들에게 강력한 영향을 끼친 한 사람의 인물을 언급하는 것만으로도 족할 것이다. 그가 바로 『기독교신앙의 기초』라는 뉴욕의 하퍼출판사에 의해 출판된 책의 저자인 '함일돈'이다. 대부분의 한국 목사들은 선교사들로부터 근본주의와 칼빈주의가 기독교신학 중 최상의 체계라고 배웠기 때문에 근본주의와 칼빈주의를 받아드렸다. 그리고 만일 한국에 신학자가 있다면 그는 틀림없이 근본주의자이거나 칼빈주의자라고 생각하게 되었다. 심지어 오늘날에도 장로교회의 대부분의 목사들은 같은 견해를 가지고 있다.[14]

이 글에서 이종성은 근본주의와 칼빈주의의 경계선을 상정하지 않고 있으나 함일돈의 영향력을 언급하고 있다는 점에서 주목할 만 하다. 함일돈은 『기독교변증론』을 출판했는데, 이 책의 영문판 *The Basis of Christian Faith* 는 뉴욕의 하퍼출판사에서 1927년 출판되었다. 이 책은 기독교 신앙의 기초로서의 성경이 하나님의 말씀임을 변증하는 것을 주된 내용으로 하고 있는데 전 18장으로 구성되어 있다. 이 책은 저자의 칼빈주의적 입장을 보여주고 있다. 그 외에도 함일돈은 『진화론의 기초』(*The Basis of Evolutionary Faith: A Critique of Theory of Evolution*, London, 1931), 『천년왕국신앙의 기초』(*The Basis of Millennial Faith*, Eerdmans, 1941), 『현대사회에서의 개혁신앙』(*The Reformed Faith in the Modern World*, OPC, n.d.) 등의 저술을 남겼다. 함일돈은 『현대세계에서의 개혁신앙』이라는 책에서 "나는 칼빈주의자가 되지 않고 기독신자가 될 수 있다

---

14) Jong Sung Lee, "Types of Church Leaders Today", *Korea Struggles for Christ*, (Seoul: CLS, 1973), 136-7.

는 점을 부정하지는 않는다. 그러나 칼빈주의는 유일하고 진실된 기독교의 형태라고 확신하며, 우리는 칼빈주의가 포함하는 교리체계는 전체적으로 참된 유일무이한 체계라고 생각한다. 왜냐하면 칼빈주의는 성경전체의 가르침에 근거한 유일하고 진실된 교리체계이기 때문이다. 비록 성경에서 가르치는 전체적인 진리체계를 완전히 이해하고 믿지 않아도 그리스도인이 될 수는 있지만, 그가 믿는 기독교는 다소 불완전한 형태의 기독교이며 따라서 다소 성경적 기독교로부터 이탈하였다고 볼 수 있다."고 했다.

박윤선

한국의 대표적인 칼빈주의 신학자는 박윤선(1905-1988)이었다.[15] 그는 1934년 평양신학교를 졸업하고 그해 8월 도미하여 1936년 5월까지 웨스트민스터 신학교에서 수학하였다. 이 학교는 프린스톤신학교의 신학적 변화에 반기를 들고 나온 윌슨과 메이첸 등에 의해 설립된 학교로서 박윤선은 이곳에서 메이첸으로부터 많은 영향을 받았다. 귀국 후 평양신학교의 성경원어 강사로 일하다가 다시 도미하여 1938년 9월부터 1939년 11월까지 웨스트민스터신학교에서 성경원어와 변증학을 공부하였는데 이 때 그는 칼빈주의 신학에 대해서 보다 깊이 있는 연구를 하게 되었다. 1946년부터 1960년까지는 부산의 고려신학교 교수로 일했는데 이 때는 그의 젊은 날의 애정과 열정을 가지고 일했던 그의 생의 중요한 기간이었다. 그는 이 기간동안 강의와 저술, 그리고 주석발간을 통해 한국교회에 칼빈주의 신학을 소개하고 체계화하는데 크게 기여하였다. 그가 고려신학교 교수로 일한 14년 간 《파수군》지에 218편의 논문을 발표하였고, 요한계시록, 공관복음서, 로마서, 바울서신, 히브리서, 공동서신, 시편, 요한복음 등 7권의 주석을 집필하였다. 1963년부터

---

15) 박윤선에 대한 더 자세한 논구는, 이상규, 『한상동과 그의 시대』(SFC, 2006), 제6장(128-137)을 참고할 것.

1974년, 1979년부터 1980년 11월까지는 총신대학에서 교수로 일했는데 이 기간동안《신학지남》에 약 40편의 논문을 발표하였다. 또 1980년 합동신학교로 옮겨 간후 1988년 세상을 떠나기까지는 합동신학교 교수로 일하면서《신학정론》지에 11편의 논문을 발표하였다. 특히 그는 1952년과 1953년 "칼빈주의"라는 제목의 연제 논문을《파수군》에 기고하였는데, 이 글은 칼빈주의 신학체계를 소개하려는 의도로 작성된 것이었다. 그는 1959년 김진홍과 더불어 헨리 미터(Henry Meeter)의 칼빈주의의 기본 사상(The Basic Idea of Calvinism)을『칼빈주의』라는 이름으로 역간 했다. 박윤선은 "칼빈주의"라는 제목의 논문에서도 헨리 미터의 사상을 거의 그대로 반영하고 있다.

　칼빈주의 학자로서 박윤선의 생애와 사역에서 한 가지 중요한 전기는 그의 화란 유학이었다. 비록 유학기간은 1953년 10월부터 1954년 3월말까지 6개월에 지나지 않았으나 화란의 칼빈주의 신학을 접하고 이를 한국에 소개하는 계기가 되었다. 그는 화란 자유대학교에서 주로 신약학을 공부하였는데 그는 이미 독학으로 화란어를 익혔으므로 이 기간동안의 독서와 연구는 그 자신에게만이 아니라 한국교회에 칼빈주의 신학을 소개하는데 커다란 유익을 주었다. 그래서 1954년 이후 그의 글들 속에는 화란 신학자들의 글들이 보다 광범위하게 인용되었다. 어떻든 그는 하지(C. Hodge), 메이첸(G. Machen), 워필드(B. B. Warfield) 등 미국의 칼빈주의자들만이 아니라 카이퍼(A. Kuyper), 바빙크(H. Bavinck), 스킬더(K. Schilder), 크레이다너스(G. Grijdanus) 등 화란의 칼빈주의자들의 신학과 전통을 소개한 대표적인 인물이 되었다. 그는 직접적으로 강의를 통해서 만이 아니라 주석을 통해 한국교회에 큰 영향을 끼쳤다. 그는 1979년 신구약주석을 완간하였는데(증보, 수정판은 1987년까지 완간 되었다) 이는 총 11,602쪽에 달하는 것으로 주석집필을 시작한 후 매년 240쪽의 분량을 집필한 것으로 볼 수 있다. 당시까지 그는 신구약 주석을 완간한 한국의 유일한 학자였는데, 6가지 원칙에 근거하여 주석을 집필하였다고 했다. 그 첫 세 가지 원칙은 성경은 성경으로 해석한다, 칼빈주의 입장에서 해석한다, 그리고 칼빈주의 신학자들의 저서를 최대한 참고한다는 것이었다.[16] 이것만 보더라도 그의 칼빈주의에 대한 확신과 애정을 엿볼 수 있다. 그 외에도 여러 권의 저작을 남겼지만 그는 그의 저술과 설교, 삶에서 일관되게 칼빈주의 신학을 신봉하였다. 박윤선은 국제 개혁주의 신행협회가 조직된지 4년 후인 1957년 1월 김진홍, 이상근 등 한국인 교수들과 서아도(A. Boyco Spooner), 하도례(Theodore Hard) 선교사 등과 함께 '한국개혁주의 신행협회'를 조직하였는데, 이 점은 한국에서의 칼빈주의 문화운동에 대한 그의 일념을 반영하고 있다.

이근삼

이근삼(1923-2007)은 또 한사람의 대표적인 칼빈주의자였다. 그가 활동했던 1960년대 이후는 칼빈주의 신학체계가 보다 구체적이고 체계적으로 한국에 소개되던 시기였고, 여러 사람들에 의해 칼빈 혹은 칼빈주의에 관한 문서가 저술 혹은 역간되었다. 이근삼은 이 시기의 대표적인 칼빈주의자였다. 이종성은 칼빈에 대한 논문과 저술, 그리고 역서를 출판하는 등에 있어서는 이근삼보다 더 활발한 연구 활동을 했으나 그를 적어도 워필드적인 관점에서 볼 때 칼빈주의자로 보기에는 적절치 않다. 이종성은 칼빈학자라고 볼 수는 있으나 칼빈주의자라고 볼 수는 없다.

이근삼은 1951년 고려신학교를 졸업하고 도미하여 카버난트신학교에서 수학하고 다시 화란 자유대학교에서 수학한 후 1962년 귀국하여 고려신학교 교수로 취임하였다. 이때부터 그는 칼빈주의적 신학과 삶의 체계를 소개하기 시작했는데 1963년 "칼빈주의와 생활"(『개혁주의』, 1963. 10), "칼빈주의와 학문"(『개혁주의』, 1964. 4) 등을 시작으로 칼빈주의를 체계화하려고 시도하

---

16) 심군식, 『박윤선 목사의 생애』(영문, 1996), 173-7.

였다. 그 결과 1972년에는 『칼빈. 칼빈주의』라는 책을 출판하기에 이르렀다. 또 그해 헨리 반틸(Henry R. Van Til)의 『칼빈주의 문화관』(The Calvinistic Concept of Culture)을 역간하였다. 이 당시만 하더라도 칼빈주의를 삶의 체계로 혹은 세계관으로 이해하는 노력이 없었는데 이 책은 칼빈주의 세계관에 기초한 문화적 사명을 논구한 책으로서 한국 기독교의 문화적 책임을 고양시켜 주는 일에 적지 않는 기여를 한 것으로 평가된다. 그 외에도 그는 『개혁주의 신학과 교회』(1985), 『개혁주의 신앙과 문화』(1991) 등을 출판했는데 이 책은 그간 칼빈주의 신학을 석명하고자 했던 그의 학문과 삶의 여정에서 나온 결찰들이었다. 그는 앞에서 언급한 칼빈주의 학자들 외에도 도이예벨트(Herman Dooyeweerd), 벨렌호벤(D. Vollenhoven), 코넬리우스 반틸(Conelrius Van Til) 등의 사상을 소개하였는데 그는 신학과 교리로서의 칼빈주의만이 아니라 칼빈주의적 인생관과 세계관을 광포하고자 노력하였다. 그는 역사와 문화에 대한 칼빈주의적 소명을 다음과 같이 말한바 있다.

> 칼빈주의는 너무도 작은 하나님과 너무도 좁은 비젼을 가졌다고 결코 비난할 수 없을 것이다. 사람과 국가의 운명을 결정짓는 주권적 하나님에 대한 강력한 개념에서부터 시작해서 땅끝까지 나타나고 알려진 하나님의 영광의 비젼에 이르기까지 칼빈주의는 하나님의 위대한 설계에 대한 신앙이다. 루터파가 추구하는 영광스런 하나님과 개인영혼의 행복을 위한 경건주의 욕망과 웨슬레안주의가 목적하는 개인적 거룩에 비교해 볼 때, 개혁주의 전통의 궁극적 관심은 개인과 그의 구원을 초월하여 그리스도의 몸된 교회도 능가하고 궁극적으로 그 관심과 소망은 국가와 문화, 자연과 우주의 넓은 영역에서도 하나님의 뜻이 구현되는 것이다. 간단히 말하면 개혁주의 신학은 하나님의 나라 신학(Kingdom theology)이다.[17]

---

17) 이근삼, 『개혁주의 신앙과 문화』 (영문, 1991), 96-97.

이러한 그의 사상에 근거하여 그는 학문에 있어서 왕적 소명을 인식하고, 칼빈주의적 세계관에 기초한 기독교대학운동을 주창하기도 했다.

칼빈주의 이해, 평가와 반성

이상에서 우리는 한국 초기 선교사들의 사상이 비록 보수주의 혹은 근본주의라는 이름으로 묘사되기는 했으나 웨스트민스터 표준서에 기초한 칼빈주의적 성격이 강했음을 언급하였다.

초기의 한국 선교사들의 신학이 오늘 우리가 말하는 정교한 의미의 칼빈주의적이었던가, 그리고 오늘의 한국교회, 특히 절대다수의 교회(교단)들이 칼빈주의 신학을 말하고 있지만 실제적으로는 보수주의를 의미하는 것으로 오해하지 않았는지 의문을 제기할 수밖에 없다. 한국 선교사였고 후일 웨스트민스터신학교 교수이기도 했던 간하배(H. Conn)는 아시아와 아프리카 교회에서의 개혁주의 신학이 보수주의 신학으로 변질되기도 했다고 진단했는데[18] 그것은 칼빈주의와 근본주의 혹은 칼빈주의와 보수주의 등 신학과 역사적 배경을 달리하는 신학이념에 대한 이해가 부족했기 때문이었을 것이다. 이런 오해 때문에 한국교회는 전 영역에서 하나님의 주권을 선포해야 하는 칼빈주의적 세계관, 곧 교회가 처한 그 역사적 삶의 자리에서 문화변혁적 삶을 추구하지 못한 것으로 평가된다. 그리스도의 초림과 재림사이에 서 있는 교회는 이 세상에 있으면서도 이 세상을 통하여, 이 세상을 변화시키는 사명을 감당해야 하지만 그 동안 한국교회는 칼빈주의를 주창하면서도 실제적으로는 근본주의적이었던 것으로 보인다. 칼빈주의를 말하면서도 세대주의적 경향마저 없지 않았다고 생각된다. 이런 점에서 한국 장로교회

---

18) 간하배, 『현대신학 해설』(개혁주의 신행협회, 1978), 194.

의 신학은 "보수적 근본주의인 동시에 칼빈주의 신학이 혼재된 보수적 복음주의 사상"이라고 말한 간하배의 말은 이해할 만 하다.

비록 신학적 개념에 있어서 그 경계선이 모호한 점이 있었다고 하더라도 칼빈주의 신학은 한국교회의 주도적인 신학이었다. 특히 박형룡과 박윤선, 그리고 이근삼의 활동은 오늘의 한국교회를 칼빈주의 교회로 성장하게 하는데 중요한 기여를 했다. 성경을 영감된 하나님의 말씀으로 믿는 하나님중심, 성경중심, 교회중심 그리고 기도와 경건중심의 신학은 오늘의 한국교회를 20세기 후반의 세계교회의 중심으로 이끌어 내는데 기여하였다.

3. 한국 기독교의 타종교 이해

시작하면서

한국도 다른 나라들과 마찬가지로 다 종교적 상황 가운데 있다. 즉 한국에는 전통적인 민족종교, 동양의 종교라고 할 수 있는 유교와 불교, 서양종교 전통을 잇는 천주교와 개신교가 일정한 세력을 이루면서 공존하고 있다. 그 외에도 한국 사회 저변에는 여전히 민간신앙이 자리하고 있다. 유동식의 지적처럼 과거에는 한 시대의 문화를 지배하는 지배적인 종교가 있었으나[19] 오늘의

---

19) 유동식교수는 한국 문화를 지배해 온 종교가 각 시대를 따라 바뀌었다는 점을 지적하면서 이것이 한국문화사의 특이성이라고 말한다. 즉 선사시대에는 원시종교인 신교(神敎) 또는 무교(巫敎)가 민족의 종교였다. 그러나 5세기 경 이후 고구려, 백제, 신라 등 삼국에는 중국의 고전적 종교인 유교, 불교, 도교 등이 소개되기 시작했고, 통일신라와 고려 시대에는 불교가 지배적인 종교였다. 조선시대에는 숭유배불(崇儒排佛)정책으로 유교가 그 시대문화는 지배했으나 조선왕조의 쇠망과 함께 유교의 영향력도 쇠퇴하였다는 점을 지적하고 있다. 유동식, "한국 종교와 신학적 과제," 『신앙과 신학』 제7집(1991), 11.

한국의 종교적 상황은 종교적 다원사회를 이루고 있다.

비록 개신교는 19세기 말 이후 전래되고 수용되었지만 타종교에 비해 급속한 성장을 이루어 현재 전 국민의 20%가 개신교 신자로 알려져 있다. 비록 어떤 특정 종교가 한국사회를 지배하거나 주도하는 것은 아니지만, 그 영향력에 있어서는 기독교가 상당한 역할을 감당하고 있다.

이런 종교적 다원사회에서 기독교는 타종교에 대해 어떤 입장을 취해왔는가? 그리고 오늘과 같은 다 종교적 상황에서 한국의 기독교는 타종교와 대화하고 협력할 수 있을까? 동시에 기독교는 오늘 한국사회가 직면하고 있는 사회적인 문제에 어떤 역할을 감당할 수 있을까? 이 글에서는 이 점에 대해 주목하고자 한다.

존 힉(John Hick)이나 알란 레이스(Alan Race)는 기독교의 타종교와의 관계를 3가지 유형, 곧 배타주의, 포괄주의, 다원주의로 설명하는데,[20] 이런 유형은 한국 기독교의 타종교관에서도 똑같이 적용될 수 있다. 우리가 '한국교회' 혹은 '한국 기독교'라고 말할 때 이를 획일적 집단이나 단일 조직으로 볼 수 없고, 또 신조나 신학에 있어서는 다양성이 있으나 타종교와의 관계에 있어서 위의 3가지 유형으로 구분하는데 무리가 없을 것이다.

시기적으로 볼 때 기독교 전래 초기부터 해방 이전까지는 배타주의적 견해가 중심을 이루었으나, 1960년대 전후로 포괄주의적 견해가 대두되었고, 1960년대의 세계교회의 신학적 변화 때문에 1970년대 이후 다원주의적 경향이 대두된 것으로 볼 수 있다. 그러면서도 신학적 견해에 따라 오늘날에도 3가지 유형의 입장이 공존한다고 볼 수 있다.

---

20) Alan Race, *Christians and Religious Pluralism: Patterns in the Christian Theology of Religions* (NY: Orbis Books, 1982).

기독교의 타종교 이해

한국기독교의 타종교에 대한 태도를 알 수 있는 자료는 이 기간 동안 발표된 기독교계 인사나 학자들의 타종교관련 논문이나 문서들이다. 한 개인의 견해가 한국교회 전체나 집단의 입장을 대변한다고 할 수 있는가에 대해서는 이론의 여지가 없지 않으나, 논자들은 한국교회의 지도적 위치에 있다는 점을 고려해 볼 때 이들의 견해가 한국교회의 입장을 반영한다고 볼 수 있을 것이다.

배타주의적 입장 (Exclusivism)

'배타주의'라는 용어가 오해의 소지가 있지만 기독교만이 절대 진리요 구원의 길이라고 믿는 전통적 복음주의 입장을 의미한다. '배타적'이라고 말할 때 이 말은 구원에 있어서 기독교의 유일성을 말하는 신학적 개념을 의미하는 말이며, 모든 인간관계에서 배타적 태도를 의미하는 것은 아니다. 이런 입장은 오랜 역사를 지니고 있고, 로마 가톨릭의 경우 1960년대 이전까지 고수했던 입장이기도 하다. 최근에도 로마교황은 이런 입장을 공표하여 논란이 일기도 했다. 즉 교황 베네딕토 16세는 2007년 7월 10일 발표한 문서에서 "로마가톨릭 이외의 다른 기독교 종파는 결함이 있거나 진정한 기독교회가 아니다. 가톨릭만이 인간을 구원할 수 있는 유일한 길이라"고 주장하였다. 그는 예수는 이 지구상에 오직 하나뿐인 유일한 교회를 세웠는데, 가톨릭은 예수의 사도인 베드로를 초대 교황으로 하는 정통성을 지닌 교회라는 점에서 유일한 교회라는 배타적 견해를 주장하였다. 우리가 배타주의라고 말할 때 이런 식의 자파 절대주의를 말하는 것은 아니다.

여기서 우리가 말하는 배타주의를 달리 표현하면 그리스도 외에는 구원의 길이 없다는 그리스도 중심성을 의미한다. 이 점에 대한 중요한 근거가

"다른 이로서는 구원을 얻을 수 없나니 천하 인간에 구원을 얻을 만한 다른 이름을 주신 일이 없다."(행 4:12)는 말씀이다.

초기 한국교회에서부터 적어도 1960년대까지 한국교회의 절대 다수 그리스도인들의 타종교 이해는 배타적 입장이었다. 현재까지도 복음주의 계열의 교회는 여전히 타종교에 대해 배타적 입장을 견지하고 있다. 이진구는 해방 이전 개신교는 기독교는 유일신 신앙이라는 '계시성'과 근대 서구 사회의 산물이라는 점, 곧 '문명성'에서 자기 정체성을 확인 했는데, 이 두 가지 '자기 이해'에서 타종교를 이해하고 있다고 지적했다.[21] 그래서 기독교는 타종교에 대해 우월한 종교임을 드러내고자 했다고 지적했다.

유동식에 의하면 타종교에 대해 배타적 태도를 보여주는 한국교회의 첫 문서는 1891년에 발간된 『샹뎨 진리』라는 제목의 소책자인데,[22] 이 책에서 여호와는 창조주로서 동양의 유,불,선 등 3교나 무교 등의 신과는 다른 창조주 여호와임을 지적하고, 오직 하나님만을 공경해야 한다고 지적하여 기독교 신앙의 배타적 절대성을 주장하였다. 이런 타종교관을 보여주는 또 하나의 경우가 1923년 《신학지남》에 발표된 "야소교와 타종교의 상관"인데, 어도만의 이 글은 1925년에는 "그리스도 종교와 다른 종교에 디흔 관계"라는 제목으로 《신학지남》에 다시 게재되었다. 이것은 타종교에 대한 기독교의 관점을 주지시키려는 의도가 있었음을 알 수 있다. 이 글에서는 타종교에도 진리는 있을 수 있으나 구원이 없음을 말하고, 따라서 타종교는 선교의 대상일 뿐이었다.[23] 이런 입장이 한국의 그리스도인들의 일반적 태도였다.

정도의 차이는 고려할 수 있으나 한국의 근본주의, 개혁주의, 혹은 복음주의 신학을 견지하는 범 보수주의적 교회는 배타주의적 타종교관을 가지

---

21) 이진구, "근대 한국개신교의 타종교 이해," 『한국기독교와 역사』 제4호(1995), 135.
22) 유동식, "한국기독교(1885-1985)의 타종교에 대한 이해," 『연세논총』 21집(1985), 324.
23) "佛敎人과 如히 上帝의 存在를 仔細히 知치 못ᄒᆞ는 者ㅣ 實로 天父쎄 歸홍다ᄒᆞ기難ᄒᆞ니라. … 天下 人間에 他名을 受ᄒᆞ여셔 吾等이 救援을 得치 못ᄒᆞ리니 그 외 他人으로 由ᄒᆞ야 救援을 得치못ᄒᆞ리라." 유동식, 328.

고 있으며, 이들이 여전히 한국교회 다수를 점하고 있다. 1960년대 토착화 논쟁에서 보여주었던 태도를 보면 박봉랑, 이종성, 전경연 등도 이런 견해의 소유자들이었다. 이 입장을 견지하는 대표적인 선교학자인 장로교의 전호진, 감리교의 이동주 등이다.

포용주의적 입장(Inclusivism)

포용주의적 입장은 타종교에 대한 상대주의적 이해를 기초로 하되 이들을 포용하려는 입장인데, 신 만민구원설이라고 일컬어지고 있다.[24] 타종교에 대한 포용주의적 입장은 1960년대를 거쳐 가면서 구체적으로 나타나기 시작했다. 천주교의 경우 제2차 바티칸 공의회(Second Vatican Council, 1962-1965)가 개최되어 타종교에 대한 전향적 입장이 선언되었다. 흔히 '로마 가톨릭의 현대화'라고 불리는 이 회의에서는 개신교와 타종교에 대한 입장의 전환을 가져왔다. 전통적으로 "(로마가톨릭)교회 밖에서는 구원이 없다."고 가르쳐 왔으나, 타종교에도 구원의 여망이 있음을 인정하였다. 이 점은 특히 '비그리스도교에 대한 선언'(Nostra Aetate, 1965. 10. 28)에 표명되었다. 특히 제2차 바티칸 공의회에서는 구체적으로 그리스도에 대한 신앙고백에 이르지 못한 것이 자기의 책임이 아닌 경우에 있어서의 구원의 가능성을 인정했다는 점이다. 이것은 보다 개방적인 교회관, 곧 포용주의로 전환했음을 보여준다. 이런 포용주의적 입장을 주도한 학자가 칼 라너(Karl Rahner, 1904-1984)였는데,[25] 그는 "그리스도교와 비그리스도교들"(Das Christentum und die nicht christlichen Religionen)이라는 유명한 논문에서 기독교가 절대적인 종교이기는 하나 다른 종교에서

---

24) 전호진, 『문명충돌 시대의 선교』(CLC, 2004), 169.
25) 제2차 바티칸 공의회에 참여하였을 뿐만 아니라 교회에 대한 교의학적 구조, 에큐메니즘에 대한 교령(敎令), 타종교와 교회관계에 대한 선언 등에 영향을 끼친 대표적인 신학자들로는 칼 라너 외에도 예수회 소속 신부인 헨리 드 루백(Genri de Lubac), 스트라스부르그에 있는 도미니크회 수도원 감독이었던 이브 꽁가르(Ives Congar) 등이었다.

도 그리스도는 나타났으며 다만 이름이 숨겨졌을 뿐이라는 점에서 '익명의 그리스도'(anonyme christen)론을 주창하였다. 라너의 입장은 자신의 종교인 기독교(천주교)가 중심적 진리이며 규범적이라는 점을 견지하면서 에큐메니칼적인 관용정신에서 타종교와 타종교인을 정죄하지 않으려는 관심에 그 의도가 있다고 보아 힉크는 라너의 입장을 포용주의라고 지적하였다.[26]

한국에서 타종교에 대한 포용주의적 견해를 피력한 최초의 인물은 초기 감리교의 대표적인 신학자였던 최병헌(崔炳憲, 1858-1927)으로 파악된다. "한국 최초의 신학자" 혹은 "한국 최초의 비교종교학자"라고 불리는 최병헌은 한국의 전통 사상을 기반으로 기독교를 해석한 대표적인 학자로서 "종교의 진리는 천상천하에 하나이오 고왕금래에 둘이 없는 것이다"라는 전제에서 타종교에 대해 배타적인 태도를 취하지 않고, 모든 종교가 하나로 성취된 바가 그리스도 복음이며 기독교라고 이해하였다. 그의 신학은 정경옥, 윤성범, 유동식, 변선환으로 맥이 이어져 감리교신학대학의 특징적인 신학으로 발전하였다.

한국의 대표적인 장로교 신학자였던 김재준도 포용주의적 태도를 보여주었다. 그는 1960년 전후에 타종교에 대한 태도를 보여주는 3편의 논문을 발표했는데,[27] 그는 타종교를 포괄적 성취라는 점에서 이해해야 한다고 주장했다. 김재준은 한국 장로교회의 진보적 견해를 대표하는 신학자였지만 타종교를 선교의 대상으로 인식했다는 점에서 다원주의자는 아니었다. 한국에서 포용주의와 다원주의자 간의 경계선이 모호한 점이 없지 않으나 진보적 신학을 추구하는 이들이 포용주의를 지지하는 이들이라고 할 수 있

---

26) 칼 라너의 이런 입장에 대해서는 K. Rahner, "Christianty and the Non-christian Religions", *Theological Investigations*, V(1966), 115-134 와 "Salvation of the Non-evangelized", in *Sacramentum Mundi*, vol. 4 (NY: Herder and Herder, 1969), 79-81. 그리고 *Schriften zur theologie*, VI (1965), 545-554 등을 참고할 것.
27) "한국의 재래종교와 그리스도교," 『기독교사상』 13호 (1958.8.9), "불교와 기독교," 『사상계』 (1964), "비기독교적 종교에 대한 이해," 『기독교사상』 92호 (1965.11).

을 것이다.

종교다원주의(Pluralism)

앞에서 언급했듯이 칼 라너는 포용주의자였는데, 그의 정신을 이어받은 후예들은 라너를 넘어서서 종교다원주의를 주장하고 있다. 이와 같은 상황은 로마 가톨릭에만 국한된 현상은 아니다. 많은 개신교 신학자들도 동일하게 다원주의를 주창하고 있고 한국의 경우 감리교 신학자들이 선구적 역할을 하고 있다.

다원주의란 기독교의 고유성이나 독특성을 포기하고 모든 종교는 동일한 구원과 진리에 도달한다는 주장이다. 즉 다원주의는 계시종교로서의 기독교의 절대성을 부인하고 각각의 종교들은 절대적 존재자인 하나님에 대한 나름대로의 이해로 보고 각 종교의 동등함을 인정하는 입장이다.[28] 이런 입장은 보수적 성향이 짙은 한국교회에서 상당한 비판을 감내해야 했고, 감리교의 이동주 교수는 종교다원주의는 기독교의 기본적인 신앙고백을 떠난 신학이므로 기독교 신학이 아니라고 비판했다.[29] 다원주의자인 윌리암 혹킹(William Hocking)은 『선교에 대한 재고』(Rethinking Mission)라는 보고서에서 동양종교의 가치를 새롭게 평가하고 기독교 선교는 유교도들을 기독교도로 개종시키는 것이 아니라 더 좋은 유교도가 되게 하는 것이라고 주장함으로써 전통적 기독교 선교관에서 일탈했다. 전후(戰後) 상황은 타종교와의 대화를 더욱 촉진하게 하였는데, 일련의 과정 속에서 타종교에 대한 '선교'는

---

[28] 종교다원주의의 종교관에 대한 다양한 비유가 사용되었다. '등산로 비유'에 따르면 산의 정상은 하나이지만 그 정상에 도달하는 길은 다양하듯이 기독교나 타종교는 정상에 이르는 여러 등산로 중의 하나일 뿐이다. '길벗 비유'에 따르면 세계의 종교들은 "그리스도와 함께 하나님 나라의 실현을 향해 함께 가는 도상의 존재이며 길벗일 뿐이다고 주장한다. '손바닥 비유'는 다섯 손가락이 한 손바닥에서 나왔듯이 모든 종교는 하나님의 손바닥에서 뻗어나온 손가락일 뿐이라고 비유한다.

[29] 이동주, "종교다원주의와 종교신학", 『목회와 신학』 26호(1991, 8), 68-87.

'대화'로 대치되었다.[30] 이러한 변화와 함께 1960년대를 넘어오면서 기독교와 타종교와의 대화는 궁극적으로 구원관에 있어서 교회안과 교회 밖(intra muros et extra muros)의 차이를 철폐하는 종교 다원주의의 길을 갔다고 볼 수 있다. 인도신학자 사마르타(S. J. Samartha)는 타종교 속에서도 그리스도가 얼마든지 있을 수 있다는 '보편 기독론'을 주장하여, 마호멧, 크리쉬나, 짜라투스트라 등을 예수와 동일시하였다. 결국 그의 혼합주의적 보편기독론은 기독교의 기독론과 힌두교의 범사상을 혼합시킨 것으로 볼 수 있다. 그는 힉(John Hick)과 폴 니터(Paul Knitter) 등과 함께 가장 대표적인 종교 다원주의자로 알려져 있다.

한국에서의 경우 다원주의적 타종교관은 김경재 등 장로교 인사들도 없지 않으나, 타종교와의 문제에 있어서 전향적 입장을 보여준 대표적인 학자들로는 윤성범(尹聖範), 유동식(柳東植), 변선환(邊鮮煥), 오강남(吳康男) 등 감리교 배경의 학자들이었다. 이들은 "기독교 신학 전통과 한국의 고유한 문화적 전통의 결합"을 신학의 과제로 인식했던 이들로서 한국의 전통 종교문화 속에서 기독교의 원형을 찾으려고 시도하였다. 윤성범은 고대 단군 신화와 유교 속에서, 유동식은 무교(巫敎)와 고대 풍류도(風流道) 속에서, 그리고 변선환은 선불교(仙佛敎) 속에서 기독교 신학의 내용인 창조론, 기독론, 속죄론, 구원론, 삼위일체 신론 등의 신학 구조를 찾아내려고 하였는데, 타종교에 대해서도 장로교 신학자들 보다 개방적인 입장을 견지했다.

특히 변선환은 다원주의적 입장의 대표적인 선도자라고 할 수 있다. 그는 타종교는 서구신학에서 보는 신학의 수단이 아니라 오히려 목적이며, 신학의 객체가 아니라 주체가 됨으로 '타종교와 신학'이 아니라 '타종교의 신학'이 되어야 한다고 주장한다. 그는 한국신학은 대담하게 종교에 대한 서구적 편견, 우상화된 교회중심주의, 그리스도론의 배타적 절대성 등 3가지를 포

---

30) W. R. Hogg, *Ecumenical Foundations* (NY: Harper & Brothers. 1932), 165.

기해야 한다고 주장한다. 변선환은 존 힉(John Hick)과 마찬가지로 우주적 그리스도론의 입장에서 볼 때 예수는 그리스도라고 할 수 있으나, 그리스도는 예수에게 국한 될 수 없다고 말한다. 세계의 모든 종교는 보편적인 그리스도의 은총과 관계되어 있으며, 모든 종교는 그리스도와 함께 하나님 나라의 실현을 향하는 도상의 길벗들이므로, 교회는 타종교와 함께 하나님의 뜻을 실현하기 위해 협력하지 않으면 안 된다고 주장한다. 그는 결국 "기독교는 진리와 생명에 이르는 유일의 배타적인 길이 아니라 오늘날 다원사회에서 그것은 하나의 길에 불과하다"고 하여 기독교의 절대성을 부인했다. 변선환 외에도 유동식, 오강남 등이 이런 입장을 견지하는 인물인데, 비록 그 수는 많지 않으나 오늘의 한국교회에 영향을 주고 있다.

종교 간의 대화와 협력

이상에서 살펴본 바처럼 타종교에 대한 3가지 견해가 있을 수 있으나, 다수의 한국의 그리스도인들은 타종교에 대해 배타적 견해를 가지고 있다. 『신앙세계』가 2000년 7월에 조사한 설문 조사에 의하면 목회자(평신도)의 50.9%(43%)가 타종교를 "배격되어야 할 대상"으로 이해했고, 15%(11.5%)가 나의 종교와 경쟁관계에 있다고 인식했다. 인류사회를 위해 공존해야 할 대상으로 인식한 경우는 26.6%(28.66%)에 지나지 않았다. 나머지 8.1%(17.3%)는 관심 없다고 응답했다. 이 통계를 보면 한국교회 목회자(평신도)의 65.5%(54.5%)가 타종교는 경쟁 상대이거나 배척해야할 대상으로 인식하고 있음을 알 수 있다.

기독교 절대주의를 주창하는 배타적 성격의 그리스도인이 절대 다수인 한국의 기독교가 어떻게 타종교와 협력하며, 한국사회가 안고 있는 난제들을 해소하는데 있어서 종교적 역할을 수행할 수 있을까?

그리스도의 유일성은 타종교와의 협력을 경시하는가?

우선 타종교에 대해 배타적 태도는 타종교와의 대화나 협력 자체까지도 무시하거나 경시 하는 것은 아니라는 점이다. 타종교에 대한 '배타적' 태도라고 말할 때 '배타적'이라는 개념은 앞에서 말했듯이 구원도리에 있어서 그리스도의 유일성을 말하는 신학적 개념이지, 그것이 탈 현세적인, 비사회적인 개념을 의미하는 것으로 오해해서는 안 된다. 어떤 점에서는 배타적이라는 용어 자체가 기독교의 유일성을 말하는 정통 기독교의 입장을 곡해할 소지가 없지 않다. 사실 교의적 배타성은 기독교만이 아니라 사실은 모든 종교가 동일하게 견지하는 입장이라는 점 또한 고려해야 한다.

어떻든 한국의 기독교는 그리스도의 절대성을 견지하면서도 이웃에 대한 사랑과 관심을 가지고 대화하고 협력함으로서 우리 사회가 안고 있는 난제들을 해결하는 일에 기여해야 한다고 본다.[31] 이런 좋은 선례가 3.1운동 당시의 기독교였다. 당시 삼일 독립운동에 가담한 인구는 전체 인구의 10%로 간주되는데 당시 한국기독교회는 이 운동의 주도적 역할을 감당했다. 당시 기독교 인구는 전 인구 2천만명 중 2십만, 곧 1%에 지나지 않았으나 불교, 천도교와 협력하여 삼일운동의 준비단계에서부터 선언문의 배포와 군중동원에 이르기까지 30% 이상의 역할을 감당하였다. 이 당시 기독교 지도자들이 불교나 천도교 지도자들과 협력하여 독립운동을 이끌어 갔으나 기독교의 절대성을 포기하지 않았고, 포기할 필요도 없었다. 다시 말하면 타종교와의 대화와 협력이 복음을 타협하거나 부정하는 것이 아니며, 선교를 포기하는 것도 아니라는 점이다.

---

31) 복음주의자들은 타종교와의 대화 그 자체를 거부하지는 않는다. 이런 입장의 대표적인 인물은 김영재, 전호진 등이다.

타종교와의 대화와 협력

비록 포용주의적 견해나 다원주의적 견해가 한국교회적 지지를 얻지 못하는 소수의견에 불과하지만 이 견해가 한국교회 일부 집단의 견해를 대변하고 있다는 점은 부인할 수 없다. 신학적으로 이 견해를 기독교의 절대성을 부인하는 혼합주의적 입장이라고 비판하지만 우리는 이 견해를 통해서도 배워야 할 점이 있다고 본다. 첫째, 타종교와 타종교권의 문화에서도 그 종교에 내재한 정신적 가치, 도덕적 측면들, 윤리적 계도성 등 긍정성을 발견할 수 있다. 둘째, 다른 종교와의 대화와 협력의 가능성을 확인시켜 주었다는 점이다.

이런 점이 다원주의자들을 통해 얻은 유익이라고 한다면, 타종교와의 대화에 대한 세계교회협의회(WCC)의 노력과 그 결실들로부터도 배울 점이 있다고 생각한다. 즉 "다른 종교와 이념을 가진 이들과의 대화"(Dialogue with People of other Faith and Ideologies)라는 주제로 발전된 여러 문서는 타종교 간의 대화에 대한 반성적 지침을 준다고 본다. 즉 종교 간의 차이를 인정하면서도, 상호 존중하는 가운데 상호 이해와 협력을 추구하는 것이 그것이다.

결국 한국의 기독교는 비록 종교적 신념의 차이에도 불구하고 타종교와의 협력을 통해 사회 발전에 기여하도록 힘쓰는 일은 비난받을 일이 아니라고 생각된다. 토인비는 현대의 각종 문제들, 물량주의, 사회악, 핵무기의 위험, 인구폭발, 공해 등에 적절히 대처하기 위해서는 자기종교의 독자성과 우월성을 포기해야 한다고 주장하고, "나의 종교만이 유일하고 참되다고 믿는 배타적 심성(exclusive-mindedness)는 사악한 심성이며 그런 주장은 교만을 범하는 것"이라고 주장한다. 하지만 타종교와의 협력을 위해 자기 종교의 고유성까지 포기해야 할 필요는 없을 것이다. 자기 신앙의 고수와 타종교와의 협력의 문제는 전혀 다른 차원의 문제이기 때문이다.

결론

한국에서의 기독교는 다 종교적인 상황에서 전파되었고, 다 종교사회 속에서 자라왔다. 모든 사람은 자신의 종교와 상관없이 하나님의 일반 은총 속에 살고 있다. 기독교인들도 '자기 인식'과 '타자 인식'에는 차이가 있을 수 있으나 민족 공동체의 일원으로 문화적 유산을 공유하며, 한데 어울려 살고 있다. 타종교도 진선미를 추구하는 정신적, 도덕적 가치를 추구한다. 이런 점에서 기독교는 타종교의 현실을 인정하고 관용해야 한다. 그리스도인은 그리스도의 가르침에 따라 구원의 복음을 전파하고 가르치고 제자 삼는 일에 힘쓰는 한편, 문화의 변혁을 위해서도 노력하지 않으면 안 된다. 즉 교회공동체와 그리스도인은 타종교와 협력하면서 역사에 대한 예언자적 책임, 새로운 문화의 창조, 도덕적 가치 고양을 위해 노력하지 않으면 안 된다. 이와 더불어 오늘의 한국사회가 직면한 사회적 난제들을 해결하고, 건실한 사회발전을 이룰 수 있도록 힘써야 한다. 이것이 한국기독교가 감당해야 할 종교적 역할일 것이다. 오늘의 한국 기독교회는 한국의 역사와 현실에서 어떤 역할과 기여를 할 것인가를 진지하게 질문해야 할 시점에 와 있다.

4. 한국교회사에 나타난 거짓 계시운동

서론: 거짓 계시운동의 문제

    교회사에 나타난 모든 이단이 그러했듯이 한국교회에 나타난 이단이나 이단적 집단들에게도 하나의 공통된 특성이 있다. 그것은 '새 예언'(new prophecy)이나 '새로운 계시'(new revelation), 곧 거짓 계시를 주장한다는 점이다. 이들 이단들은 계시의 종국성이나 성경의 충족성(sufficiency of Scripture)을 믿지 않고, 신적 계시의 직접성과 계시의 계속성을 주장한다. 오늘 한국에서 유행하는 이단들은 교회사에 나타나는 이전의 이단들과 다른 새로운 주장을 하는 것처럼 보이지만, 교회사에서 보면 이전 시대에 이와 유사한 이단들이 이미 있어 왔음을 알 수 있다. 그 특징이 바로 '거짓 계시,' 곧 위경(僞經) 사조이다. 오늘의 많은 이단 또한 계시의 종결성을 수용하지 않고 계시의 연속성을 말해왔던 2세기 몬타니즘(Montanism)으로부터 시작된 위경 사조와 무관하지 않다는 점이다. 거짓 계시는 주로 종말론에 집중되어 있고, 예수님의 재림의 때에 대한 예언과 계시가 그 중심을 이루고 있다.

재림의 때에 대한 관심은 교회사의 모든 세대에 있어서 가장 호기심을 끄는 주제였다. 그럼에도 불구하고 성경은 이점에 대해 침묵하고 있으므로, 이 때를 산정해 보려는 거듭된 시도가 있어왔다. 신적 계시를 빙자한 새 예언 혹은 새 계시가 끊임없이 제기되어 왔다. 교회는 '기록된 말씀 밖에 넘어가지 말라'는 경고를 받고 있으나(고전 4:6, 계 22:18 참고), 이 경고에 대해서는 자제력을 상실해 왔다. 이 만큼 재림의 때에 대한 관심과 호기심은 교회의 관심사였다. 이렇게 볼 때 한국교회에서 보는 재림에 관한 무분별한 예언이나 사적 계시(Personal revelation)의 범람은 특별한 현상은 아니다.

많은 이단들은 '새 예언'은 보다 높은 영적 은사(a higher gifts)이며, 이것은 종말의 때를 위한 발전된 계시로써 성경이 침묵하는 부분에 대한 해명과 성경계시에 대한 보충적 증거(supplementary evidence)라고 생각한다.[32] '새 예언'을 주장하는 이단들은 몬타니스트들로부터 오늘에 이르기까지 요한복음 16장 12-13절, 곧 "내가 아직도 너희에게 이를 것이 많으나 지금은 너희가 감당치 못하리라. 그러하나 진리의 성령이 오시면 그가 너희를 모든 진리 가운데로 인도하시리니 그가 자의로 말하지 않고 오직 듣는 것을 말하시며 장래 일을 너희에게 알리시리라"는 말씀을 새 예언의 중요한 전거로 주장해 왔다. 그러나 마태복음 24장 36절, 사도행전 1장 7절, 데살로니가 후서 2장 1-3절 등에서는 재림과 종말에 대한 거짓 계시와 거짓 예언을 경고하고 있다.

요한계시록 22장 18-19절에서는 기록된 계시의 가감을 금하고 있다. 소위 새 예언, 새 계시가 어떤 정도의 정경적 위치(canonical status)를 점할 수 있다는 '열려진 정경관'(open Canon)의 입장은 역사적 기독교 신앙과 배치되는 것이다.

---

32) 이와 같은 입장에 대해서는 B. Yocum, *Prophecy: Exercising the Prophetic Gifts of the Spirit in the Church Today* (Ann Arbor: Word of Life, 1976); I. C. Stanton, *Has God Said? A Record of Prophetic promtings to our Generation* (LA: International Church of the Foursqare Gospel, 1980); D. Gee, *Concerning Spiritual Gifts* (Radiant Books, 1980)을 참고하라.

이것은 사도적 신앙으로부터의 이탈일 뿐 만 아니라 완성된 정경으로서의 성경의 권위(the authority of Scripture as a closed canon)를 부정하는 것이다.[33]

이런 점에서 성경적 권위의 궁극성(ultimacy of Scriptural authority)을 부인하는 '새 예언' 혹은 '새 계시'는 거짓 계시일 따름이다. 장래사에 대한 요한계시록의 한계를 두려워하지 않을 때 거짓 계시 운동은 범람하게 된다. 교회사는 위경 운동이 가져올 수 있는 위험성을 끊임없이 보여주고 있으나 거짓 계시는 신적 권위를 가진 정경이라는 미명하에 교회에 침투하고 있다.

이 글에서는 한국교회사에 나타난 이단운동을 거짓 계시운동의 측면에서 설명하는데 있다. 사적 계시는 그것이 꿈(dreams)이든 환상(visions)이든 예언적 신탁(prophetic oracles)이든 상관없이 기록된 성경의 권위를 우선하거나 대신할 수 없다. 그동안 한국에서는 이단에 대한 많은 연구와 비판이 있어왔다. 그러나 이들 이단들의 교리나 주장에 대해서는 적절한 비판이 있었으나, 이단들의 주장이 기초하고 있는 새 예언과 계시 그 자체에 대한 비판은 매우 미흡하였다.

1945년 이전

1930년대는 한국교회사에서 보기 드문 신비주의적 혹은 신령주의적 신앙운동이 전개된 시기였다. 그것은 아마도 1920년대의 경제적 시련과 함께 일제의 정치적 압제 하에서 추구된 탈 역사적, 몰 현세적 신앙의 내면화 현상이 가져온 결과로 보인다. 역사적 현실이 암담하면 암담할수록 현실 도피

---

33) 이런 입장에 대해서는 W. J. Chantry, *Signs of the Apostle: Observations on Pentecostalism, Old and New* (Edinburgh: Banner of Truth Trust, 1976); L. Raymond, *What about Continuing Revelation and Miracles in the Presbyterians Church Today? A Study of the Doctrine of the Sufficiency of the Scripture* (Philadelphia: Presbyterian and Reformed, 1977); B. B. Warfield, *Counterfeit Miracles* (London: Banner of Truth Trust, 1972) 등을 참고하라.

적 주관적 신비주의는 창궐한다. 바로 이런 이유에서 1930년대 한국교회는 다양한 형태의 신비적 열광주의와 거짓 계시운동이 일어났다. 당시의 신비주의적 종파운동과 소위 '새 예언' 혹은 '새 계시'라는 이름의 거짓 계시운동은 한국교회 현실에 적지 않은 문제를 야기하고 있었다. 그것은 당시 한국교회는 이설(異說)이나 이단에 대한 분별력, 각이한 주장들에 대해 신학적으로 조망을 할 수 있는 성숙이 이루어지지 않았기 때문에 더욱 그러했다. 더군다나 1930년대 한국 장로교총회는 교회 '진흥운동'의 일환으로 개인전도, 성경 보급 운동과 더불어 전국교회는 연 1회, 일주일 이상의 부흥집회를 갖도록 권장하고 있었으므로[34] 신비주의적 집회가 창궐할 수 있는 여지를 마련하고 있었다. 민경배 교수는 이런 와중에서 "신령주의적 열광과 입신(入神) 및 접신(接神), 종파로서의 분립과 그 안에서의 내분, 이단적 교리의 창궐이란 현상으로까지 확대해 나갔다"고 지적하고, "1930년대 초반에 그런 이상(異象)이 더욱 기승을 부리고 있었다"[35]고 지적했다. 이 당시 한국교회의 상황에 대해 한국선교연감에서는 이렇게 지적했다.

> 교회는 부흥회를 해야 한다. 하지만 이상한 형태의 특별한 부흥회가 한국교회 안에 만연되지 않나 걱정이다. 어떤 교회는 특별한 은사를 하나님께 의존 하지 않고 사람에게 의존 하고 있고, 사람들은 그런 은사가 교회 밖의 부흥사들을 통해서 얻을 수 있다고 생각한다. 현재 한국교회에는 자신들이야 말로 참 예언자라 자처하는 남녀의 해괴한 일군(一群)이 있다. 교회가 참 예언자와 거짓 예언자를 식별하는 슬기가 없어 비통할 따름이다. 영화(靈化)운동이 진행되고 있지만, 지적인 신앙보다는 파타티시즘에 기우는 경향이 너무 많다. 어떤 이는 자신이 그리스도라 칭하고 한 여인은 자신이 '새 주'라 칭한다. 우리는 열광적

---

34) 『죠션예수교장로회 총회 제21회 회록』, 31.
35) 민경배, 『대한 예수교장로회 100년사』 (대한 예수교장로회, 1984), 470.

신앙에 빠지지 않도록 지적(知的) 신앙을 함양하지 않으면 안 된다.36)

1930년대는 일제의 정치적 압제 하에서 주관적 신앙 혹은 신앙의 내면화 현상이 고조되었고, 이것은 신비주의적 경향을 띤 신앙운동으로 발전되었다. 신비주의는 주관적 신앙의 극단적 현상이라고 할 수 있는데, 한국에서의 경우 이것은 입신, 접신, 예언, 방언 등 신령주의적 현상을 동반하였다. 신앙의 주관주의 혹은 신비주의는 신(神)과의 직교(直交)를 추구하고 이를 우선시 함으로서 객관적인 신앙의 규범들, 곧 성경이나 신앙고백의 권위를 과소평가하거나 무시하는 경향이 있다. 바로 이런 현실에서 소위 새 예언을 말하는 다음과 같은 거짓 계시 집단이 일어났다.

황국주

황국주(黃國主)에 대해서는 별로 알려진 것이 없다. 그러나 그는 주관적 경험을 계시화 했던 이 시기의 중심 인물이었다. 김인서가 편집, 발행했던 『신앙생활』(信仰生活)에 의하면 황국주는 황해도 장연(長淵) 출신으로 북간도 용정에 이주하여 용정중앙교회에 출석하던 청년이었다.37) 그의 아버지는 이 교회 장로였다. 한때 피어선 성경학교에서 수학한 일이 있으나38) 그는 정상적인 신학교육을 받지 못했고 또 교회적 신앙전통에 대한 이해가 없었던 평범한 청년에 지나지 않았다. 1933년경부터 그는 자신의 주장을 계시화 하고 추종자를 얻음으로써 열광적인 신비주의자가 되었다.

특히 그가 거짓 계시운동을 시작한 직접적인 동기는 백일간의 기도였다.

---

36) *The Korean Mission Year Book for 1932* (Christian Literature Society, 1932), 10-11.
37) 『信仰生活』 Vol.114. No.9. 21.
38) 김인서, 『한국교회의 싸움은 끝났다』 (신앙생활사, 1962), 8.

즉 백일간의 기도를 마친 후 묵시를 받았다고 주장하기 시작하였고[39] 자신을 신언(神言)의 대변자로 자처하였다. 그리고 외형적으로 장발의 머리를 길게 내리고 수염을 길러서 흡사 예수님처럼 자신의 풍채를 꾸미고 예수님의 화신(化身)으로 자처했다. 그는 "머리도 예수의 머리, 피도 예수의 피, 마음도 예수의 마음, … 전부가 예수화 하였다"[40]고 주장하고, 예수와의 영체(靈體) 교환을 실현하였다고 주장했다. 이렇게 하여 그는 자신의 체험과 경험을 신언화(神言化)하고 계시적 권위를 주장하기에 이른 것이다. 그는 자신의 주장을 공포, 확산하기 위해 1933년 5월 《영계》(靈界)라는 잡지를 발간하였는데, 이 잡지의 창간사에는 그의 거짓 계시운동의 일단이 나타나 있다. "自由觀, 永生觀 未來 生活을 指導하는 同時, 宇宙와 人生에 對한 天啓示이며, 信仰生活에 直接體驗하여 産出한 總和的 眞理性을 發揮하기를 目的한다."(자유관, 영생관 미래 생활을 지도하는 동시, 우주와 인생에 대한 천계시이며, 신앙생활에 직접체험하여 산출한 총화적 진리성을 발휘하기를 목적한다.)가 그것이다. 불행하게도 그의 《영계》가 창간호 외에는 소실되었으므로 구체적으로 그의 새 계시운동을 고찰할 수 있는 문헌이 없다.

1935년에는 그가 새 예루살렘 도성을 찾아 순례자의 길을 떠난다며 함경도와 강원도를 거쳐 서울로 향해 온다는 소문이 퍼지자 많은 군중이 그를 따랐고, "가정을 버리고 따르는 유부녀들과 시중드는 처녀 등 60여 명의 일행이 서울로 입성할 때는 전국교회가 떠들썩"[41]했다고 한다. 그 추종자 중에는 황국주의 누이와 장로였던 그의 아버지도 있었는데, 황 장로는 아들에게 "주님"이라고 부르고 "읍하였다"는 기록이 남아있다.[42]

그는 예수의 화신으로 이해되었고 그의 설교는 새로운 계시로 주장되었

---

39) 김인서, "현행 기사이적에 대하여", 『信仰生活』(1955. 9), 21.
40) 민경배, 『한국 기독교회사』 (대한 기독교서회, 1985), 396.
41) 김인서, "현행 기사이적에 대하여," 22.
42) 조승제, 『牧會餘談』 (서울: 香隣社, 1965), 110.

다. 황국주는 자신의 입장을 계시적 권위로 주장하였고, 보편적 가치나 윤리적 규범보다 우월한 가르침으로 주장하여 영적 교만에 빠지기도 하였다. 이들 집단은 결혼관계 이외의 이성관계도 죄가 될 수 없다고 주장하고 남녀 간의 상식적 규범을 무시하였다. 그러면서도 이것이 "하나님의 지도를 따른 것"이라고 주장하고 이것이야 말로 "완전에의 첩경"이라고 항변하였다.[43] 거짓 계시는 도덕적 방종을 정당화한 것이다. 황국주일파 순례의 목격자였던 조승제는 다음과 같이 기록했다.

> 1935년 7월경, 함경남도 삼호(三湖)교회를 목회하던 시절에 있었던 일이다. 삼호교회 인근에 있는 무주리(茂柱里) 교회 당회장이었던 관계로 그 교회를 순행하고 돌아오는 길에 예배당 부근에 와 보니 남여가 섞인 60-70명 정도의 무리들이 예배당 부근 그늘 밑에서 피서하고 있었다. 그 중 10여 명은 예배당 유리창 밑에서 이리 저리 흩어져 누워 있는데, 그들의 혼잡한 모습이 목회자인 내 눈에는 일종의 난유(亂類)들 같이 보였다.[44]

황국주는 후일 삼각산(三角山)에 기도원을 세우고 소위 '목가름,' '피가름'의 교리를 가르치고 실행하였는데, 이것은 영체 교환이란 이름의 혼음(混淫)이었고,[45] 통일교의 혼음교리의 선례가 된다. 황국주 일파의 신비주의적 거짓 계시운동은 윤리적 방종을 동반하였음으로 1933년 안주(安州)노회와 평서노회에 의해 "위험한 이단"으로 정죄되었다.[46] 황국주 일파는 이단적이라기보다는 새 계시를 빙자한 사교적(邪敎的) 성격을 띤 집단이었다.

---

43) 『靈界』, 1933년 11월호, 4.
44) 조승제, 109.
45) 김인서, 위의 글, 21.
46) KMF, Vol. 29, No.7 (1933), 145.

원산의 신비주의자들

1930년대 함경남도 원산(元山)에서는 일종의 신비적 체험과 예언과 방언을 중시하는 신령파 운동이 전개되고 있었다. 이 운동은 원산의 감리교회 유명화, 원산의 장로교회 목사 한준명, 원산 신학산(神學山)의 백남주 등이 관계된 일종의 거짓 계시운동이었다.

유명화(劉明化)는 원산 감리교회 여신자였는데 1927년경 입신의 체험이 있은 후부터 예언 활동을 시작하였다.[47] 그는 예수가 자기에게 친림(親臨)했다고 주장하고 자신을 예수화하고 방언과 예언을 행하며 거짓 계시를 말하였다. 특히 그는 예수의 친림과 예언의 진실성을 주장함으로써 자신을 특수화하고 여러 곳에서 집회를 인도하며 교회를 소란하게 하였다. 특히 1932년 영흥교회 집회를 인도할 때 예수처럼 외양을 꾸미고 다른 여자에게 강신극(降神劇)을 자행하기도 했다. 이유신(李維信)이 그들 중 하나였다. 이와 같이 신비주의적 거짓 예언행위는 비록 제한적이기는 하나 원산지방에 큰 파문을 일으켰고 일군의 무리를 형성하였다.

이호빈(李浩彬)은 "주께서 스웨덴부르그에게나 선다싱에게는 간접으로 나타나셨지만, 유명화에게는 직접 친림했습니다. 주(入流 神)께서 우리 조선에 이렇게 친림하시니 이는 조선지대(朝鮮至大)의 영광이외다."라고 하였다.[48] 이것은 이호빈 개인의 신학적 미숙이나 무지만이 아니라 당시 교회의 신학적 미성숙을 보여주는 한 단면이라 아니할 수 없다.

이와 같은 유명화의 거짓된 신비 운동에 가담한 사람이 한준명(韓俊明)이었다. 간도 출신인 한준명은 어학에 능했던 인물인데, 1932년 당시 함남(咸南) 노회 전도사였다. 그해 11월 유명화의 파송을 받고 이용도 목사의 추천을 받아 평양에 가서 3일간 소위 입류강신극(入流降神劇)을 자행하였는데 그는 이

---

47) 유명화에 대해서는 石柱, "새생명의 發祥地",『基督申報』, 1933년 3월 15일자 참고.
48) 민경배,『한국기독교회사』(연세대학교 출판부, 1993), 442.

때 이유신(李維信)과 함께 거짓 예언을 주도하였다. 이 때 한준명은 신비적 환상에 빠져 예언하였는데 "某神 某女의 託言이, 한준명은 6월 9일 某女와 結婚하여 270餘日 後, 34년 3월 白晝를 차지할 大聖者 光振을 낳으리라, 朴承傑은 某女와 結婚하여 夕陽을 차지할 大聖者 光在를 낳으리라."(모신 모녀의 탁언이, 한준명은 6월 9일 모녀와 결혼하여 270여일 후, 34년 3월 백주를 차지할 대성자 광진을 낳으리라, 박승걸은 모녀와 결혼하여 석양을 차지할 대성자 광재를 낳으리라.)[49]고 예언하기도 하였다. 이와 같이 한준명의 예언운동, 곧 거짓 계시운동이 문제를 야기하자 평양노회는 1932년 11월 28일 이들을 이단으로 정죄하고[50] 이 문제를 숭실전문학교 등 기독교계 학교와 인접한 지역 노회인 함남(咸南), 함중(咸中)노회에 통보하였다.

이 사건은 이용도 목사 개인에게도 치명적인 화가 되었다. 이전까지의 이용도의 활동은 변종호(邊宗浩)의 표현을 빌리면 "책 잡을 것이 없었던"이었다.[51] 그러나 "한준명을 소개하여 평양으로 와서 이런 일을 일어나게 한" 일로 이용도는 문제가 되었다. 장로교 평양노회는 11월 28일 송창근(宋昌根), 우호익(禹浩翊), 정태희(鄭泰熙) 등 조사위원의 보고를 접수하고, 이 사건과 관계된 장로교 계통의 신비주의적 인물들인 한준명, 백남주, 황국주를 각각 그 소속 노회에 조회하기로 가결하였고, 감리교는 그해 12월 19일 경성(京城)지방 교역자회에서 이용도를 조사, 심문하였다. 또 1933년 2월 장로교 안주 노회는 이용도를 이단으로 정죄하였다. 사실 이용도는 그 특유의 신비주의적 경향성 때문에 이미 1931년 황해노회는 이용도 목사와 장로교의 황국주의 사경회(부흥집회) 인도 금지를 가결한 바 있다. 1933년 10월 평양노회 또한 동일한 가결을 한바 있다. 1933년 3월 감리교 연회에서는 이용도의 목사 사직

---

49) "白夜大都에 別結婚", 『信仰生活』 Vol.2, No.8. 참고, 민경배, 442에서 중인.
50) 『信仰生活』, Vol.2., No.1. (1933.1) 참고.
51) 변종호, 『李龍道 牧師傳』, 166.

원을 수리하였다.

　백남주(白南柱, ?-1948) 또한 앞에서 언급한 유명화와 한준명과 결탁하여 신비주의적 거짓예언 활동에 가담하였다. 평양신학교 출신인 백남주는 소위 원산(元山) 신학산(神學山)이라는 일종의 사설 신학 교육원을 설립, 운영 하였던 환상적 종교가였다.[52] 그는 1933년 1월『새생명의 길』이라는 50여 항에 이르는 구원관을 피력한 저서를 출판하였는데 불행하게도 이 책 또한 인멸된 것으로 보인다. 그러나 이 책은 백남주의 환상적이고 신비적 신앙관, 특히 그의 계시관을 보여주는 작품임이 분명하다. 이 책이 발견되지 않고 있으나 이 책에 대한 간접 자료를 통해 이 책의 내용을 추측해 볼 수 있다. 이 책에 대한 박형룡(朴亨龍)의 언급 뿐 만 아니라 김교신(金敎臣),[53] 최태용(崔泰瑢)[54]의 비판은 이 책의 내용을 짐작케 하지만 특히 김인서의 분석은 주목할 만하다.

　김인서는 백남주의『새생명의 길』을 분석하면서, 구약은 생명을 들려주고, 신약은 생명을 보여주고,『새생명의 길』은 생명을 받게 한다."[55]고 하였는데, 이것은『새생명의 길』을 신구약 성경 이상으로 강조하고 생명을 얻게 하는 보다 완전한 계시라는 점을 암시하고 있다. 즉 백남주는 신 구약 성경만을 정경으로 보지 않고 있다. 그는 신앙 규범으로서 성경의 완전성을 부인하고 계시의 계속성을 주장하고 있다. 또 백남주는 바울 서신에는 오류가 많다며 바울 서신 무용론을 주장했는데,[56] 이 점은 백남주의 성경관의 문제점을 보여주고 있다.

---

52) 민경배,『한국민족교회의 형성사론』(연세대학교 출판부, 1974), 151.
53) 김교신은 "새 생명의 길』이 기독교를 그르치는 것이 아니라 할 수 없다"고 했다(민경배,『한국 민족 교회 형성사론』, 151에서 중인).
54) 최태용은 이 책에 대하여 "異敎主義의 한 顯現, 愚昧의 極"이라고 혹평하였다. (『靈과 眞理』Vol. 61(1934. 1), 2-4.
55) 이영헌,『한국기독교사』(컨콜디아사, 1978), 186.
56) 위의 글.

백남주는 앞서 언급한 접신녀들인 유명화와 이유신과 결탁하여 교회분립을 의도하였고 신탁(神託)이라는 거짓 계시를 빙자하여 이용도, 이호빈 목사 등과 모의하여 '예수교회'라는 일파를 설립하였다. 이것도 유명화의 거짓 계시에 의한 결과였다. 1933년 초가을 유명화는 백남주와 한준명 앞에서 신탁이라고 하면서, "南柱生 光朝, 俊明은 6월 9일 結婚生 光振, 朴承傑이 生光在하리니 是爲 前無後無 三聖者라, 이 三聖이 神이 天下萬國에서 行할 일을 할 것이니 너의는 나의 새 敎會를 1933년에 세우라."(남주생 광조, 준명은 6월 9일 결혼생 광진, 박승걸이 생 광재하리니 사위 전무후무 삼성자라, 이 삼성이 신이 천하만국에서 행할 일을 할 것이니 너의는 나의 새 교회를 1933년에 세우라.)[57]고 하였다. 이 거짓 계시에 따라 백남주는 한준명, 박승걸과 함께 1933년 3월 '예수교회'를 조직하였고, 그해 6월 3일 교회 창립 선언을 발표하였다. 백남주는 '예수교회'의 신전(神典), 헌법 등을 기초하여 조직을 갖추었는데, 1933년 당시 이 교회는 평양과 안주, 원산 등 10여개 처에 산재했었고, 교인수는 약 1,000여 명에 달했던 것으로 알려져 있다.[58] 백남주는 《예수》지(誌)를 창간, 발간했는데 이 일을 돕던 여신도 김정일(金貞一)과 동거하여 도덕적으로 문제가 되자 또 다시 신언(神言)을 빙자하여 예수교회를 떠났다. 그 후 평안북도 철산(鐵山)의 자칭 '새 주(主)'라는 노여인 김성도(金成道)와 결탁하여 성주교회(聖主敎會)라는 또 다른 분파를 세웠다.[59] 김성주는 새 예언이라 하여 거짓계시를 발하며 신유를 행하던 여인이었다. 이 때 백남주를 지지하던 이호빈 스스로가 백남주를 이단으로 정죄하고 절교하였다.[60]

---

57) 『信仰生活』 Vol.Ⅳ, No.7(1935.7), 33.
58) 『信仰生活』, Vol.Ⅲ, No.3(1934.3), 31-32.
59) 김인서, "敎派濫造를 戒함", 『信仰生活』(1937. 12), 37f.
60) 『信仰生活』, 1937년 12월호, 37.

1945년 이후

이재명

　장로교 목사였던 이재명(李在明)은 요한계시록에 대해 특별한 관심을 가지고 있었다.[61] 부산의 대연교회 담임 목사이기도 했던 그가 여러 교회 부흥집회를 인도하는 중에 계시록을 강조하였고, 1949년 3월에는 『主再臨의 急報』(주재림의 급보)라는 16쪽에 달하는 소책자를 발간했다. 또 그해에 『묵시록 새 해석』(서울 朝鮮福音社, 1949. 12. 15)이라는 등사본 책을 출판하였다. 이 책은 부흥집회 인도시에 강론한 계시록에 대한 자신의 입장을 반영하였는데, 계시록을 현 역사적 사건에 결부시켜 해석하려고 했던 점을 엿볼 수 있다. 예를 들면 계시록 6장 2절의 '흰 말'은 현재의 자본주의나 제국주의 침략으로, 계시록 6장 5절의 '검은 말'은 제2차 대전시의 뭇솔리니의 파쇼주의로 해석하였고, '감람유와 포도주'(계 6:6)는 당시 전쟁에 사용된 개솔린과 알콜을 상징한 것으로 해석하였다. 또 계시록 13장 18절의 '666'은 제2차 대전을 일으킨 일본의 전범자의 총수로 해석하였다.[62] 종전 후 일본의 전범자 수는 처음 629명으로 발표되었으나 나중에 37명이 추가 발표되어 도합 666명이 되었다. 이재명은 이 사실을 발견하고 계시록을 현 역사적으로 해석하는데 용기를 얻었다고 하였다.[63] 이런 식의 해석을 '시대착오적 해석'(anachronistic view)이라고 하는데, 성경신학적 소양이 부족한 경우 이런 식의 해석을 따랐다.
　유명한 부흥운동가 길선주도 이런 해석을 한 바 있다. 이재명은 전천년설을 지지하고 공중재림론, 휴거 등을 반대하였다. 이와 같은 이재명의 주장은 통속적인 계시록 해석과 다른 점이다. 그런데 그는 계시록에 대한 나름대로

---

61) 이재명에 대한 더 자세한 정보는, 공기화, "해방 후 부산,경남지역 종말론의 한 유형," 『부경교회사연구』5호(2006. 110, 7-28참고할 것.
62) 김철손, '묵시문학', 『기독교사상』 제15권 8호(1971. 8), 153.
63) 이재명, 『묵시록 새해석』, 155.

의 독창적인 해석을 시도하면서 예수님의 재림의 날짜를 예언하였다. [64] 그는 『세계의 앞날은 어떻게?』라는 소책자에서 성경을 근거로 세계사적인 일들을 예언했다고 주장하기도 하고, 설교를 통해 재림의 때를 공표하였으나 거짓으로 판명되었고 그 후 목회를 중단하고 부산근교에서 은퇴생활을 하였다. 그는 비록 계속적으로 새 예언을 말하며 종파적 운동을 주도하지는 않았으나, 예수님의 재림의 날짜를 산정한 것은 기록된 범위를 넘어가는 거짓 예언이었다.

한에녹

한에녹은 일제치하에 조국을 떠나 중국에서 망명객으로 지내며 조국해방을 염원하며 기도하며 명상했던 인물이었다. 수차례 40일 금식기도를 행하며 직접 신적 계시를 경험하고 또 묵시 사상을 해석할 특별한 능력도 얻었다고 믿었던 그는 자신의 독특한 종말사상을 체계화하여 『영원한 복음』(영원한 복음 출판위원회 발행, 1947. 12 출판, 1955. 5. 12. 재판발행)이라는 책을 출판하기도 했다. 또 후년에는 『말세론』(영원한 복음사 발행, 1968. 8. 15 발행)을 출판하였다. 그는 삼각산에 위치한 사저에 '진리의 동산'이라는 간판을 걸고 말세론을 강의하기도 했는데 그는 예수 그리스도의 삼림(三臨)을 주장하였다. 즉 예수의 탄생을 초림, 천년왕국 전에 오심을 재림, 천년왕국 후에 오심을 삼림이라 하였다. 그는 천년왕국을 사이에 두고 예수께서 두 번 오신다고 보았던 것이다.[65] 예수의 초림은 이미 이루어졌고 삼림은 천년왕국 후에 있을 것이므로 관심사는 예수의 재림인데, 그는 예수의 재림은 2023년에 있을 것으로 예언하였다.[66]

한에녹 장로의 말세론의 가장 큰 문제점은 재림의 때를 산정한 것이다. 재

---

64) 김철손, 152.
65) 한에녹, 『영원한 복음』, 26-27.
66) 한에녹, 『영원한 복음』, 277, 293, 332., 『말세론』, 45., 김철손, 159 참고.

림의 때를 2023년으로 보는 중요한 근거는 다니엘서 12장 11절에 기초하고 있다. 즉 "매일 드리는 제사를 폐하며 멸망케 할 미운 물건을 세울 때부터…"의 '멸망케 할 미운 물건'은 예루살렘성전 자리에 서 있는 현재의 회교성전으로 보며 그것이 건립된 연대를 688년으로 본다. 이 688이라는 수를 기초로 하여 몇 가지 미래의 사건 연대를 산출하였는데, 그 중의 한 가지가 예수님의 재림의 시기였다. 그는 688이라는 수에 다니엘 12장 12절의 "기다려서 일천 삼백 삼십 오일까지 이르는 그 사람은 복이 있도다."의 1335를 더한 숫자, 곧 2023년을 예수님의 재림의 해로 주장하였다. 사실 이것은 타당성 없는 인간적 사색에 불과하다. 비록 그의 영향력은 제한되어 있었고 분파적 집단을 형성하지는 않았으나 재림의 때를 산정·공포한 일은 성경의 기록을 벗어나는 거짓 계시였다.

김백문

1917년 10월 19일 경북 구미시 인의동 448번지에서 김광조, 문아지(文牙只)의 4남 2녀 중 차남으로 출생한 김백문(1917-1990)은 의사가 되고자 했으나, 그 꿈을 이루지 못하고 함경북도 청진의 병원에서 약제사로 일한 일이 있다.[67] 그는 형을 통해 신령파 인물인 김남조(1893-?)라는 여인과의 만남을 통해 그의 삶의 행로가 크게 달라진다. 김백문은 김남조의 사위가 되기도 하지만 특히 원산 신학산의 백남주와 접촉하게 된다. 원산신학파의 백남주의 제자가 된 김백문은 그를 존경하게 되고, 1934년 소위 "천국혼인사건"으로 백남주가 원산 신학산에서 축출될 때도 백남주를 지지하고 그를 따라갔다. 이 때 김백문의 나이는 17세였다. 백남주는 1935년에는 '성주교회'(聖主敎會)라는 독립교회를 설립하고 이 집단의 부흥사로 활동했다고 한다. 김백문은 이런 백남주 목

---

67) 김백문에 대해서는 이영호, "초원 김백문의 약사," 『현대종교』 310호 (200년 2월호) 참고함.

사의 영향을 받으며 신비주의적 교리에 빠지게 되었는데, 1940년 조선신학교가 개교하게 되자 이 학교에 입학하게 된다. 그러나 신사참배를 거부한 일로 연행되는 등 고초를 겪게 되자 학교를 그만 두고 이스라엘수도원(以生列修道院)을 설립하게 된다. 그리고 곧 서울 상도동에 야소교 이스라엘 수도원 서울교회를 열었다. 이곳에 기거하며 김백문은 하나님께로부터 받은 계시라고 하면서 소위 '복귀 원리'를 전파하기 시작한다. 이것이 그의 거짓계시의 신적 기원을 주장하는 배경이 된다. 이 때 문용명이라는 청년이 이곳에 가담했는데 그가 바로 통일교의 창시자 문선명이었다. 김백문은 1954년에는 『성신신학』을, 1958년에는 『기독교근본원리』를 출판하였다. 후자는 844쪽에 달하는 방대한 책으로서 김백문이 심혈을 기울여 집필한 책으로서 이 책은 창조원리, 타락원리, 복귀원리 등 3대원리에 대해 기술했다. "초원 김백문의 약사"를 쓴 이영호씨의 평가와 같이 김백문은 여타의 이단이나 사이비 교주와는 달리 물질을 탐하거나 여자를 탐하지도 않고 비교적 검소하게 살았으나, 그의 거짓계시는 전도관의 박태선과 특히 통일교의 문선명에게 커다란 영향을 끼쳐, 1950년대 이후의 거짓계시 운동의 기초를 제공했다.

문선명과 통일교

통일교(The Unification Church)로 알려진 '세계 기독교 통일 신령협회'(The Holy Spirit Association for the Unification of World Christianity)는 한국에서 일어난 이단적 종파로서 세계적으로 널리 알려져 있다. 통일교의 창시자인 문선명(文鮮明)은 1920년 평북 정주 태생으로 16세 되던 1936년 4월 17일 부활절에 인류의 구원사업을 하라는 하늘의 계시와 하나님의 음성을 들었다고 한다. 신비주의적 부흥사였던 이용도파와 백남주 계열의 신비주의로부터 영향을 받은 문선명은 1945년 당시 교회로부터 이단으로 간주되었던 김백문(金白文)의 이스라엘 수도원에 들어가 가르침을 받았다. 1946년 6월 월북하여 김백문에게서 배운 원리를 포교한 일이 있으나 월남하여 1951년 부산 범냇골에서 본격적인 포교활동을 시작하였다. 그러나 공식적으로 통일교, 곧 '세계 기독교 통일 신령협회'를 조직한 것은 1954년 5월 1일로 알려져 있다.

문선명과 통일교에 있어서 가장 중요한 이단성은 저들의 거짓계시, 곧 『원리강론』(原理講論, Divine Principle)이다. 이 책은 유효원(劉孝元)씨가 초안하여 1962년 『원리해설』이란 이름으로 출간되었는데, 그로부터 4년 후인 1966년에 『원리강론』이란 이름으로 개정되었다. 통일교는 성경을 구약, 신약, 성약(聖約)으로 구분하는데, 원리강론이 바로 성약이라고 한다. 특히 저들은 원리강론을 하나님이 문선명에게 준 계시의 말씀으로 믿으며 신앙과 생활의 규범으로 받아들이고 있어 성경과 더불어 원리강론을 정경화 하고 있다. 저들이 '성경과 더불어' 『원리강론』을 하나님의 새로운 계시로 받아들이지만, 사실 원리강론은 신,구약성경을 자의적으로 인용하여 나름대로의 체계를 세운 책으로서 서론, 창조론, 타락론, 말세론, 메시아 강림과 재림, 부활론, 예정론, 기독론, 복귀론(구원론), 재림론으로 구성되어 있다. 이들은 이 책을 신, 구약성경보다 발전된 새 계시로 보기 때문에 원리강론을 성경보다 우선시 하고 절대시하고 있다. 이 점이 문선명 집단의 가장 큰 이단성이며 한국에서의 거짓 계시운동의 대표적 집단임을 보여주고 있다. 사실 통일교의 위경(僞經)인 『원리강론』은 문선명이 받은 계시의 말씀으로 믿고 있으나, 비판가들은 김백문의 『기독교 근본원리』(이스라엘 수도원, 1958)를 표절한 것에 지나지 않는다고 한다. 서남동의 분석에 의하면 『원리강론』은 크게 두 부분으로 구성되어 있는데 전편이 '창조원리'이며, 후편이 '복귀(復歸)원리'이다. 창조원리에서는 무(無)로부터의 창조를 의미하지 않고 창조개념이 창조과정 혹은 과정적인 발생전개를 의미하고 있고, 그 내용은 창조태(낙원상태), 타락태, 복귀태의 시대적 단계의 틀에 의해 창조과정을 전개하고 있다. 후편 복귀원리에서는 타락 후 아담부터 시작되는 인류의 전 역사과정은 비원리적인 세계로부터 원리적인 세계에로 인간의 책임 분담에 의한 탕감조건으로 복귀하는 과정이라는 것이고, 바로 현 세대가 말세이며 한국에서 재림주가 나타나서 초림 예수가 미필한 속죄(육적인 구원)를 완수하여 우주적 통일을 이룬다는 것이다. 즉『원리강론』에서는 예수는 영적 구원은 이룩했으나, 십자가에서 죽음으로써 육적 구원에는 실패했음으로 재림의 예수는 인간의 육체적 구원을 위하여 사람의 몸으로 다시 태어나서 하늘나라를 선언한다고 주장한다. 통일교는 문선명을 바로 재림 예수로 암시하고 있다. 문선명은 자신이 재림 예수라고 공언하거나 통일교가 그렇게 단언하고 있지는 않으나, 통일교의 재림론은 문씨가 재림주임을 암시할 뿐 아니라, 그것을 합리화시키려는 시도로 보인다. 이점은 문선명관에 의해서도 입증된다. 즉 문씨를 예수가 못 다한 사명을 완수할 이 시대의 예언자요 메시야로, "하나님의 전 섭리목적과 인류의 과거, 현재 및 미래와 복음서에 기록되지 아니한" 내용까지도 철저히 아는 유일한 사람으로 믿고 있다. 또 하나님이 그에게 예수조차도 알 수 없었던 하늘의 메시지를 주신다고 주장한다. 결국 문선명 집단의 종말론은 재림론이 핵심인데 문선명을 재림주로 합리화 시키는데 그 목적이 있다. 문선명 집단이야말로 가장 분명한 거짓 계시집단이다.

이뇌자

이뇌자(李雷子)는 이북 태생으로 해방 후 월남하여 부산 고려신학교에서 수학한 바 있다. 그는 학업을 중단하고 입산수도하여 소위 계시를 받은 후 새일교단을 창설한 인물이다. 그의 본명은 이유성(李琉性)인데, 사도요한이 밧모섬에서 묵시를 받은 것과 같이 입산수도 하는 중 하나님의 계시를 받았고(1958년 3월 16일), 그 계시를 해석할 능력도 받았다고 주장했다. 또 1959년 2월 9일에도 하나님으로부터 직접 계시를 받아 그것을 문서화 한 것이『말세비밀』(末世秘密) 이라는 책이다. 그는 1964년 9월 24일 하늘의 계시를 받고 이름을 이뇌자로 개명하였는데 '우뢰와 같은 권위 있는 예언을 한다'고 하여 붙여진 이름이다. 또 계시에 따라 새일 기도원을 설립하였다고 한다.

1968년 5월 27일에 다시 계시를 받고 『계시록 강의』와 『조직신학 및 선지서 강의』를 저작하였는데 이것이 동년 8월 1일자로 출판되었다.

이상에서 살펴본 바와 같이 이뇌자는 거듭 신적 계시를 주장하였고, 그 계시는 성경(특히 요한계시록)에서 언급치 않은 부분을 해명하거나 성경의 내용을 보충적으로 해설해 주는 것으로 주장하였다. 그래서 이뇌자는 자신이 '말세 비밀의 종' 혹은 '사명자'로 자처하고 있다. 또 6가지 성구를 제시하면서 (사 11:1, 41:14,35 계 7:2, 10:7, 11:3 등) 자신이 예언의 종임을 주장하고 있다. 이뇌자는 소위 '새예언'을 말한 60년대의 대표적인 이단이었고, 월간지《아름다운 소식》(Good Tiding)을 발간하여 전국적으로 많은 신도들을 확보하였다. 그는 이사야 41장 35절의 "해 돋는 곳"을 '한국'으로 해석하고, 요한 계시록 14장 3절의 144,000의 택한 사람은 동방의 해 돋는 땅(한국)에서 나올 것이라고 주장하였다. 계시록 19장 11절의 '백마(白馬)탄 사람'은 암암리에 자기 자신임을 가리키고 있다. 특히 요한계시록 10장 7절의 "하나님의 비밀이 그 종 선지자들에게 전하신 말씀과 같이 이루리라."는 말씀을 자신에게 적용하여, 자신만이 말세의 비밀을 받은 자 인 것처럼 새 예언, 새 계시를 특수화하여 자신을 절대화 하였다.

이장림

1990년대 초 한국에서 유행했던 새 예언 혹은 새 계시 운동을 주도하고 조직화했던 대표적인 인물과 단체가 이장림과 그의 '다미선교회'였다. 1948년 경남 진주태생인 이장림은 감리교 신학대학과 오순절 및 성결교 계통에서 신학을 공부하고 목사가 되었다. 신광성결교회 협동 목사로 있으면서 10여 년간 기독교출판사에서 근무한 바 있다. 그는 출판사에서 퇴직한 후 1987년부터 '다가올 미래를 대비하는 선교회'라는 말의 축약형인 '다미 선교회'를 조직하여 극단적인 시한부 종말론을 주장하는 거짓 계시운동을 전개하였다. 그 유치한 주장에도 불구하고 많은 추종자들이 생겨나 한국사회에 혼란을 주었고, 기성 교회에 부정적인 영향을 주었던 일은 한국교회가 이단과 이설에 무방비 상태로 노출되었을 뿐 만 아니라 방치되었다는 점을 보여준다.

이장림은 『다가올 미래를 대비하라』(그루터기, 1987), 『하늘 문이 열린다』, 『경고의 나팔』, 『1992년의 열풍』을 출판하기도 했다. 이상과 같은 저서를 통해 1992년 10월 예수그리스도가 공중재림하며 7년간의 대환란이 있은 후, 1999년에는 예수의 지상재림이 있다는 시한부종말론을 주장했다. 예수님 재림의 날짜를 산정하는 것은 기록된 정경의 범위를 넘어가는 것이므로 명백한 거짓계시이다. 그런데 문제는 재림의 때에 대한 이장림의 주장이 소위 영계를 출입한다는 아이들, 아직 철들지 않았던 10대 청소년들의 소위 직통계시에 의존했다는 점이다.

『다가올 미래를 대비하라』는 책의 내용은 끊임없이 하늘의 메시지를 받고 있다는 한 청소년이 받은 계시에 대한 기록이다. 이 계시에 의하면 자신이 1992년 5월 9일에 입북하여 복음을 전하다가 동년 8월 26일에 순교할 것이라는 계시를 받았으며 '세상 땅 끝' 북한에 복음이 전해지고 순교가 있은 다음 그리스도가 공중재림하는 환상을 보았다고 주장했다. 이장림은 이에 근거하여 1992년-93년경 휴거가 있을 것으로 전망하였다.[68] 그리고 그는 38건의 '새로운 계시' 사례에 근거하여 예수의 재림과 성도의 휴거가 1992년-93년에 있을 것임을 입증하였고,[69] 『1992년의 열풍』에서는 재림과 종말의 시기를 1992년 10월이라고 분명히 했다.[70] 이장림은 예수님도 자신의 재림의 때를 모른다고 하신 말씀(마 24:36)을 문자적으로 이해하면 삼위일체를

---

[68] 이장림, 『다가올 미래를 대비하라』 (다미선교회 출판부, 1988), 7.
[69] 이장림, 『경고의 나팔』 (광천, 1990), 70-86.
[70] 이장림, 『1992년의 열풍』 (광천, 1991), 52-59.

부인하는 이단이 된다고 말하고, 인간도 점진적인 계시에 의해 그 때를 정확히 알 수 있다고 주장했다.[71]

결국 이장림의 종말론적 주장은 1992년 10월 28일 예수의 공중 재림과 성도의 휴거가 있고 7년간의 대환란이 있은 후 1999년 10월 예수의 지상 재림과 세상의 종말이 있다는 주장이다. 이 주장을 근간으로 하여 '다미선교회'를 조직하였고 국내외에 지부를 설치하여 시한부종말론을 주창하였다.

이장림 집단의 종말론은 세대주의적 전천년설을 기본 골격으로 하고 있지만 이 집단의 가장 큰 문제점은 '새 예언' 혹은 '새 계시'등 거짓 계시 운동이라는 점이다. 앞서 지적한 바이지만 그의 주장은 하나님으로부터 직접 계시를 받는다는 새 계시에 기초하고 있다. 그리고 1999년 11월 23일부터 12월 21일 사이에 세계종말이 있을 것을 예언했던 프랑스의 천문학자 노스트라다무스(1505-1560)의 예언과, 1998년에서 2000년 사이에 세계종말이 있을 것을 예언했던 미국의 에드가 케이시(1877-1945)의 예언을 의존하고 있다. 그는 계시의 종국성을 부정하고 계시의 계속성을 주장했다. 이장림이 "성경을 하나님보다 우위에 놓아서는 안 된다" 혹은 "성경이 하나님보다 절대시 될 수 없다."[72]라고 말할 때, 타당한 주장처럼 보이지만 이것은 계시의 종국성을 부정하고 예언 혹은 계시의 계속성을 주장하고 이를 합리화하려는 의도가 숨어있다.

하나님의 계시는 정경의 집성과 더불어 종료되었다는 것이 사도시대 이후 기독교의 일관된 사상이었음을 고려해 볼 때[73] 이장림 집단의 새 예언 혹은 새 계시 운동은 거짓 계시임이 명백하다. 이점은 이장림의 저서 속에 나타난 내용의 불일치와 내용의 수정 등에도 나타나지만, 특히 사고나 판단

---

71) 이장림, 『경고의 나팔』, 66.
72) 이장림, 『1992년의 열풍』, 54-56.
73) 이 문제 관하여는 Cecil M. Robeck, Jr., "Canon, Regulae Fidei, and Continuing Revelation in the Early Church", Church, Word and Spirit, ed.by James E. Bradly and Richard A. Muller (Eerdmans, 1987), 65-92 참고.

을 신뢰할 수 없는 어린 청소년들이 받았다는 계시에 근거하여 시한부 종말론을 주장하는 것은 신뢰할 수 없을 정도가 아니라 매우 저급하고 유치하다. 그 예언이 이루어지지 않았고 그것이 거짓 계시임이 드러났지만 그는 수많은 이들을 오도하는 죄를 범했다. 다미선교회의 아류들인 디베라선교회, 성화선교교회 등과 같은 조직이 있었다는 사실 자체가 부끄러운 일이다. 거짓예언임이 드러나자 이런 사이비한 집단들은 거의 소멸되었다.

결론

이상에서 살펴 본 몇 가지 형태의 거짓 계시는 이단성의 핵심이다. 이단 종파는 성경을 자의적으로 해석하여 역사적 기독교 신앙을 왜곡시키거나 변형시키는 집단인데, 일반적으로 이들은 신비주의적 환상이나 접신, 예언 등 사적 체험을 자기들의 교리를 합리화 시키는 전거로 제시한다. 따라서 이들은 성경의 완전성과 충족성을 부인하고 성경 이외에 또 다른 신적 계시 곧 '새 계시'가 주어질 수 있다는 점을 강조한다. 이들은 정경의 범위를 넘어서 다른 종류의 계시, 곧 거짓 계시에서 인간적 사색의 기초를 찾으려고 한다. 이와 같은 거짓 계시운동의 고전적인 예가 2세기에 있었던 몬타누스 운동이다.

신국의 도래를 갈망하던 초대교회의 종말론적 기대가 식어지고, 신국은 제도로써 교회 안에 있다는 신념이 대치되어 감으로써 종말에 대한 기대는 역사 속에 퇴조해 갔다. 이로 말미암아 교회 안에 속화현상, 곧 성령의 은사에 대한 열망이 점차 사라지고 도덕적 강조가 약화되고 윤리적 표준이 세속화 되는 경향을 나타내자 몬타누스 운동은 교회의 속화와 제도화에 반기를 들고 일어났던 것이다. 이들은 성령의 은사에 대한 강조와 주님의 임박한 재림에 대한 예언, 그리고 엄격한 금욕을 주장하며 일어났고 결국은 종말의 때를 공표하는 거짓 계시운동으로 발전되어 갔던 것이다.

작금의 한국교회서 유행하는 종말론적 이단들은 일견 '새로운 것' 같이 보일지 모르나 몬타누스 이단들의 아류일 따름이다. 몬타누스 운동이 2세기적 상황에서 일어났듯이 한국교회의 이단들은 한국교회적 상황을 반영하고 있을 따름이다.

한국 교회의 종말론적 이단들은 대체적으로 세대주의적 종말관을 따르고 있지만 몇 가지 특징을 지니고 있다. 첫째로서는 계시의 종국성을 부인하고 새 계시를 주장하거나 위경사조를 지닌 거짓 계시운동이라는 점이다. 둘째로는 신비주의적 성격을 지니고 있다. 대체적으로 이단들은 신비적 환상과 계시체험을 중시하고 객관적 신앙 전통보다는 주관적 경험을 중시하는 경향을 지니고 있다. 그래서 때로 신비주의는 폭력까지도 용인하며 신과 직접적 만남에 방해가 된다면 육체까지도 경시하는 것이다. 셋째로 자기 집단을 특수화 한다. 곧 자기들만이 구원의 대상이며 일반 교회보다는 높은 차원의 영적 은사의 공동체임을 주장한다. 넷째로 윤리적 삶이나 도덕적 강조, 곧 합당한 삶에 대한 고백이 없다. 그래서 오도된 도덕적 완전주의 혹은 도덕폐기론을 주장하기도 하며, 혼음, 재산탈취 등 불의를 저들의 교리로 정당화하기도 한다.

예수님은 제자들에게 거짓 예언자들의 출현을 경고하였고(마 7:15-23) 때로 이런 거짓 예언자들이 많은 사람을 미혹할 것임을 예고하였다(마 24:11,24-25, 막 13:22-23 참고). 요한은 그 책을 읽는 자들에게 이와 유사한 경고를 주었다(요일 4:1-6). 또 사도 바울은 데살로니가 교회에 다음과 같이 경고하였다. "… 형제들아 우리가 너희에게 구하는 것은 우리 주 예수 그리스도의 강림하심과 우리가 그 앞에 모임에 관하여 혹 영으로나 혹 말로나 혹 우리에게서 받았다 하는 편지로나 주의 날이 이르렀다고 쉬 동심하거나 두려워하거나 하지 아니할 그것이라(살후 2:1-2)."

5. 역사와 섭리
: 해방에 나타난 하나님의 섭리

    흔히 역사는 인간의 체험이라고 말한다. 볼테르(Voltaire, 1694-1778)는 이것을 "역사는 인간의 그림자"라는 말로 표현했다. 그림자는 실체를 반영하는 것이기 때문에 볼테르의 이 말은 인간이 역사의 주체이며 역사의 주관자라는 의미를 담고 있다. 그래서 역사는 그 안에 신비로운 어떤 것을 가지고 있지 않다고 말한다. 역사란 단지 역사 내적인 어떤 원인에 의해서 결과가 발생하는 것일 뿐 그 역사 안에는 역사 외적인 어떤 영향도 있을 수 없다고들 말한다. 역사를 역사 내적인 인과론의 입장에서 설명하는 견해를 보통 실증주의라고 한다. 여기서 한걸음 더 나아가서 19세기 후반기에는 역사는 방법이나 그 결과에 있어서 자연과학과 동일하다는 주장이 강하게 대두되었다. 랑케(Leopold von Ranke, 1795-1886)의 전통을 따르는 이들은 역사는 물리학이나 화학과 같은 자연과학일 수 있다고 주장하였다. 그 대표적인 학자가 존 버리(John B. Bury, 1861-1927)였는데, 그는 1903년 켐브리지 대학교 역사학 교수 취임 연설에서 "역사는 과학, 그 이상도 그 이하도 아니다"(a science, no less and no more)라고 말하는 것이 결코 과장이 아니라고 주장했다. 역사를 자연과학과 동일하다고 말하는 것은 역사에서도 자연과학에서와 같이 어떤 법칙을 끌어낼 수 있다는 것을 의미한다. 이것은 역사에는 어떤 내적인 법칙성이 있다는 말인데, 이 점은 역사에서의 반복을 전제로 하고 있는 말이다.

이와 같은 입장에서는 자연과 역사를 주관하시고 통치하시는 하나님의 섭리나 간섭, 하나님의 경륜은 부정된다. 역사에서 하나님의 일하심은 고려되지 않으며 설사 하나님이 천지를 창조하셨다고 할지라도 하나님은 역사밖에 멀찍이 팔짱끼고 서 계실 따름이다. 이런 입장이 영국에서 시원한 이신론(Deism)이다. 그렇다면 역사의 주관자는 인간이며, 인간이 역사의 주인인가? 그리고 역사는 인간의 그림자일까?

기독교신자인 우리에게 있어서 이 점에 대한 가장 중요한 논의의 근거는 성경이다. 성경은 우리에게 있어서 '아르키메데스 점'(Archimedean point)이기 때문이다. 성경은 여러 곳에서 하나님은 자연과 역사의 주관자이자 통치자이심을 드러내고 있다. 창세기의 마지막인 50장 20절에서 요셉은 그 형들이 와서 지난날의 잘못을 사죄하고 용서를 빌었을 때 "당신들은 나를 해하려 하였으나 하나님은 그것을 선으로 바꾸셨다"고 말함으로서 그 형들은 요셉에게 악을 행하였으나 하나님은 그 인간의 악행을 통해서도 야곱의 식구들을 구원하시는 구원의 역사를 행하셨음을 고백하였다.

말하자면 창세기는 하나님이 인간 역사의 주관자이자 통치자이며, 섭리하시는 분임을 증거 하고 있다. 출애굽기에 기록된 이스라엘의 해방사건은 구체적으로 인간의 역사 속에 개입하시는 하나님에 대한 보다 분명한 증거이다. 바벨론 포로였던 이스라엘 백성이 포로에서 귀환할 수 있었던 것은 "여호와께서 바사왕 고레스의 마음을 감동시켰기" 때문이다(스 1:1). 역사 속에서의 '하나님의 손길'은 성경과 역사가 보여주는 분명한 사실이다. 머리 위를 나는 참새 한 마리도 하나님의 주권 하에 있다고 하지 않았던가?(마 10:29).

지난 역사에서나 우리 삶의 주변에는 우연인 것처럼 보이는 것이 한두 가지가 아니다. 312년 이교도였던 콘스탄틴이 정오의 햇빛보다 밝게 불타는 하늘에 비췬 십자가 아래서 '이 표(십자가)로 승리하리라'(In hoc signo vinces)는 음성을 들은 일이 우연이었을까? 그가 밀비안 전투에서 그 대적자를 이긴 일이 어찌 우연이었을까? 1588년 스페인의 무적함대가 영국을 공격할 때 그 잔잔하던 바다에 갑자기 불어 닥친 태풍은 우연이었을까? 포악한 노예선 선장이었던 존 뉴턴(John Newton)이 변화되어 "자비로운 주 하나님"을 작사하기에 이른 것이 어디 우연일까? 부활의 허구성을 논증하려 했던 모리슨(F. Morrison)이 부활의 실재성을 확증하는 "누가 그 돌을 옮겼는가?"(Who Moved the Stone?)를 저술하게 된 것이 우연일까? 1944년 연합군의 노르망디 상륙작전을 앞두고 수십일 간 계속되던 악천후가 상륙 당일 최적의 기상조건으로 변화된 것은 우연이었을까?

이와 같은 우연적인 일들은 실제로 발생했던 사건들이었다. 예컨대, 1588년 스페인의 아르마다 함대가 바다에 침몰되었을 때 대풍이 발생했다는 사실은 역사적 증거를 통해 분명히 확인되었다. 그러면 그때 잔잔하던 바다에 일기 시작한 대풍은 하나님이 보내셨는가? 사실 바람 그 자체만으로는 하나님이 그것을 보내셨음을 증명할 수도 없고, 반대로 하나님께서 그 일을 하지 않으셨다고 증명할 수도 없다. 우리가 이 사건이 하나님의 섭리적 간섭이었다고 믿는 것은 우리의 종교적 확신, 곧 우리의 믿음이다. 이 확신은 앞에서 열거한 특이한, 기적적인 사건만이 아니라 범사(凡事)가 하나님의 다스림 아래 있다는 하나님의 주권에 대한 믿음이다. 사실 우연이란 존재하지 않는다. 우연한 것처럼 보일 따름이다. 시간 세계 안에서 발생하는 모든 크고 작은 사건들은 다 하나님의 섭리의 손 아래 있다고 믿기 때문이다.

다시 8. 15 해방을 맞으면서 이것 또한 우연한 사건이 아니라 우리 민족 역사 속에 일하셨던 하나님의 섭리였음을 고백하게 된다. 우리가 해방이라고 말하면 그것은 1945년의 일제 강점으로부터의 해방을 말하는 것이다. 우리에게는 8. 15의 해방만 있을 뿐 또 다른 해방은 없다. 우리의 긴 역사에서 온 민족이 국권과 국토를 송두리 째 이민족에게 강탈당한 일은 일본에 의한 것 외에는 없다. 이민족에게 침입을 받은 일은 있으나 그처럼 철저히 침략당한 일은 없었다.

일제의 식민통치는 유래가 없는 잔혹한 것이었다. 인적 수탈에 있어서 인도를 지배한 영국의 경우보다 더 혹독했다는 것이 일반적인 평가이고 보면 조선어 사용금지, 창씨개명과 같은 조치는 다른 나라에서 찾아보기 어려운 사례였다. 일본이라는 나라는 서구사회에서 민주적 사회에로의 성숙단계라고 볼 수 있는 문예부흥이나 종교개혁, 시민혁명, 산업혁명 등과 같은 일련의 역사의 성숙을 경험하지 못한 후진국이었다. 메이지유신(明治維新)까지 완전한 농업 국가였던 일본은 전 근대적 정치질서와 사회체제 속에서 군수산업을 통해 성장한 나라였기 때문에 인권이나 자유, 개인주의 철학 등 인간적 가치에 대한 보편적 이해가 부족했다.[74] 즉 인권이나 자유 등 삶의 질적 차원에 대한 기본적인 가치를 부정하는 국가관은 필연적으로 군국주의로 전락할 수밖에 없었다. 따라서 자유주의와 건전한 민족주의를 부정하는 전체주의적 침략주의를 추구하기 마련이다. 그래서 일제의 한국 통치는 한국인의 모든 것, 물자와 자원 등 물질적인 것과 문화와 언어, 역사, 신앙 등 정신적인 것을 빼앗아 갔고, 한국인의 고유한 성까지 개명케 했던 것이다. 미국 하버드 대학의 루퍼드 에머슨(Rupert Emerson) 교수는 근대 식민주의는 식민지민의 모든 것을 앗아갔으므로 결국 식민지민으로 하여금 자신을 잃게 하였다고 말했는데 한국에서의 경우에도 예외가 아니었다.

일제 하에서 특히 기독교가 당했던 고난의 여정은 로마제국 하에서의 상황과 흡사했다. 일제는 조선을 통치하는데 있어서 기독교를 회유하여 친일화시키든지 기독교를 탄압하여 그 힘을 약화시키지 않으면 안 되었다. 그래

---

74) 쓰루미 슌스케, 『일본제국주의 정신사, 1931-1945』 (한벗, 1982), 121 참고.

서 일제의 기독교정책은 처음부터 이중성을 띤 것이었다. 때로는 기독교 지도자들을 회유하여 친일의 마당으로 이끌어갔고, 때로는 기독교를 탄압하고 분열을 획책하기도 했다. 궁극적 목표는 자국의 이익 추구였으므로 방법의 정당성은 고려되지 않았다.

신사참배강요는 한국기독교회에 대한 가장 철저한 탄압정책이었다. 일제의 신사참배 강요는 까기(宇垣)총독과 그 뒤를 이은 미나미(南次郞)총독의 황민화(皇民化)정책의 일환으로 강요되어 일제 치하 마지막 10년을 '시련의 기간'으로 엮어갔다. 일본국기 게양, 동방요배, 신사참배를 요구하였고, 1937년 10월에는 황국신민서사(皇國臣民誓詞)[75]를 제정하였고, 그해 12월에는 천황의 사진을 각급학교와 기관에 배부하고 경배를 요구하였다. 무엇보다도 '일면일신사'(一面一神社)정책을 수립하여 곳곳에 신사를 세웠다. 또 1938년 2월에는 전쟁수행을 위해 특별지원제도를 제정하였고 3월에는 조선교육령을 개정하여 조선어(한글)사용을 금지시켰다.

신사참배 강요에 대한 한국 교회의 저항은 무모한 것이었다. 그것은 마치 완전무장한 독재자의 위력 앞에 서 있는 어린아이와 같은 것이었다. 신자들은 단지 신앙이라는 무기만을 가지고 폭력에 저항했다. 신사참배 강요에 대한 항거는 신교(信敎)의 자유를 위한 투쟁이었고, 교회의 거룩을 위한 저항이었다. 그것은 국가권력의 한계를 적시하는 것이었다. 그리스도인들은 신앙적 양심 때문에 무모하게 보이는 절대폭력 앞에서도 투쟁해야 했고, 자기 신념 때문에 박해를 거절하지 않았다.

---

75) 皇國臣民ノ誓
 (其ノ一)
  1. 私共ハ 大日本帝國ノ 臣民デアリマス
  2. 私共ハ心ヲ合セテ 天皇陛下ニ忠義ヲ盡シマス
  3. 私共ハ忍苦鍛鍊シテ 立派ナ强イ國民トナリマス
 (其ノ二)
  1. 我等ハ皇國臣民ナリ 忠誠以テ君國ニ報ゼン
  2. 我等皇國臣民ハ 互ニ信愛協力シ以テ團結ヲ固クセン
  3. 我等皇國臣民ハ 忍苦鍛鍊力ヲ養ヒ以テ皇道ヲ宣揚セン

주기철 목사는 이미 1920년대 말에 신사참배강요와 같은 영적 전운(戰雲)을 보았고, 이를 반대하여 사전 검속되었다. 그의 뒤를 이어 반대자들이 주로 평안도지방과 경상남도에서 일어났다. 1938년 2월 9일 장로교 평북노회가 최초로 신사참배를 국가의식으로 인정한 이래 1938년 장로교 총회가 신사참배는 국가의식이라는 이름으로 참배를 결의했을 때 반대운동은 더욱 가시화되었다. 일제의 탄압이 심화되자 친일적 전향자 또한 큰 무리를 이루며 1930년대 말과 40년대 초 변절의 역사를 엮어 갔다. 많은 이들은 자유롭지 못한 양심으로 자기보위라는 현실을 선택했다. 그래서 1938년 장로교 총회의 신사참배를 가결 이후 친일적 참배론자와 반일적 불참배론자의 길은 분명히 구별되었다.

1940년 조선총독부는 소위 일제검거라는 이름으로 모든 신사반대자들을 체포하기 시작하였다. 이 광란의 시대에 약 2000명의 기독자들이 체포, 구금되었다. 이들은 육체 위에 내려지는 온갖 아픔을 감내하면서도 속박 속에서의 자유를 선택했다. 그들의 육체는 쇠잔해져 갔으나 그들의 정신은 감히 일제가 넘볼 수 없는 고유한 영역이었다. 일반적으로 50여 명은 옥중에서 순교하였다고 알려져 있으나 그 수는 분명치 않다. 해방과 함께 20여 명이 출옥하였다. 서양 기독교 전통에서 볼 때 이들은 '고백자들'(confessors)이었다.

한국교회가 이 환란의 터널을 통과했을 때 해방의 기쁨을 맞게 되었다. 1945년 8월 14일 천황 면전에서 개최된 최고회의에서 육군과 해군참모총장은 결사항전을 주장했으나 천황은 항복을 결심했다. 천황은 7월 26일의 포츠담 선언을 받아들이도록 지시했다. 그리하여 300만 명의 일본인과 한국인과 다수의 중국인을 포함한 1천만명 이상의 희생자를 낸 전쟁은 막을 내렸다. 8월 15일 정오 천황은 녹음방송을 통해 항복을 선언했다. 이렇게 해방은 왔고 그것은 자주적인 독립운동의 결실이 아니라 종전과 함께 타의에 의해 주어졌다. 한국의 '고백자들'이나 그리스도인에게 있어서 해방은 단순히 정치적 해방만이 아니었다. 그 이상의 의미, 곧 신앙의 자유가 주어지는 영적 해방의 날이었다. 다시 말하면 암울한 역사 위에 내리는 한 줄기 은총의 빛이 있었기에 이 날은 종교적 감격을 지니고 있었다. 이 또한 하나님의 섭리가 아니고 무엇이랴.

그런데 이보다 더 큰 섭리적 은총이 있었음을 알게 된 것은 해방 이후였다. 일제는 패색이 짙어지자 한국교회 지도자 다수를 학살할 음모를 꾸미고 있었다. 이 때는 다수의 한국교회 지도자들이 투옥된 상태에 있었는데 이들을 포함하여 교계 인사들을 학살함으로써 한국교회와 그 지도자들에 대한 그 간의 모략을 은폐하려는 의도가 있었다. 당시 조선 총독 아베의 "조선 총독부 보호 관찰령(保護 觀察令) 제3호" 지령에 의한 학살 예정일은 1945년 8월 18일이었다.

그런데 이 음모가 결행되기 꼭 3일 전인 8월 15일 해방이 왔고, 처형대상자 명단에 올라 있던 옥중성도들은 8월 17일 밤에 석방되었다. 말하자면 처형되기로 예정되어 있던 바로 그 전날 밤에 옥문을 열고 나왔던 것이다. 사실 그 날을 연합군 측의 표현처럼 일본의 패전일이라 하든, 일본인의 표현처럼 종전일(終戰日)이라 하든, 우리의 표현처럼 해방일이라 하든 관계없이 그날은 갑작스럽게 온 날이었다. 그러나 해방이 하루만 늦었더라면 이들은 다 처형되고 말았을 것이다. 8월 15일의 해방과 8월 17일의 옥중성도의 석방으로 8월 18일로 예정된 아베 총독의 학살음모가 '이루어질 수 없는' 사건으로 끝나버린 것은 역사의 주관자이신 하나님의 섭리였다. 인간의 의도는 한줌 모래 위에 쌓는 성에 지나지 않음을 보여 준 것이다. 일제의 모든 준비와 계획에도 불구하고 이 음모는 무위로 돌아갔던 것이다.

일제의 한국 민족지도자들과 교회지도자들에 대한 학살음모, 곧 보호관찰령 제3호가 알려진 것은 해방 이후였고, 이 정보는 종로경찰서 형사주임이었던 최운설(崔雲雪)의 폭로에 의해 공개되었다. 일제의 이 음모는 사학자 문정창(文定昌)에 의해 확인되었다. 그는 그의 『군국일본 조선강점 36년사』(軍國日

本朝鮮强占三六年史)에서 이 점을 기록하여 우리에게 전해주고 있다. 그는 이렇게 썼다. "일본군은 미군의 인천과 부산 상륙을 예상하고 미군이 상륙하면 조선인 식자들이 미군에 부세(附勢)하여 일본인들을 크게 해할 것으로 보고 조선인 지도자급 학살계획을 수립했다."

문정창은 학살대상자 수가 약 5만에 이른다고 부기하고 있다.[76] 말할 것도 없이 이 학살계획에 포함된 인사는 기독교 지도자가 중심이고 투옥된 신사반대자들은 학살대상자로 예정되어 있었다. 문정창은 또 일제는 한국인들을 질식사시킬 20평 규모의 살인굴을 영변군(寧邊郡) 영변읍 외산곡(外山谷)에 파 놓은 사실이 확인되었다는 점을 부기하였다. 마포삼열(S. H. Moffett) 선교사는 일제의 이 사악한 음모가 있었음을 그의 『한국의 그리스도인들』(The Christians of Korea)이란 책에서 밝혀주고 있는데,[77] 이 미수의 사건은 우리에게 별로 알려져 있지 않다.

1945년 8월 15일의 해방은 하나님의 섭리적 간섭이었다. 해방과 함께 8월 17일 평양감옥에서 출옥한 이들은 고흥봉(高興鳳), 방계성(方啓聖), 서정환(徐廷煥), 손명복(孫明復), 김화준(金化俊), 오윤선(吳潤善), 이기선(李基宣), 이인재(李仁宰), 조수옥(趙壽玉), 주남선(朱南善), 최덕지(崔德支), 한상동(韓尙東) 등이었다.

---

76) 문정창, 『軍國日本朝鮮强占三六年史』, 下卷, 449-550.
77) Moffett, The Christians of Korea (NY: Friendship Press, 1962), 76.

6. 해방 60주년의 반성

8·15 해방은 우리민족과 교회에 특별한 의미를 지닌다. 그것은 단순히 정치적인 독립만이 아니라 일제의 국가주의 이데올로기적 통제로부터의 자유였다. 그것은 신교의 자유를 의미했다. 해방과 함께 우리민족에 주어진 일차적 과제는 식민지적 삶과 역사를 청산함으로써 민족정기를 바로 잡는 일이었다. 교회적으로 말하면 친일적 기회주의, 반신앙적 교권주의를 청산하고 바른 교회를 세워가는 일이었다. 35년간 일제 강점 하에 있었던 우리민족은 친일세력청산을 통해 민족정기를 바로 세워야 했고, 기독교회는 신사참배 등 배교적 행위와 일제의 기독교 통치 혹은 말살정책에 협력했던 친일적 종교지도자들을 자숙케 함으로써 신앙정기를 바로잡고 교회쇄신을 이룩해야 할 과제를 지니고 있었다. 한상동 목사는 이 점을 '대한교회 건설'이라고 불렀다. 해방된 조국에서 친일의 굴욕적 역사를 바로잡는 일은 역사의 당위였다. 그러나 우리 민족과 교회, 그 어느 쪽도 친일세력을 제거하거나 잠재우지

못함으로서 식민지적 상황은 그 이후의 한국사회와 교회현실에 부정적 영향을 끼쳐 왔다. 그 부정적인 영향을 민족적 차원에서 말하면 친일적 기회주의적 행태, 반민주적 권력지향, 그리고 과도한 냉전논리와 그 행태라고 할 수 있다. 또 교회적으로 말하면 기회주의적 권력지향과 반 신앙적 교권주의, 그리고 자기 보위를 위한 교회분열이다.

친일세력의 변신

친일세력은 변신의 과정을 거쳐 미군정하에서 관리로 등용되었다. 실용주의적 사고를 가진 미군에게 있어서 민족적인 문제와 개인의 전력(前歷)에 대해서는 중요하게 고려되지 않았던 것이다. 한국을 비롯한 아시아의 대부분의 나라들과는 달리 미국인들의 경우 그들의 국토가 민족적인 근거가 되지 못했다. 원주민을 조상으로 하는 소수의 인구를 제외하고 대부분의 미국인들은 대서양을 건넌 이주자들이다. 그들은 한반도를 삶의 터전으로 삼고 단일민족으로 살아오면서 수없는 외침을 통해 자기를 방어하려는 방어적 민족의식을 헤아리지 못한다. 따라서 인사(人事)에서 우리가 갖는 민족 감정을 합리적으로 이해하기 보다는 이름 그대로 '감정'으로 이해했을 가능성이 있다. 그래서 해방이후 반민족행위자, 부일협력자를 처벌하라는 국민의 강렬한 여론에도 불구하고 행정의 진공상태를 우려한 미군들은 일제 하에서의 부일협력자와 관리들을 그대로 등용하였다. 따라서 친일파 제거는 처음부터 비현실적 요구로 인식되었다.

1948년 정부수립 후 이승만 정권은 인재부족을 이유로 친일세력을 이용함으로서 미군정의 성격을 비판 없이 계승하였다. 국내에 정치적 기반이 없었던 이승만은 친일세력을 이용할 수밖에 없는 현실적 한계를 지니고 있었다. 이점을 간명하게 확인시켜주는 사건이 '반민특위'(反民特委)의 와해였다.

불란서의 경우 2차 대전 중에 불과 3년 미만 동안 독일군 점령하에 있었으나 전후 나치 치하에서 협력한 자를 철저하게 가려내어 처단하였지만(사형 2,071건, 징역형 39,900명), 우리나라의 경우 35년간이나 일제 지배 하에 있었지만 단 1건의 사형집행도 없었다. 서중석은 그의 『한국민족주의론』 2권에서 1960년 1월말 당시 11명의 국무위원 중 독립운동자 출신은 한사람도 없고 모두가 일제 때 군수, 판사 등 공직자 출신이거나 군 출신이었다는 점을 지적한 바 있다.[78] 그 결과 해방된 조국에서 정치, 경제, 문화를 주도하는 이른바 파워엘리트층은 일제 하에서의 부일 협력자들에 의해 그 주류가 형성되었고, 이 땅의 식민지적 이데올로기는 냉전논리 속에 수렴되었던 것이다. 결국 해방 후 우리민족이 친일파를 제거하지 못한 것은 오늘의 민족현실에 가장 큰 불행이었다. 김학준의 말처럼 "친일세력이 분단체제의 고정화에 기여했고, 또 분단체제는 친일세력의 기득권을 보호, 신장시켜주는 역할을 수행했다."[79]

우리민족이 해방 후 친일파를 제거하지 못한 것이 민족정기를 바로 잡지 못했을 뿐만 아니라 기회주의 혹은 보신주의 의식을 배태, 확산했듯이 한국교회가 해방후 친일 혹은 부일 기독교 지도자들을 제거하지 못한 것은 한국교회의 혼란과 분열의 근본적 원인이었고 또 정치권력에 대해서도 정당한 관계를 형성하지 못하게 하는 원인이 되었다.

친일적 교계 인사들의 교권주의

해방 후 제일 먼저 교회재건을 외치고 일제 하에서의 범과를 회개할 것을 요구한 이는 사실은 친일파 지도자들이었다. 김길창, 권남선 등은 중도파 인사를 끌어들여 "신앙부흥운동 준비위원회"를 급조하고, 1945년 9월 2일자

---

78) 서중석, 『한국민족주의론』 2권 (창비사, 1983), 238.
79) 김학준, 『한국민족주의의 통일논리』 (집문당, 1983), 98.

로 "과거의 모든 불순한 요소를 청산 배제하고, 종교개혁의 정통신앙을 사수한다."고 선언했다.[80] 해방된 지 불과 17일만이었다. 이들의 의도는 변화된 상황에서 신속한 자기변신을 통한 자구(自救)나 자기보위를 위한 시도였으므로 진정한 의미의 회개나 자숙이 아니었음은 분명했다.

이들은 1945년 9월 18일에는 경남재건노회를 조직하고 출옥성도들과는 무관하게 자숙안을 발표하기도 했으나 이것 역시 매우 기만적이었다. 이 점은 이 자숙안을 제안하고 발표한 이들 자신들에 의해 실행에 옮겨지지 않았다는 점에서 분명하게 드러난다. 그들은 진정한 의미에서 회개를 주장한 것은 아니었다. 신속한 변신을 통해 기득권을 유지하고 교권을 장악하려는 기만이었다.

해방 후 한국 장로교회는 신사참배에 대한 취소결의를 3번이나(1946, 1947, 1954) 한 일이 있다. 이것은 그 이전의 취소결의가 얼마나 무의미한 것이었는지를 자증하는 것이었다. 장로교회를 중심으로 말할 때 해방 후 교회재건을 위한 구체적인 노력이 일어난 곳은 3곳이었다. 첫째는 평양을 중심으로 한 이북지방이었다. 출옥성도를 중심으로 한 이곳의 교회재건, 곧 교회쇄신운동은 홍택기 목사 등 친일파들에 의해 처음부터 비난을 받았고 곡해되었다. 이북지방에서의 교회쇄신을 위한 시도는 소련군의 진주로 수포로 돌아갔고 오늘까지 침묵의 교회로 남아있다.

서울에서의 경우, 그것은 엄밀한 의미에서 교회쇄신이 아니라 일제 하에서 와해된 교회의 외형적 혹은 기구적 조직의 재건에 지나지 않았다. 심지어는 '일본기독교 조선교단'을 유지, 계승하려는 시도까지 있었던 것이다. 여기에는 민경배의 말처럼 "친일의 불명예를 이 교단의 존속을 통해 상쇄하려는 굴절된 의도가 없지 않았고," 해방된 조국에서도 자숙은 고사하고 여전히 교권과 정치적 야욕을 지니고 있었던 것이다. 그 주도적 인사들이 장로교의

---

80) 이상규, "교회재건운동과 고려파의 형성, 1945-1952," 『논문집』(고신대학, 1984), 180.

경우 김관식, 김영주, 송창근 목사 등을 비롯한 친일인사들이었다. 이곳에서의 교회재건이란 기구적 재조직에 지나지 않았으며, 친일인사들의 신속한 변신의 길을 열어주었을 뿐이다.

부산, 경남지방에서의 교회쇄신운동 역시 김길창 등 친일인사들에 의해 방해받았고, 친일인사들은 해방 후 한국교회 분열의 직접적인 원인을 제공하였다. '일본기독교 조선교단' 경남교구장 출신인 김길창 목사는 앞서 언급한 바처럼 '신앙부흥운동 준비위원회'를 통해 적극적 친일행위가 "노예의 속박 하에 끌려오던 일"로 치부하고, 이의 해소를 말하면서 새로운 환경에서도 주도권을 유지하고자 했다.

이때는 출옥성도들이 남하하기 전이었고 그들에 의해 교회 재건운동이 시작되기 이전이었다. 친일인사들은 신속한 변신을 통해 경남노회의 주도권을 장악하였으나 평신도들의 거센 항거에 굴복하여 일시 후퇴한 일이 있었다. 그러나 계속 수세에 몰리자 김길창은 1949년 3월 8일 권남선 등 그 추종자들을 규합하여 별도의 경남노회를 조직하였다. 이것이 한국 장로교회의 최초의 분열이다. 당시 남부총회(南部總會)는 김길창이 주도한 노회의 총대권을 인정해 줌으로서 그 분열을 정당화했다. 한국 장로교 분열은 이렇게 시작되었다. 결국 한국교회는 신사참배에 응할 뿐 아니라 일제의 식민통치에 적극 협력한 친일세력을 제거하지 못하고 교권의 핵심 속에 남겨두었던 것이다. 거듭 말하지만 이것이 한국교회 분열의 주된 원인이었다. 결국 한국교회(장로교)분열은 친일적 기독교지도자들의 자기 변신과 보위를 위한 자구책에 불과하였다. 한국감리교회의 경우도 이와 다르지 않다.

이와 같이 친일적 인사들이 해방 후에도 여전히 기득권을 행사하려고 시도했던 점은, 독일교회의 지도자들이 프랑크푸르트(Frankfurt)와 슈투트가르트(Stuttgart)에 모였을 때 히틀러에게 협조했던 교회의 지도자들이 나치스에 굴복하지 않고 정치로부터의 교회의 독립을 위해 투쟁한 사람들에게 교회를 이끌어 가도록 주도권을 맡긴 사실과는 큰 차이를 보여주고 있다.

권력지향적 기회주의

해방 후 한국교회가 친일적, 반신앙적 교권주의자들을 잠재우지 못한 결과가 가져온 부정적인 결과를 한 가지만 더 지적하겠다. 그것은 바로 권력지향적 행태였다. 친일 기독교 지도자들은 1950년대 이후에도 여전히 높은 자리에 좌정하고 득세하였을 뿐만 아니라 교단의 총회장 혹은 신학교육의 책임자로 활동하였으며 국가권력에 대해서도 기회주의적 보신(保身)의 길을 갔다. 이들은 이승만 정부 하에서는 이 정권을 무조건 지지할 뿐만 아니라 불의한 권력연장 시도를 지지, 후원하는 등 호신과 변신의 길을 걸어갔다. 심지어 교회는 이승만 대통령을 이 민족에 보낸 모세로 받들고 그가 이끄는 정권에 무조건의 갈채를 보내는 오류를 범했다. 교계인사들이 그의 독재정권을 지원하고 후원할 뿐만 아니라 1952년과 1956년, 그리고 1960년의 정·부통령 선거 시 그를 지지하는 선거운동에 적극적으로 참여하였다. 이 일에 앞장섰던 인물이 대표적인 친일파 목사로 지목되는 전필순(全弼淳)이었다. 특히 1956년 집권연장을 위한 헌법 개정안이 부결되자 사사오입의 원칙을 적용하여 개헌안 통과를 선언하는 등 도덕성을 상실했으나 교회는 여전히 그를 지지하는 우를 범했다.

또 이승만 정권의 권력의 축을 형성했던 다수의 기독교지도자들은 1960년의 선거에서 부정선거에 앞장서기도 했다. 연일 선거의 부정을 규탄하는 국민적 항거가 있었지만 일부교회에서는 이승만이 하나님의 섭리로 4선 대통령이 된 것을 감사하는 예배를 드리기까지 하였다. 결국 이승만 정권은 4.19혁명에 의해 붕괴되었지만 이 시대의 교회는 하나님의 것과 가이사의 것에 대한 긴장을 해소함으로서 양자 간의 균형을 상실하는 뼈아픈 교훈을 남겨 주었다.

이승만 재임 중에는 맹목적인 지지를 보냈으나 4.19로 그가 하야하자 이전과는 달리 기독교계와 교계신문은 비판자로 돌변하였다. 또 1961년 5.16

군사쿠데타가 일어나자 교계지도자들은 다시 권력지향적 성격을 보여주고 있었다. 쿠데타가 일어난 지 10일 후 '한국교회협의회'(현 NCC)는 박정희 장군을 비롯한 군사쿠데타를 지지하는 성명을 발표하였다. 『기독공보』는 쿠데타 주역들에게 노골적으로 아부하고 있었고 군사반란의 부정적 측면에 대해서는 한마디의 언급도 없었다. 쿠데타가 일어난 지 35일만인 6월 21일에는 기독교대표 한경직, 김활란 등이 미국을 방문하고 군사정부를 지지해 줄 것을 요청하기도 했다. 주목할 점은 1960년대 이전까지는 친일적 교계인사들이 여전히 한국교회의 주도권을 잡고, 영향력을 행사하고 있었다는 사실이다. 따라서 체제 순응적, 기회주의적 권력에의 순응은 반 민주적 군사반란을 지지하는 등 도덕적 분별력을 상실하고 있었던 것이다. 기회주의는 어느 시대에서나 그 시대적 조류를 변혁(transform)하기보다는 영합(conform)하는 특성을 지니고 있다.

한국교회와 정치권력

일반적으로 말해서 정부수립 후 1950년대 말까지 한국교회는 정치 현실을 객관화하고 이를 비판적으로 성찰하고 대응하는데 있어서는 상당한 인식의 한계를 드러내고 있었던 것이다. 여기에는 몇 가지 이유가 있었지만 특히 체제 순응적 성향을 지닌 친일적 인사들이 여전히 교회의 주도권을 장악하고 있었기 때문이다. 친일적 인사들과 그들의 영향 하에 있었던 이들의 이와 같은 태도는 그 이후의 국가권력과의 관계에서도 그대로 계승되어 박정희정권과 전두환, 노태우정권의 반 민주적 통치를 지지하거나 정교분리라는 이름으로 묵종하는 우를 범했다. 이들은 생리적으로 권력지향적이지 않으면 안 되었던 것이다. 이와 같은 행태는 전후(戰後) 독일교회와는 좋은 대조를 보여주고 있다. 이글에서는 지면관계상 논급하지 않지만 고신교단을 비롯한 보수적인 혹은 칼빈주의를 자칭하는 교회들이 불의한 사회 현실에서 영적 싸움의 대상을 인식하지 못했던 일에 대해서는 심각한 자성이 있어야 할 것이다.

결국 해방 후 우리나라의 정치지배층이 기능적 친일 지식인으로 충원된 결과 민족적 가치보다 현실안주적인 기존제도유지에 관심을 쏟았고, 이러한 정치지배층의 비민주성이 한국정치의 민주적 발전에 부정적인 역할을 한 것이 분명하다. 즉 우리민족이 친일파를 제거하지 못한 것이 민족정기를 바로 세우지 못했을 뿐 만 아니라, 우리 사회전반에 국민적 정의감의 상실, 기회주의적 보신주의 행태를 양산하는 결과를 가져왔다. 같은 논리지만 한국교회가 친일파를 제거하지 못한 것은 교회분열, 신앙정기의 상실, 권력지향적 신앙양태 등 광범위한 부정적인 영향을 주고 있다. 이제 해방 60주년을 맞으면서 늦었지만 우리 사회 전반에 나타나 있는 와해된 윤리의식, 정신적인 가치들을 말끔히 정세하는 노력이 있어야 할 것이다.

1980년대 이후에도 교회는 그런 역할을 하지 못했다. 구체적인 사례가 1980년 이후의 불의한 권력찬탈에 대해서도 교회는 당당하게 대처하지 못한 일이다. '성공한 쿠데타는 단죄될 수 없다'면 이것은 심각한 윤리적인 혼란을 가져오고 말 것이다.

해방 후 이승만 정권에 굴종했던 일이나 1980년대 이후 군사정권에 대해 침묵했던 것이 교회의 선지자적 역할을 감당하지 못한 것과 마찬가지로 김대중, 노무현 정권 하에서 기독교회의 과도한 친여적 권력지지 또한 국가와 교회와의 긴장관계를 해소하는 우를 범했다. 국가권력이 갖는 구조적 문제는 어느 시대나 동일하며, 민주화 이후의 권력이라고 해서 예외 일 수 없다. 김대중 정권 이후 진보적 기독교회가 인권이라는 천부적인 보편적 가치보다는 민족이라는 차선적 가치를 중시한 점이나, 북한의 인권 상황에 대해 침묵한 것은 소위 민주화운동 세력의 권력지향적 성격을 보여 준다.

오늘의 한국교회가 해야 하는 가장 중요한 과제는 정치권력에 대해 일정한 거리를 두고 선지자적 역할을 감당하는 것이다. 이 역할에 충실하지 못한 점에 대한 진실한 자성이 있다면 한국교회는 계도자적 권위를 회복할 수 있을 것이다.

7. 한국교회 통일운동에 대한 복음주의 교회의 입장

해방이 외세(外勢)에 의해 주어진 선물이었듯이 분단도 외세에 의해 주어진 비자주적인 현실이었다. 해방과 함께 온 분단된 현실에서 우리의 최대의 과제는 분단의 근원적 해결, 곧 민족통일이었다. 해방 후 우리 민족현실 앞에 대두된 이 숙제에 대해 한국교회, 특히 복음주의 교회는 어떤 입장을 취해왔을까? 여기서 말하는 복음주의 교회란 감리교나 기독교장로회 등의 NCC(The National Council of Churches in Korea, 한국기독교교회협의회) 계열이 아닌 보수적 교회를 통칭하는 의미로 사용했다.

NCC 계열의 인사들은 '통일은 선교'라고까지 말하지만 필자는 민족통일의 과제는 교회가 감당해야 할 일차적 과제라고 생각하지 않는다. 도리어 그것은 국가적 혹은 시민적 과제라고 할 수 있다. 그럼에도 불구하고 그 시대의 교회공동체와 그리스도인의 현존은 그 삶의 정황으로부터 유리되거나 독립적으로 존재할 수 없으므로 민족의 과제가 그리스도인에게 무관할 수는 없을 것이다. 이런 점에서 한국 교회가 통일에 대해 어떤 기여 혹은 역할을 했는가 하는 점에 대한 논의가 무의미하지 않다.

한국교회는 통일문제에 대해서 무관심하지는 않았으나 구체적이고도 조직적인 통일론을 전개하고 통일운동을 시작한 것은 1980년대 후반기부터였다. 1980년대 전반기까지 진보적인 교회의 주된 관심사가 민주화(民主化)였다면, 1980년대 후반에 와서 민족문제에 대한 교회의 가장 주된 관심사는 통일문제로 전환되었다. 1980년대 이전까지 통일 논의는 정권적 차원에서 관주도의 제한된 범위 안에서 이루어졌고, 한국교회의 통일에 대한 의식은 당시의 일반적 통일론과 궤를 같이 했다고 볼 수 있다. 그러다가 1980년대 이후 민간차원에서 통일논의가 시작되었는데, 진보적 교회가 이 논의를 주도했다. 그동안 통일논의에 있어서 한국교회의 보수 혹은 진보의 구분이 분명치 않았다. 물론 1960년대부터 약간의 상이한 인식이 엿보이기도 하지만 1970년대를 거쳐가면서 그 차이가 드러났고, 1980년대에 와서는 현격한 차이를 보여주고 있다.

해방 후의 남북관계와 통일논의

해방 후의 남북관계론은 3가지로 정리될 수 있다. 단독정부 수립론(이승만), 좌우합작론(김규식, 여운형), 남북협상론(김구)이 그것이다. 김구는 남한만의 단독정부는 분단을 영구화한다는 점에서 남북협상론을 제시하였으나, 1948년 5월 10일 총선거를 실시하였고 그해 8월 15일 대한민국 정부수립이 선포되었다. 또 북한의 경우 1945년 9월 9일 김일성을 수상으로 하는 조선민주주의 인민공화국이 선포되었다. 이러한 두 정부의 수립과 현존은 그 이후의 남북관계를 적대적 관계로 인도해 갔던 원인이었다. 이와 같은 단독정부 수립이 가져올 냉전 논리를 예견한 이는 김구였다. 그는 통일된 민족국가 건설을 주장하고 미, 소의 대결논리에 따른 남북한의 2중적 정부수립은 분단의 영구화와 동족상잔을 면치 못할 것이라고 주장했다. 이 점은 우리가 6.25와 같은 값비싼 희생을 치르고 나서야 알게 되었고, 그 역사의 비극은 현존하고 있다.

한국교회는 대체적으로 이승만의 단독정부 수립론에 동의하였다. 그것은 그가 기독교 신자라는 이유 외에도 공산주의(사회주의)에 대한 불신, 그리고 공산주의가 종교적으로 무신론자라는 점 때문에 이들과의 협상이나 대화에 의미를 두지 않았던 것이다.

단독정부 수립 후, 비록 그것이 불가피한 선택이었다고 할지라도, 통일에 대한 관심은 지대하였다. "우리의 소원은 통일"이라는 국민 애창가에서 보여주듯이 통일은 민족 최고의 이상으로 인식되었다. 이런 통일에의 갈망에는 몇 가지 이유가 있었다. 첫째는 월남인의 망향심(望鄕心)과 이산가족의 상봉 기대였다. 해방직후부터 한국전쟁을 거치면서 수백만의 북한주민이 월남했다. 이들은 월남을 '일시적인 피난'으로 여겼으므로 두고 온 산하에 대한 망향심은 통일에 대한 기대로 승화되었음이 당연했다. 특히 해방직후부터 한국전쟁을 거치면서 이산가족들의 비애야말로 우리민족의 고난과 한의 원천이었다. 이 민족의 아픔을 치유할 수 있는 길이 통일이었으므로 통일에 대한 기대 또한 컸다고 볼 수 있다. 다른 한 가지는 남북한의 상호보완성(相互補完性), 곧 남한은 농경 지대이며, 북한은 공업지대이므로 통일은 상호 보완성을 높일 수 있다는 소위 민족 자강(自强)의지가 있었기 때문이다.

그러나 이 시대의 통일론은 북한 부인론(北韓否認論)과 궤를 같이한다. 당시 국민의식은 북한정권은 소련의 위성국가이며 괴뢰라는 것이었고 따라서 북한의 정치적 실체는 전혀 인정될 수 없는 것이었다. 그러므로 북한 부인론은 북한과의 협상부인론으로 이어졌다. 기독교인들에게 있어서 북한의 공산정권은 무신론자들이며 교회를 철저하게 탄압했고, 또 탄압하고 있다는 점에서 이러한 신념을 더욱 확고하게 해 주었다.

그래서 당시 한국교회 통일론은 비록 그것이 감상적인 것이었다 할지라도 북한 주민의 해방이라는 자유십자군적(自由十字軍的) 의식이 강했다. 북한은 사탄이 지배하는 지역이며, 학정과 굶주림 속에 시달리는 북한 주민을 속히 구원해야 한다는 반공통일론(反共統一論)이 주류를 이루었다. 한국교회는 통일을 염원하면서도 통일의 임박한 기대가 실현성이 없다고 보아 통일을 먼 훗날로 상정하는 소위 '통일론의 중성화'(?)가 일반화되었다. 이 점을 보여주는 대표적인 경우가 장, 감리교의 치리회 구성에 잘 나타나 있다. 장로교회의 경우 1945년 9월 9일 잠정적으로 '남부대회'를 조직하였고, 이듬해에는 이를 '남부총회'로 개칭하였으나 1947년 4월 대구제일교회에서 모인 제2회 남부총회에서는 1942년 일제에 의해 해산된 31회 총회를 계승하기로 결의하였다. 즉 '남부총회'라는 잠정적 기구로 남아 있을 현실성이 없었다고 본 것이다. 이것은 남북통일에 대한 교회의 기대가 사라져가고 있음을 보여주는 징표였다. 독일의 경우는 분단이후에도 여전히 하나의 교회로 남아 있으려 했던 점과는 대조를 이루고 있다.

1950년대의 통일논의

1950년의 한국전쟁을 경험한 이후, 그리고 그 전쟁을 전후한 시기에는 북진통일론(北進 統一論)이 대두되었다. 이점은 전쟁을 전후한 남북간의 적대감이 깊어졌음을 보여주는 반면, 전쟁을 통한 공산주의의 실상에 대한 체험 때문에 평화적 통일론은 설자리가 없었다. 전쟁이후 공산주의와의 공존의 비현실성은 더욱 힘을 얻게 되었다. 이점은 1954년 WCC 에반스톤 회의에서부터 강하게 나타났고, 1959년의 장로교 분열에서도 찾아 볼 수 있다. 그래서 통일을 한다면 북진통일은 유일한 대안으로 이해되었다. 한국기독교 각 교파연합 신도대회는 전쟁 중인 1950년 12월 27일 유엔사무총장, 미국의 투르만대통령, 그리고 맥아더 사령관에게 보낸 메시지에서 "한국전쟁은 자유, 민주국가와 공산독재국가 간의 최후 결전의 전초전이므로 유엔군이 승리할 때까지 전진 무퇴할 것"을 요청하였고, 1951년 7월 12일 부산에서 모인 신도 대회, 1952년 1월 9일 부산중앙교회에서 결성된 기독교연합 전시비상대책위원회(위원장 황성택 목사), 그리고 1953년 6월 14일 서울에서 약 2천명의 기독교인들이 참석한 가운데 개최된 '북진통일기원대회'(대회장, 전필순 목사), 1953년 6월 15일 NCC주최로 열린 '전국 기독교신도 구국대회' 등에서도 휴전을 반대하고 북진통일을 기원하였다. 특히 북한에 대한 관계는 대화나 협상의 대상이 아닌 '쳐부수어야 할' 적대적 대상이었다. 이것은 남침에 대한 심리적 적대감이 심화되었기 때문이었다. 이때의 한국교회의 통일관도 전기한 자유십자군적 성격이 강했다. 예컨대, 1955년 9월 18일 교역자와 신도 약 5만명이 회집한 가운데 서울 남산에서 통일기원 남산집회를 갖고 종교의 자유를 누리지 못하는 북한의 교우들을 위해 남북통일을 간구하였다. 또 예수교장로회 제43회 총회는 1958년 1월 14일 "… 북한의 교우가 신앙의 자유 없이 비참한 죽음과 고통만을 계속함을 잊을 수 없습니다. …. 많은 피난 교우의 참혹한 생활과 피눈물 나는 정경을 조석으로 대하고 있습니다. …. 속히 남북을 통일하여 주시기를 호소하는 바입니다."는 내용의 메시지를 유엔총회에 발송하였다.

1960년대의 통일논의

1960년대 이후에도 상황은 크게 달라진 것이 없다. 기독교회가 1961년 5월 11일 '통일촉성 이북인 대회'를 개최하는 등 통일에 대한 관심을 가졌으나 통일에 관한 논의는 정부에 의해 주도되었고, 또 그 논의는 폐쇄적이었다. 물론 통일문제를 자유롭게 이야기 할 기회가 전혀 없지는 않았다. 예컨대,

1945년 분단직후부터 단독정부가 수립된 1958년까지, 두 번째로는 1960년 4월 혁명이후 1961년의 5.16까지, 세 번째로는 1972년의 7.4 남북공동성명이 나오고 남북대화가 진행되던 1-2년 동안의 기간을 들 수 있다. 첫 번째 시기에는 김구 등의 남북협상론이 개진되었고, 두 번째 시기에는 학생들에 의한 연방제 통일방안, 혹은 중립화통일론이 제기되었으나 곧 논의 자체가 억압을 받았다. 세 번째 시기에는 7.4 성명에 입각한 평화통일방안에 대한 논의가 있었다. 그러나 이 시기에도 기독교회가 통일문제에 관심을 표명했다고 평가할 수는 없다. 오히려 진보적 통일방안에 대해 경계하는 태도를 보였고, 공산주의자들과의 대화는 항상 주의해야 하며 위험하다는 한국교계의 일반적 정서가 표현되곤 했다. 정부가, 비록 그것이 정권적 차원에서 추진되었다 할지라도, 북한과의 대화를 시도했을 때 가장 진보적인 교회인 기독교장로회마저도 "사상과 이념을 초월하는 민족적 대단결"을 경계해야 한다는 성명을 발표했을 정도였다. 급진적 운동권에서는 '선 통일 후 민주'를 말하기도 했으나 기독교계는 대체로 '선 민주 후 통일'론을 지지하였다.

1970년대의 통일논의

1970년대 이후 통일문제에 대한 보수와 진보적 교회 간의 견해차가 분명하게 나타나기 시작했다. 그것은 1972년의 7.4 공동성명 이후였다. 7.4 공동성명의 발표는 교회가 분단체제에 순응하여 통일문제를 보다 적극적으로 논구하지 못했다는 반성과 함께 통일문제에 대한 교회의 관심을 환기시켜 주는 계기가 되었다. 이를테면 한국기독교교회협의회(NCC)는 7월 18일 실행이사회를 열고 "한국교회는 내일의 민족 역사에 있어 더욱 전진적 역할을 담당하기 위해 통일에 대한 적극적 관심과 실천을 과감하게 추진해야 할 것"이라는 성명서를 발표하였다. 그리고 그해 10월에는 '통일 및 사회정의 기독교 협의회'가 조직되었다. 이와 같은 인식의 전환과 함께 통일문제는 두 가지 점에서 약간의 변화를 보여주고 있었다. 첫째는 진정한 우리의 민주화 없이는 평화적 통일이 이루어 질 수 없다는 인식이었다. 다시 말하면 북한과의 평화적 대결에서 승리하기 위해서는 우리 사회의 민주화, 자유와 인권, 사회정의가 이루어져야 한다는 것이었다. 이것은 민주화운동을 보다 적극적으로 추진해야 한다는 점을 환기시켜 주었다고 볼 수 있다. 둘째는 지금까지의 관 주도의 통일논의에서 탈피하여 통일논의의 다변화를 주장한 점이다. 그리고 통일논의 주체가 민중이 되어야 한다는 주장이었다.

이런 진보적 교회의 통일논의는 보수적 교회와의 차이를 보여주었다. 보수적인 교회와 그 지도자들은 여전히 자유 십자군적 의식으로 북한의 성도들과 북한 교회 재건을 위해 기도하고 북한 선교단체를 조직하는 등 북한 복음화에 대한 관심으로 나타났다. 그래서 1970년대 말에는 반공과 안보에 초점을 두고 현재적 상황 하에서 북한 선교를 위해 기도하고 하나님의 특별한 간섭을 간구해야 한다는 보수계와 민주주의와 사회정의 구현을 통해 통일운동으로 발전시켜야 한다는 진보계의 상이한 입장이 있어왔다.

1980년대의 통일논의

한국교회의 통일논의가 새로운 단계로 발전한 것은 전술한 바와 같은 1980년대 이후라고 볼 수 있다. 남북한의 유엔 동시 가입과 탈 냉전, 중국과 구 소련의 개방 등 세계정세의 변화와 소위 북방외교라는 이름의 대 공산권과의 적극적 외교노력 등 일련의 국내상황의 변화는 통일에 대한 국민적 관심을 불러 일으켰다. 이러한 국내외의 변화 속에서 한국교회는 민족통일을 교회적 과제로 인식하기 시작하였다. 그러나 사실은 이 보다 더 중요한 인식의 전환에 계기를 준 것은 통일 없는 민주화, 민주화 없는 통일은 사실은 의미가 없다는 인식 때문이었다. 한국의 진보적 인사와 그 교회들은 1970년대 이후 민주화와 사회정의를 교회의 최우선적 과제로 삼고 유신체제에 저항하거나 투쟁해왔다. 그것이 비록 낙관주의적 기대였으나 유신체제만 무너지면 민주화가 실현될 것으로 기대하였다. 그러나 예기치 못했던 군부 정권이 수립되었다. 이러한 상황에서 한국의 민주화가 이루어지지 못하는 근원적 이유가 국가안보의 위협을 구실로 한 권력구조에 있으며, 그 근원은 분단과 남북 상호 간의 적대적 관계에 있기 때문에 분단의 극복, 곧 통일은 진정한 민주화의 길임을 인식하기 시작한 것이다. 말하자면 민주화운동은 통일운동과 분리될 수 없으며, 통일운동은 민주화운동의 연장선상에서 이해하게 된 것이다.

이러한 이유 때문에 70년대까지 민주화운동에 진력하던 교회가 80년대 이후 통일운동을 교회적 과제로 인식하였고, 그 동일한 이유 때문에 진보적 인사와 그 교회들이 통일운동에도 적극적일 수밖에 없었다. 그 동안 통일 논의는 정권적 차원에서 관 주도의 제한된 범위 안에서 이루어졌으나 1980년대 이후 민간차원에서 통일논의가 시작되었는데 진보적 교회는 그 선두에 서 있었다.

관 주도의 통일논의에 대한 반발은 1972. 7.4 공동성명이 발표된 이후부터였다. 이때로부터 통일문제에 대한 공개적인 논의가 일기 시작했는데, 1980년 3월 기독교장로회는 '통일을 교회의 선교적 과제'로 천명하고 이에 대한 교회적 관심을 표명하였다. 1983년에는 한국기독교교회협의회(NCC)에 통일문제협의회가 설치되었고, 1985년 3월에 모인 NCC 제 34차 총회에서는 "한국교회 평화통일 선언"을 채택하였다. 이 선언에서는 통일운동의 주체를 민중으로, 통일운동의 방법을 평화적 통일로, 통일의 목표는 민주화와 정의사회 실현으로 규정하고, 분단의 고착화를 묵인했던 교회의 죄책을 포함하고 있었다. 대한예수교장로회 통합측은 1986년에 모인 제37회 총회에서 "대한예수교장로회 신앙고백서"를 채택했는데 이 고백서에서는 화해라는 관점에서 평화적 통일에 대한 사명을 언급하였다. 이러한 일련의 과정을 거쳐 한국 기독교 교회 협의회(NCC)는 1988년 2월 29일 '민족의 통일과 평화에 대한 한국 기독교 선언'을 채택했다. 이것은 통일 문제에 대한 기독교계의 관심과 통일론을 보여주는 '획기적'인 문서였다. 획기적이라는 의미는 이 선언은 민간 차원에서 발표된 최초의 통일정책 선언이었으며, 그 이후의 통일운동의 중요한 근거를 마련하였다는 점에서 긍정적인 측면과, 그 이전의 통일론과는 다른 매우 진보적 혹은 급진적 성격을 지니고 있다는 부정적 측면, 그 양자적 의미에서 하는 말이다.

이 선언의 내용은 이미 잘 알려져 있지만 통일 원칙에 7.4 공동성명에서 언급했던 '자주, 평화, 민족 대단결'에 인도주의 원칙과 민족 구성원 전체의 참여 원칙을 삽입하였고, 분단의 극복과 통일성취를 위한 구체적인 방안으로 남북한 상호간의 적대감정의 해소와 민족 동질성 회복, 남북한 평화 협정 체결, 주한 미국 철수, 핵무기의 철수와 군비감축 등을 들었다. 그리고 이 선언에서는 오늘과 같은 한반도의 분단은 세계의 정치구조와 이념체계가 낳은 죄의 열매임을 전제하고 분단 상황에서 한국 기독교가 범해온 반공(反共) 이데올로기를 우상화 해온 점을 고백해야 한다고 주장하였다. 이 선언에서 특히 긴장완화와 평화증진을 위한 조치로 휴전협정을 평화협정으로 전환하는 문제, 미군의 철수를 주장한 점, 군축, 비핵화를 강조한 점, 그리고 해방 50주년이 되는 1995년을 '평화와 통일의 희년'으로 선포한 점 등이 논란을 불러왔다. 일반적으로 이 선언서는 1970년대 인권운동과 마찬가지로 통일을 1980년대 기독교회가 감당해야 할 선교적 과제로 인식함으로써 기독교계 뿐만 아니라 한국 사회 전체에 통일논의를 보다 구체화하는 계기를 만들었다는 평가를 받고 있다.

그러나 보수적인 교회는 이 선언의 급진적 성격에 대해 문제점을 제기하였다. 사실 이 선언에 대한 반발은 보수적 교회에서만 제기된 것은 아니다. NCC 가맹교단에서 조차도 거센 반발이 일어났다. 대한예수교장로회(통합)

'북한전도 위원회'는 비공개로 모인 간담회에서 이 선언에 대해 3가지 문제점을 지적하였다. 첫째, 이미 총회에서 논란이 된 바 있는 미군철수문제를 다시 주장한 점, 둘째, 북한의 교회 실체를 인정한 점, 셋째, 북한이 주장한 핵문제에 견해를 같이 한 점 등에 대하여 심각한 우려를 표명하였다. 대한예수교장로회(통합)의 기관지인 『기독공보』는 1988년 3월 19일자의 "어리석은 꿈에서 깨라 - KNCC의 결의와 북괴의 지지 담화"라는 제목의 사설에서 "… 북한공산정권을 적대시한 것에 대해 죄를 고백한다고 하니, 그럴 수 없는 망말이다. '남북한'이라는 이름아래 북한에 대해서는 자극하지 않으려는 의도 아래 죄는 숨겨주고, 남쪽은 한껏 비방할 뿐 아니라 모든 책임을 남쪽에 돌리는 왜곡된 말장난에 그친 이번 결의문을 볼 때 격분하지 않을 수 없는 것이다. … 월남과 같이 고스란히 북괴에 이 나라를 내어주자는 뜻인가? 침략적 군비를 북쪽에서는 크게 비축하고 있는데, 방어를 위한 군비마저 우리는 갖지 말자는 말인가?" 라고 반발하였다.

이 선언의 '획기적' 성격 때문에 보수적인 단체와 교회의 반발이 있었던 점은 어쩌면 당연한 것이라고 할 수 있다. 전체적으로 보아 보수적인 교회는 이 선언의 많은 내용이 북쪽의 주장과 일치하고 있어 상당한 오해의 소지를 안고 있다고 보았고, 현실을 무시한 지나치게 성급한 주장이라고 인식하고 있었다. 특히 미군철수문제가 그러했다. 비록 이 선언이 "평화협정이 체결되고 남북한 상호간의 신뢰회복이 확인되며, 한반도 전역에 평화와 안정이 국제적으로 보장되었을 때" 라는 단서를 붙이긴 했으나 이와 같은 전재가 충족될 것인가에 대해 의문을 제기하고, 결국 이것은 현실성 없는 주장으로 받아드렸던 것이다.

KNCC는 약 10년 전인 1977년 2월 7일 주한미군철수를 반대하는 서한을 카터 대통령에게 보낸 일이 있는데 그때와 조금도 변화된 것이 없는 상황에서 미군철수를 운위한 것은 납득할 수 없다는 견해였다.

이 선언에 대해서 보수적 교회와 단체들에 의해 반대성명서가 발표되었다. 한국기독교 실업인회 중앙위원회는 3월 17일 '우리들의 주장' 이라는 성명서에서 통일선언이 마치 한국교회 전체의 의사를 대표하는 것으로 이해되어서는 안 된다는 점을 지적하고 미군철수, 비핵화를 거론하는 것은 북한의 대남, 적화통일논리와 맥을 같이 한다고 비판하였다. 또 한국개신교교단협의회는 3월 23일자로 발표한 '민족통일과 평화에 관한 한국기독교교회 협의회의 선언에 대한 개신교 교단들의 입장'에서 통일선언은 결코 한국개신교 전체의 의견으로 볼 수 없으며 남침야욕이 상존하는 현실에서 미군철수 주장은 타당성이 없고 민중주도 통일론은 인정할 수 없다고 주장했다. 또 북한독재에 대해서는 의도적으로 침묵하고 있는 점과 이 선언에 대한 북한의 호의적 반응에 대한 견해를 물었다. 한국복음주의 협의회가 3월 30일자로 발표한 'KNCC 통일론에 대한 복음주의의 입장'은 보수적인 교회의 입장을 잘 대변하고 있다. 이 문서에서는 6가지 문제점을 지적하였다. 첫째, 평화운동을 정치적인 운동으로 인식하는 것에 동의할 수 없다. 둘째, 북한교회의 실정을 정확하게 파악하지 못하고 있다. 셋째, 한국교회의 선교적 전통과 활동을 민족해방운동의 일환으로 보는 것은 잘못이다. 넷째, 한국기독교 교회협의회가 한국교회 전체를 대표, 대변하는 듯한 자세를 취하는 것은 옳지 않다, 다섯째, 미군철수 등은 결과적으로 국제여론을 북한에 유리하게 해준다. 여섯째, 민주주의, 공산주의 이데올로기를 동등하게 평가하는 것은 받아드릴 수 없다고 지적하였다.

한국기독교 남북문제 대책협의회가 4월 19일 발표한 '남북통일 논의에 대한 우리의 견해'도 이와 유사한 지적을 하고 있다. 이상과 같은 보수적인 혹은 복음주의적인 교회와 단체 외에도 김명혁 교수의 견해는 한국의 복음주의 교회의 입장을 가장 잘 대변하고 있다. 1988년 3월 19일자『크리스챤신문』에 기고한 글에서 그는 긍정적인 평가와 함께 7가지 문제점을 지적하였다. 첫째, KNCC의 선언문은 시종일관 양대 이데올로기로 갈라진 국제정세의 현실을 무시하고 소박한 민족주의적 낙관론에 입각한 평화통일을 표명했다. 둘째, 신학적으로는 사회구원과 민중, 또는 민족의 해방을 표방하는 WCC 에큐메니칼 신학의 평화 이데올로기에 입각한 평화통일론을 전개하였다. 셋째 자유세계의 이데올로기와 공산이데올로기를 동등하게 평가하는 듯 하다. 넷째, 남북분단의 책임을 일방적으로 남한 독재정권에만 돌리고 있다. 다섯째 북한 공산주의 세계를 정확하게 파악하고 있다고 볼 수 없다. 여섯째, 남한 그리스도인들이 북한동포에 대한 증오심을 키워왔다는 점은 사실로 받아들일 수 없다. 일곱째, 핵무기 철거 주장은 현실을 무시한 성급한 주장이다.[81]

1990년대 통일논의에 대한 복음주의교회의 입장

복음주의 교회는 그 이후의 NCC를 중심으로 한 남북한 교회의 대화와 접촉, 그리고 일련의 통일운동에 대해서도 견해를 달리하였다. 1988년 4월 인천에서 모인 '세계 기독교 한반도 평화 협의회'에서는 한국 기독교 교회 협의회의 '민족의 평화와 통일에 관한 한국 기독교 선언'에 동의하면서 이산가족 문제 해결을 위한 UN 차원에서의 노력을 요청하고 남북한 간의 긴장완화를 위해 군사훈련의 중지와 핵무기의 제거 등을 한반도의 평화적 통일을 위한 시급한 과제로 천명하였다. 또 1988년 11월에는 세계교회협의회(WCC) 주선으로 남북 기독교 대표가 분단 40년만에 처음으로 11월 23일에서 25일까지 스위스 글리온에 모여 대좌하고 '글리온 선언'(Glion declaration on peace and the unification of Korea)을 발표하기에 이르렀는데, 이것은 분단이후 최초의 남북 교회 인사들의 대화였다는 점에서는 의미 있는 상봉이었다. 1988년의 선언 이후 계속된 통일논의는 1990년을 경과하면서 남북 교회간의 교류가 빈번

---

81) 이 때에 발표된 김명혁의 주장과 함께 통일논의에 대한 복음주의적 입장에 대해서는, 김명혁, 『한국교회 쟁점 진단』(규장, 1999), 370-389를 참고할 것.

했는데, 몇 가지 예를 들면 1990년 7월 일본 동경에서 열린 '한국의 평화통일과 선교에 관한 기독교인 동경회의'(이 때에는 한국의 NCC 관계자와 북한의 기독교 연맹의 고기준 목사 등이 참가하였다), 1991년 2월 호주 캔버라에서 열린세계교회 협의회(WCC) 제7차 총회에 북한의 조선 기독교 연맹대표 4명(조선 기독교연맹 서기장인 고기준, 조직부장 리천민, 국제부장 엄영선, 지도원 김형덕)이 참관인 자격으로 참가한 일, 그리고 이때 참석한 북한의 대표들이 남한교회 대표들과 자연스럽게 대좌하였고 2월 17일에는 호주 연합교회(Uniting Church of Australia) 주관으로 시드니 연합 신학교(United Faculty of Theology)에서 남북교회 합동 강연회를 개최한 일 등을 들 수 있다. 이상과 같은 통일논의는 진보적 기독교 인사들, 곧 한국기독교교회협의회 가맹 교단 중심의 활동이었다. 따라서 지금까지의 한국교회의 통일논의는 복음주의적 교단들이 참여하는 보다 넓은 의미의 한국교회적 합의에 의한 논의라기보다는 진보적 교계 인사들의 일방적 논의였다고 할 수 있다.

 이러한 진보적 교회와 그 기관의 통일논의에 대해서 복음주의 교회는 3가지 점에서 문제를 제기해 왔다. 첫째, 남한의 한국 기독교 교회협의회(NCC)가 북한의 '조선기독교연맹'을 북한교회를 대변하는 유일한 창구로 인정하고 이들과 대화하는 것은 문제가 있다는 지적이다. 아무리 미화된 표현을 쓰더라도 '조선 기독교 연맹'은 1946년 11월 28일 '북조선 기독교도 연맹'이란 이름으로 조직되어 북한의 기독교세를 약화, 제거하기 위한 어용적인 정치성향의 단체로 출발하였고, 1970년에 재정비, 오늘에 이르고 있다. 지금 NCC가 대화창구로 접촉하고 있는 북한의 '조선기독교연맹'이 진정한 의미의 기독교 연맹인가, 그리고 그들이 진정한 기독교인인가에 대해서 보수적인 교회는 의문을 제기하고 있다. 그간 발표된 글과 정보들을 종합해 볼 때 기독교 연맹을 대표했던 고기준 목사는 매우 정치적이었으며 정치적 성향을 노골적으로 표현하였다. 다시 말하면 김일성 우상화에 동조하는 정치적 발언은 조선 기독교 연맹이 북한 기독교회의 조직체라는 주장에 상당한 불신감을 더해주었다. '조선 기독교 연맹'이 북한 기독교회를 대표하는 조직이 아니라 김일성 정권의 하부 조직에 지나지 않는다면 NCC가 단일 창구로 접촉하고 있는 조선 기독교 연맹과의 교류는 사실상 무의미하다. 그 심각성이란 남북교회의 교류는 물론 통일 운동에 아무런 도움을 주지 못한다는 점이다. 북한에 어용 기독교단체와 무관한 지하교회가 존재하고 있음을 고려한다면 문제는 더욱 심각하다. 결국 NCC의 조선 기독교 연맹과의 교류는 정치적으로 이용될 뿐이며, 동시에 진정한 기독교회인 지하교회에 대한 배신이라는 주장이었다.

둘째, 그간의 통일론이 현실을 고려하지 않는 급진적이었다는 점이다. 이 점에 대해서는 NCC 가맹교단까지 문제를 제기 바 있고, 이 점 때문에 범 교회적 공감을 얻지 못했다. 그간의 통일론은 한국교회 전체가 공감하고 수용할 수 있는 통일론을 제시하지 못하고 제한된 소수의 교회만이 수용할 수 있는 통일론을 주장함으로써 결과적으로 통일논의의 분열을 초래했다고 볼 수 있다. 또 통일운동을 1970년대의 인권운동, 민주화운동, 반체제 운동 선상에서 이해함으로서 남한 정부에 대해서는 공격적 입장으로 정부와 맞서야 하고 북한 정부에 대해서는 유화적 입장에서 교류와 대화를 유지해야 한다는 입장을 견지했다. 남한보다 더 독재적 정권이며 반민중적 정권인 북한 정권에 대해서는 지나치게 유화적이었다. 이점은 문익환의 방북과 김일성과의 대좌에서도 나타난다. 이것은 북한과의 대화 창구 유지에 급급한 나머지 김일성(김정일) 개인 우상화를 핵으로 한 주체사상에 기초한 북한정권을 어쩔 수 없는 실체로 수용한 것이라고 볼 수 있다. 그러나 이점은 복음적인 교회의 공감을 얻지 못했다.

셋째, 통일논의를 한국교회가 감당해야할 지상(至上)의 과제인 것처럼 주장하는 통일지상주의(統一至上主義)나 통일은 모든 문제를 해결해 주는 것으로 여기는 통일만능론(統一萬能論)는 보수적인 교회의 지지를 얻지 못했다. 민족 통일은 우리 민족의 최대의 과제인 것은 분명하다. 그러나 한국교회가 통일 문제를 선교적 과제로 인식하고 통일이 모든 문제를 해결해 주는 교회의 지상 과제로 이해하는 것에 대해 비판적이었다. 진보적 인사들은 통일자체를 선교로 보고, 마치 정치, 경제, 사회, 인권 등 모든 문제가 분단에서 기인 하였으므로 통일만 되면 모든 문제가 자동적으로 해결될 것으로 주장하는 데 이것은 인간 본성과 사회구조를 지나치게 단순화하는 낙관론적인 견해라고 할 수 있다. 복음주의 교회는 통일만 되면 모든 문제가 자동적으로 해결된다는 주장이나, 통일이 한국교회가 감당해야 할 지상의 과제인 것처럼 주장하는 통일지상주의, 양자는 다 경계해야할 것으로 이해하였다.

맺는 말

한국 기독교교회협의회(NCC)를 중심한 관계자들이 한국교회의 통일논의를 주도한 선구자적 역할은 인정한다. 그러나 복음주의교회가 수용할 수 없는 '급진적' 통일논의나 조선 기독교도연맹과의 교류는 진정한 의미에서의 남북교회의 교류와 통일 운동에 장애가 될 수도 있다는 점에서 보수적 교회는 부정적인 입장이었다. 진보적 교회가 지나치게 '획기적'인 것에 집착하지 말고 보수적 교회까지도 포용할 수 있는 대승적 통일논의를 추구하는 것이 바람직하다. 이제는 급진적인 통일론이 중요한 의미를 가졌던 과거와는 달리 국민적 합의에 기초한 통일운동이 필요한 시기가 되었다. 이런 점들을 고려해 볼 때 한국교회의 통일논의는 재야나 급진적 정치집단의 통일론과는 어느 정도 거리를 두고 한국교회의 보수와 진보, 양측으로부터 호응을 받을 수 있는 통일론의 대 연합을 추구해야 한다. 진정한 통일운동의 전개를 위해서는 우선 범 교회적 합의를 이끌어 내고 그 바탕 위에서 통일론을 전개하는 보다 합리적 방안을 강구해야 한다. 이점은 통일 이후의 분열과 대립을 지양하고 하나의 교회를 지향하는데도 유익한 건설적 기여가 될 것으로 보기 때문이다.

  동시에 복음주의 교회와 지도자들은 오늘의 분단된 현실에 대한 이해와 평화 통일에 대한 구체화된 노력 없이 냉전 이데올로기에 매몰되어 통일문제에 대한 방관자적 태도를 견지해 온 점에 대해서는 겸허한 반성이 있어야 할 것이다.

8. 기독교는 한국에 어떤 기여를 했을까?

해방 60주년을 맞으며 기독교가 한국 사회와 현실에 어떤 역할과 기여를 했는가를 점평해 보는 일은 한국교회의 사회적 역할을 헤아려보는 일인 동시에 한국교회의 역사를 반성적으로 평가해 보는 계기가 될 것이다. 원론적으로 말해서 기독교회는 그 처한 사회에 영향을 주고 변화를 주어야 한다는 소위 '사회적 기여' 임무가 기독교회의 존재의 일차적인 목적이라고 볼 수는 없다. 문화적 사명이 전도의 사명보다 우선할 수 없기 때문이다. 그러나 전도명령이 문화적 사명과 완전히 분리될 수도 없다. 기독교회는 이 땅에서의 하나님의 나라의 도구인 구원의 방주로 존재하지만, 그럼에도 불구하고 기독교회의 교의와 가르침, 그리스도인들의 사회적 활동은 그 처한 역사적 상황에 직간접적으로 영향을 줄 수밖에 없기 때문이다. 기독교가 그 역사적 현실에서 그 사회에 어떤 기여를 해야 하는가 소위 전도와 문화적 사명에 대해서는 아브라함 카이퍼(Abraham Kuyper, 1837-1920)와 클라스 스킬더(Klaas

Schilder, 1890-1952) 간의 견해차, 특히 카이퍼의 '일반 은총론'을 비판한 스킬더의 『그리스도와 문화』(Christus en Cultuur) 속에 잘 드러나 있다. 전도행위가 문화적 사명 수행인가? 아니면 문화적 사명 수행이 전도행위를 포함하는가에 대한 논의는 우리의 흥미를 자극하지만 이 견해차에 대한 설명이 이 글의 목적이 아니다.

기독교의 윤리, 그리스도인들의 삶의 양식, 혹은 사회적 활동(social action)은 하나의 신념체계를 지닌다. 기독교는 비록 신국 윤리(Kingdom ethics)를 가르치지만 그것이 우리 사회의 보편적 가치나 도덕 혹은 윤리와 배치되지 않고 도리어 그것을 포함하면서 그 이상의 고등한 가치를 지니기 때문에 기독교회가 한국 사회 발전에 적지 않은 영향을 끼친 점은 부인할 수 없을 것이다.

문제와 과제: 기독교회와 사회

그렇다면 1945년 해방 이후 한국교회와 그리스도인들은 한국사회에 어떤 영향을 주었으며 어떤 기여를 했을까? 대단히 흥미로운 주제이지만 이 지면에서 구체적으로 논의하기에는 여러 한계가 있다. 우선 '한국기독교' 혹은 '한국교회'라고 할 때 교파나 교리적인 차이 외에도 진보나 보수 등 상이한 신학적 견해차가 있기 때문에 한국교회를 하나의 일관된 조직이나 체계로 말할 수는 없다는 점이다. 특히 기독교 전래 초기는 신학적 다양성이 드러나지 않았으므로 '한국기독교'라는 용어가 가능했으나 해방 이후에는 교파적, 신학적 다양성 때문에 통일된 한국 기독교라는 지칭이 불가능하다. 또 한국기독교회가 한국 사회에 어떤 기여를 했는가를 말할 때 기여나 역할, 영향력 등은 과학적 수치로 측정할 수 없다는 점이다.

그러나 우리의 공통된 인식에 근거하여 말할 때 한국교회는 해방 후 한국 사회에 가장 큰 영향을 끼친 집단이라는 점은 부인하기 어렵다. 해방 후 한국교회를 구성하는 기독신자는 해방 당시는 30만 명에 불과했으나, 1960년대 이후 급속도로 증가되어 한국 사회의 주도적인 집단으로 성장했다. 해방 10년이 지난 1955년에는 60만명으로 증가되었고, 1965년에는 120만명, 1975년에는 전 인구의 10%에 해당하는 350만명에 달했다. 1985년에는 800만명, 1995년에는 약 1천만명에 달했고, 2005년에는 비록 성장이 정체되었다고 하지만 통계청의 인구주택 총조사에 따르면 861만명으로 전체인구의 18.3%에 해당한다.[82] 1995년의 인구주택총조사 결과에 비해 1.6% 감소한 결과이지만 기독교신자는 여전히 한국사회의 주도적 집단이라는 점을 부인할 수 없다. 이 점은 한국기독교가 우리 사회 전반에 영향을 주고 있음을 반증한다. 물론 관점에 따라서는 부정적인 측면도 없지 않지만, 역사적으로 말하면 기독교회는 그 처한 상황에서 윤리적 가치의 고양, 인권과 자유, 개화와 계몽, 민주화와 산업화 등에 결정적인 영향을 주었다. 이 점은 기독교가 소개된 한국을 포함한 아아(亞阿)제국의 경우에서 분명하게 드러났다.

기독교회가 그 처한 상황에서 어떤 영향을 주었던가 하는 문제를 처음으로 논구한 학자는 독일의 고대교회사학자 아돌프 하르낙(Adolf Harnack, 1851-1930)이었다. 그는 그의『초기 3세기 동안의 기독교회의 선교와 확장』(The Mission and Expansion of Christianity in the First Three Centuries)이라는 책에서 기독교가 그 시대 사회에 어떤 영향을 주었던가를 검토하였다. 최근에는 켐브릿지의 부르스 윈터(Bruce W. Winter)가『그 도시의 복지를 구하라』(Seek the Welfare of the City)라는 책을 통해 제1세기 그레꼬-로망사회에서 기독교와 그리스도인이 감당했던 역할을 연구한 바 있다. 그는 그리스도인들은 기독교가 지향하는 그 본래적 가치체계 때문에 그 시대에서 "시민으로서 그리고 동시에 시혜

---

82) 2006년 6월 25일 통계청이 발표한 '2005 인구주택총조사 전수집계 결과(인구부분)'에 따르면 2005년 11월 현재 약4천7백만명의 한국인 중 종교를 가진 인구는 2천4백97만명으로 전체인구의 53.1%에 해당한다. 이중 불교 인구가 22.8%(1천72만명)로 가장 많았고, 기독교가 18.3%(8백61만명), 천주교가 10.9%(5백14만명)으로 집계되었다. 흥미로운 점은 천주교는 1995년에 비해 4.3% 증가한 반면, 개신교신자는 1.6% 감소한 점이다.

자(施惠者)로서"(Christians as citizens and Benefactors)의 기능을 감당해 왔다는 점을 지적한바 있다. 기독교적 가치에 철저한 그리스도인들과 교회 공동체는 항상 그 시대의 사랑과 자비의 시혜자들이었고, '공공의 유익'(usui publico)은 초기 그리스도인들로부터 시위되는 사회적 삶의 양식으로 이해되었다. 역사적으로 볼 때 한국에서의 기독교회도 한국 사회와 문화에 커다란 영향을 주었다는 점에 대해서는 거의 모든 논자들이 일치하고 있다.[83]

이 글에서는 해방 이후 한국의 역사 속에서 그리스도인 혹은 기독교회의 역할 혹은 기여에 대해 정리해 두고자 한다. 한국의 기독교회라고 말할 때 교파나 신학적 차이는 고려하지 않았고, 일반적으로 인식하는 광의의 기독교 공동체를 의미한다. 이 글의 성격상 부정적인 측면에 대해서는 언급하지 않았다.

정신적 근대화, 윤리적 가치 고양

앞에서도 말했지만 한국기독교가 한국 사회에 끼친 다양한 영향에 대해서는 여러 논자들이 인정해 왔다. 한국의 개화, 계몽, 민권운동, 민족주의, 자주와 항일정신 등은 기독교의 전파나 수용과 무관하지 않다. 실지로 한국에서 기독교는 서구문명의 전파자, 곧 문화선전자(Kulturpropagandisten)로서[84] 서구문화의 수용과 전파, 교육과 의료, 시민의식 민주의식의 형성, 구습의 타파, 그리고 시장경제 의식 등 근대 한국형성에 주효한 영향을 끼쳤다. 경제학자 박동운은 『세상을 움직이는 힘』이라는 저서에서 기독교는 시장경제를 지지한다는 점을 지적하고 경제학자 하이에크(Hayek)를 인용하면서

---

83) 이 점을 보여주는 대표적인 논문집으로는, 기독교사상편집부 편, 『한국역사와 기독교』(대한기독교서회, 1983)가 있다. 집필에 참여한 68명의 한국의 대표적인 역사가, 신학자, 사회운동가, 여성지도자들은 기독교가 근대 한국사회 형성에 상당한 영향을 행사했음을 지적하고 있다.

84) 김영재, 『한국교회사』(이레서원 2004), 81.

"기독교는 시장경제의 핵심 내용인 재산과 가족의 중요성을 강조함으로서 세계 종교로 발전할 수 있었다."고 지적했다.[85] 한국에서도 다르지 않았다. 기독교는 한국에서의 경제발전에도 영향을 주었다. 그래서 홍의섭의 지적처럼 기독교는 근대한국사의 혁명이라고 할 수 있는 변화의 매체로서의 기능을 감당했다.

한국에서의 기독교는 고대 헬라-로마 사회에서와 마찬가지로 '그 도시의 복지'(τὸ τῇ πόλει συμφέρον)에도 무관심하지 않았던 것이다. 이 점은 해방 이후도 마찬가지이다. 오늘 우리는 의식하던 의식하지 못하던 기독교회가 이 나라의 역사 속에 남겨준 정신적 유산을 누리며 살고 있다.

한국 기독교가 남긴 가장 중요한 유산은 정신적 근대화라고 할 수 있다. 근대화(近代化, modernization)란 사전적으로 말하면 "정치·경제·문화 등의 사회생활의 제 분야와 그것들을 포함한 사회전체 및 그 안에서 생활하는 인간의 의식과 행동이 합리적, 계획적, 혹은 조직적인 성질을 강화해가는 과정"이라고 정의할 수 있는데, 서구 역사에서 보여주듯이 전 근대적 상태에서 근대적인 상태로의 변화의 과정을 의미한다. 경제적 측면에서 말하면 중세봉건사회에서 근대자본주의 사회로 이행하는 과정을 의미하지만, 정신적 근대화란 경제 분야에만 국한되지 않고 정치, 사회, 문화 전반에 있어서 보다 계몽된 보편타당한 가치를 구현하는 정신 운동을 의미한다. 기독교가 한국에 소개되는 19세기 말이나 20세기 초의 개화와 계몽만이 아니라 해방 이후에도 한국기독교는 선교교육, 의료, 사회활동을 통해 한국사회 전반에 정신적 변화를 이끌어 갔고, 기독교는 서양의 근대문명을 수용하는 길을 닦아 주었다. 유럽에서의 경우 근대화의 과정에서 프로테스탄티즘은 커다란 영향을 끼쳤는데, 특히 경제적인 측면에서는 막스 베버(Max Weber)의 『프로테스탄티즘의 윤리와 자본주의 정신』에서 잘 해명되었다. 한국에서의 경우에서

---

85) 박동운, 『세상을 움직이는 힘』(삼영사, 2006), 184, 197.

도 기독교는 근대적 사회제도나 서양 문물의 도입만이 아니라 유교적 가치체계, 곧 권위주의적 왕조체계, 삼강오륜적 사회규범, 차별적 신분구조를 타파하고 수평적 시민사회 형성에 기독교의 가르침이 영향을 주었다. 우리 사회의 수직적 관계, 가부장적 사회구조, 남존여비적 차별은 유가적(儒家的) 가치가 가져온 흔적이었으나 기독교는 이런 의식의 전환에 기여한 것이 분명하다.

해방 이후에도 여전히 기독교회나 선교부가 운영하는 학교, 병원이 이 나라 교육, 의료, 보건 분야에 커다란 영향을 주었다. 넓은 의미에서, 기독교는 한국의 사회발전과 문화 전반에 광범위한 영향을 끼쳤다고 할 수 있다. 이 점을 학문적으로 제시한 사람이 어네스트 피셔(J. E. Fisher)였다.[86] 그는 기독교가 한국에 끼친 가장 중요한 영향이 교육을 통한 민주주의의 전달이라고 말했다. 그는 포괄적으로 기독교학교 교육을 통해 서구적 민주의식을 전수 받고 이런 의식이 한국의 정신적 근대화에 크게 이바지 했다고 지적했다.

고 홍의섭교수는 기독교가 한국에 끼친 영향으로 자본주의 정신, 민주주의의 수용기반 확보, 일제 하에서의 항거정신, 유교주의 비판, 사회사상으로의 전개를 들었다.[87] 오늘 우리가 누리는 서구적 의미의 정신적 유산은 기독교를 통해 전수되고 전파된 것이라고 할 수 있다. 비록 오늘의 한국교회가 우리 사회에 윤리, 도덕적 귀감이 되지 못한다는 세간의 비판이 없지 않지만 역으로 이만큼의 도덕, 윤리적 질서를 견지하게 된 것은 기독교의 영향이라고 할 수 있을 것이다.

---

86) 이 점에 대해서는 J. E. Fisher, *Democracy and Mission Education in Korea* (NY: Columbia University, 1928)를 참고할 것.
87) 홍의섭, "한국현대사와 기독교," 『한국역사와 기독교』, 12-20.

인권과 민주적 가치 고양

　해방 후 한국의 기독교회가 우리 사회에 준 또 다른 기여는 인권과 민주적 가치를 고양시켜 주었다는 점이다. 필자가 다른 글에서 이미 지적했지만 1945년 해방은 우리에게 3가지 과제를 안겨주었다.[88] 첫째는 식민지적 삶과 역사를 청산함으로서 민족정기를 바로 잡는 일이었고, 둘째는 자유, 인권, 민주, 복지국가의 건설, 곧 민주화를 실현하는 일이었다. 셋째는 우리 민족 최대의 과제인 외세에 의한 분단의 근원적 해결, 곧 민족통일이 그것이다. 해방과 함께 분단된 현실에서 주어진 이 3가지 과제는 우리가 해결해야 할 민족적 과제였고 지난 60년간 민족의 심혼(心魂)을 안고 씨름했던 문제이기도 했다. 해방 후 60년간 수다한 일들이 있었지만 우리나라가 지향해 왔던 목표는 따지고 보면 친일청산과 함께 민주화와 통일에의 추구였다고 할 수 있을 것이다. 친일청산은 효과적으로 이루어지지 못했으나 인권과 민주화 혹은 산업화는 어느 정도 목표를 달성했다고 할 수 있다. 분단의 해결을 위한 노력은 발전적으로 전개되었으나 통일은 여전히 미완의 과제로 남아있다. 이런 여정 속에서도 한국의 기독교회가 인권회복, 민주화운동, 그리고 통일운동을 주도하였고, 민간차원에서의 통일 논의를 촉발시켰다.

　특히 1960년대 이후 한국교회는 천부적 인권(人權)을 주창하고 민주적 가치를 고양하는데 기여하였다.[89] 우리는 유교적 배경과 일제의 군국주의적 국가주의 하에서의 경험 때문에 기독교적 배경에서 생성된 서구적 가치라고 할 수 있는 개인주의와 자유주의에 대한 이해가 부족했다. 즉 국가권력에 의해 인권은 제한될 수 있다고 보았고, 박정희, 전두환, 그리고 노태우 정권으로 이어지는 군사정권 하에서 보편적 가치로서의 인권은 무시되거나 경

---

88) 이상규, "해방 후 한국교회의 민주화 운동과 통일운동," 『한국기독교의 역사』 제4호 (한국기독교역사연구소, 1995), 77-83.

89) 이 점에 대한 보다 광범위한 연구는 조승혁, "민주화와 한국교회의 역할," 『한국사회 발전과 민주화 운동』한국기독교산업개발원 편 (장암사, 1986), 165-270를 보라.

시되었다. 특히 박정희 정권은 수출 주도형의 경제정책을 추진하면서 국가 발전을 위해서 노동자의 인권은 유보될 수 있다는 입장이었다. 이런 상황에서 구조적으로 인권은 경시되었다. 노무현 정권 하에서 북한 주민의 인권에 대한 무관심도 동일한 맥락이다.

이런 상황에서 한국기독교는 인간의 주권과 존엄성을 강조하고, 인권문제에 관심을 기울이기 시작했다. 1970년 11월 13일 청계천 동평화시장의 노동자 전태일의 분신은 한국교회가 노동자의 인권문제의 심각성을 자각하는 계기가 되었고, 이 때부터 도시산업선교회, 빈민선교회 등을 통해 노동운동 현장에서 인권운동을 전개하게 된다. 이런 일련의 과정 속에서 한국기독교회는 인권의 천부적 가치를 환기시켜주고, 인권문제에 깊이 관여하게 된다.

민주적 가치는 기독교의 전래와 함께 소개된 서구적 가치였다. 한국의 그리스도인 혹은 교회공동체가 처음으로 민권 혹은 민주주의 정신을 소개한 것은 독립협회에 가담한 때부터였다. 미국 북장로교회 선교부 스피어(R. E. Speer) 총무는 이 점에 대해 이렇게 썼다. "독립협회 활동을 지도하는 이는 기독교인이다. … 기독교는 본질적으로 해방시키는 종교이다. 따라서 기독교 정신은 민주 정부(free government)와 대중적 기구들(popular institutions)을 수립하게 한다."[90]고 했다. 스피어가 해명한 바처럼 기독교는 전래초기부터 민주의식과 민주주의적 가치를 일깨워 주었다.

해방 이후 한국교회는 이승만 대통령이 기독교인이라는 이유만으로 그를 맹목적으로 지지했으나, 4.19 혁명을 계기로 커다란 충격을 받고 자기 반성의 계기로 삼게 된다. 그 결과 1960년대 이후 정치권력에 대해 일정한 거리를 두고 보다 객관적으로 평가하기 시작한다. 1964년의 한일회담 반대운동은 한국기독교의 사회운동의 시작이라고 할 수 있는데, 1960년대 후반의 주요한 정치적 쟁점이었던 1967년의 6.8부정선거, 1969년의 3선 개헌 반대 등

---

90) Robert Speer, *Mission and Politics in Asia*, 287.

과 같이 정치현실에서 한국 교회는 독재 권력에서 민주적 가치를 회복하고자 했다. 즉 그리스도인의 사회, 정치적 책임을 인식하기 시작한 것이다. 이와 같은 경향은 1970년대 심화되어, 1971년 대통령 선거를 전후한 민주수호운동과 부정부패 추방운동, 1972년의 10월 유신에서 1975년 5월의 긴급조치 9호에 이르기까지의 유신체제 반대운동 등을 통해 한국교회는 민주화운동을 전개하였다.

1980년 '서울의 봄'과 함께 진정한 민주정부의 실현을 기대했으나 전두환, 노태우 등 정치군인은 12.12사건이라는 사실상의 쿠데타를 통해 권력을 장악했다. 그리고는 5.18 광주 민주화운동에 대해 물리적으로 탄압했다. 이제 이전보다 더 심각한 군부통치가 자행되었다. 이런 상황에서 한국의 기독교회는 언론자유의 요구와 함께 민주화를 요구하기 시작했다. 정통성이나 도덕성을 지니지 못한 전두환 정권에 대한 기독교계의 저항은 논리적이었다. 한국기독교가 중심이 된 민주화의 요구는 6.29선언을 이끌어 냈고, 비록 민주세력의 분열로 다시 노태우가 권력을 장악했으나 한국교회는 한국 민주주의 형성 과정에 커다란 자취를 남겼다.

해방 후 한국 사회, 정치 현실에서 인권운동이나 민주화 운동은 진보적 교회가 주도하였고, 보수적 교회는 침묵하거나 묵종하는 경향을 보여주었는데, 이 일로 보수적인 교회는 한국 사회운동의 주도권을 상실했다.

한국교회의 민주화운동은 인간과 인간의 정치적 현실에 대한 교회적 관심과 책임을 일깨워 주었고, 사회구조나 제도에 대한 새로운 이해를 확립시켜 주었다. 즉 사회구조나 제도는 위계체계적인 존재의 사슬(Aristotle)로서 불변의 구조가 아니라 개변될 수 있는 것임을 일깨워 준 것이다. 한국교회는 많은 희생을 치르면서 한국의 정치현실을 변화시키고, 오늘과 같은 보다 민주적 사회로 발전시키는데 중요한 기여를 했다.

민족 통일을 위한 노력과 북한 주민에 대한 인도적 지원

분단된 현실에서 한국 사회가 안고 있는 가장 중요한 숙제는 통일이었다. 그러나 통일논의는 정부가 주도했고 민간차원에서 통일논의는 엄격하게 금지되었다. 말하자면 통일논의는 정권적 차원에서 정략적 필요에 의해 부분적으로 논의될 정도였다. 이런 상황에서 한국의 진보적 교회는 통일 없이는 민주화가 이루어질 수 없다는 점을 인식하게 된다. 그래서 1980년대부터 민주화운동의 연장선상에서 통일문제에 적극적으로 개입하게 된다. 즉 1980년대 전반기까지 한국교회의 관심사가 민주화였다면, 1980년대 후반 이후 통일문제는 교회의 중요한 관심사로 대두된 것이다.[91]

일반적으로 말해서 한국교회는 이승만의 단독정부의 불가피성을 현실로 받아드렸고, 해방 후의 공산주의(와 사회주의)에 대한 적대감, 특히 6.25전쟁을 통해 북한 공산주의의 실상을 체험했기 때문에 반공정신과 함께 평화통일에 대한 관심이 미약했다. 도리어 북진통일론(北進統一論)이나 북한 주민의 해방이라는 자유십자군적(自由十字軍的) 의식이 강했다. 북한은 사탄이 지배하는 지역이며, 학정과 굶주림 속에 시달리는 북한 주민을 속히 구원해야 한다는 반공통일론(反共統一論)이 주류를 이루었다고 볼 수 있다.

정부의 통일논의의 폐쇄성 때문에 자유로운 통일논의가 불가능했으나, 1972년의 7.4 남북 공동성명은 통일문제에 대한 교회의 관심을 환기시켜 주는 계기가 되었다. 한국기독교 교회협의회(NCC)를 중심으로 한 진보적 교회는 이 때부터 적극적으로 통일논의를 시도하였고, 분단의 극복, 곧 통일은 진정한 민주화의 길임을 인식하기 시작했다. 이런 인식에서 출발하여 결국 한국의 진보적 교회와 그 인사들은 1980년대 이후 민간차원의 통일논의에 있어서 그 선두에 서게 되었다. 그 일례가 1988년 2월 29일 한국 기독교

---

[91] 한국교회의 통일논의의 역사에 대한 자세한 논구는 이상규, "민족과 교회: 한국교회 통일운동에 대한 복음주의적 평가," 『성경과 신학』(한국복음주의신학회, 2005), 120-152.

교회 협의회(NCC)가 채택한 '민족의 통일과 평화에 대한 한국 기독교 선언' 인데, 이것은 통일 문제에 대한 기독교계의 관심과 통일론을 보여주는 중요한 문서였다. 이 선언은 민간 차원에서 발표된 최초의 통일정책 선언이자 그 이후의 통일론의 중요한 근거가 되었다. 물론 이 문서에 대해서는 보수, 진보 교회 간의 이견이 없지 않았으나 통일 논의를 새로운 단계로 발전시키는 계기가 되었다.

1988년 4월 인천에서 모인 '세계 기독교 한반도 평화 협의회'에서는 남북한 간의 긴장완화를 위해 군사훈련의 중지와 핵무기의 제거 등을 한반도의 평화적 통일을 위한 시급한 과제로 천명하였다. 또 1988년 11월에는 세계교회 협의회(WCC)주선으로 남북 기독교 대표가 분단 40년 만에 처음으로 11월 23일에서 25일까지 스위스 글리온에 모여 대좌하고 '글리온 선언'(Glion declaration on peace and the unification of Korea)을 발표하기에 이르렀는데, 이것은 분단이후 최초의 남북 교회 인사들의 대화였다는 점에서는 의미 있는 발전이었다. 그 이후 계속된 통일논의는 1990년을 경과하면서 남북 교회간의 교류를 가능하게 해주었는데 이것은 매우 중요한 발전이라고 볼 수 있다. 결국 이와 같은 한국교회의 통일논의는 남북 교회간의 교류로 발전하였고 결국 민간차원의 통일운동을 주도하여 왔다고 할 수 있다.

이상과 같은 통일논의는 주로 진보적 교회에 의해 추진되었지만 보수적 교회는 북한 주민에 대한 인도적 차원의 지원에 더 깊은 관심을 쏟았다. 1993년 시작된 '평화와 통일을 위한 남북나눔운동'은 보수와 진보가 함께 참여하는 북한 동포 지원단체로서 새로운 형태의 통일운동이라고 할 수 있다. 여러 보수주의 혹은 복음주의적 단체들이 참여한 북한에 대한 인도적 지원운동은 한국기독교의 인도적 사업이었고 북한 지원운동도 주도하게 된다.

복음주의 개인이나 교회, 혹은 단체의 통일에의 관심은 분단된 국토와 그 구성원의 통일이 아니라 북한 주민에 대한 인도적 후원과 북한 복음화에 더 큰 관심을 두었다는 사실이다.

정리하면 한국교회는 해방 후 우리 민족이 안고 있는 가장 중요한 숙제인 통일논의를 주도하였을 뿐만 아니라 북한을 돕기 위한 여러 기구의 창립, 탈북자를 돕기 위한 구체적인 지원을 통해 민족 화해와 통일에 기여했다.

맺는 말

해방 60주년 동안 한국교회가 기여한 것이 무엇인가라고 말할 때 위에서 제시한 몇 가지 외에도 한국의 기독교회는 "이 도시의 평안을 구하고," 여러 점에서 "공동의 유익"을 주었을 것이다. 그러나 해방 후 민족의 과제로 인식했던 점들과 관련하여 한국교회의 역할과 기여에 대해 살펴보았다.

오늘의 한국교회는 더 이상 소수 집단이 아니라 한국사회를 주도하고 여론을 형성할 수 있는 힘을 지니고 있고, 사회 일반에 영향력을 행사할 수 있게 되었다. 초기의 한국교회는 비록 그 구성원은 소수였으나 한국사회와 문화 형성에 크게 기여했었다. 이제 해방 60주년을 맞으면서 한국교회가 이 나라의 사회와 문화 현실에서 어떻게 뿌리내리고 기독교적 가치를 고양하며 한국 사회의 도덕적, 윤리적 귀감이 되며, 변화의 진원지가 될 수 있을 것인가를 진지하게 고민해야 할 때가 되었다고 생각한다.

| 부록 |

참고문헌과 색인

한국교회 역사와 신학

참고문헌

게자씨, 개혁주의(改革主義), 구세신문(救世新聞), 기독공보(基督公報), 기독교사상(基督敎思想), 기독교사상연구, 기독교 세계(基督敎 世界), 그리스도신문, 목회와 신학, 신앙생활(信仰生活), 신인(新人), 성경과 신학, 신앙과 신학, 신학사상(神學思想), 신학월보(神學月報), 신학지남(神學指南), 월간 고신(高神), 역사신학논총, 죠션그리스도인회보, 절제시보(節制時報), 파수군(把守軍), 한국기독교와 역사, 그리고 The Korea Misssion Field(KMF), The Korea Repository, The Korea Review, The Westminster Theological Journal 등 정기간행물과 미국북장로교(PCUSA), 미국남장로교(PCUS), 호주장로교(PCV)의 각종 선교보고서 들이 참고, 혹은 인용되었으나 유관, 권, 호를 본항에서는 생략함.

간하배, 『현대신학 해설』 개혁주의 신행협회, 1978.

간하배, 『한국장로교신학사상』 실로암, 1988.

강동진, 『일제의 한국침략정책사』 한길사, 1980.

姜在彦, 飯沼二郞, 『식민지 시대의 한국의 사회와 저항』 백산서당, 1983.

강창석, 『조선통감부 연구』 국학자료원, 1995.

고우포스, 조나단, 『1907년 한국을 휩쓴 부흥의 불길』 예수전도협회 출판부, 1995.

곽안련, 『한국교회와 네비우스 선교정책』 대한기독교서회, 1994.

게이저, J., 『초기 기독교 형성 과정 연구』 대한기독교출판사, 1980.

기독교사상편집부 편, 『한국역사와 기독교』 대한기독교서회, 1983.

길진경, 『영계 길선주』 종로서적, 1980.

김길성, 『개혁신앙과 교회』 총신대학교 출판부, 2001.

김남식, 『神社參拜と韓國キリスト敎會』, 聖惠授産所出版部, 1997.

김명혁, 『한국교회 쟁점 진단』 규장, 1999.

김승태, 『한말 일제 강점기 선교사연구』 한국기독교역사연구소, 2006.

_____, 『한국기독교와 신사참배문제』 한국기독교역사연구소, 1991.

김양선, 『한국기독교 해방 십년사』 총회 종교교육부, 1956.

_____, 『한국기독교사 연구』 기독교교문사, 1974.

김영재, 『한국교회사』 개혁주의신행협회, 1993.

_____, 『한국기독교의 재인식』 엠마오, 1994.

김인서, 『한국교회의 싸움은 끝났다』 신앙생활사, 1962.

김인수, 『한국기독교회의 역사』 장로회신학대학출판부, 1998.

김원모 역, 『알렌의 일기』 단국대학교 출판부, 1991.

김흥수, 『해방후 북한 교회사』 다산글방, 1992.

김학준, 『한국민족주의의 통일논리』 집문당, 1983.

나동광, 『김삿갓 신학』 고요아침, 2003.

다카사키 소지(高崎宗司), 『식민지 조선의 일본인들』 역사비평사, 2006.

드웰, W.(안보현 역), 『부흥의 불길』 생명의 말씀사, 1996.

리스, J., 『칼빈의 삶의 신학』 한국장로교출판사, 1989.

마삼락, 『아세아와 선교』 장로회신학대학, 1976.

문정창, 『軍國日本朝鮮强占三六年史(下卷)』 백문당, 1966.

민경배, 『한국기독교회사』, 연세대학교 출판부, 1993.

_____, 『한국교회 찬송가사』 연세대학교 출판부, 1998.

_____, 『대한 예수교장로회 백년사』 대한 예수교 장로회 총회, 1984.

_____, 『한국민족교회의 형성사론』 연세대학교 출판부, 1974.

_____, 『순교자 주기철 목사』 대한기독교서회, 1998.

민경배 박사 고희기념논문집 간행위원회, 『교회, 민족, 역사』 한들출판사, 2004.

박동운, 『세상을 움직이는 힘』 삼영사, 2006.

박순경, 『민족통일과 기독교』 한길사, 1988.

박용규, 『한국장로교사상사』 총신대학출판부, 1992.

_____, 『평양대부흥 운동』 생명의 말씀사, 2000.

_____, 『한국기독교회사 1, 2』 생명의 말씀사, 2005.

박용규 편, 『죽산 박형룡 박사의 생애와 사상』 총신대학교 출판부, 1996.

백낙준, 『한국개신교사, 1830-1910』 연세대학교 출판부, 1974.

부르스, F. F., 『초대교회의 역사』 CLC, 1986.

서광선, 『한국 기독교의 새 인식』 대한기독교서회, 1985.

유동식, 『한국신학의 광맥』 전망사, 1982.

윤성범, 『기독교와 한국사상』 대한기독교서회, 1964.

서남동, 『민중신학의 탐구』 한길사, 1983.

서명원, 『한국교회성장사』 대한기독교서회, 1981.

서영일, 『박윤선의 개혁신학연구』 한국기독교역사연구소, 2000.

서중석, 『한국민족주의론』 2권, 창비사, 1983.

스프레이그, W. B., 『참된 영적 부흥』 엠마오, 1984.

쓰루미 슌스케, 『일본제국주의 정신사, 1931-1945』 한벗, 1982.

신내리, 『한국교회성장의 비결』 개혁주의신행협회, 1992.

유대영, 옥성득, 이만열, 『대한성서공회사, II』 대한성서공회, 1994.

언더우드, 『언더우드』 기독교문사, 1990.

역사학연구소, 『강좌 한국근현대사』 풀빛, 1995.

예장총회교육부, 『한국교회 100주년 기념설교집(상권)』, 1979.

웰리스, D. W., 『칼빈의 기독교 생활 원리』 CLC, 1996.

오윤태, 『한국기독교사(景敎史편)』 혜선출판사, 1973.

_____, 『韓日基督敎交流史』 혜선출판사, 1978.

이근삼, 『개혁주의 신앙과 문화』 영문, 1991.

이덕주, 『한국토착교회 형성사 연구』 한국기독교사연구회, 2000.

_____, 『한국교회 처음 이야기』 홍성사, 2006.

이만열, 『한국기독교와 역사의식』 지식산업사, 1981.

_____, 『한국기독교문화운동사』 대한기독교출판부, 1987.

_____, 『한국기독교수용사 연구』 두레시대, 1998.

_____, 『역사에 살아 있는 그리스도인』 한국기독교역사연구소, 2007.

이상규, 『부산지방 기독교전래사』 글마당, 2001.

_____, 『한상동과 그의 시대』 SFC, 2006.

_____, 『교회개혁과 부흥운동』 SFC, 2004.

_____, 『개혁주의란 무엇인가?』 고신대학교 출판부, 2007.

이영헌, 『한국기독교사』 컨콜디아사, 1978.

이호우, 『곽안련의 신학과 사상』 생명의 말씀사, 2005.

이호운, 『한국교회 초기사』 기독교서회, 1970.

장동민, 『박형룡의 신학연구』 한국기독교역사연구소, 1998.

전택부, 『양화진 선교사열전』 홍성사, 2005.

전호진, 『문명충돌 시대의 선교』 CLC, 2004.

정성구, 『한국교회설교사』 총신대학교 출판부, 1986.

정수일, 『세계속의 한국(하)』 창비, 2005.

조승제, 『牧會餘談』 서울: 향린사, 1965.

존스, 마틴 로이드, 『청교도 신앙』 생명의 말씀사, 2002.

존슨, H., 『부흥운동이야기』 솔로몬, 2003.

토마스, I. D. E., 『신앙부흥운동』 여수룬, 1986.

콘, 하비, 『한국장로교신학사상』 실로암, 1988.

차배명 편, 『조선예수교장로회 사기』 조선예수교장로회 총회, 1928.

천사무엘, 『김재준』 살림, 2003.

한석희, 『식민지 시대 한국의 사회와 저항』 백산서당, 1983.

한석희(김승태 역), 『일제의 종교침탈사』 기독교문사, 1990.

韓晳曦, 飯沼二郞, 『일본통치와 일본 기독교』 소망사, 1989.

한영선, 『새벽이슬처럼』 광야, 2003.

한영제 편, 『한국기독교성장 100년』 기독교문사, 1986.

함석헌, 『뜻으로 본 한국역사』 신생관, 1961.

Achtemeier, E., *The Old Testament and the Proclamation of the Gospel*, Philadelphia: Westminster Press, 1973.

Baird, R. H., *Baird of Korea, a profile, mimeographed*, 1986.

Blair, W. N., *Gold in Korea*, NY: PCUSA, 1957.

Breward, I., *A History of the Australian Churches*, Sydney: Allen & Unwin, 2004.

Bradly, J. E. and Muller, R. A. eds., *Church, Word and Spirit*, Grand Rapids: Eerdmans, 1987.

Brown, A. J., *The Mastery of the Far East*, NY: Scribners, 1919.

Brown, G. T., *Mission to Korea*, Board of Foreign Missions, PCUS, 1970.

Carpenter, J. A., *Earthen Vessels, American Evangelicals and Foreign Missions, 1880-1980*, Grand Rapids: Eerdmans,1990.

Clark, A. C., *A History of Church in Korea*, Seoul: CLS, 1973.

Clark, C. A., *The Nevius Plan for Mission Work*, Seoul: CLS, 1937.

Clark, C. A., *The Korean Church and the Nevius Methods*, NY: Revell, 1930.

Clark, Donald N., *The Seoul Foreigner's Cemetery At Yanghwajin: An Informal History*, Seoul: Seoul Union Church, 1998.

Conn, H., *A Study of the Theology in the Presbyterian Church in Korea*, 1986.

Chun Sung Chun, *Schism and Unity in the Protestant Churches in Korea*, Seoul: CLS, 1965.

Evans, E., *Revival Comes to Wales: The Story of the 1859 Revival in Wales*, Evangelical Press of Wales, 1986.

Finny, C. G., *Revivals of Religion*, NY: Revell, n.d.

Fisher, J. E., *Democracy and Mission Education in Korea*, NY: Columbia University, 1928.

Gale, J. S., *A History of the Korean People*, Seoul: CLS, 1927.

Griffis, W. E., *Corea, The Hermit Nation*, NY: Charles Scribners, 1889.

Goforth, J., *By My Spirit*, London: Marshall, Morgan & Scott, n.d.

Grayson, J. H., *Early Buddhism and Christianity in Korea*, Leiden: Brill, 1985.

Hogg, W. R., *Ecumenical Foundations*, NY: Harper & Brothers. 1932.

Hong, H. Kim J. J. eds, *Korea Struggles for Christ*, Seoul: CLS, 1973.

Hunt, E. N., *Protestant Pioneers in Korea*, NY: Maryknoll, 1980.

Hunt, B., *For A Testimony*, London: The Banner of Truth Trust, 1966.

Huntley, M., *Caring, Growing, Changing, A History of the Protestant Mission in*

Korea, NY: Friendship Press, 1984.

Kim, John T., *Protestant Church Growth in Korea*, Ontario: Belleville, 1996.

Latourette, K. S., *Christianity in a Revolutionary Age, Vol. III*, Grand Rapids: Zondervan, 1964.

Lee, Kun Same, *The Christian Confrontation with Shinto Nationalism*, Philadelphia: Presb. and Reformed Pub., 1966.

Moffett, *The Christians of Korea*, NY: Friendship Press, 1962.

Marsden, G., *Fundamentalism and American Culture: The Shaping of Twentieth-Century Evangelism, 1870-1925*, NY: Oxford Univ. Press, 1980.

McLoughlin, W., *Revivals, Awakenings and Reform*, Chicago: Chicago Univ. Press, 1978.

Min, K. B., *A History of Christian Churches in Korea*, Seoul: Yonsei Univ. Press, 2005.

Orr, E., *The Role of Prayer in Spiritual Awakening*, LA: Oxford Association for Research in Revival, 1968.

Race, Alan, *Christians and Religious Pluralism: Patterns in the Christian Theology of Religions*, NY: Orbis Books, 1982.

Raymond, L., *What about continuing Revelation and Miracles in the Presbyterians Church Today? A Study of the Doctrine of the Sufficiency of the Scripture*, Philadelphia: Presbyterian and Reformed, 1977.

Rhodes, H. A., *History of the Korea Mission, PCUSA, 1884-1934*, Seoul: Chosun Mission of PCUSA, 1934.

Ro, Bong-Rin and Martin L. Nelson ed., *Korean Church Growth Explosion*, Seoul: Word of Life Press, 1983.

Shearer, Roy, *Wildfire: Church Growth in Korea*, Grand Rapids: Eerdmans, 1966.

Soltau, T. S., *Korea: The Hermit Nation and Its Response to Christianity*, London:

World Dominion Press, 1932.

Speer, R., *Christianity and Nation*, NY: Fleming H. Revell, 1910.

Stanley, B., *The Bible and Flag: Protestant Missions and British Imperialism in the Nineteenth and Twentieth Centuries*, Leicester: Apollos, 1990.

The Korean Mission Year Book for 1932, Seoul: CLS, 1932.

Thomas, G. M., *Revivalism and Cultural Change*, Chicago: The University of Chicago Press, 1989.

Underwood, H. H., *Modern Education in Korea*, NY: International Press, 1926.

Underwood, L. H., *Underwood of Korea*, NY: Fleming H. Revell, 1918.

Vander Stelt, *Philosophy and Scripture, a Study in Old Princeton and Westminster Theology*, New Jersey: Mack Pub. Co., 1978.

Warfield, B. B., *Counterfeit Miracles*, London: Banner of Truth Trust, 1972.

Wasson, A. W., *Church Growth in Korea*, NY: IMC, 1934.

Weber, Max, *The Sociology of Religion*, Boston: Beacon Press, 1964.

Yocum, B., *Prophecy: Exercising the Prophetic Gifts of the Spirit in the Church Today*, Ann Arbor: Word of Life, 1976.

Yoo, Y. S., *Earier Canadian Missionaries in Korea, A Study in History 1888-1895*, Mississauga: The Society for Korean Related Studies, 1987.

주제 색인

갑신정변 50, 136

갑오경장 145

개혁주의 207, 209, 215, 216, 230, 232, 235, 236, 237, 243, 328, 329, 330, 339

《게자씨》 223

경교(景敎) 19, 49

고신(高神) 43, 203, 206, 285, 327, 389

교회성장학파 38, 121

교회재건 203, 385, 386, 387

구세신문 163

국권회복운동 270

국제선교협의회(IMC) 35, 103

그리스도신문 99, 160

글리온 선언 403

기독교아동복지회(CCF) 35

기독공보 389, 401

기독교 민족주의, 기독교적 민족주의 114

기독교 세계 182

네비우스 정책, 네비우스 방법 106

노일전쟁 26, 52, 102, 139, 143, 146

대리회(代理會) 21

대한예수교회 324

도마석상 19

독로회(獨老會) 72, 245

동방요배 379

만주사변 27, 281

메노나이트중앙위원회(MCC) 35

반민특위 384

배타주의 342, 343, 344

백만인구령운동(百萬人救靈運動) 25, 61, 80, 142, 251

상해사변 115, 139

서교(西敎) 19

선명회(World Vision) 35

세계교회협의회(WCC) 351, 403

숭실전문학교, 평양연합기독대학 191, 192, 229

신사참배 22, 26, 27, 28, 29, 30, 55, 174, 175, 176, 178, 179, 180, 181, 182, 183, 184, 185, 186, 200, 268, 270, 271, 272, 275, 276, 278, 280, 281, 282, 283, 284, 285, 286, 287, 291, 292, 293, 294, 296, 297, 298, 299, 301, 367, 379, 380, 383, 386, 387

신앙생활 156, 157, 223, 257, 357, 358

신인(新人) 182

신학월보 155, 156

신학지남 111, 197, 198, 207, 208, 209, 210, 211, 219, 229, 231, 253, 333, 336, 344

아빙돈성경주석 194, 258, 259

언약도(Covenanters) 292

에라스티안주의(Erastianism) 292

연희전문학교, 조선기독교대학 279, 322

영국교회선교회(CMS) 23

《예수》 363

『예수성교전셔』 20

예양협정 23

운양호 사건 26, 112, 135, 180

웨스트민스터신학교 216, 217, 218, 227, 339

을미사변 63, 90, 114, 137, 145

을사조약 24, 26, 115, 130, 140, 146, 158

의화단(義和團) 64, 65

임오군란 26, 136, 145, 180

자강 민족주의 113, 137

저항권, 저항권 사상 277, 278, 292, 293, 294

절제시보 165

조선반도사 26, 181

조선혁신교단 184

조신(朝神) 179, 206

종교다원주의 347

종교혼합현상 53

죠션그리스도인 회보 156, 157, 158, 159

중국내지선교회(CIM) 22, 67

중일전쟁 27, 115, 139

척사위정론 135

천로역정 248, 260

천주실의 172, 173

청일전쟁 24, 26, 52, 60, 74, 90, 102, 108, 112, 113, 136, 137, 143, 145, 180

컴페이숀(Compassion) 35

태평양전쟁 115, 139, 185

파수군 207, 219, 223, 231, 232

포용주의 345, 346, 347, 351

한일합방 163, 182
해서교육총회사건 26
호주연합교회(UCA) 404

홀트아동복지회 35
황제교황주의 285

인명 색인

가가와 도요히꼬 185
간하배(Harvie Conn) 214, 215, 219, 330, 332, 339, 340
게일(J. S. Gale) 67, 264
고흥봉 27, 29, 382
곽안련(Charles A. Clark) 105, 229, 230, 288, 289, 319, 321, 330, 331, 332
구례인(J. C. Crane) 321, 330
구로다 기요타카(黑田淸隆) 145, 180
구스타프 바르넥(Gustav Warneck) 54, 55, 110
권연호 34
귀츨라프(Gützlaff) 20, 49
그레고리오 데 세스페데스(Gregoria de Cespedes) 19, 49
길선주 10, 25, 71, 72, 73, 74, 75, 77, 87, 98, 151, 152, 211, 230, 245, 246, 247, 248, 249, 250, 251, 252, 253, 254, 255, 256, 257, 258, 259, 260, 261, 262, 263, 264, 265, 266, 364
김교신 191, 193, 306, 307, 362

김백문 366, 367, 368
김양선 49, 52, 74, 103, 105, 192, 194, 199, 201, 205, 245, 246, 258, 262, 264, 297
김영환 35
김익두 33, 71, 196, 252, 253, 257, 279
김재준 10, 30, 105, 189, 190, 191, 194, 196, 197, 198, 199, 200, 201, 202, 206, 259, 346
김찬성 25, 76, 248, 253
김창식 25, 76, 248, 253
김활란 36, 389

나운몽 34
노을즈(Knowles) 65
노혜리(H. A. Rhodes) 160

라토렛(K. S. Latourette) 92, 93, 108
로버트 콜만(Robert Colemann) 62
로이 쉬리어(Roy Shearer) 103
로제타 셔우드(Rosetta Sherwood) 70

로즈(P. G. Roze) 127

롭(A. F. Robb) 67, 68

루비 켄드릭(Ruby Kendrick) 132

리델(Ridel) 127

리츨(Ritschl) 198, 211

—

마라연(Ch. McLaren) 29

마이어(F. B. Meyer) 87

마테오 릿치(Matteo Ricci) 172

마틴 로이드 존스(Martyn Lloyd Jones) 62, 86, 87

마포삼열(Samuel A. Moffett) 109, 193, 249, 321, 330, 331, 382

막스 베버(Max Weber) 56, 111, 125, 412

매컬리(Louise H. McCully) 65

매클레이(R. S. Maclay) 50, 127

매킨타이어(McIntyre) 20

맥클레(F. J. L. Macrae) 155

메이첸(G. Machen) 191, 195, 196, 207, 216, 219, 230, 259, 333, 335, 336

메켄지(W. J. Meckenzie) 132, 297

무즈(J. R. Moose) 63, 90

문선명 34, 367, 368, 369

민경배 33, 34, 72, 96, 103, 114, 138, 139, 249, 264, 277, 280, 319, 324, 356, 358, 360, 361, 362, 386

—

바빙크(Herman Bavinck) 214, 216, 217, 219, 330, 336

박윤선 10, 202, 212, 213, 214, 215, 216, 217, 218, 219, 220, 221, 222, 223, 225, 226, 227, 228, 229, 230, 231, 232, 233, 234, 235, 236, 237, 238, 239, 240, 241, 243, 244, 285, 332, 335, 336, 337, 340

박태선 34, 267

박형룡 10, 30, 31, 53, 72, 189, 190, 191, 192, 194, 195, 196, 198, 199, 200, 202, 203, 204, 205, 206, 207, 208, 209, 210, 211, 213, 215, 217, 218, 220, 221, 257, 259, 260, 333, 340, 362

박희도 148, 151, 152

반틸(Conelius van Til) 216, 231, 233, 238

방위량, 윌리엄 블레어(W. N. Blair) 73, 76, 77

배위량(W. Baird) 321

백낙준 79, 80, 112, 148, 165, 190, 332

백홍준 20

번하이젤(Charles F. Bernheizel) 25, 72, 254

벌코프(Louis Berhkof) 208, 209, 210

변선환 346, 348, 349

볼란드(F. T. Borland) 155

브룬너(Emil Brunner) 211, 233

—

샤를마뉴(Charlemagne) 49

서고도(William Scott) 108

서상륜 20

석원태 169

선우리(V. L. Snook) 27

셔우드 홀(Sherwood Hall) 70

소열도(Stanly T. Soltau) 105

손명복 29, 382

손양원 10, 295, 296, 297, 298, 299, 300, 301

송상석 164, 165, 285

송창근 190, 194, 196, 197, 200, 201, 202, 259, 361, 387

슐라이에르마허(Schleiermacher) 211

스트레이트(William Straight) 141, 415

스티븐스(Durham White Stevens) 141

스펜서 팔머(Spencer Palmer) 20, 107

스피어(Robert E. Speer) 117

신복윤 332

신석구 33, 147, 148, 151, 152

아더 윌리스(Arthur Willis) 62, 63

아브라함 카이퍼(Abraham Kuyper) 210, 219, 329, 408

아우구스트 니안더(August Neander) 16

아펜젤러(Appenzeller) 51, 131, 156

안이숙 29

안창호 152, 251

알렌(Horace Newton Allen) 24, 50, 51, 128, 138, 140, 147, 156, 317

언더우드(원두우, H. G. Underwood) 51, 114, 130, 138, 155, 322, 323, 324

에드윈 오르(Edwin Orr) 86, 87, 92

에벤에셀 얼스킨(Ebenezel Erskine) 92

오윤선 29, 307, 382

오화영 151, 152

왓슨(왕영덕, Alfred W. Wasson) 108

왕길지(G. Engel) 117, 227, 321

우쓰노미야 다로(宇都宮太郞) 27

우찌무라 간조(内村鑑三) 185, 193, 306

윌리엄 그리피스(William Griffis) 48

유동식 96, 107, 190, 194, 210, 211, 266, 341, 344, 348, 349

윤산온 27

윤성범 107, 346, 348

윤지충 173, 175

이근삼 332, 337, 338, 340

이기선 27, 29, 284, 307, 382

이기풍 22, 47, 51, 81

이길함 70, 72, 74, 77, 98, 321

이뇌자 369, 370

이눌서(W. P. Reynolds) 321, 330, 332

이승만 32, 34, 36, 384, 388, 390, 393, 394, 415, 417

이승훈 19, 148, 173, 174, 279

이약신 29

이용도 252, 360, 361, 363, 367

이인제 29

이장림 370, 371, 372

이재명 364

이희명 27

장기려 10, 303, 304, 305, 306, 307, 308, 309, 310, 311, 312, 314, 322

저다인(J. L. Jerdine) 71, 253

정대위 106, 107, 202

정일선 33

정춘수 68, 148, 151, 152

조나단 고포드(Jonathan Goforth) 74, 78, 86, 255

조나단 에드워즈(Jonathan Edwards) 82, 88, 94, 95

조수옥 29, 382

조용기 38, 120, 168

조이스(Joice) 159

조지 토마스(George Thomas) 70, 87, 95

존 네비우스(John Nevius) 320

존 로스(John Ross) 20

존스톤(Howard Agnew Johnston) 70, 71, 88, 253

존슨(Henry Johnson) 91, 92

주기철 10, 27, 29, 277, 278, 279, 280, 281, 283, 284, 285, 286, 287, 288, 289, 290, 291, 292, 293, 294

주남선 10, 27, 29, 30, 202, 267, 268, 269, 270, 271, 272, 273, 274, 275, 276, 382

지송암 35

찰스 피니(Charles Finny) 93, 94, 95

찰스 하지(Charles Hodge) 191, 329

채필근 190, 194, 197, 259

최덕지 27, 29, 43, 382

최봉석 191

칼 바르트(Karl Barth) 231, 232

칼빈(Calvin) 86, 87, 208, 214, 231, 292, 293, 328, 329, 337, 338

캄펠 몰간(Campbell Morgan) 87

케네드 웰즈(K. M. Wells) 113, 137

케롤(A. Carrol) 113, 137

크램(W. G. Cram) 68, 69

클라크(A. D. Clark) 79

테매시(M. Tate) 29

프레스톤(J. F. Preston) 71

하디(R. Hardie) 24, 25, 65, 66, 67, 68, 69, 70, 71, 77, 87, 98

하운셀(J. Hounshell) 65

한경직 10, 30, 31, 36, 129, 189, 191, 194, 197, 206, 207

한부선 29, 203

한상동 10, 27, 29, 30, 31, 165, 189, 191, 200, 202, 203, 204, 205, 206, 218,

233, 267, 270, 271, 284, 285, 305, 307, 333, 335, 382, 383

한석진 22, 58, 81, 262

한에녹 365

한위렴(William Hunt) 73, 77

함석헌 125, 142, 148, 191, 193, 306, 307, 308

함일돈(F. Hamillton) 29, 332, 333, 334

허대시(D. Hocking) 29

허드(Augustin Heard) 128

헤론 128, 129, 130, 156

헨리 벤(Henry Venn) 23, 321

호머 헐버트(Homer B. Helbert) 130

홍낙민 174

홍택기 28, 386

화이트(Mary Cutler White) 65, 77

황국주 357, 358, 359, 361

흥선대원군 112, 127, 135